国家社科基金项目(12BGL072)

旅游本体论

王德刚 著

山东大学出版社

图书在版编目(CIP)数据

旅游本体论/王德刚著.—济南:山东大学出版社,2016.7
ISBN 978-7-5607-5566-3

Ⅰ.①旅…　Ⅱ.王…　Ⅲ.①旅游学—研究　Ⅳ.①F590

中国版本图书馆 CIP 数据核字(2016)第 151047 号

责任编辑:王桂琴
封面设计:牛　钧

出版发行:山东大学出版社
社　址　山东省济南市山大南路 20 号
邮　编　250100
电　话　市场部(0531)88364466
经　销:山东省新华书店
印　刷:济南新科印务有限公司
规　格:720 毫米×1000 毫米　1/16
21 印张　390 千字
版　次:2016 年 7 月第 1 版
印　次:2016 年 7 月第 1 次印刷
定　价:67.00 元

前　言

本书是在国家社科基金项目《旅游和旅游业的本体论研究》(课题号：12BGL072)研究报告基础上进一步修订完善形成的成果。

本项研究试图回答以下问题：

旅游的本质是什么？

旅游到底能够给人带来什么利益，能够给哪些人带来利益？

旅游的利益相关者都有谁，他们各自的利益诉求是什么？

人们通过怎样的途径去获得旅游利益？

人类应该建立怎样的旅游道德体系和立德机制？

上述问题实际上都是“旅游本体论”的核心命题。对上述问题的扩展研究，还可以引申到有关旅游和旅游业研究的许多关键领域，包括“旅游权利”问题、旅游立法问题、“旅游产业”与“旅游事业”问题、旅游发展导向与旅游政策问题、带薪假期问题、旅游利益分配机制问题，等等。

虽然人类旅游活动的起源已经有了几千年的历史，现代旅游产业也产生、发展了170多年，期间学术领域也一直在探讨与旅游的本质相关的系列问题，但由于现代旅游产业产生之后的旅游学术研究是源于人们对旅游经济的关注，相关研究一开始即集中于旅游经济领域，并一直影响着世界旅游学术研究的发展方向，致使我们今天要想准确回答上述问题仍然并不容易。

我对旅游本体论相关问题的关注是从旅游的公平和公益性开始的。2006年夏季我去欧洲考察，在西班牙一个海滨度假小镇上偶遇的一个场景让我感到震撼：一辆大巴车停在酒店门前，一群成年智障人在工作人员的照顾下很有秩序地慢慢下车，从他们的表情和行动上虽然很容易判断他们是智障人，但身穿的衣服整洁、干净，一看就知道每一个人都是被精心照料的；从车上卸下来的大件行李看，他们是要在这里度假的，其中一位老年的男性重症患者行动不便，被一位年轻的女工作人员面对面地抱下来，安放在轮椅上。那位女服务人员行动和表情非常自然、主动、周到，如同对待自家亲人。通过交流得知，这是西班牙一家慈善机构与旅行社合作专为智障人设计的一个免费度假项目。这类为智障人、残疾人及其他行动不便的人设计的免费产品很多，根据这些特殊人群的不同行动能力形成产品系列。当时就想，我们在产业发展和学术研究的过程中，一直说旅游是有钱、有闲人的消遣行为，发展旅游就是发展经济，强调旅游是一个“产业”，但人们为什么要旅游？是不是每个人都需要旅游？那些残疾人、智障人、失业者和低收入者等弱势群体还有没有权利参与旅游？谁为他们的旅游活动提供服务和保障？政府和旅游企业发展旅游难道就是为了赚钱、为了发展经济？发展旅游还有没有经济之外的其他目的？旅游有没有公共性或公益性？等等。

带着这样一些疑问，我开始重新审视原本已经被定义了的旅游和旅游业。也正因为如此，关于旅游和旅游业本体论的研究带有一定的反思特征，实际上就是在经历了旅游和旅游业的不同发展阶段、旅游和旅游业更加多元化、普及化之后，对这种现象所进行的反思式的追问，带有一定的阶段性总结的意味，并试图在这种审视和总结中，对以往的非理性认识进行纠偏。几年来，首先对几个关心的具体问题进行了初步的探索性研究，连续发表了几篇相关的文章，包括《旅游利益相关者及其价值取向研究》(《旅游科学》2008 年第 1 期)、《旅游权利论》(《旅游科学》2009 年第 4 期)、《旅游道德论》(《旅游科学》2010 年第 1 期)、《再论旅游权利》(《北京第二外国语学院学报》2011 年第 7 期)、《旅游利益论》(《旅游科学》2011 年第 2 期)、《旅游公平论》(《中大管理研究》2012 年第 1 期)等。这些相关成果的陆续发表，虽然使旅游和旅游业的本体论研究有了一定基础，但这些成果总体上还是相互孤立的，并未形成系统性的理论体系，也未对旅游的本质产生清晰、准确和科学的认识。

《旅游和旅游业的本体论研究》于 2012 年获得全国社科规划项目立项后，结合项目研究计划，对之前已经取得的研究成果进行了重新梳理，广泛地查阅了其他学者已发表的同类和相近领域的研究成果，在国内选定了几个具有典型意义的案例点进行了全面深入调查，试图在前期研究的基础上，通过新的数据分析、现象观察、旅游发展过程回顾和理论推导等不同方法的综合运用，形成对旅游本质的科学认识，系统回答关于旅游和旅游业本体论的系列问题。但在进入综合研究和总结阶段的时候却发现，虽然前期经过了大量细致的调查和研究工作，但要想形成关于旅游和旅游业本体论的系统理论体系，仍然存在很多困难。这主要是因为此前尚没有人对旅游和旅游业的本体论问题进行过系统研究，对旅游和旅游业本体论研究的核心问题——研究对象、研究内容等缺乏基础性认识，使我们今天直接对上述问题进行定义和定论心存疑虑。但经过这样一段系统的研究之后，感觉能够确定的是，旅游和旅游业的本体论研究，可以用三个依次关联的关键词来清晰地勾画出一个逻辑线索，即：权利、利益、道德。

权利，即旅游是人的基本权利。

利益，即人人(所有的旅游利益相关者)都可以从旅游和旅游业中获得利益。

道德，即人们必须通过符合道德规范的手段和途径去获得旅游利益。

这三个关键词或许并不能够总括旅游和旅游业本体论研究的全部内容，但我们通过对它们及其关联问题的系统分析、归纳和总结，大概能够形成对旅游和旅游业本体论问题的基本认识。在此呈现给学界和业界同仁，请大家批评指正。

参与本课题研究的课题组成员包括(按课题申报时的参加者排序):孙平(山东大学管理学院旅游系副教授,博士)、黄潇婷(山东大学管理学院旅游系副教授,博士)、田芸(山东农业工程学院副教授)、王蔚(济南大学历史与文化学院讲师,博士)、贾衍菊(齐鲁师范学院讲师,博士)、蔄茂兰(山东大学管理学院旅游系支部书记,副教授)、吉小青(山东大学管理学院党委书记)。

本课题于 2015 年 10 月 14 日通过全国哲学社会科学规划办公室结项评审(结项证书号:20151474)。

王德刚
2016 年 5 月 18 日

目　录

第一部分　研究框架与基础

第一章　研究框架 …… 3

第一节　旅游本体论 …… 3
第二节　旅游和旅游业的本体论研究 …… 11

第二章　相关研究综述 …… 14

第一节　本体论研究视角引入旅游研究 …… 14
第二节　旅游权利研究 …… 16
第三节　旅游利益研究 …… 22
第四节　旅游道德研究 …… 28
结　论 …… 33

第二部分　基础研究

第三章　旅游和旅游业溯源 …… 37

第一节　人类旅游活动的起源 …… 37
第二节　人类组团旅游的标志意义 …… 55

第四章　旅游的本质 …… 60

第一节　对旅游概念和分类的再认识 …… 60

第二节 旅游的本质 …… 66

第五章 旅游权利 …… 75

第一节 旅游权利的提出及法律依据 …… 75
第二节 旅游权利的内涵和特征 …… 81
结 论 …… 86

第三部分 旅游利益相关者及其利益诉求

第六章 旅游系统与旅游利益相关者 …… 89

第一节 旅游系统 …… 89
第二节 旅游利益相关者 …… 99

第七章 旅游者利益 …… 114

第一节 旅游者核心利益 …… 114
第二节 旅游者利益的表现形式 …… 117
第三节 现代旅游者利益诉求的新特点 …… 121

第八章 政府旅游利益 …… 126

第一节 政府旅游利益取向分析 …… 126
第二节 政府旅游利益 …… 129

第九章 社区居民旅游利益 …… 142

第一节 社区居民参与旅游的成本和收益 …… 142
第二节 社区居民的旅游利益诉求 …… 149
第三节 社区居民与旅游相关利益群体的博弈关系 …… 152

第十章 企业旅游利益 …… 159

第一节 旅游企业经营权和收益权 …… 159
第二节 旅游企业利益诉求与绩效 …… 162
第三节 旅游企业利益与责任 …… 167

第十一章 公众旅游利益 …… 174

第一节 公众参与主体的界定 …… 174

第二节 公众参与方式 …… 177

第十二章 边缘群体旅游利益 …… 181

第一节 边缘群体的界定 …… 181
第二节 低收入群体旅游利益 …… 182
第三节 无障碍旅游的发展 …… 186
结 论 …… 191

第四部分 旅游道德与利益分配

第十三章 旅游道德与立德机制 …… 195

第一节 旅游道德与旅游行为准则 …… 195
第二节 旅游道德行为 …… 205
第三节 利益诉求与旅游立德机制 …… 215

第十四章 均衡利益原则与利益分配机制 …… 226

第一节 利益均衡与旅游利益观 …… 226
第二节 均衡利益原则的实现途径 …… 234
第三节 均衡利益原则下的利益分配机制构建 …… 251

第十五章 公益、公平与旅游权利实现 …… 259

第一节 公益意识与旅游业的权利觉醒 …… 259
第二节 公平理念与旅游业的权利尊重 …… 269
第三节 旅游权利的最终实现与持续保障 …… 280
结 论 …… 297

结束语:当旅游成为一种信仰 …… 298

参考文献 …… 300

第一部分
研究框架与基础

第一章 研究框架

19世纪末，现代旅游学术研究是从对旅游经济价值的关注开始的，虽然后来也扩展到了其他领域，但对旅游本体论的研究一直未形成整体框架，因此，今天的研究必然从基础开始。

第一节 旅游本体论

概念阐释是理论研究的开始。关于旅游本体论的概念、内涵，目前在学术领域尚未形成统一认识。

一、本体论

本体论（Ontology），属于哲学范畴的研究领域，是研究事物、现象的本原和本质的学科。

在中国古代哲学研究领域，关于本体论的研究被称为"本根论"，指的是探索、研究天地万物产生、存在、发展、变化的根本原因和根本依据的学说。将"本"字与"体"字合并连用，形成"本体"这一专用词句，在中国古代文献中很早就出现了，但在文献中被大量使用则是在宋明理学中。① 而将"本体"作为哲学范畴中的一个专门概念则是在宋朝时期，当时"本体"这一概念已经"频繁出现在各家各派的著作中"②。中国古代许多思想家、哲学家如阮籍、司马彪、朱熹、王充、王弼、邵雍等，都有对"本体"的研究和论述。考察古代学者们对"本体"的认识，汉语中的"本体"，实际上是指"最高""最根本""最普遍""最重要"的意思。③

在古希腊哲学中，本体论研究也有着悠久的历史，人们所进行的本体论研究大多集中在探索和研究世界的本原。古希腊学者一直在探讨和研究构成世界万物的最基本元素——"本原"到底是什么，也特别关注世界的"本质"到底是什么，试图通过本体论研究产生对人类世界和宇宙万物的本质性认识。

现代学术意义上的"本体论"概念是17世纪时由德国经院学派学者郭克兰纽

---

① 参见方立天：《中国古代哲学问题发展史》，中华书局1990年版，第1～2页。

② 参见谢维营：《本体论批判》，人民出版社2009年版，第5页。

③ 参见谢维营：《本体论批判》，人民出版社2009年版，第7页。

(Ru-dolphus Goclenius)最先提出来的。在其1613年主编的《哲学词典》中,将“本体论”定义为“存在之哲学”,并作为“形而上学”的同义词。现代本体论在学术上被定义为“关于一切实在的基本性质的理论或研究”①。而且,现当代西方哲学家们已不再过于“关心宇宙万物——世界的存在到底是什么”,而是更加关心并重点去探求宇宙万物的存在何以成为这样的存在——也就是“万物存在的意义”②。同时,现当代本体论研究的发展也逐渐由“物”转向“人”,其中具有典型意义的是现代马克思主义学者真正实现了本体论研究的实践转向,“使本体论第一次真正密切关注人及其生存世界并对之作出合理的解释和批判”③。

在方法论上,本体论研究主要是运用逻辑的方法——开始时“主要是形式逻辑的方法,到了黑格尔时期发展为主要运用辩证逻辑的方法”④——来探究世界的本质,即“本体论是逻辑地推演得到的范畴体系”⑤。这一方法论的运用摆脱了传统经验哲学的窠臼,使本体论所在的逻辑领域大大超越了传统的经验领域,推进人类对世界的认识产生了质的飞跃。⑥

近几十年来,无论是在西方国家还是在中国的学术领域,本体论的理论和方法被广泛地应用于其他学科和学术领域的研究,并由此衍生出许多新的研究方向、新的研究领域和新的学科。除与哲学相关的逻辑本体论、科学本体论、宗教本体论、精神本体论、物质本体论、伦理本体论等之外,本体论还在人文社会科学领域广泛与其他学科进行交叉、融合,形成了社会本体论、艺术本体论、文学本体论、法学本体论、管理本体论、教育本体论等新兴学科和研究领域,甚至还开始向计算机科学、电子技术、中医学等领域进行深度渗透,拓展了这些学科的研究空间,推动了科学研究的纵向深入和横向融合。

二、旅游本体论

由本体论到旅游本体论,也是科学研究纵向深入和横向融合的结果。随着旅游和旅游业的发展,旅游本体论必然会成一个专门的研究领域。

(一)旅游学研究进程中的旅游本体论研究

本体论研究的根本任务是探索、研究事物的本原和本质。从这个意义上讲,旅游学术研究一开始就应该或必然要涉及旅游本体论研究的一些关键问题,如旅游的起源与本质、旅游审美、旅游的概念、旅游利益相关者和利益分配机制等等。但遗憾的是,由于现代旅游学术研究的开端是源于人们对旅游经济现象的关注,使旅游学术研究一开始就极具功利性特征——主要集中于对旅游流、旅游者对旅游东

① 俞宣孟:《本体论研究》,上海人民出版社2012年版,第17页。

② 黄颂杰:《本体论在当代:结构与重建》,载《学术月刊》2002年第4期。

③ 欧阳康、张明仓:《马克思本体论批判的价值取向及其当代意义》,载《中国社会科学》2002年第6期。

④ 俞宣孟:《本体论研究》,上海人民出版社2012年版,第20页。

⑤ 俞宣孟:《本体论正义》,载《上海社会科学院学术季刊》2000年第1期。

⑥ 参见俞宣孟:《本体论研究》,上海人民出版社2012年版,第22页。

道社会的经济贡献、旅游市场和旅游消费特征等经济领域的研究，而与旅游本体论研究相关的一些根本性问题却被忽视了。

从世界旅游学术研究的发展历程和旅游本体论研究的进程来看，迄今为止大体上可以划分为三个阶段：

1. 关注经济的旅游学起源阶段

现代旅游学术研究的发端——旅游学的起源，是伴随着现代旅游和旅游业的产生而发展起来的，从19世纪末至20世纪30年代末期，持续了三四十年的时间。

旅游学术研究的兴起，最初的和首要的原因是旅游活动和旅游业发展给旅游接待地带来了显著的经济效益，所以，现代旅游学术研究首先发端于旅游经济研究。

19世纪的后半叶，工业革命的发展带来了社会经济的繁荣，改变了人们的工作过程、工作性质，并让人们有了更多的闲暇时间，从而也改变了人们的生活状态。特别是蒸汽机技术在交通运输领域的应用，使人的规模化流动和旅游活动的规模化发展成为可能，也使旅游活动为东道社会带来了更加可观的经济利益，旅游业开始成为引人注目的新兴行业。出于促进旅游发展的需要和对经济利益的深切关注，人们开始关注对旅游现象的研究。1899年，时任意大利国家统计局局长的政府官员波狄奥(L. Bodio)发表了一篇针对旅游活动的经济影响的研究文章——《关于意大利外国旅游者的流动及其花费》。该文对意大利国际入境旅游者的活动和花费规律进行了分析和研究，此文被认为是现代旅游学术研究的开端，同时它也成为此后相当长时间旅游学术研究的基本范式。直至20世纪30年代，人们对旅游现象的研究始终主要集中于旅游者及其活动规律、旅游花费等旅游经济领域，主要使用统计学的方法进行研究。如1927年罗马大学的旅游学者马里奥蒂(A. Mariotti)出版的《旅游经济讲义》、1931年德国的旅游学者博尔曼(A. Bormann)出版的《旅游业概论》等，研究视角和研究内容基本都集中在旅游经济领域。而且，这一研究视角从经济学角度对旅游活动的形态、结构和活动要素进行了剖析和论证，并形成了一个基本判断：旅游活动是具有经济性质的一种社会现象。这种认识在相当长的一段时间内，在旅游研究领域发挥着主导性影响。直到20世纪60年代，还很少有人对旅游的主要功能是为了发展经济、为接待地带来经济效益这一观点产生怀疑。这样，旅游现象就理所当然地被定义为是一种旅游业的经营活动，旅游业是一种劳动力密集型的行业。这种对旅游和旅游业的判断几乎成为人们审视旅游现象的一种思维定式，也因此形成了几代学者对旅游现象根深蒂固的认识，这“在很大程度上影响了旅游研究向纵深层次发展”①。

2. 旅游学全面发展与旅游本体论研究的肇始阶段

从20世纪40年代初期至70年代末期，世界旅游学术研究进入了全面发展阶段，同时，旅游本体论研究由于部分学者对旅游本质的“管窥”式理论探索，而初显

① 申葆嘉：《国外旅游研究进展》，载《旅游学刊》1996年第2期。

端倪。

进入 20 世纪 40 年代，伴随着“二战”的结束，世界旅游和旅游业开始复苏并走向规模化和大众化阶段，伴随而来的是旅游的社会影响也更加全面地暴露和反映出来，因而也促使旅游学术研究逐步从旅游经济研究的狭窄领域中走出来，旅游研究开始进入全面发展阶段。

瑞士圣加伦大学的旅游学者亨泽克尔、伯尔尼大学的旅游学者克拉普夫于 1942 年合作出版了《旅游总论概要》一书，首先摆脱了以往单纯从经济角度对旅游现象进行研究的“旅游经济研究”窠臼，开始从本体论的视角来探讨“旅游现象的本质”，认为旅游现象的本质是具有众多相互作用的要素和方面的复合体，这个复合体是以旅游活动为中心，并与国民、保健、经济、政治、社会、文化、技术等社会中的各种要素相互作用的产物。这一研究虽然还不能十分准确地描述旅游的本质，而只是对旅游本体论问题的一个“管窥”，但也的确在学术上从此掀开了旅游本体论研究大幕的一角。但非常遗憾的是，他们这种新的视角和观点在当时并没有引起学术界足够的重视。[①]

进入 20 世纪 60 年代之后，由于“二战”结束后世界范围内经济的持续发展，旅游活动呈现出规模化、快速化发展的趋势，全球性大众旅游广泛兴起，旅游业在世界范围内表现出广阔的前景，旅游活动与社会各方面的关系也变得越来越错综复杂，旅游学术研究也自然而然地逐步介入到了与旅游活动有关的各个社会领域，开始表现出跨学科综合研究的趋势和特征，有越来越多的学者将其他学科的理论和方法用于旅游学研究，使旅游学术研究的领域大为拓宽。其中，密执安大学的两位学者罗伯特・W・麦金托什和夏希肯特・格波特合著的《旅游学——要素、实践、基本原理》一书，对旅游学的理论体系进行了较为系统的论述，奠定了对此后旅游学研究的理论基础。正是由于这些基础性的研究，促使旅游学科内部新的研究领域和新的分支学科不断涌现，在传统经济导向的旅游经济学、旅游市场学、旅游价格学、旅游统计学、旅游会计学等经济学范畴分支学科的基础上，还出现了如旅游地理学、旅游心理学、旅游行为学、旅游美学、旅游人类学、旅游民族学、旅游政治学、旅游法学、旅游生态学、旅游规划学、旅游史学、旅游符号学、旅游医学以及涉及到旅游企业管理、旅游景区规划设计与管理、旅游服务管理等与多种其他学科范畴相交叉的旅游学分支领域。

特别值得关注的是，这一时期旅游影响研究已经开始从过去单一的旅游经济影响的狭窄领域扩展开来，逐渐延伸到社会文化、环境和生态领域，并相继形成了不同的学术领域，而研究的关注点则逐步集聚到了旅游发展给那些欠发达的接待国家和地区造成的负面影响的反思。学者们普遍关注到，这些接待地由于处于经济和文化的弱势地位，旅游发展给他们带来了环境与生态污染、传统文化的退化与蜕变、离婚率上升、家庭凝聚力减弱以及卖淫、犯罪、赌博现象的泛滥等一系列社会

① 参见王德刚:《旅游学概论》,清华大学出版社 2012 年版,第 35 页。

问题——学术研究开始关注旅游的社会影响，特别是对接待地社会文化所造成的负面影响，并相继有一些批判性的研究成果出版，如旅游学者纳什的《作为殖民主义形式的旅游》、特纳与阿什的《成吉思汗马队》、卡特的《旅游——是发展的通行证吗?》等。1977 年，由美国人类学家史密斯女士主编的《主人与客人：旅游人类学》一书以论文集的形式出版，其中有 15 篇文献分别讨论了理论问题和不同文化背景接待地旅游活动的案例。这本书被国际著名的旅游学术杂志《旅游研究纪事》称为“旅游社会文化影响研究的里程碑”。[①] 这些研究成果虽然还没有能够触及旅游本体论研究的核心问题，但已经昭示着旅游本体论研究的端倪。特别值得注意的是，在这一时期，旅游学、生态学、人类学领域开始形成了“负责任旅游”的思潮，为之后“生态旅游”概念的出现奠定了基础。

3. 强调权利、回归本质的去功利化阶段

20 世纪 80 年代至今，旅游学术研究中对旅游本体论的关注越来越多，并对某些具体问题逐步形成了一致认识。

“二战”之后全球经济的持续发展和世界和平局势的总体稳定，推动了旅游和旅游业的长足发展。而伴随着全球旅游业的大发展，一些深层次的问题也逐步暴露出来，也推动着人类的旅游观念和旅游发展理念在发生变化。在 20 世纪 80 年代之前，尽管人们已开始从不同的视角关注旅游和旅游业的发展，并注意到了旅游的一些负面影响，但这并不能掩盖当时经济目的和产业导向下旅游学研究的功利性诉求，这种现象一直延续到 20 世纪 70 年代末期。1980 年，这种现象发生了重大变化。1980 年 9 月 27 日～10 月 10 日在菲律宾马尼拉召开的世界旅游大会上，通过了一个由世界旅游组织起草的关于旅游和旅游业的纲领性文件——《马尼拉世界旅游宣言》(简称《马尼拉宣言》)。该文件指出：“不论旅游业的经济效益多么现实、重要，都不会也不可能是各国作出鼓励发展旅游业之决策的唯一标准。”[②]同时，该文件还原始性地确定了“旅游应是人人享有的权利”[③]的理念，这也是世界上首次提出“旅游权利”的概念。

《马尼拉世界旅游宣言》提出了一个全新的、具有颠覆性的旅游发展理念，即否定了以往发展旅游的单一经济诉求，这对当时的功利主义思潮无疑是一个巨大的挑战，也为旅游学研究开启了一个新的视角，指引着旅游学研究向非经济领域倾斜，特别是对旅游本体论中的一些关键问题开始了有深度的研究。

《马尼拉世界旅游宣言》发表后，旅游的影响研究在学术领域受到更多的关注。1982 年，英国朗曼出版集团出版了英国旅游学者阿利斯特·马斯逊、费济阿利·华尔的著作《旅游业效益学——旅游地经济、自然和社会影响研究》(该书是最早被翻译到中国来的旅游学著作之一，对中国旅游学研究的影响深远)。作者从经济、

① 参见马勇、周霄：《旅游学概论》，旅游教育出版社 2008 年版，第 6 页。

② 徐京(译)：《马尼拉世界旅游宣言》(世界旅游组织 1980 年)，载旅游研究空间站，http://www.lixinjian.com。

③ 参见王德刚：《旅游权利论》，载《旅游科学》2009 年第 4 期。

社会和自然等不同视角对旅游和旅游业的影响进行了综合研究，拓宽了研究视域，特别是在旅游和旅游业的社会影响方面，从旅游与东道社会的相互关系、旅游与社会的变迁、旅游与宗教、旅游与文化等方面，进行了比较全面的研究探索。其中，作者特别关注了对旅游与道德行为问题的研究，指出：旅游"最不令人满意的副产品是它对东道主群的道德水平的影响"，导致卖淫、犯罪和赌博等社会问题不断增长，并进一步指出其根源是因为"旅游意味着人们摆脱了正常生活的严格束缚"，"旅游可用做一般的道德放松的替罪羊"。① 这本著作是自现代旅游学产生以来最系统阐述旅游和旅游业影响的研究成果。

20 世纪末和 21 世纪初的这二十年来，国外的旅游学术研究主要集中在"基础理论、旅游者行为、目的地、旅游市场、旅游业和旅游管理"等领域。② 同时，结合社会发展过程中一些新理念、新思潮，关注和研究的热点也显现出一些时段性特征。如在"开放社会科学"思潮的引领下，旅游研究领域也试图要构建"旅游社会科学"的学科体系。1991 年，国际上最为知名和权威的旅游学术研究刊物《旅游研究年刊》(*Annals of Tourism Research*)在当年第一期出版了题为《旅游社会科学》(Tourism Social Science)的专辑，内容中涉及经济学、人类学、生态学、文化学、心理学等分支领域；同时，学者们还开始关注旅游伦理、旅游弱势群体等与旅游本体论相关的新问题、新领域，将研究视野扩大到了"人与人、人与自然及人与环境关系的诸多伦理问题"③。同时，随着管理学研究领域利益相关者理论的出现，在旅游利益相关者研究方面，关于旅游利益相关者的构成、权利与权力、诉求与利益等的研究也普遍展开，关于各利益相关者在旅游和旅游业中的成本、各自的利益诉求及共同利益、获取利益的途径与手段等都展开了不同程度的研究，特别是对其中的"利益相关者不同的利益主张"、利益相关者对待"成本与收益"的不同态度等问题的研究越来越走向深入④，开始触及旅游本体论的核心问题。

（二）旅游本体论

从对世界旅游学术研究发展历程的梳理来看，由于一开始人们研究旅游是源于对旅游经济现象的关注，使早期的旅游学术研究带有非常显著的功利化特征。而这种价值取向也对我国的旅游学术研究产生了很大的影响，使这种功利化取向在我国的旅游学术研究领域也同样体现得十分突出。

20 世纪 70 年代末 80 年代初，我国现代旅游业的兴起本身就是伴随着改革开放和轰轰烈烈的经济建设大潮应运而生的，优先发展国际入境旅游的旅游业起步模式本身即昭示了其经济诉求和功利化目的。因此，一直到 20 世纪末的二十多年里，我国的旅游学术研究基本是在"拿来""引进"国外教科书的基础上，跟随"旅游

① 参见[英]阿利斯特·马斯逊、费济阿利·华尔著，郑利平、邓善译：《旅游业效益学——旅游地经济、自然和社会影响研究》，广东旅游出版社 1991 年版，第 195～196 页。

② 参见谢雪梅、马耀峰、李天顺：《近十年国外旅游研究发展趋势》，载《经济地理》2009 年第 5 期。

③ 张立生：《近期国外旅游学研究进展》，载《旅游学刊》2004 年第 3 期。

④ 参见李正欢、郑向敏：《国外旅游研究领域利益相关者的研究综述》，载《旅游学刊》2006 年第10 期。

产业”的发展步伐在进行旅游经济、旅游管理和旅游学基础理论研究，几乎未出现过真正涉及旅游本体论问题的专门性研究成果。即使是在今天，我国的旅游学理论体系也不可避免地带有浓厚的经济色彩和功利化特征，不仅在现实中为旅游活动提供服务的领域和社会活动被更多地界定为“旅游产业”，即使在高等教育的学科、专业分类体系中，旅游学科也被划进“管理学”大类和“工商管理”一级学科，专业名称则被确定为“旅游管理”(注：在教育部 2012 年 9 月颁布的新版《普通高等学校本科专业目录》中，“旅游管理类”被列为一级学科，包括“旅游管理”“酒店管理”“会展经济与管理”三个二级学科)，充分显现了经济导向的旅游学科定性。

因此，经济导向的旅游学术研究，不仅影响着世界旅游学术研究的发展过程，而且还对中国的旅游学术研究和旅游学者的思想意识产生了非常重要的影响。在 2000 年山东省青州市召开的一次旅游研讨会上，会场上挂着“旅游产业发展战略研讨会”的横幅，当时与会的几位国内非常有影响的旅游学者对会议确定使用“旅游产业”这个概念大加肯定和赞赏，认为把旅游当作一个“经济产业”而不是“旅游事业”来发展是一种领先意识。这种思想实际上也代表了当时人们对旅游这种现象的基本认识。

我们今天对旅游和旅游业进行本体论研究，本身带有一定的反思性质。这种反思与社会和旅游发展的阶段性特征是完全一致的，这种一致性也与本体论研究强调的逻辑过程完全耦合：旅游的产生源于社会经济发展及其引起的系列变化所提供的客观条件，旅游学术研究也必然首先关注旅游的经济影响；当旅游逐步走向规模化而引发了各种社会矛盾的出现，旅游学术研究作为“问题导向”的学科也必然拓展研究领域，走向全面关注、全面发展阶段；当旅游越来越具有普及性、经济诉求越来越被弱化，旅游学术研究则开始由功利性走向关注旅游的公平、公益及旅游权利的实现与保障等问题。到了这个阶段，学者们会重新回过头来追问：旅游的本质到底是什么？旅游到底给谁带来了利益？旅游给他们带来了什么利益？旅游利益相关者们到底应该怎样用符合道德的手段去获得旅游利益？等等。

我们今天提出的关于旅游和旅游业的本体论研究命题，就是源于这样的追问。

实际上，在 2013 年 10 月 1 日我国开始实施的《中华人民共和国旅游法》中，已经首次在国家的法律文件中使用了“旅游事业”这个概念，将其与“旅游产业”并用。虽然该部法律还未能将保障公民的“旅游权利”作为立法宗旨，整体上还是以发展旅游经济、保障旅游者的消费质量和旅游经营者权益为基点，但既然使用了“旅游事业”这一概念，并在法律条文中也表达了旅游具有一定公益性的理念，说明旅游权利、旅游利益、旅游公平等与旅游本体论相关的问题，已经在国家意识形态领域引起了一定关注。

在旅游学术研究领域，旅游本体论研究迄今在我国尚未形成系统的研究成果。人们真正有意识地从本体论的视角对旅游和旅游业展开研究是进入 21 世纪之后，在此之前的相关研究，只是在某些研究领域、研究课题上涉及或延伸到了旅游本体论的个别问题，而非有意识的专门研究。

此前对旅游本体论研究有所涉及的学者有谢彦君、曹诗图、曹国新、杨振之等。谢彦君教授的《基础旅游学》(中国旅游出版社 2004 年版)和《旅游体验研究——一种现象学的视角》(南开大学出版社 2005 年版)、曹诗图教授的《旅游哲学引论》(南开大学出版社 2008 年版)、杨振之教授的《论旅游的本质》(载《旅游学刊》2014 年第 3 期)、曹国新教授等的《论旅游学的定义:一种基于本体论的考察》(载《江西财经大学学报》2005 年第 3 期)等,从不同的角度对旅游本体论的概念、旅游本体论研究的内容及旅游本体论研究中的某些具体领域进行了探索和研究,形成了一定的研究成果,但对"旅游本体论"的概念和内涵本身还缺乏完整的认识。对此进行有针对性探讨并涉及概念诠释的观点认为:旅游本体论是关于"旅游活动的本源、本质、本体"这三个基本问题的学科;"旅游活动起源于人对自身生活状态的不满足";旅游的本质是一种"态度",是"一种意识形态";旅游活动的本体是"对他种人生的尝试"。①

正是由于旅游本体论研究目前在我国还没有形成系统的研究成果,包括对一些基本概念的认识还存在模糊和分歧,因此,这里需要首先对本体论的两个基本问题进行辨析。

一是关于"本原"与"本源"的区别问题。

根据商务印书馆出版的《新华汉语词典》的解释:

本原:哲学上指事物的来源或最初根源和构成世界的最根本实体。

本源:事物产生的来源或事物产生的根源。②

如果我们能够正确理解本体论的真正内涵就会发现,本体论实际上是研究事物的"本原"和"一切实在的基本性质"③,即事物、现象的本原和本质。

"本原"与"本源"虽然在语义上相近,但"原"和"源"并非在所有的场合都可相互替换使用,因此,为避免产生歧义,还是应该使用"本原"更为合适。

二是本体论的研究对象问题。

从本体论研究的发展历程来看,与传统本体论研究重点是关注"宇宙万物——世界的存在到底是什么"相比,现代本体论更关心"万物存在的意义"。④ 因此,现代旅游本体论研究也将更加注重对旅游的意义或价值——旅游利益的研究。

综上所述,旅游本体论是研究旅游的本原、本质的学科。

旅游本原研究,是探讨人类旅游现象起源的最初根源,即人类旅游现象产生的根本原因是什么,人到底为什么要旅游——要在旅游中获得什么利益?

旅游本质研究,是探讨旅游的本质属性,旅游到底能够给游客及各利益相关者带来什么利益?

---

① 参见曹国新、汪忠烈、刘蕾:《论旅游学的定义:一种基于本体论的考察》,载《江西财经大学学报》2005 年第 3 期。

② 《新华汉语词典》编委会:《新华汉语词典》,商务印书馆 2004 年版,第 48 页。

③ 参见俞宣孟:《本体论研究》,上海人民出版社 2012 年版,第 17 页。

④ 参见黄颂杰:《本体论在当代:结构与重建》,载《学术月刊》2002 年第 4 期。

第二节 旅游和旅游业的本体论研究

旅游本体论研究的理论框架,主要包括研究内容、研究思路、理论与方法几个方面。

一、研究内容

旅游和旅游业,是一个系统里的两个领域。从这两个角度展开本体论研究,是试图从本体论的视角对"旅游"和"旅游业"这两个相互对应、互相作用的领域展开综合研究,并在这个综合大系统中以旅游利益相关者的构成、成本、价值取向、利益诉求、获利手段、道德行为等为主线,形成旅游本体论研究的理论体系。

具体研究内容包括以下几个方面:

(一)旅游本体论基础研究——旅游的起源与本质

从本体论的角度对人类旅游现象的产生进行溯源研究,以对人类旅游从个体到群体的演变过程并因此而引发的社会影响和产业现象形成本质性认识,进而探讨旅游的本质属性。旅游本体论基础研究将为后续研究的深入和扩展奠定认识基础。

(二)旅游权利研究

从法律和社会学的角度确定旅游是人的基本权利、人人都有从旅游中获得利益的权利,明确旅游权利的内涵,从政策层面探讨旅游权利实现的保障机制,即建立一种能够让所有人类群体,特别是那些特殊弱势群体——老年人、低收入者、残疾人、智障人等,都能够实现其旅游权利的社会保障机制。

(三)旅游利益相关者的构成及其利益诉求研究

探讨旅游系统中利益相关者的构成,即旅游到底给哪些人/群体/组织带来利益,带来什么样的利益?旅游系统中具有能动作用的利益相关者——旅游者、社区居民、旅游企业、政府、社会公众等在旅游业发展中以怎样的方式参与,付出什么样的成本?他们之间的利益诉求是一种怎样的关系?资源、环境等非人类群体被动地被用于旅游开发,谁为他们的利益代言和负责?国家旅游利益、地方政府旅游利益有什么不同?

(四)旅游道德行为研究

研究各个旅游利益相关者在旅游和旅游业发展中的道德表现和可能出现的不道德行为,构建完整的旅游道德行为体系,特别是那些处于强势地位的群体如政府、投资商等,往往是旅游业发展中的道德缺失者,他们将成为旅游道德研究的重点对象。

(五)旅游立德机制研究

各个旅游利益相关者的道德行为是受利益诉求驱使的,需要在一种利益均衡的原则下建立旅游活动和旅游发展的“旅游立德”机制，使各个旅游利益相关者都能够以共同的道德准则规范自己的行为，以保障各个旅游利益相关者的利益诉求都得到公平的对待，真正做到成本共担、利益共享。

二、研究思路

课题研究以本体论研究的逻辑方法为基本手段，确定课题研究的逻辑线索和研究内容的关键点，通过点的研究突破和线的贯穿联系，形成逐步延伸的逻辑递进，最终达到设定的研究目标。

具体研究思路如下：

首先，通过溯源研究，形成对人类旅游活动产生的本原性认识，明晰旅游的本质属性。

其次，在基础研究的基础上，确立“旅游是人的基本权利”的基本理念，明确所有人都有参与旅游、所有人/群体/组织都有从旅游中获得利益的权利。

再次，建立平等和公平的旅游权利实现机制和旅游利益分配机制，让所有人——旅游利益相关者都能够共享社会发展的成果，即使是特定弱势群体——低收入者、残疾人、智障人等也能平等地参与旅游；让所有人/群体/组织无论是主动还是被动投入成本，都能够得到合理的利益回报。

最后，建立一个具有社会实践意义的旅游道德体系，让旅游者、政府、企业、居民等，都能够在一定的道德准则下参与旅游和旅游开发，并从中获益，实现旅游和旅游业的和谐、友好与可持续发展。

三、理论与方法

课题研究从本体论的角度来探讨旅游和旅游业的本质，以利益相关者理论、社会交换理论和博弈论作为研究的指导理论，采用文献分析、理论推导、问卷调查、深度访谈、定量与定性分析、案例剖析及特尔菲法等作为技术手段。具体技术路线如下：

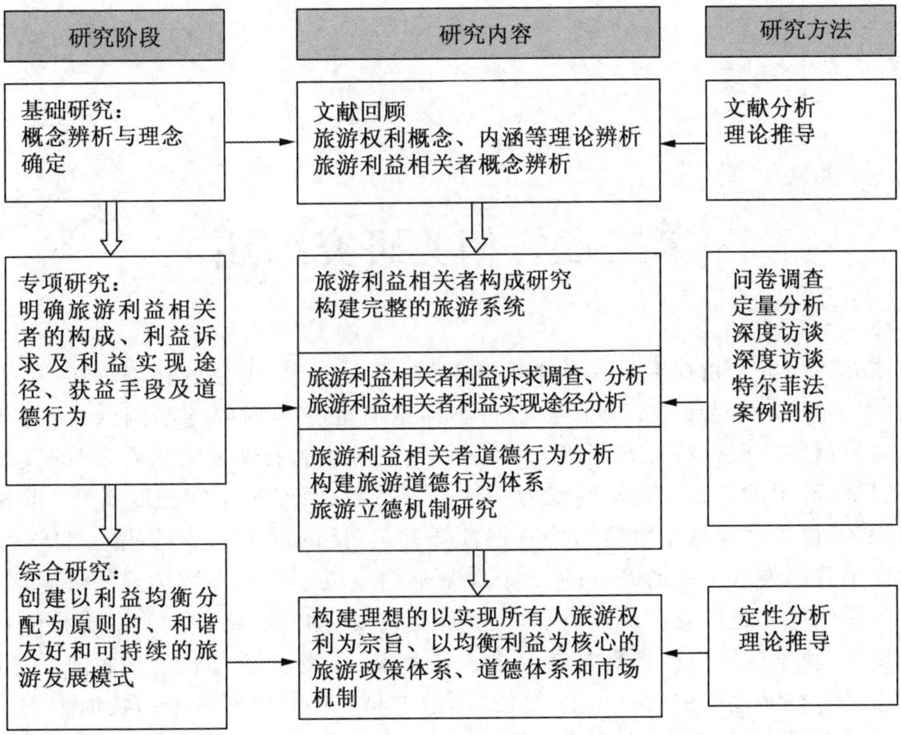

研究的最终目标，是构建一个以“旅游是人的基本权利”为核心理念、以成本共担和利益共享为基本原则、以合乎道德规范的旅游行为为手段、以社会所有成员都能够平等参与为目标的和谐旅游系统，来促进那个理想的、人人都能够享受并从中受益的“大众旅游”时代的到来。

第二章　相关研究综述

本体论研究是指探究世界的本原或基质，是对概念、现象的精确描述，用于描述事物的本质。[①] 对旅游和旅游业进行本体论研究在国内外才刚刚开始，这与世界旅游发展的阶段性特征有直接关系：从今天旅游业的发展现实来看，它的发展已经“从原来有限的富人的活动转变为一种广泛与社会、经济生活相联系”[②]（世界旅游组织《马尼拉世界旅游宣言》）的普遍性活动，广泛的城市和乡村社区、自然和文化遗产地等都卷入了旅游开发的大潮，发展旅游变成了世界多数国家的普遍选择，旅游的影响越来越广泛和深入，这时人类就更需要对旅游、旅游业的本质和作用有更加清醒、科学的认识。特别是在今天强调和谐、环境友好发展理念的前提下，更要防止旅游发展过程中的过于追求经济利益的功利化导向所带来的负面影响。对此，世界旅游组织从20世纪末开始已不断有相关的导向性政策文件出台，包括《马尼拉世界旅游宣言》《旅游权利法案》《全球旅游伦理规范》等。这些文件涉及旅游、旅游业本体论命题中的几个关键问题——公民的旅游权利及权利实现的途径和公平性，旅游过程中政府、企业、社区居民及旅游者的伦理/道德规范等。但由于理论研究和理念普及的滞后，这些文件所倡导的理念并没有在世界上得到广泛、积极的响应，因此，从本体论的角度来探讨旅游和旅游业的本质与功能、利益与责任、道德规范与立德机制等，是一件意义深远的理论建设重任。

第一节　本体论研究视角引入旅游研究

本体论，是一个概念，也是一个基于哲学视角的理论方法，被引入了不同的研究领域，但进入旅游学研究领域时间较晚。

一、由哲学本体论到人学本体论

17世纪的德国学者郭克兰纽最早提出了“本体论”(Ontology)概念。[③] 本体论的研究对象主要指向世界的本原或基质，尤以古希腊罗马哲学为代表。由于哲学

① 参见百度百科“本体论”，http://baike.baidu.com/view/61457.htm? fr=aladdin。

② 王德刚：《再论旅游权利》，载《北京第二外国语学院学报》2011年第7期。

③ 参见百度百科“本体论”，http://baike.baidu.com/view/61457.htm? fr=aladdin。

本体论是多元模式，不同学派的哲学家很难把世界的存在简单地看作某种存在于物质或精神层面的实体，或者某个抽象的原则。不同学派的哲学本体论研究集中体现在以下几个方面：侧重于世界的根本、本原、基础的研究；聚焦于以“神”为中心的研究内容；侧重于物质或精神层面的研究；或者以人的生存和幸福为基本的研究。[①] 现代人文精神哲学的本体论是人学本体论，不同时代的哲学家都借助于本体论问题的论证来说明人生的价值和意义。[②] 作为对人生终极关怀的一门学问，哲学可以形成对真、善、爱、美等智慧的永远追求，从而对人生价值和意义进行不断追问，体现出人在一切哲学中的重要性，即哲学的本质——“人学”。哲学的“人学本体论”内涵与旅游发展的必然性不谋而合。[③] 旅游对人生存的价值，在于它体现了人的一种理想和追求。旅游之所以成为显示人之为人的本质活动方式，是因为人的旅游活动不再以谋生为目的，而是以文化创造的生命体自由地感受世界、体验世界为目的。[④]

二、旅游本体论研究的开始

对旅游和旅游业进行本体论研究在国内外学术领域才刚刚开始，这与世界旅游和旅游业发展的阶段性特征有直接关系。不同学者从不同角度开始涉入本体论在旅游学术领域的研究。例如，曹国新从商品本质和“本源”的角度探讨“配景理论”对旅游商品开发的指导意义。其研究表明旅游商品的本质是一种态度，即旅游者表达旅游行为需要的态度。“配景”是旅游商品区别于其他物品的根本。“配景”由两部分构成：“景”指的是旅游中置身的“情境”（也可称为“场域”）；“配”指的是只有在“旅游的情境”中旅游商品才具备独特的价值。结论认为“配景”即是商品的本体，是旅游商品称之为“旅游商品”的原因。因此，研究提出：旅游业如果想设计成功的旅游商品，必须追本溯源，探究旅游商品真实的产生、发展及变革，通过不断的回归本真设计出能被市场接受的旅游商品。[⑤]

从本体论的角度探讨旅游学定义和旅游活动本质需考虑三个方面的内容：由旅游活动的“本源”表现的异域性精神追求，由旅游活动的展现方式体现的实践性存在，由旅游活动的本质归纳的应然性人生价值判断。由此推断，旅游学是一门研究人如何通过“他种人生的尝试”而不断完善自身人生的学科，旅游活动的本体即“对他种人生的尝试”。曹国新等研究明确了个人素养、自我实现、社会建构和社会

---

① 参见谢维营、张丽英：《本体论研究的几个基本问题》，载《山西师大学报》（社会科学版）2009 年第 5 期。

② 参见许苏民：《人文精神论》，湖北人民出版社 2000 年版，第 21 页。

③ 参见谢维营、张丽英：《本体论研究的几个基本问题》，载《山西师大学报》（社会科学版）2009 年第 5 期。

④ 参见王德军：《论旅游对人的生存本体论意义》，载《华北水利水电学院学报》（社科版）2007 年第 1 期。

⑤ 参见曹国新：《旅游商品的本体存在——一种基于本体论的考察》，载《桂林旅游高等专科学校学报》2004 年第 5 期。

发展等内容都应归结在旅游学的定义中，从另一个视角——人生论得出旅游活动是具有独立价值的人类行为。[①] 王德军、庄志民从生存本体论的角度探讨旅游作为自由审美的必然过程对人类个体生存和发展的意义。其研究认为，人作为有目的性的存在物，人的活动及其目的由自己决定。旅游活动对人的生存的本体论意义体现在：以活动自身为目的的自由审美活动是一种以满足人的精神需要为主的超功利性目的活动，体现出人的理想生存状态和自由之我，即人之为人的本真自我属性。[②]

所以，对旅游和旅游业的发展要进行本体论思考，才能反映出现阶段人们对旅游认识的理性回归。[③] 现阶段人们要用更全面的视角来探讨旅游的本质性问题，随着旅游的影响越来越广泛、越来越深入，旅游的本体论命题——旅游权利、旅游利益、旅游道德等，也必然要成为需要深度探讨的根本性问题。[④⑤]

第二节　旅游权利研究

旅游权利研究强调旅游是人人享有的基本权利，政府、机构、社区、企业等有义务为各个人类群体旅游权利的实现提供保障和便利，而不能完全基于经济利益去发展“赚钱”的旅游业，旅游虽然是一个经济产业，但也要在一定程度上“去功利化”，要在赚钱的同时为那些弱势群体——老年人、低收入者、残疾人、智障人等权利的实现创造机会和条件。[⑥]

一、旅游权利的理论依据

旅游权利思想的体现和贯彻较好地表现在一些相关法律文件中。1215 年英国的《大宪章》最先出现了关于旅行权利的法律规定：第 41 条“非属敌对国的所有商人都有权利通过水路和陆路安全出入英格兰，也包括在英格兰境内安全逗留与经商，战争期间除外”，此条旅行权规范了外国公民自由出入英格兰的权利；第 42 条“考虑到国家与公共利益，除战争时期暂时限制之外，英格兰人都可以通过水路或陆路安全出入国境，囚犯除外”，此条旅行权规定了本国公民自由出入境的权

① 参见曹国新、汪忠烈、刘蕾：《论旅游学的定义：一种基于本体论的考察》，载《江西财经大学学报》2005 年第 3 期。

② 参见王德军：《论旅游对人的生存本体论意义》，载《华北水利水电学院学报》（社科版）2007 年第 1 期；参见庄志民：《旅游美学的本体论思考》，载《华东师范大学》（哲学社会科学版）1994 年第 5 期。

③ 参见王德刚：《再论旅游权利》，载《北京第二外国语学院学报》2011 年第 7 期。

④ 参见王德刚：《旅游权利论》，载《旅游科学》2009 年第 4 期。

⑤ 参见王德刚：《权利、利益、道德——关于旅游的本体论思考》，载《中国旅游评论（2011）》，旅游教育出版社 2011 年版，第 52～58 页。

⑥ 参见王德刚：《旅游权利论》，载《旅游科学》2009 年第 4 期；《权利、利益、道德——关于旅游的本体论思考》，载《中国旅游评论（2011）》，旅游教育出版社 2011 年版，第 52～58 页。

利。[①] 1948 年的《世界人权宣言》标志着世界范围内旅游权利的接受：第 13 条规定“人人在各国境内(包括本国及他国)有权自由迁徙、居住和离开并返回他的国家”；第 24 条规定“人人享有休息和闲暇的权利，包括工作时间的合理限制和定期带薪休假的权利”。[②] 作为旅游权利的最主要的支持者，世界旅游组织(UNWTO)的官方文件中经常出现旅游权利的主张。最早出现的是 1980 年 9 月 27 日～10 月 10 日在马尼拉召开的世界旅游大会上通过的世界旅游领域的纲领性文件《马尼拉世界旅游宣言》，该文件强调了旅游的社会作用：“在旅游实践中，精神因素比技术、物质因素等更为重要，表现在：彻底实现人的自身价值；不断地推动教育的发展；各国命运的平等；本着尊重他人人格和尊严的精神解放人；承认旅游的文化属性并尊重世界人民的精神遗产。”《马尼拉世界旅游宣言》将《世界人权宣言》中“人人享有休息和闲暇的权利，包括工作时间的合理限制和定期带薪休假的权利”的理念进一步发扬光大，更加明确地强调：“旅游也是人类社会的基本需要之一”，“旅游应是人人享有的权利”，“旅游是人们的一种积极休息，能够强烈而深刻地表达人的本性”。至此，《马尼拉宣言》对旅游权利作了原始性的界定，明确了旅游应是“人人都该享有的权利”[③]。紧接着，1982 年 8 月在墨西哥阿卡普尔科召开了世界旅游会议，会议通过的《阿卡普尔科文件》与《马尼拉世界旅游宣言》一起被认为当代旅行和旅游历史的里程碑。《阿卡普尔科文件》第九条对人人有权休息休闲、带薪休假及往来自由作了详尽的阐述。[④]

1985 年世界旅游组织第六次全体大会通过的《旅游权利法案和旅游者守则》[⑤]，被认为是对旅游权利概念的正式确认。该守则规范了旅游者的权利范围：旅游者自由来往的权利、旅游者享受休息和闲暇的权利、旅游者人身财产安全的权利、旅游者自由享受旅游资源的权利、旅游者及时了解全面旅游信息的权利、旅游者的人格尊严和民族风俗习惯受尊重的权利、旅游者自主选择旅游经营者和旅游方式的权利等。[⑥]

旅游权利主张的集大成者应该归属于世界旅游组织 1999 年制定的《全球旅游伦理规范》。该规范从 1997 年开始制定，到 1999 年完成，于 1999 年 10 月在智利圣地亚哥召开的世界旅游组织大会上通过，并于 2001 年在联合国大会被正式核准(A/RES/56/212 号决议)。《规范》中第七条规定了地球上所有人都有旅游的权利，另外第 8 条涉及“旅游者往来的自由”，第 9 条涉及“旅游业从业人员和经营者的权利”。[⑦]

---

① 参见夏赞才、刘焱：《论旅游权利》，载《旅游学刊》2010 年第 5 期。

② World Tourism Organization, “Why a World Tourism Organization?” *Annals of Tourism Research*, vol. 2, no. 5 (1975), pp. 246-249.

③ 王德刚：《旅游权利论》，载《旅游科学》2009 年第 4 期。

④ 参见夏赞才：《〈全球旅游伦理规范〉的脆弱基础和错误主张》，载《伦理学研究》2007 年第 6 期。

⑤ 参见汤静：《论〈旅游权利法案〉的国际法性质及在我国的适用》，载《时代法学》2008 年第 3 期。

⑥ 参见刘红婴：《旅游权的法理释义》，载《旅游学刊》2006 年第 9 期。

⑦ 参见夏赞才：《〈全球旅游伦理规范〉的脆弱基础和错误主张》，载《伦理学研究》2007 年第 6 期。

此外，越来越多的国家的相关法律也凸显了旅游权的观念和规范，体现了人类主体的价值观，例如日本《旅游基本法》、美国《全国旅游政策法》和旅游协会宗旨及相关草案等。[①] 国际旅游立法随着旅游权利的强化，更多地关注旅游权利和旅游资源的保护，不再局限于从经济的角度看待旅游业的发展，从而更好地提高了本国公民和他国游客的健康文化生活质量。[②]

我国对旅游权利进行明确规定的法案出台较晚。2008 年，国务院出台了旅游行政主管部门机构改革的"三定"方案，其主旨包括了"保护旅游者"的基本职能。国内学者张永奇以"中国宪法公民权"为依据，将"公民旅游权"从"宪法公民权利"中剥离，指出公民的基本旅游权利是宪法赋予公民基本权利（涵盖在政治、经济、社会、文化领域等）在旅游领域的具体体现。张永奇在研究中强调了理顺旅游领域内各种权利关系在旅游业发展关键时期的重要性，关系的理顺可以为所有的旅游经营活动创造宽松的旅游产业发展环境，从而保护广大人民，尤其是下岗职工、亿万农民等弱势群体的合法旅游权利。[③] 2013 年 10 月 1 日，我国正式实施《中华人民共和国旅游法》（以下简称《旅游法》），该法律从头到尾都可以看到对旅游者权益的保护。《旅游法》强调旅游者是旅游行为的主体。《旅游法》通过从人的角度定义旅游显示出"以人为本"（实际上是以旅游者为本）的立法原则。《旅游法》通过维护权益总体平衡的基础上强调为旅游者提供旅行便利和安全保障的规定，进一步深化了"以旅游者为本"的思想。《旅游法》通过专设"旅游者"一章来体现对旅游者的保护，该章涉及了旅游者享受的不同权利，包括：知悉真情权、自主选择权、受尊重权、要求严格履行权、救助保护请求权、特殊群体获得便利优惠权。[④] 但从《旅游法》的立法宗旨和法律条文内容看，该法还没有完全摆脱"旅游业促进法"的立法理念，并未真正体现"保障公民旅游权利"的思想，因此，该法存在着很大的局限性。

二、旅游权利相关研究

西方关于旅游权利的规定更多地体现在法律文件中，由于旅游权利在西方已经以法律形式确定下来，因此，西方旅游权利的研究更多地集中在旅游权利的实施，尤其是社会弱势群体或社会旅游方面的研究。成立于 1963 年的国际社会旅游局（BITS）长期致力于社会弱势群体的旅游权利研究，特别展开了促进青年人和老年人旅游的活动。[⑤] 过去二十年里，西方旅游学者不断研究传统的边缘群体的旅游体验，如同性恋者、老年人、残疾人和妇女等旅游者群体，真正做到使旅游权利成

---

① 参见杨富斌、王天星：《西方国家旅游法律法规汇编》，社会科学文献出版社 2005 年版。

② 参见戴斌、李仲广、战冬梅：《论旅游权利应是旅游立法的宗旨和目标》，载《旅游学刊》2011 年第 3 期。

③ 参见张永奇：《论公民的基本旅游权利及其法律依据》，载《旅游论坛》2009 年第 5 期。

④ 参见《〈旅游法〉明确旅游者基本权利》，http://ucwap.ifeng.com/lady/kuaixun/news?aid=59786537&p=1。

⑤ C. Ryan, "Equity Management, Power Sharing and Sustainability: Issues of the New Tourism," *Tourism Management*, vol. 23, no. 1 (2002), pp. 17-26.

为所有公民享有的一项人权。[①] 以残疾人旅游市场为例，1990 年美国的《残疾人法案》和《航空承运人准入法》的颁布使美国开始关注被忽视的残疾人市场。旅游业和旅游市场应该关注数量众多的美国残疾人市场[②]，《华尔街日报》将残疾人看作新增长的利基市场。[③] 行动的不方便没有抑制残疾人对旅游的热情，他们更希望参与自然的或是体育类活动。进行遗产和文化旅游活动规划的旅游运营商应该在活动规划中考虑到行动不便者的要求。后续的研究方向应该以所有的残疾人群体作为研究对象，调查不同类型的残疾人群的旅游需求并满足其需求。西方学者卡鲁阿纳和克兰[④]采用批评话语分析方法讨论了旅游业中自由的构建、不同类型的旅游体验中自由的变化以及个体旅游者的自由如何与旅游体验中其他参与者的尊敬相配合。有学者强调个人的自由应该在更广阔的社会背景下考虑才更符合旅游业的发展[⑤]，认为旅游者对作为个人动机的自由的渴望应该在不同的旅游实践下（享乐主义旅游、散客旅游和责任旅游）进行分析。[⑥] 也有学者从肥胖人群角度出发，扩宽了该领域的研究范围。他们认为现代社会中肥胖的人越来越多，而旅游业却对此类人群保持沉默，无法提供足够的活动空间，从而破坏了该类人群旅游权利的实现。该研究倡议所有体型的旅游者都应在旅游业中享有公平待遇。[⑦]

国内学者对于旅游权利研究的成果相对较少，少数学者对旅游权利的概念进行了直接研究[⑧]，其他学者均是从旅游权利的构成和旅游权利的实施、旅游伦理等相关的角度进行研究。[⑨]

（一）旅游权利的概念研究

国内学者刘红婴从法理角度对旅游权进行了阐释。她认为，旅游权利是人权的一部分，由独立概念的旅游权和复合概念的旅游权共同构成的。独立概念的旅游权指向公民旅行游览的权利，复合概念的旅游权指向旅游权利与相关权利共同组成的概念群落。[⑩] 杜一力将旅游权利界定为现代人类利用时间和空间，通过离

---

① J. Small and C. Horris, "Obesity and Tourism: Rights and Responsibility," *Annals of Tourism Research*, vol. 39, no. 2 (2012), pp. 686-707.

② K. Murphy and E. Baig, "Barriers Drop for the Disabled," *Business Week*, 31 March 1997, p. 99.

③ J. H. Prager, "People with Disabilities Are Next Consumer Niche," *Wall Street Journal*, 15 December 1999, pp. B1, B2.

④ R. Caruana and A. Crane, "Getting away from it all: Exploring Freedom in Tourism," *Annals of Tourism Research*, vol. 38, no. 4 (2011), pp. 1495-1515.

⑤ S. M. Cheong and M. L. Miller, "Power and Tourism: A Foucauldian Observation," *Annals of Tourism Research*, vol. 27, no. 2 (2000), pp. 371-390.

⑥ E. L. Dunn Ross and S. E. Iso-Ahola, " Sightseeing Tourists' Motivation and Satisfaction," *Annals of Tourism Research*, vol. 18, no. 2 (1991), pp. 226-237.

⑦ J. Small and C. Horris, "Obesity and Tourism: Rights and Responsibility," *Annals of Tourism Research*, vol. 39, no. 2 (2012), pp. 686-707.

⑧ 参见傅林放：《论旅游权利的内涵》，载《旅游学刊》2012 年第 12 期。

⑨ 参见戴斌、李仲广、战冬梅：《论旅游权利应是旅游立法的宗旨和目标》，载《旅游学刊》2011 年第 3 期。

⑩ 参见刘红婴：《旅游权的法理释义》，载《旅游学刊》2006 年第 9 期。

开惯常住所进行旅行游览活动获得精神、文化、健康等需求满足的一种权利。[①] 傅林放认为，旅游权利兼顾了公法性质的权利和旅游者享有的旅游民事权利两个方面。[②] 王飞明将旅游权利定义为作为主体的人对作为客体的旅游利益的一种正义的主张。[③]

综上所述，当前国内还只有少数学者对旅游权利的概念进行阐释性研究，已有的概念界定大多是从内容上进行区分，尚未深入到研究旅游权利背后隐藏的旅游利益关系等深层次问题。

（二）旅游权利的性质

国内外研究一致认为旅游权利是一项人权，是构成完整人权的必要因素之一。[④] 作为人类生活和发展的重要需求，旅游是人的生活过程的重要内容，作为基本生产方式和生活方式存在的旅游成为公民的基本权利之一，也是人实现全面发展所必不可缺少的权利。[⑤] 旅游应该由单一的功利化发展经济的目的，逐步回归到旅游的本质，作为人的基本权利存在。[⑥] 旅游权利是“基本权利的延伸”。[⑦] 由此可见，旅游权利本质上是一项人权，该权利以自由、公正、平等、协调等为终极价值目标，最终全部回归到人全面发展的实现上。[⑧] 国外很多发达国家以“旅游权利是一项人权”为核心，深化了该领域的研究力度，取得了有价值的实践成果。

可见，旅游从本质上说就是人的基本权利的重要组成部分。早期的功利化的经济目的虽然促进了旅游的发展，但不代表是唯一的目的，只能作为旅游发展的目的之一存在，旅游的发展更多地体现在人的全面发展上。这就要求国家、地方政府以及社会上所有机构必须承担人类旅游权利实现的责任和义务，从各自负责的领域出发，提供政策保障，同时创造物质条件，特别应该通过政策、法规等手段，保证低收入群体、残疾人等弱势群体旅游权利和旅游愿望的实现。[⑨] 甚至包括国外学者所研究的包括同性恋者在内的边缘群体的旅游权利也同样需要保障。

但从国内目前关于旅游权利的研究深度看，基本还停留在喊人权口号的阶段，尚未对旅游权利的本质内涵进行深入分析和研究。

---

① 参见杜一力：《谈旅游权利和旅游者权利——献给第一个中国旅游日》，载《北京第二外国语学院学报》2011年第5期。

② 参见傅林放：《论旅游权利的内涵》，载《旅游学刊》2012年第12期。

③ 参见王飞明：《旅游权利研究》，吉首大学硕士学位论文，2013年。

④ 参见刘红婴：《旅游权的法理释义》，载《旅游学刊》2006年第9期。

⑤ 参见戴斌、李仲广、战冬梅：《论旅游权利应是旅游立法的宗旨和目标》，载《旅游学刊》2011年第3期；参见张永奇：《论公民的基本旅游权利及其法律依据》，载《旅游论坛》2009年第5期。

⑥ 参见王德刚：《旅游权利论》，载《旅游科学》2009年第4期。

⑦ 参见杜一力：《谈旅游权利和旅游者权利——献给第一个中国旅游日》，载《北京第二外国语学院学报》2011年第5期。

⑧ 参见王飞明：《旅游权利研究》，吉首大学硕士学位论文，2013年。

⑨ 参见王德刚：《旅游权利论》，载《旅游科学》2009年第4期。

（三）旅游权利的构成

学者们从不同的视角对旅游权利的构成进行了分析。张永奇从“民有、民治、民享”等权利范畴界定了公民基本旅游权利，将其分为参与旅游活动的权利、开展旅游创造的权利、享受旅游成果的权利和旅游成果受保护的权利等等。[①] 从旅游的基本层面，夏赞才、刘焱将旅游权利分为自由旅行权、带薪休假权、友善接待权和资源共享权。[②] 王德刚根据《旅游权利法案》第一条的规定，将旅游权利细分为闲暇权、娱乐权、带薪休假权和自由旅行权。[③] 郭志平将旅游权看作一个多层次的权利体系，认为旅游权利包括：旅游平等权、旅游自由权、旅游保障权、旅游资源共享权。[④] 杜一力则把休假权、旅游自由权、旅游资源享有权、与旅游权利相对应的权利救济列为旅游权利的主要内容。[⑤] 王飞明则认为，带薪休假权、旅游自由权、旅游平等权、旅游资源共享权应该归属于旅游权利的范畴。[⑥]

由上可见，虽然学者们对旅游权利的构成没有达成完全一致的意见，但旅游自由权、旅游平等权基本得到了认可。对于休息权、娱乐权、旅游创造权、友善接待权等相关权利是否应该划分到旅游权利核心范畴[⑦]，学术界还存在异议，有待进一步深入研究。

（四）旅游权利的实现

国内大部分对旅游权利如何保障和实现的研究都是建立在对立法和政策制度建设方面。张永奇、戴斌等人从旅游权利是公民的宪法性权利角度，指出旅游权利是旅游法的核心、法理依据和灵魂，旅游立法的最高宗旨和根本目标应该是旅游权利。[⑧] 刘红婴、郭志平认为，旅游权的实施依赖于通过法律普适原则的遵循和法律程序上的各种保障形成的基本行为规范。旅游权的实现需要两个必备的要素：来自政府的全面保障和确保旅游权利实施的法律规定。[⑨⑩] 王德刚认为，低收入群体和残疾人群体等特殊弱势群体旅游权利的实现途径为：通过构建“社会化旅游”机制，建立旅游权利实现需要具备的一定经济基础和政策、制度保障，从而实现真正

---

① 参见张永奇：《论公民的基本旅游权利及其法律依据》，载《旅游论坛》2009 年第 5 期。

② 参见夏赞才、刘焱：《论旅游权利》，载《旅游学刊》2010 年第 5 期。

③ 参见王德刚：《权利、利益、道德——关于旅游的本体论思考》，载《中国旅游评论（2011）》，旅游教育出版社 2011 年版，第 52～58 页。

④ 参见郭志平：《试论公民旅游权利的法律确认与保障》，载《集美大学学报》2011 年第 3 期。

⑤ 参见杜一力：《谈旅游权利和旅游者权利——献给第一个中国旅游日》，载《北京第二外国语学院学报》2011 年第 5 期。

⑥ 参见王飞明：《旅游权利研究》，吉首大学硕士学位论文，2013 年。

⑦ 参见王飞明：《旅游权利研究》，吉首大学硕士学位论文，2013 年。

⑧ 参见张永奇：《论公民的基本旅游权利及其法律依据》，载《旅游论坛》2009 年第 5 期；参见戴斌、李仲广、战冬梅：《论旅游权利应是旅游立法的宗旨和目标》，载《旅游学刊》2011 年第 3 期。

⑨ 参见刘红婴：《旅游权的法理释义》，载《旅游学刊》2006 年第 9 期。

⑩ 参见郭志平：《试论公民旅游权利的法律确认与保障》，载《集美大学学报》2011 年第 3 期。

公平、平等和人人参与的“大众旅游”。[①②] 王飞明研究认为，旅游权利的实现过程可以依次分为三个阶段：旅游权利的法定化、旅游权利的实施和旅游权利的实现。旅游权利的实现需要一定的机制保障，具体分为法律规范机制、政策引导机制、市场调节机制和社会参与机制。[③]

此外，还有学者从单一角度进行了旅游权利实施的研究，如杨曼丽[④]、王东岳[⑤]等从休息权的权利定位出发，理论与实证分析相结合，进行了旅游权利中休息权的论证。杨玲英[⑥]、钟清、吕晓亮[⑦]等从消费者权益的角度，杨志刚[⑧]等从旅游合同的角度共同研究了旅游者合法权益的实施与保护。

综上所述，无论是国际法规规范文件还是国内学者的研究结论，都认为旅游权利是公民的基本权利。国内学者对旅游权利的研究可以概括为以下几个方面：旅游权利的定义、旅游权利的性质或属性、旅游权利的内涵及外延，等等。尽管相关的研究围绕上述内容展开，但是却没有一个相对明确的统一定义和表述[⑨]，缺乏系统的理论研究，涉及旅游权利价值、旅游权利赋予的意义、旅游权利的实现等相关理论较少。

第三节　旅游利益研究

王德刚、邢鹤龄在《旅游利益论》一文中指出，旅游对人类社会的影响最终都会聚焦到旅游研究的本体论命题——旅游利益问题，即旅游到底能够产生哪些利益，给哪些人带来了利益，旅游的利益是如何分配的，等等。所谓“谁在旅游中获得利益”指的就是“旅游利益相关者”，“获得什么样的利益”是指“利益相关者的旅游利益”，“均衡利益”是指“建立公平的利益分配机制”。[⑩] 因此，对旅游利益论的文献综述主要围绕两个方面展开：旅游利益相关者研究和旅游利益分配研究。

一、旅游利益相关者研究

相对于国外的研究，国内旅游利益相关者的研究起步较晚，公认的旅游利益相

---

① 参见王德刚：《旅游权利论》，载《旅游科学》2009 年第 4 期。

② 参见王德刚：《旅游公平论》，载《中大管理研究》2012 年第 1 期。

③ 参见王飞明：《旅游权利研究》，吉首大学硕士学位论文，2013 年。

④ 参见杨曼丽：《论休息权》，武汉大学硕士学位论文，2005 年。

⑤ 参见王东岳：《论我国公民休息权的法律保障制度》，华中师范大学硕士学位论文，2009 年。

⑥ 参见杨玲英：《旅游消费者权益保护的法律思考》，湘潭大学硕士学位论文，2006 年。

⑦ 参见吕晓亮：《中国旅游消费者权益保护法律问题分析》，湖南大学硕士学位论文，2008 年。

⑧ 参见杨志刚：《GATS 框架下中国旅游立法与旅游者权益保护》，哈尔滨工程大学硕士学位论文，2004 年。

⑨ 参见戴斌、李仲广、战冬梅：《论旅游权利应是旅游立法的宗旨和目标》，载《旅游学刊》2011 年第 3 期。

⑩ 参见王德刚、邢鹤龄：《旅游利益论》，载《旅游科学》2011 年第 2 期。

关者研究起于张广瑞翻译的世界旅游组织的《全球旅游伦理规范》。[①] 从中国知网的中国文献期刊总库(CNKI)以关键词"利益相关者"+"旅游"进行检索,2014 年 4 月之前刊发的相关文献 248 篇,包括期刊文章和硕士论文。可见,国内旅游学术界对旅游利益相关者研究正在逐步展开,但研究的深度有待进一步加强,很多文献都是从利益相关者角度出发来研究旅游业中的某一现象,系统性的深度思考不够。

由于旅游是由人的异地活动而形成的动态系统,系统以客源地为主体、以目的地为核心、以通道为连接、以支持系统为保障,相互联系、相互影响[②],因此,不可避免地会涉及众多的利益相关者。[③] 旅游业如果想实现可持续发展,必须得到利益相关者的支持。[④]

(一)旅游利益相关者的界定

利益相关者理论(Stakeholder Theory)起源于美国斯坦福大学,并在 20 世纪 90 年代在经济和管理学界得到广泛应用。[⑤] 20 世纪 80 年代,旅游企业管理研究领域开始引入利益相关者理论。[⑥] 旅游界的利益相关者研究是建立在企业管理和公共管理研究基础上,并得到快速发展。[⑦] 旅游活动的综合性和复杂性,使其关联带动性极强,参与主体呈现多样化趋势。

国外研究对旅游利益相关者的界定已经取得一致意见,由四类群体构成:旅游者、居民、企业家和当地政府机构。[⑧]

国内学者对旅游利益相关者的界定是从旅游产业、旅游景区、旅游企业和旅游规划过程等多个角度进行,研究数量较多。[⑨] 王德刚、贾衍菊的研究指出,世界旅游组织圣地亚哥会议纪要将旅游专业人员、社会公众、媒体确定为旅游开发的利益相关者是不全面的,因为政府或相关部门可以主导旅游开发实践,旅游企业或其他投资商或者当地居民的个体或组织也都可以做到。"利益相关者"的概念如果从可持续发展的角度应该考虑涵盖面更宽泛的意义,毕竟可持续发展理念包含了政府、

---

① 参见张广瑞译:《全球旅游伦理规范》,载《旅游学刊》2000 年第 3 期。

② 参见 C. Cooper, J. Fletcher, A. Fyall, et al. 著,张俐俐、蔡利平译:《旅游学》,高等教育出版社 2007 年版,第 65 页。

③ 参见吴必虎:《旅游系统:对旅游活动与旅游科学的一种解释》,载《旅游学刊》1998 年第 1 期。

④ E. T. Byrd and L. D. Gustke, "Identifying Tourism Stakeholder Groups based on Support for Sustainable Tourism Development and Participation in Tourism Activities," in F. D. Pineda and C. A. Brebbia (eds.), *Sustainable Tourism: The Sustainable World*, London: WIT Press, 2004, pp. 97-108.

⑤ 参见贺小荣:《旅游企业利益相关者管理理论研究进展》,载《旅游学刊》2008 年第 8 期。

⑥ 参见李正欢、郑向敏:《国外旅游研究领域利益相关者的研究综述》,载《旅游学刊》2006 年第10 期。

⑦ E. T. Byrd, H. E. Bosley and M. G. Dronberger, "Comparisons of Stakeholder Perceptions of Tourism Impacts in Rural Eastern North Carolina," *Tourism Management*, vol. 30(2009), pp. 693-703.

⑧ E. T. Byrd, H. E. Bosley and M. G. Dronberger, "Comparisons of Stakeholder Perceptions of Tourism Impacts in Rural Eastern North Carolina," *Tourism Management*, vol. 30(2009), pp. 693-703.

⑨ 参见刘中山、代合治:《国内旅游利益相关者研究进展及启示》,载《经济发展研究》2011 年第11 期。

企业、居民、旅游者等人类，资源、环境等非人类，现代人与后代人等广泛的利益。[①]

从旅游系统的角度分析，具有能动作用的旅游利益相关者主要包括五个方面，即旅游者、社区、旅游企业、政府、社会公众[②]，多数学者对核心利益相关者构成持相同的意见。[③] 旅游利益相关者中既包括人类利益相关者，如旅游者、政府、企业、社区居民、社会公众等；也包括非人类利益相关者，如旅游资源、环境等，后者是被动地被旅游业利用，在旅游业发展中不具有能动作用。[④] 此外，还有其他学者将旅游利益相关者进行分层，如王兆峰、腾飞将旅游利益相关者分为核心层和非核心层。所谓的核心层与国外学者研究的结论一致：主要涵盖了政府、旅游者、社区居民和旅游企业。[⑤] 从旅游企业视角出发的具有代表性的研究，如夏赞才将旅行社利益相关者分为投资者、职工、旅游者、供应商、代理商和旅游局六类，分别归属于核心层、战略层和外围层。[⑥] 此研究与罗伯森等人的研究较为一致，指出旅游运营商利益相关者包括各种旅游服务提供者、终端用户、国家政府组织、中央政府、当地政府、雇员、压力集团、旅游代理商、旅游吸引物等等。[⑦]

（二）利益相关者的关系及管理研究

西方对于旅游利益相关者合作关系的重要性进行了充分的论证，尤其在旅游规划领域。[⑧] 过去三十年，关于利益相关者参与成功的旅游规划和开发的相关研究层出不穷[⑨]，该领域的研究是国外旅游领域利益相关者研究的主流。[⑩] 由于旅游目的地的综合性和在维持竞争力的同时要保持一致的需求，利益相关者间的合作

---

① 参见王德刚、贾衍菊：《成本共担与利益共享——旅游开发的利益相关者及其价值取向研究》，载《旅游科学》2008 年第 1 期。

② 参见王德刚、邢鹤龄：《旅游利益论》，载《旅游科学》2011 年第 2 期。

③ 参见彭惠军、黄翅勤：《利益相关者视角下宗教名山旅游景区可持续发展研究——以南岳衡山为例》，载《市场论坛》2011 年第 6 期。

④ 参见王德刚、邢鹤龄：《旅游利益论》，载《旅游科学》2011 年第 2 期。

⑤ 参见王兆峰、腾飞：《西部民族地区旅游利益相关者冲突及协调机制研究》，载《江西社会科学》2012 年第 1 期。

⑥ 参见夏赞才：《利益相关者理论及旅行社利益相关者基本图谱》，载《湖南师范大学学报》（社会科学版）2003 年第 3 期。

⑦ Jane Robson, Lan Robson, "From Shareholders to Stakeholders: Critical Issues for Tourism Marketers," *Tourism Management*, vol. 17, no. 7 (1996), pp. 533-540.

⑧ M. Arnaboldi and N. Spiller, "Actor-network Theory and Stakeholder Collaboration: The Case of Cultural Districts," *Tourism Management*, vol. 32(2011), pp. 641-654. T. B. Jamal and D. Getz, "Collaboration Theory and Community Tourism Planning," *Annals of Tourism Research*, vol. 22, no. 1(1995), pp. 186-204.

⑨ R. Stokes, "Network-based Strategy Making for Events Tourism," *European Journal of Marketing*, vol. 40(2006), pp. 682-695. S. McCabea, M. Sharples and C. Foster, " Stakeholder Engagement in the Design of Scenarios of Technology-Enhanced Tourism Services," *Tourism Management Perspective*, vol. 4, no. 7(2012), pp. 36-44.

⑩ 参见郭华：《国外旅游利益相关者研究综述与启示》，载《人文地理》2008 年第 2 期。

极其重要。[①]

西方研究大多集中在对单个旅游利益相关者的研究，而忽视了不同群体之间的比较。[②] 有学者强调需要在不同利益相关者需求的基础上研究多个利益相关者集团之间的关系。[③] 已有的研究体现在：居民和企业；居民和旅游者；居民、企业和旅游者；居民、企业和政府机构。也有学者将四个主要主体——居民、企业、旅游者和政府机构放在一个研究中讨论利益相关者对旅游的感知对乡村旅游社区的影响，从而提出目的地组织和社区规划者在进行社区旅游发展过程中综合考虑所有利益相关者的利益。不同的旅游利益相关者具有不同的需求，在旅游业发展过程中，所有的利益相关者，包括旅游者，都要参与到旅游开发过程中。旅游开发的目标就是要实现所有利益相关者群体的利益和成本的最佳平衡收益。[④] 但是，在旅游业中利益相关者卷入是困难的，或者说很难实现，只能发生在一定的水平（consultative level）。[⑤] 为了保证旅游业的发展和旅游体验的提高，利益相关者间应该加强沟通，互相理解，从而降低互相之间的冲突。通过教育、沟通和参与的方式，真正提高各个利益相关者感知和真正的生活质量。[⑥]

国内学者也意识到旅游利益相关者内部的差异性，分别从旅游企业利益相关者关系[⑦]、旅游目的地利益相关者关系[⑧]、乡村旅游利益相关者关系[⑨]、社区旅游利益相关者关系[⑩]、生态旅游利益相关者关系[⑪]等角度进行研究。贺小荣以旅游企业利益相关者关系为例进行研究，结论认为旅游企业与其他的利益相关者之间是一

---

① R. March and I. Wilkinson, "Conceptual Tools for Evaluating Tourism Partnerships," *Tourism Management*, vol. 30(2009), pp. 455-462.

② E. T. Byrd, H. E. Bosley and M. G. Dronberger, "Comparisons of Stakeholder Perceptions of Tourism Impacts in Rural Eastern North Carolina," *Tourism Management*, vol. 30 (2009), pp. 693-703.

③ A. L. Hardy and R. J. S. Beeton, "Sustainable Tourism or Maintainable Tourism: Managing resources for More than Average Outcomes," *Journal of Sustainable Tourism*, vol. 9, no. 3 (2001), pp. 168-192.

④ E. T. Byrd, H. E. Bosley and M. G. Dronberger, "Comparisons of Stakeholder Perceptions of Tourism Impacts in Rural Eastern North Carolina," *Tourism Management*, vol. 30 (2009), pp. 693-703. J. Ap, "Residents' Perceptions on Tourism Impacts," *Annals of Tourism Research*, vol. 19 (1992), pp. 665-690.

⑤ C. Tosun, "Expected Nature of Community Participation in Tourism Development," *Tourism Management*, vol. 27 (2006), pp. 493-504.

⑥ E. T. Byrd, H. E. Bosley and M. G. Dronberger, "Comparisons of Stakeholder Perceptions of Tourism Impacts in Rural Eastern North Carolina," *Tourism Management*, vol. 30 (2009), pp. 693-703.

⑦ 参见夏赞才：《利益相关者理论及旅行社利益相关者基本图谱》，载《湖南师范大学学报》（社会科学版）2003 年第 3 期；参见贺小荣：《旅游企业利益相关者管理理论研究进展》，载《旅游学刊》2008 年第8 期。

⑧ 参见何彪、马勇：《基于关系营销的旅游目的地利益相关者管理策略研究》，载《桂林旅游高等专科学校学报》2004 年第 3 期。

⑨ 参见何小怡：《从利益相关者理论探讨贵州乡村旅游的发展》，载《中国农学通报》2010 年第14 期。

⑩ 参见贾彦松：《生态脆弱地区社区参与式旅游的社区共享机制研究》，西南交通大学硕士学位论文，2011 年。

⑪ 参见宋瑞：《生态旅游：多目标多主体的共生》，中国社会科学院研究生院博士学位论文，2003 年。

种基于对有限资源和利益的占有而形成的既竞争又合作的关系，这种关系的本质即是竞合关系。[①] 但是，王德刚、贾衍菊研究表明，旅游利益相关者之间的关系不是简单的双边关系，由于他们的价值取向不同，投入的成本和获得收益就不同，具有很高的复杂性，多重作用构成了错综复杂的利益关系。[②]

目前，国内研究意识到旅游利益相关者的利益诉求及表达是不同的，但现有研究仅仅对旅游利益相关者的合作关系进行了阐述，缺乏以下几个方面的深入研究：

首先，缺乏对不同类型旅游企业利益相关者的广泛深入研究[③]，理论分析多，实证研究少。

其次，对旅游利益相关者间的竞合机制有待进一步研究。[④]

最后，没有意识到旅游利益相关者间的关系是动态发展的。王德刚、邢鹤龄指出，各利益相关者的利益诉求在旅游发展的不同阶段呈现动态发展的趋势。例如，政府往往在旅游发展初期处于主导地位，考虑到地方经济的发展，政府会在政策上向能够为当地带来经济利益的投资商倾斜，通过为投资商提供各种优惠使投资商最终处于利益核心地位，但却导致社区居民的利益被忽视，从而使政府企业的利益诉求和旅游者的需求高于社区利益，使社区利益处于相对次要地位。[⑤]

二、旅游利益分配研究

1986 年 12 月，联合国大会上通过的《发展权利宣言》(第 41/128 号决议)指出："人作为发展的主体，应该成为发展权利的积极参与者和受益者。""全体人民和所有个人的福利的改善应该建立在全体人民和所有个人积极、主动和有意识地参与、发展旅游权利，和由此带来的利益公平分配的基础上。"结合上述关于旅游权利研究的论述，可以得出下列结论：全体人民和所有个人都应当享有旅游发展所带来的利益，即旅游利益必须进行公平分配。[⑥]

西方许多国家把旅游利益相关者管理当作旅游规划发展的一种模式[⑦]，强调旅游开发中涉及的所有利益相关者应该在合理的成本分摊、利益分配模式下进行合作。美国学者西蒙提出，应该开发旅游的社区参与模型。[⑧] 赛林和梅尔发现，很

---

① 参见贺小荣：《旅游企业利益相关者管理理论研究进展》，载《旅游学刊》2008 年第 8 期；参见王德刚、邢鹤龄：《旅游利益论》，载《旅游科学》2011 年第 2 期。

② 参见王德刚、贾衍菊：《成本共担与利益共享——旅游开发的利益相关者及其价值取向研究》，载《旅游科学》2008 年第 1 期。

③ 参见粟路军、何学欢：《国内旅游利益相关者研究进展及展望》，载《湖南财政经济学院学报》2011 年第 2 期。

④ 参见陈昕：《国内外旅游利益相关者研究综述》，载《西南边疆民族研究》2013 年第 11 期。

⑤ 参见王德刚、邢鹤龄：《旅游利益论》，载《旅游科学》2011 年第 2 期。

⑥ 参见刘红婴：《旅游权的法理释义》，载《旅游学刊》2006 年第 9 期。

⑦ E. T. Sautter and B. Leisen, "Managing Stakeholders: A Tourism Planning Model," *Annals of Tourism Research*, vol. 2 (1999), pp. 312-328.

⑧ D. G. Simmons, "Community Participation in Tourism Planning," *Tourism Management*, vol. 15, no. 2 (1994), pp. 98-108.

多因素作用于有效的旅游营销联盟：足够的利益，共享的愿景，目标完成，好的工作关系和成员之间的开放式沟通共同作用形成有效的合作和成员满意度。[①] 从可持续发展旅游的概念出发，同样可以得出该结论：任何旅游经济活动开展必须寻找能增加政府、企业、旅游者、社区、环境等价值的有效方式。[②] 因此，如何处理好旅游利益相关者之间的矛盾，提高旅游相关者的利益，成为国内外学者们研究的重点之一。

国内学者对旅游利益分配与协调基本集中在以下措施：提高旅游利益相关者的参与度[③]、构建共同治理的共生机制[④][⑤]、社区参与[⑥]、利益均衡机制和文化整合机制[⑦]等等。例如王德刚、贾衍菊认为，在旅游开发过程中要强调建立一种以"均衡利益"为原则的旅游利益分配机制，使各个利益相关者之间能够达到成本共担与利益共享，并提出了政府和旅游管理机构管理协调、开放规划(在规划阶段预设利益分配的原则和方案)、社区参与等一体化的利益分配保障机制。同时，他们也指出，坚持"社区参与"与"全民参与，平均分配"的组织形式是不同的。社区参与必须遵循市场竞争的原则，在公平原则之下强化当地居民的市场意识和商品观念，通过提高经营能力，改善经营方式等多种手段提高对旅游业的进入和参与能力，进而强化对旅游开发的控制能力。[⑧] 王德刚、邢鹤龄又补充说明了利益相关者之间的利益博弈实际上很难在实践中得到完全的贯彻，需要在多个层面上建立有利于利益均衡分配的保障体系，包括构建旅游道德体系、构建旅游法律体系和完善旅游政策和制度体系等等，让旅游企业的经营、公民的旅游活动在自觉、有约束的环境下运行，从而搭建一个自由、健康、和谐、可持续发展的旅游模式。[⑨]

还有部分学者对上述利益分配措施进行了整合。石美玉通过"多重决策权利平衡""强化公众参与意识""组织创新""增加当地居民发展机会"四条对策对我国

---

① S. W. Selin and N. A. Myers, "Tourism Marketing Alliances: Member Satisfaction and Effectiveness Attributes of a Regional Initiative," *Journal of Travel & Tourism Marketing*, vol. 7, no. 3 (1998), pp. 79-94.

② C. Ryan, "Equity Management, Power Sharing and Sustainability: Issues of the New Tourism," *Tourism Management*, vol. 23, no. 1 (2002), pp. 17-26.

③ 参见石美玉：《旅游规划失灵与利益主体分析》，载《思想战线》2004 年第 2 期。

④ 参见阎友兵、肖瑶：《旅游景区利益相关者共同治理的经济型治理模式研究》，载《社会科学家》2007 年第 3 期。

⑤ 参见王维艳、林锦屏、沈琼：《跨界民族文化景区核心利益相关者的共生整合机制——以泸沽湖景区为例》，载《地理研究》2007 年第 4 期。

⑥ 参见刘雪梅、保继刚：《从利益相关者角度剖析国内外生态旅游实践的变形》，载《生态学杂志》2005 年第 3 期。

⑦ 参见王兆峰、腾飞：《西部民族地区旅游利益相关者冲突及协调机制研究》，载《江西社会科学》2012 年第 1 期。

⑧ 参见王德刚、贾衍菊：《成本共担与利益共享——旅游开发的利益相关者及其价值取向研究》，载《旅游科学》2008 年第 1 期。

⑨ 参见王德刚、邢鹤龄：《旅游利益论》，载《旅游科学》2011 年第 2 期。

旅游规划的利益主体进行了界定和分析。[①] 以利益相关者理论为研究背景，张文雅构建了利益相关者参与的区域合作机制，主要包括旅游资源整合机制、利益分配和补偿机制、行为约束机制、共享机制。[②]

国外旅游学术领域的利益相关者的研究起步较早，继承了传统利益相关者理论基础，集中在利益相关者的界定构成、关系协调和利益维护等几个方面。国外该领域的研究范围广泛，包括社区旅游、生态旅游、乡村旅游、自然旅游、国际旅游、高尔夫旅游、区域旅游、遗产旅游、酒店及旅游运营商、旅游目的地管理部门、旅游营销、旅游伦理和可持续发展，特别关注利益相关者协作领域和旅游可持续发展。研究方法多样，既有完整的案例分析，也有建立在理论分析基础上的实证分析，研究科学性较强；与国内旅游利益相关者研究相比，国外学者注重利益协调全过程研究，包括利益协作的原因分析、利益协作程序或途径、利益协作的过程管理、利益协作的组织形式、利益协作的效果评估等等。[③④]

国内的旅游利益相关者研究尚处于初级阶段，主要还是借用西方的理论研究宏观和中观层面的关系，研究的深度较浅[⑤]，研究重点集中于社区参与和旅游规划等方面。对于旅游利益相关者如何管理、如何协调涉及较少，关注的领域相对较窄，未能形成一个系统的研究框架。[⑥] 另外，尚缺乏对旅游利益相关者间关系的动态研究和贴近实际的解决方案设计[⑦]，如实践操作过程中，如何构建一套包含影响利益相关者参与的变量、利益冲突、冲突原因、冲突协调和实施效果评价等方面的完整系统。

第四节　旅游道德研究

旅游成为许多地方政府、企业发展经济的手段，利益的驱使引发了旅游者、社区居民、政府、企业、社会公众和非政府组织之间错综复杂的关系。处理这些复杂关系的关键在于正确处理旅游利益与旅游道德的关系。[⑧] 从旅游业可持续发展的角度出发，利益与道德的博弈实际就是旅游关系的本质，因此应当建立基于利益均衡原则的旅游立德机制，确保所有相关者的利益诉求能够得到公平的对待。[⑨]

---

① 参见石美玉：《旅游规划失灵与利益主体分析》，载《思想战线》2004 年第 2 期。

② 参见张文雅：《我国区域旅游利益相关者合作机制探讨》，载《湖北经济学院学报》(人文社科版)2007 年第 6 期。

③ 参见李正欢、郑向敏：《国外旅游研究领域利益相关者的研究综述》，载《旅游学刊》2006 年第10 期。

④ 参见陈昕：《国内外旅游利益相关者研究综述》，载《西南边疆民族研究》2013 年第 11 期。

⑤ 参见贺小荣：《旅游企业利益相关者管理理论研究进展》，载《旅游学刊》2008 年第 8 期。

⑥ 参见陈昕：《国内外旅游利益相关者研究综述》，载《西南边疆民族研究》2013 年第 11 期。

⑦ 参见贺小荣：《旅游企业利益相关者管理理论研究进展》，载《旅游学刊》2008 年第 8 期。

⑧ 参见张芙华：《旅游活动中的伦理支撑点——正确处理旅游利益与旅游道德的关系》，载《广西社会科学》2009 年第 S1 期。

⑨ 参见王德刚、张若阳：《旅游道德论》，载《旅游科学》2010 年第 1 期。

一、旅游道德的内涵

旅游道德、旅游伦理目前在学术界尚未被厘清，在很多场合被替换使用，学者们从正（道德的或符合伦理的）、反（不道德的或不符合伦理的）两个角度展开研究。

田勇认为："旅游非道德行为是指在旅游过程中，旅游者通过言语和行为表现出来的不符合社会主义道德规范的行为。"[①]李健认为："旅游伦理是在旅游活动中人们应该遵循的所有道德规范的总和。"由此可见，旅游道德是旅游伦理的主要内容。[②] 王正平、周治华认为："在一般道德意识的基础上形成的旅游道德是一种特殊道德，是人们掌握、评价和指导旅游活动及旅游行为的实践精神。"[③]王德刚、张若阳认为，旅游道德问题是"旅游过程中各个相关者之间的利益关系在道德层面的集中反映"，旅游道德则是指"参与旅游活动的利益相关者所接受的、能够用来调整所有利益相关者个体行为的意识和规范"[④]。

二、旅游道德的研究视角

上述学者们对旅游道德的内涵界定可以推断出学术界对旅游道德的研究主要集中在两个方面：广义的旅游道德研究和狭义的旅游道德研究。[⑤] 广义的旅游道德研究是指旅游的过程中正确处理各利益相关者（旅游者、旅游从业人员及旅游目的地政府、旅游企业及旅游相关企业、社区）[⑥]之间关系的准则和规范，狭义的旅游道德研究则仅仅指在旅游世界中旅游者个人的道德行为。国内的大部分旅游道德研究文献都是从狭义角度研究旅游者的道德行为[⑦][⑧]仅有王德刚、张若阳、林婧、李江、贾一博[⑨]等少数学者提到了旅游道德的利益相关者层面研究的必要性，后续应加大该领域的研究。

与国内研究现状相比，国外旅游道德的研究多是从广义的旅游伦理方面进行的，研究视角多样，主要分布在旅游的人文和社会问题、旅游的营销问题、旅游的可持续发展问题、旅游的生态问题和旅游的教育问题等方面。西方旅游发达国家较早地意识到旅游伦理关系非常复杂，涉及众多旅游利益相关者，旅游学者马洛伊和

---

① 田勇：《旅游非道德行为与旅游道德的塑造》，载《桂林旅游高等专科学校学报》1999 年第 2 期。

② 参见李健：《关于旅游伦理的思考》，载 2000 年 4 月 12 日《光明日报》。

③ 王正平、周治华：《当代环境伦理学对旅游道德的深层启示》，载《复旦学报》（社会科学版）2008 年第 4 期。

④ 王德刚、张若阳：《旅游道德论》，载《旅游科学》2010 年第 1 期。

⑤ 参见林婧：《旅游世界中的道德问题研究》，东北财经大学硕士学位论文，2012 年。

⑥ 参见张芙华：《旅游活动中的伦理支撑点——正确处理旅游利益与旅游道德的关系》，载《广西社会科学》2009 年第 S1 期。

⑦ 参见田勇：《旅游非道德行为与旅游道德的塑造》，载《桂林旅游高等专科学校学报》1999 年第2 期。

⑧ 参见夏赞才：《论旅游道德建设》，载《道德与文明》2005 年第 5 期。

⑨ 参见王德刚、张若阳：《旅游道德论》，载《旅游科学》2010 年第 1 期；参见林婧：《旅游世界中的道德问题研究》，东北财经大学硕士学位论文，2012 年；参见李江、贾一博：《基于利益相关者的旅游营销道德问题的研究》，载《旅游经济》2013 年第11 期。

芬内尔通过研究非政府组织、旅游行业协会和旅游企业制定的“伦理规范”“行为规范”和“道德指南”发现，有44.9%的内容是针对旅游者行为的，其余35.3%针对产业，13.8%针对东道主，还有6%针对政府。① 自20世纪80年代起，西方旅游行业协会、旅游组织和旅游企业便认识到道德规范的重要价值，关注旅游产生的各种伦理问题。② 旅游行为研究者茅佛斯和芒特指出：“运用行为规范正在成为旅游业的一种流行方式，对行为规范的内容、关系、制定、推广、理解、监控和效果的关注变成旅游业发展的新特色。”③1999年，世界旅游组织(WTO)制定的《全球旅游伦理规范》也表示出借助道德力量来保证旅游业可持续发展的意图。④ 综合来看，国外研究规范、指南性研究较多，多数是针对旅游业的某个具体部门的伦理道德问题，从利益角度进行分析的研究。⑤

三、旅游道德领域的旅游者行为研究

旅游者是一切旅游活动和现象的核心⑥，与国外研究相比，国内学者大部分是从旅游者道德行为角度出发进行旅游道德的狭义方面研究，且多数关注旅游者的非道德行为的表现形式、危害及发生原因。具体的表现形式有：随意丢弃各种废弃物污染环境、破坏旅游资源、损坏旅游基础设施、在公共场合举止不文明及言语粗俗、对旅游接待地社会的不尊重等形成与当地民众的对立矛盾。⑦ 对社会的危害表现为以下方面：因为破坏自然生态环境和随意损毁旅游资源进而缩短旅游地和旅游产品的生命周期；激化旅游者与旅游目的地社区和居民的矛盾对立，引起当地居民的反感；降低了旅游者的旅游体验质量，极大地减弱旅游者的旅游兴致；败坏社会风气，因旅游而兴盛起来的色情、赌博业在一定程度上扩大了犯罪事件发生的频率。旅游者不良行为还会导致目的地居民的模仿，使古朴的民风逐渐消失，破坏社会整体的道德环境；因个别旅游者的不道德行为损毁了客源地的总体形象。⑧

林婧突破了国内研究聚焦旅游者非道德行为和集中于旅游者道德弱化的研究

---

① D. C. Malloy and D. A. Fennell, “Ecotourism and Ethics: Moral Development and Organizational Cultures,” *Journal of Travel Research*, vol. 36 (1998), pp. 47-57.

② 参见夏赞才：《论旅游道德建设》，载《道德与文明》2005年第5期。

③ M. Mowforth and I. Munt, *Tourism and Sustainability: New Tourism in the Third World*, London and New York: Routledge, 1998, p. 121.

④ 参见张广瑞译：《全球旅游伦理规范》，载《旅游学刊》2000年第3期。

⑤ 参见林婧：《旅游世界中的道德问题研究》，东北财经大学硕士学位论文，2012年。

⑥ 参见夏赞才：《论旅游道德建设》，载《道德与文明》2005年第5期。

⑦ 参见田勇：《旅游非道德行为与旅游道德的塑造》，载《桂林旅游高等专科学校学报》1999年第2期；参见李萌、何春萍：《游客不文明旅游行为初探》，载《北京第二外国语学院学报》2002年第1期；参见胡传东：《旅游者道德弱化行为的推拉因素与形成机制》，载《重庆师范大学学报》(哲学社会科学版)2008年第5期；参见旷乐：《中国旅游者旅游伦理教育初探》，四川大学硕士学位论文，2007年。

⑧ 参见田勇：《旅游非道德行为与旅游道德的塑造》，载《桂林旅游高等专科学校学报》1999年第2期；参见旷乐：《中国旅游者旅游伦理教育初探》，四川大学硕士学位论文，2007年；参见肖佑兴：《论旅游者不文明行为及其规范》，载《法制与社会》2008年第8期。

现状，从旅游道德弱化与强化的两个角度出发，论证了在正标签下旅游者会出现道德强化行为，但多数情况下旅游者表现的都是道德弱化。①

四、旅游道德体系的构建研究

旅游道德建设非常复杂，不能一蹴而就，需要结合旅游法制建设、旅游行业规范的引导、旅游从业人员的道德示范作用等与旅游道德建设密切相关的方方面面，构建一个复杂的旅游道德系统工程。② 国内学者关于旅游道德体系建设的研究主要从三方面展开：

一是旅游者道德行为规范研究。刘海鸥在《旅游道德三论》中提出，“寓道德修养于旅游审美活动”，“在休闲游乐观赏中得到美的熏陶，最终实现对崇高道德理想的追求”，“在异地性旅游中，要了解、遵守、尊重他乡异国的风土人情、风俗习惯，这既是对广大旅游者道德规范的基本要求，也是其道德修养的重要体现”。③ 夏赞才结合中西方共同认同的旅游道德规范，提出作为旅游者应该敬重自然，保护旅游环境；尊重历史，理解文化差异；关爱他人，关心社会发展；完善自我，培养高尚人格。④ 王正平、周治华从当代环境伦理学的哲学反思和理论创见出发，认为旅游者要想达到较高的旅游道德境界，必须：热爱大自然，做大自然的善良公民；珍爱生命多样性，尊重其他生命的价值；克服个体小我，实现生态大我；反对破坏环境的行为，维护生态环境和谐。⑤

二是旅游道德与旅游利益关系研究。旅游实践中不可避免产生利益和道德之间的矛盾。旅游利益相关者因为利益不同，很容易作出伤害社会利益、旅游者利益和环境利益的行为，导致不道德行为的发生。旅游活动中伦理的基本问题在于实践中如何正确处理旅游利益与旅游道德的关系。⑥ 李江、贾一博从旅游营销道德的视角出发，认为旅游利益相关者必须理性地从事旅游活动，强化自身的自觉性、积极性和主动性，进而规范旅游营销道德体系，妥善解决旅游利益相关者之间的冲突，使各方利益得到公平、正当的权衡。⑦

三是社会层面的旅游道德建设研究。旅游道德建设是整个社会的责任。应该从社会学、伦理学等多层面进行旅游道德塑造。尤其是在旅游道德建设的初始阶

---

① 参见林婧：《旅游世界中的道德问题研究》，东北财经大学硕士学位论文，2012 年。

② 参见夏赞才：《论旅游道德建设》，载《道德与文明》2005 年第 5 期。

③ 刘海鸥：《旅游道德三论》，载《长沙大学学报》2001 年第 3 期。

④ 参见夏赞才：《论旅游道德建设》，载《道德与文明》2005 年第 5 期。

⑤ 参见王正平、周治华：《当代环境伦理学对旅游道德的深层启示》，载《复旦学报》（社会科学版）2008 年第 4 期。

⑥ 参见张美华：《旅游活动中的伦理支撑点——正确处理旅游利益与旅游道德的关系》，载《广西社会科学》2009 年第 S1 期；参见邹烽、曾丽艳、周美芳：《旅游对目的地道德文化影响的理论机制研究》，载《湖南工业大学学报》（社会科学版）2011 年第 1 期。

⑦ 参见孙翠芳：《旅游景区的环境保护与可持续发展》，载《经济视角》2009 年第 7 期；参见李江、贾一博：《基于利益相关者的旅游营销道德问题的研究》，载《旅游经济》2013 年第11 期。

段，应该"在社会大环境中塑造旅游道德，强化社会公德意识，提高公民道德素养；强化社会舆论的监督力度，倡导文明旅游、和谐旅游；增强公民的旅游道德教育，在普及全民旅游知识中培养旅游道德；提倡古人修养慎独精神，培养新时代的旅游者；提高旅游接待地管理工作质量，营造良好的旅游发展大环境"[①]。

① 田勇：《旅游非道德行为与旅游道德的塑造》，载《桂林旅游高等专科学校学报》1999 年第 2 期；夏赞才：《论旅游道德建设》，载《道德与文明》2005 年第 5 期。

结　论

综合以上对本体论、旅游权利、旅游利益相关者和旅游道德等领域研究成果的梳理，可以发现，现有的相关研究成果还比较分散，关于旅游和旅游业的本体论命题——旅游权利的内涵与保障机制、旅游利益相关者的利益诉求及分配机制、旅游道德的内涵及立德机制等关乎旅游和旅游业健康发展的关键性问题，还没有建立起科学、系统和完整的理论体系，使现阶段旅游的发展还没有完全摆脱过度强调或单一追求经济利益的功利化导向，忽视了旅游的社会功能、旅游的公益性、旅游的公平性和旅游的负面影响等问题。例如一些地方政府过度重视经济利益而忽视社区利益，企业为追逐利益在产品开发上“嫌贫爱富”，低级趣味旅游产品大行其道，弱势群体（低收入者、失业者、残疾人、智障人、老年人等）的旅游权利无人关注，风景名胜、文物资源及自然环境被过度开发利用，导致资源、环境恶化，文物遭到破坏，游客量过度增长使社区环境质量下降等等。因此，从本体论的角度对旅游和旅游业的本质性问题进行系统研究，通过对各利益相关者（国家、地方、企业、游客、社区等）及其利益诉求、获益途径、保障体系、各方应遵守的道德规范和立德机制的建立等的全面探讨，建立一个系统、科学的旅游利益理论体系，对于促进人类旅游和旅游业的健康与可持续发展，将提供一个有指导意义的理论框架。

第二部分
基础研究

第三章　旅游和旅游业溯源

探讨旅游和旅游业的起源，对我们正确认识旅游的本质有很重要的帮助，实际也是我们进行旅游本体论研究的基础。

第一节　人类旅游活动的起源

人类旅游活动到底起源于何时，一直是学术领域的一个"悬案"。实际上，任何一种社会现象的产生都不是一蹴而就，而是一个渐进的过程。

一、旅游的产生是一个渐变过程

任何一种社会现象都不是在瞬间产生的，它必然经历一个萌芽、产生、发展、成熟的历史演变过程。旅游活动也一样，作为一种对人类今天的生活产生了巨大影响的社会现象，也必然有一个历史的渊源和发展过程——是一个渐变的发展历程。

(一)由过去到现在——人类旅游活动的渐变历程

许多人都认为旅游发展的历史很久远——萌芽和起源的时间很早，但人类旅游活动究竟起源于何时、何地，以什么为标志，一直众说纷纭，未有定论。即便暂且不去谈论旅游起源的标志性事件，就从现代旅游学的观点来看，古代旅游与现代旅游业不管是在活动形式、内容、特征，还是对社会、个人的影响等方面，实际上都存在很大差异。但可以肯定的是，现代旅游业产生之前的"旅游"与现代旅游业产生之后的"旅游"之间肯定存在着渊源关系，它们是一脉相承的两个不同发展阶段。正因为如此，可以用现代的旅游学观点对它们的发展过程进行历史性的梳理、评判和客观的概念界定。

从出行目的上看，可能导致外出旅行和旅游的目的很多，但旅游的界定，必须以追求消遣、愉悦为目的，并且以拥有足够的闲暇时间或自由支配的时间为前提条件。因此，要科学地认识和界定"旅游"，就不得不分析自由时间和自然审美意识在人类社会的产生和发展过程。

自由时间是与谋生工作时间相对而言的，是指个人在除了用于工作劳动、满足生理需要、参加必要的社会交往之外的可供自由支配的时间。按照这一概念，在人类社会的早期，甚至在人类文明时代的早期，劳动生产力水平极端低下，生存条件非常恶劣，人们不得不将大部分的时间用来劳动以获得基本的生存、生活资料。但史学研究的结果证明，即使是在这种情况下，人们还是拥有一定的用于休闲、娱乐的自由时间的，只是这样的时间很少。据美国学者约翰·麦克哈勒于 1972 年出版的《世界的事实和趋势》提供的资料，原始人一生的自由时间约为整个生命时间的 16.6%，旧时农民一生中的自由时间占 22.9%，发达工业部门的工人的自由时间占 38.6%。[①] 当然，仅凭一点资料，不能肯定自由时间在人类社会发展的各个阶段有着怎样的分配规律，更难以确定其在数量上的具体差异，但至少有一点是不可否认的，即自由时间存在于人类社会的每一个阶段。

正是由于有了自由时间，人们才得以生活得丰富多彩。有了自由时间，人们就可以在社会提供的客观条件之下，依据个人的偏好和能力进行各种休闲、娱乐活动，当然也包括旅游活动。旅游活动与其他休闲活动的本质区别就在于其审美和文化内核的不同。早期人类在其休闲时间内所从事的娱乐、享乐活动，既有出自寻求生理刺激的目的，也有出自寻求精神享受的愿望。尽管在这些活动中，还不能肯定哪些是完全出自审美、消遣动机，但不可否认，这些活动都能给人以精神愉悦的感受。实际上，更可能的情况是，早期人类的休闲、娱乐、享乐活动大多并非出于审美动机，而是出于某种实际的需要，而且后者往往还是主要的动机，审美的要求只是满足次要的欲望而已。因此，原始社会审美意识常常与生理欲望满足后的快感交织在一起，尚不具备独立的社会意义。随着社会生活的进步和人类文化素质的提高，人类的审美能力才逐渐由本能的经验发展为客观科学的理性，获得自己的独立本质。尤其是人类进入定居的农业社会后，人的审美对象才逐渐丰富起来，花、鸟、植物、土地、河流等才开始进入人类的审美领域，从而逐渐产生了对自然美的审美意识。但不可否认的是，即使是在原始时期，人类的自由时间和审美意识也是客观存在的，只是自由时间比较少，审美意识还不能成为一种独立的社会意识。

正是由于远在原始社会时期的古代，人类已经有了一定的自由时间，并产生了处于萌芽状态的审美意识，人类的休闲、娱乐和外出旅行、旅游也成为可能。但困难的是，时至今日仍然无法把握旅游、自由时间及审美意识在人类社会发展过程中出现的确切时间和它们在结构上的对应关系。因此，对于人类旅游活动起源的准确时间和标志性现象，还无法给出确切的判断。

综上所述，可以给出确切判断的是：远在原始社会时期，由于人类已经客观上存在着一定的自由时间，并产生了早期处于萌芽状态的审美意识，因此，个别的、偶发的、与休闲娱乐交织在一起的、尚不具备社会意义的旅游现象是完全有可能存在的。但因其不具有社会性和缺乏完整意义上的审美意义，因而与今天在学术和产业上界定的“旅游”还不具有等同性——在性质和形式上均有较大差异，因此，为将这两个时期的“旅游”进行区别，暂且将现代旅游产生之前的现象称之为“前旅游行为”，相应地把这一漫长的时期称之为“前旅游时代”，以区别于现代旅游产业背景

① 参见吴铎：《社会学》，高等教育出版社 1992 年版，第 233 页。

下的具有普遍性和大众意义的“现代旅游”。

“前旅游时代”和“现代旅游”两个历史阶段的存在说明，人类旅游现象的萌芽、产生、发展和走向成熟本身就是一个历史性的发展过程，当这种渐变积累到一定程度时，便发生了阶段性转变。

（二）由量变到质变——旅游产生的必然路径

旅游审美属于意识形态范畴，即人把旅游作为审美活动的一种手段或途径。单纯从参与旅游的人群数量上来看，由于社会经济的发展水平和人类财富分配制度的不同，有条件和能力参与旅游活动的人群数量在不同的社会发展阶段是完全不同的。在整个人类历史的发展进程中，这个群体的数量由小到大逐步扩展。伴随着参与旅游的人数在量上的积累，逐步引起了人群社会性质的变化，即“旅游”这种现象由初期少数个别富人的行为变成了具有广泛大众基础的普遍性行为，这就是由量变引起的质变，由此，人类旅游活动的历程就由“前旅游时代”进入到“现代旅游阶段”。

研究认为，人类旅游活动从原始社会时期的最初萌芽，到之后逐步出现帝王贵族、达官贵人、文人雅士、宗教人士的享乐旅游、观光旅游、文化旅游以及游学、修行苦旅等，但直到现代旅游产生，这些活动也只是“少数富人”和少数特殊群体的个别行为，不具备大众性特征，相应地为其提供服务的社会活动也不具备产业特征。随着社会的进步和经济的发展，具备旅游能力和条件的社会群体越来越大，旅游终于由“有限富人的活动”转化为一种“广泛与社会、经济生活相联系”的社会现象。[①]

自此，当旅游具备了这种广泛的社会群体特征，具备了与社会、经济生活的广泛联系，具有了大众意义，便进入“现代旅游”阶段了。综上所述，也可以得出“现代旅游”与“前旅游时代”划分的基本依据：一是社会基础和大众性；二是产业化特征。

在上述两个前提下再来探讨人类旅游活动的发展历程和旅游的社会意义，就不难分辨出早期的旅游与现代的旅游在本质上存在很大的区别。历史上少数群体的旅游基本是以追求享乐、审美、自我养成等为目的，多是个体、自发的行为，社会上也不存在为他们提供产品和服务的专门组织或机构；而今天的旅游是产业导向下的旅游，虽然也关心旅游的社会意义，但从政府和企业的角度，更多的是从产业和经济发展的角度来探讨其发展的规律，带有明显的功利性特征。

总之，人类旅游活动的发展历程经历了一个由少到多、由量变到质变的过程，简要梳理一下从人类早期旅游萌芽到现代旅游产生的过程，大概有以下几个重要的历史阶段（见表 3-1）。

---

① 参见王德刚：《旅游权利论》，载《旅游科学》2009 年第 4 期。

表 3-1　　人类早期旅游活动的重要阶段[①]

时期	主要表现	地区
原始社会	居住地周边的休闲娱乐。	世界各地
希腊文化时代	贸易旅行;游学;宗教旅行。	欧洲、中国、印度等地
罗马文化时代	贵族享乐旅游;文化旅游;导游雏形(挑夫、向导)。	欧美
中世纪时期	十字军东征开启朝圣旅游;山水自然审美旅游。	中东、中国
文艺复兴时期	修学旅游盛行。	欧洲
海上航行时期	哥伦布发现美洲新大陆;麦哲伦最早规划环球航行。	欧美
工业革命时期	汽车、火车、轮船成为主要交通工具;1841 年托马斯·库克(Thomas Cook)组织世界上第一次组团旅游;1845 年托马斯·库克组织世界上第一家旅行社(英国通济隆公司);现代旅游产生。	欧美

二、宴飨、聚会与原始的休闲娱乐和交往

本体论研究中,旅游起源研究是最重要的领域之一,是我们形成本体论认识的重要基础。

(一)关于旅游起源的讨论

旅游活动具有悠久的历史,但并不是自从有了人类就有旅游。关于旅游起源问题,一直是旅游研究中的一个难解之题,而且由于这是一个过于具有史学特征的话题而较少有旅游学界的学者涉足,而史学界的学者又觉得这是一个太小的历史话题而不屑于关注,因此相关的学术探讨成果就更少。就仅有的一些成果来看也多是揣测性的或直接引用性的,有确切论点、论据的研究成果基本没有,因此也争议颇多。总结学者们关于旅游起源的论述,主要有以下几种观点:

1. 商贸起源说

当前广为流传并且为大多数学者所认可的旅游起源观点是"商贸旅游"说。美国学者罗伯特·麦金托什于 20 世纪 70 年代提出:东方早期的旅行家,尤其是在中国和印度,主要起源于贸易交往。[②] 20 世纪 90 年代以来,我国学界大多也认可这

---

① 参见黄荣鹏编著:《观光领队与导游》,华立图书股份有限公司 2010 年版,第 34 页,有改动。

② 参见曹诗图、郑宇飞、黄其新:《基于旅游属性与本质的中国旅游起源探析》,载《地理与地理信息科学》2013 年第 6 期。

一观点，认为旅行最初实际上远不是消遣和度假活动，而是为产品交换正常运行所必需的经济活动。①

新石器时代晚期，金属工具出现，推动了农业和畜牧业的发展，带来了生产效率的提高和劳动剩余物的出现。至原始社会末期，手工业从农业和畜牧业中分离出来，使商品经济得到发展，并促进了私有制的形成。当人们有了剩余产品，便产生了旅行经商或外出交换产品的需要，于是，商业又从农业、畜牧业和手工业中分离出来，在社会中出现了一个特殊阶层——不从事生产、专门从事商品交换的商人。商人不断到其他地区了解商品生产情况、交换产品而四处奔走。因此，持这种观点的学者们认为，在人类早期的原始社会末期，是商人们开创了旅游的道路，并成为旅行者的先驱。

这种观点也得到了相关证据的支持。据有关研究，大约在公元前 4000 年，苏美尔人（巴比伦人）发明了货币，开始了人类早期的贸易活动，苏美尔人不仅是世界上最早领悟到货币这一概念并将其用于商品交换的民族，而且还是最早发明楔形文字和轮子的民族，因而他们也被认为是旅行业务的创始人，因为那时人们已经能够以货币或实物交换方式支付交通运输和住宿费用。②

因此，很多学者持有这种观点：人类社会早期旅游活动的萌芽是源于商人们从事商品交换的“商贸旅游”。

在我国的各种旅游教科书和相关学术论著中，“商贸旅游”起源说的影响最为普遍，这源于我国国内出版的第一本由国内学者主编的《旅游学概论》，这本教材由李天元和王连义主编，南开大学出版社 1991 年第一版，该书中引用当时世界旅游组织（UNWTO）出版的一本杂志《世界观光》（*World Travel-Tourisme Mondial*）第 182 期中的一段话：“在最初的年代，主要是商人开辟了旅行的通路。”③之后国内出版的几乎所有的《旅游学概论》及相关著作都引用了这句话。

《世界观光》是由联合国世界旅游组织（UNWTO）出版的一本刊物，在其 1985 年第 182 期上发表了一份研究报告 Movements of Persons or the Facts about Tourist Flows。该报告发表了一个重要观点，即“在最初的年代，主要是商人开辟了旅行的通路”④，并进而得出结论：“贸易最早激发了旅行的产生。”⑤该报告没有作者署名，报告中也没有论证过程，而是直接发表结论性观点；但“在最初的年代，主要是商人开辟了旅行的通路”这段定论性语言在国际旅游学界和产业界产生了广泛的影响。

---

① 参见王晓云：《关于中国旅游起源问题的研究》，载《旅游科学》2001 年第 2 期。

② 参见[美]査尔斯·R·格德纳（Charles R. Goeldner）等，李天元等译：《旅游学》，中国人民大学出版社 2008 年版，第 37 页。

③ 李天元、王连义主编：《旅游学概论》，南开大学出版社 1991 年版，第 7 页。

④ 原文为：In the early days it was principally the traders who blazed the trail。

⑤ 原文为：It was trade that first motivated travel。

2. 迁徙起源说

邵骥顺等学者认为，原始社会的人们基于生存的需要或因其他原因而进行的迁徙是最早的旅行。在原始社会前期，生产力低下，人类主要靠石块、木棍等简陋的生产工具，在自然分工的基础上，以地方群体为单元在各自领土内过着渔猎采集生活。食物资源条件在很大程度上决定着人们的生活方式，因生产力的低下和生产工具的落后，饥饿和自然灾害时刻威胁着人类的生存。在食物资源匮乏的地区，人们只好在领土内不断地游徙寻找食物，在一个地点一般只停留一两天；在食物资源较为丰富的地区，人们有条件在一个地点停留更长的时间，在这种情况下慢慢出现了一些半定居的村落。

但不少学者对此起源观点并不认同，他们认为旅游和迁徙在本质上有很大不同。原始社会人类的迁徙是人类对主要来自自然环境生存压力的一种被动反应，或是因为特定的人为因素（如战争）的威胁而被迫进行的。而且，迁徙从本质上来说，是人口流动和身体位移现象，是一种人们离开现在定居地到另一定居地而并不再回来的现象，它既不具有时间上的暂时性，也不具有后世旅行所呈现出的更为复杂的社会属性，因而无法被视为人类旅行活动的起点。①

因此，人类早期的迁移活动，客观上是出于求生的需要，具有被迫性，主观上人们也没有旅游的愿望，不能认为这种迁徙活动是人类早期旅游的萌芽。

3. 探险起源说

提出旅游起源于“原始探险”说的是章必功等学者。章必功认为，原始探险由脱离集体生产劳动的少数人承担，从某地区出发又回到原来出发点。② 这是我国历史上最早形成的完整长途旅行，也是我国历史最早的兼有旅游性质的旅行活动。③ 但响应这种观点的人并不多，学者们既没有对其广泛认可，也没有普遍否认。事实上，原始人的这种探险，本质上仍是原始人生产斗争和生存斗争的方式，并不具有今天旅游的休闲和愉悦特性。

此外，还有很多学者有不同的看法。例如，王淑良提出了“人类行迹开始”说，李天元提出了“消遣观光度假”说，申葆嘉提出了“市场经济发展的产物”说，谢彦君还提出了“祭祀”说和“游览标志”说，等等。

上述对旅游起源的探讨和论证所依据的逻辑原点不同，见仁见智。就目前来看，旅游起源学说所依据的逻辑原点，既有关于旅游起初形态的探讨，表现为概念理解的差异和研究角度的差异，也有关于旅游起源时间认识上的差异，得出的结论自然也就各不相同。但在旅游研究中，无论研究角度如何不同，探讨旅游起源都不能脱离旅游的基本属性——无论是近现代旅游还是古代旅行都具有空间上的异地性和时间上的暂时性，都是一种综合性的社会活动。④

---

① 参见王晓云：《关于中国旅游起源问题的研究》，载《旅游科学》2001 年第 2 期。

② 参见王晓云：《关于中国旅游起源问题的研究》，载《旅游科学》2001 年第 2 期。

③ 参见谢春山、贾玉云：《异地的休闲：旅游的起源探析》，载《旅游论坛》2010 年第 2 期。

④ 参见陈愉秉：《从西方经济史看旅游起源若干问题》，载《旅游学刊》2000 年第 1 期。

既然如此,就不能单纯根据现象和个人对某些观点的偏好去对旅游的起源作简单评判。由于旅游起源问题涉及有关旅游基本属性与本质等重要基础理论问题,因此,关于旅游起源的回答就必须从本体论的角度出发并根据旅游的属性与本质进行客观的认识和分析。不妨大胆推测:在旅游起源的时间跨度上,或许存在着更早于人类早期商品交换的活动;在旅游起源的具体形态上,有更符合旅游本质属性的活动存在。基于这样一个认识角度,对人类旅游活动的起源进行更加科学的论证。

(二)以宴飨为标志的原始休闲娱乐——对人类旅游活动萌芽的再讨论

1. 人类早期原始的休闲娱乐诉求

正如前述,从物种生存发展的本能推测,早期的人类移动,主要受自然界的食物牵引,范围限于资源数量、种群规模和捕食能力,这可以看作是早期人类的活动半径。一般来说,只要能够满足基本的生存需求,特定的人群和个体大多会选择较为稳定的生活区域。除非生活环境发生剧变,人类不会轻易作出长距离迁徙的决定,尤其不会到生存条件艰难的地方去。因此,聚居地周边成为个人或集体主要的活动场所,这种源于原始时期的传统一直延续到今天。正如美国学者约翰·麦克哈勒研究所述,即使是在原始社会时期,人的一生也大概会有的16.6%左右的自由时间。①

在这样的前提和背景之下,一些考古学家和人类学家的研究成果也从另一方面给了一些提示:在远古时代,人类实际也存在着原始的休闲娱乐愿望,人们在生产活动之余,也会进行暂时性的间歇,并在居住地周边进行休闲和娱乐。

据考古发掘考证,远在距今3万年之前,位于捷克斯洛伐克东部的摩拉维亚(Moravia)的一个采沙场的古遗址中,发现了"用于人体装饰的穿孔贝壳和牙齿串珠"和经过"精心钻孔的兽骨"所做的"笛子"。② 这说明远在母系氏族社会时期,人们已经有了最原始的审美观和休闲娱乐诉求,能够利用自然材料为自己化妆打扮,让自己变得漂亮起来,并利用闲暇时间开展娱乐活动——伴着原始乐器骨笛演奏的原始的"音乐"一起唱歌、跳舞。

由于原始部落时期生产力低下,这种劳动间歇的娱乐只能是短暂和少有的,而且多数情况下也并非完全意义上的休闲娱乐,而往往是与其他活动联系在一起或作为其他活动的一部分。通常情况下,往往是与部落的祭祀以及部落之间的聚会、联欢、联盟等集体性活动融合在一起的。

这些活动都远远早于原始社会末期出现的商品交换——商贸旅游活动。更重要的是,不管举行这些活动的目的如何,它所具有的休闲性和愉悦性特征,比之商贸旅游的功利性,更具备现代意义上的旅游的本质特征。

---

① 参见吴铎:《社会学》,高等教育出版社1992年版,第233页。

② 参见[英]马丁·琼斯(Martin Jones)著,陈雪香、方辉译:《宴飨的故事》,山东人民出版社2009年版,第9页。

2. 考古学新证——火塘边的宴飨

研究原始社会的资料主要来自于各种考古发掘的遗址或者实物，如古人类化石、工具、住所遗址和生活遗迹等；也可以从后期文字记载的原始社会时期的一些信息，如传说、歌谣、神话等获得一些相关信息。而考古发掘的资料往往带有更强的真实性、客观性和科学性，成为了解原始人类及其生活状况的最重要资料。英国剑桥大学考古系的人类学家马丁·琼斯(Martin Jones)教授(20世纪90年曾担任世界"古代生物分子研究首创计划"的主持者，该项目开创了多种重要考古科技新方法应用到古代食物遗存研究领域的先例)借助于最新的考古手段，通过对原始人类饮食文化的研究，还原了当时人类的生活和休闲状态。通过一系列的考古发掘线索，在人类的饮食文化脉络中，梳理出原始人类通过宴饮方式而进行的部落之间的友好聚会，而这种交往往往表现为不同族群或部落之间的娱乐性活动。

根据马丁·琼斯教授的考古发掘考证，发现人类在2.5万～3万年前即已开始用火烤和烹煮食物。距今3万年前，位于捷克斯洛伐克东部的摩拉维亚的一个采沙场的古遗址中，已经在古人生活的洞穴中发现了火塘。火塘的发现证明当时的人们已经"不只是偶然用火"了，他们已经能够"想办法在他们的岩洞中把火种保存下来"，人类从此开始了区别于其他动物的活动——炊煮。[①] 而且，这些火塘在不同的时间段被反复使用，"这样的反复持续了六七次"。在其附近也有多处类似的火塘，说明当时的狩猎者们经常远行去寻找最好的石头，去采集食物，然后一次又一次地返回到准确的地点集合，装饰自己，分享食物。在火塘边，还发现了"用于人体装饰的穿孔贝壳和牙齿串珠"，"少数经过精心钻孔的兽骨可被看作是当时的笛子"，"无疑他们还曾经在这里讲故事、聊天"，一起唱歌、跳舞，分享食物，举行部族的聚会。[②]

诚然，围绕这些火塘的考古发掘确实证明了当时人们在生产之余已经开始进行休闲活动，但并无证据表明这些休闲活动是在氏族或者部落内部进行，还是有外来者的参与，即这些休闲、娱乐活动是否具有异地性。而大约同时期的另一处遗址的发掘对此进行了印证。位于以色列基尼烈(Kinneret)湖的艾波瑞克一罗姆遗址，距今大约2.3万年，这里同样发现了尼安德特人的火塘。考古学家们推测，当时的人类以这种火塘为中心，形成了两种分享食物的行为：一是由女性掌控的"endocuisine"，称为"内烹饪"，是"一家人"享用的场所，"内烹饪"的节奏较慢，会用凹槽类的炊煮陶器，会在"文火上慢慢炖煮一锅食物"。二是由男人忙碌的更原始的"exocuisine"，称为"外烹饪"，"即把食物直接放在火上烧烤"。"他们会将烤肉一块

---

① 参见[英]马丁·琼斯(Martin Jones)著，陈雪香、方辉译：《宴飨的故事》，山东人民出版社2009年版，第3页。

② 参见[英]马丁·琼斯(Martin Jones)著，陈雪香、方辉译：《宴飨的故事》，山东人民出版社2009年版，第9页。

块割下分给陌生人(客人)。"[①]内、外烹饪的区别,直接证明了这种聚会活动是在不同部落之间进行的,是迄今为止发现的最早的关于早期人类旅游活动的证据。

马丁·琼斯研究还发现,大约在公元前3500年前,在英国南部多赛特(Dorset)郡,"当时存在一个由小的母系游团组成的大部落,人们聚集到山林里来祭拜祖先。""在这些不确定的群体之间,无论是聚会、交换还是通婚,都需要双方对于边缘地区举行宴会的逻辑有某些程度的共识,那就是在这些宴会上陌生人将变得寻常起来。""布列塔尼海岸的这些贝丘遗址就是为葬礼举行宴会的地方。"[②]这些遗址虽然时间上较晚,但其社会形态为母系氏族公社时期,也属于考古学上的旧石器时代晚期到新石器时代早期阶段,在社会形态上与前两处考古遗址具有相似性和可比性,同样也可作为最早的人类旅游活动产生的证明。

这里需要强调的是,无论是远古时期还是现在,都不能仅仅从生理机制的角度来分析这种分享食物的行为,更应该看到它背后社会性的一面,分享食物已经成为人类社会关系的一种表达,特别是在人类赖以生存的食物还不是很丰富的时候,把自己或自己部落拥有的食物来与其他人或部落进行分享,实际是当时原始部落之间交往的一种最重要方式。而这种异地分享食物——聚会、聚餐的行为本身也就成为一种具有一定的娱乐性和休闲性的活动,甚至会把这种聚会、聚餐作为个人寻找配偶和部落之间进行联盟的机会。所以,马丁·琼斯教授认为:这种远古的"宴会",有血缘关系的大部落会利用它召集大部落内部的各个小部落来对共同的祖先进行集体的"祭祀",这种大部落的共同"祭祀仪式"往往是定期来一个固定的地点举行的;而周边没有血缘关系的那些"熟悉的"或"相对陌生的"部落,则会利用它来"寻找到合适的配偶",甚至会利用这种聚餐、聚会来确定部落之间的"结盟关系"。[③]

利用考古遗迹、遗物和环境来进行逻辑性的场景复原和古人类生活史、生产史研究,是20世纪50年代兴起于欧美地区的新考古学派的主要方法,他们用行为学的视角来从点滴的考古信息中"见物见人",即沿着"物—人—场景—活动"的逻辑线索来判断远古人类的生活和生产状态,不再局限于传统田野考古学的遗迹和遗物本体研究。从这些考古发现和相关研究成果可以判断:早在距今2.5万～3万年前,原始部落的几项活动与今天所定义的"旅游"是有着直接的渊源关系的,包括:

——祭祀活动。即原始部落内部有血缘关系的各个小部落之间举行的对共同祖先的祭祀活动。在母系氏族社会时期,随着人数的增多,一个大的部落会分化出几个小部落——"母系游团",这些小的部落日常单独在一个特定的区域活动,他们

① 参见[英]马丁·琼斯(Martin Jones)著,陈雪香、方辉译:《宴飨的故事》,山东人民出版社2009年版,第115页。

② 参见[英]马丁·琼斯(Martin Jones)著,陈雪香、方辉译:《宴飨的故事》,山东人民出版社2009年版,第172页。

③ 参见[英]马丁·琼斯(Martin Jones)著,陈雪香、方辉译:《宴飨的故事》,山东人民出版社2009年版,第159页。

每年会定期集聚到一个特定的山林地点进行集会，祭祀共同的祖先，祭祀结束后，他们会在一起分享食物、狂欢。①

——部落联姻/联谊。出于寻找配偶的需要，相邻的部落之间会举行以聚餐、联欢为形式的联谊活动，让部落之间的适龄男女去寻找配偶，人们会在自己的面部涂上彩色颜料来装扮自己，会吹着骨笛用笛声来吸引异性。

——部落联盟。为抵御共同的敌人，通过聚餐的形式来进行部落合作，形成利益共同体。

——聚会炫耀。掌握用火是人类发展的一个重大的里程碑，因为可以使用火来烧烤或烹煮食物，使人类生活发生了巨大改变，不仅仅是因此而有别于其他动物，同时也给人提供了更好地享用食物的机会和条件，每当有重大猎物时，为炫耀自己或部落的富有，会邀请附近其他部落的人来聚餐，共同享用。而这种聚餐、聚会已经完全是娱乐性的了。

所以，原始社会时期的祭祀、部落联姻和联盟等活动，实际上可看作是人类最早的旅游活动的萌芽，而这些活动往往都是以当时最具代表性和最盛行的活动——宴飨作为最重要的活动内容，这一过程还包含着在火塘边伴着骨笛曲子载歌载舞等直接的娱乐活动，比后来才出现的距今只有 6000 多年的商品贸易活动，不仅在时间上更早，而且更接近今天所界定的"旅游"的概念和性质。

3. 人类学佐证——土著部落的聚会

除了考古学的考古发掘研究成果外，研究原始社会形态的另外一个极为重要的资料来源是人类学、民族学的相关研究。与考古学的田野发掘研究不同，人类学、民族学的研究往往用更直接的观察、更丰富的调查资料、更系统的民族志叙事来研究某一特定的社会形态。

由于位于不同地区的各个民族发展的进程不同，近代时期中外许多民族还处于原始社会时期，或是有着浓重的原始社会的残余，从而以活生生的方式展示了那个时期的社会制度和生活方式。因此，可以从现在能够获得的材料中，也就是人类学和民族志叙事中观察到的近代原始部落的资料里面，来复原原始社会的生活状态、社会形态和发展过程。

在距离亚欧大陆遥远、曾经"与世隔绝"的澳大利亚，在殖民者进入(18 世纪末期)之前，分布着 500 多个独立的部落。澳大利亚从最古老的地质时代起就与别的陆地分离开来，一直到 18 世纪末期之前，这里都像是一个独特的、活生生的古代博物馆。② 这里的原始部落成为人类早期社会制度和文化形态的"活化石"，这是早期人类学领域中的基本共识之一。这里的澳洲原住民是近代可以观察到的最原始的人类成员，其社会发展水平处在大约相当于原始社会中石器时代和新石器时代

---

① 参见[英]马丁·琼斯(Martin Jones)著，陈雪香、方辉译：《宴飨的故事》，山东人民出版社 2009 年版，第 172～173 页。

② 参见[苏]C. A. 托卡列夫、C. П. 托尔斯托主编，陈观胜、周为铮译：《澳大利亚和大洋洲各族人民》，三联书店 1980 年版，第 26 页。

早期(相当于旧大陆约1万余年前的发展水平)。美国民族学家摩尔根早就把澳大利亚人看成是“蒙昧中期”的典型代表,恩格斯也赞成这种观点。车尔尼雪夫斯基清楚地看到了澳大利亚民族学材料的科学价值,并断言:“我们最古的祖先的情况,与处在发展最低阶段的澳大利亚人和别的原始人现今的情况完全相似。”[①]

因此,澳大利亚成为人类学研究原始社会的“经典地区”[②]。民族学、考古学等各学界的学者们都对澳大利亚人表现出了极大的兴趣。摩尔根、洛里摩尔·费逊、阿尔弗雷德·哈威特等都是研究澳大利亚早期社会的著名代表,并形成了在学界极有影响力的著作。最有代表性的是英国人类学家阿尔弗雷德·哈威特。19世纪末,哈威特在澳大利亚东部、南部和东南部广大地区,深入到许多部落,与部落居民接触,搜集了各个部落的大量一手材料,并把研究成果都概括在其专著《澳大利亚东南部的土著部落》中。通过以上学者的研究成果,可以探索到部落之间相互参加社会性的庆祝活动和一些仪式的很多具体而生动的例证。

根据人类学家、民族学家们的观察和研究,澳洲的部落生活同样能够给研究远古时期人类早期旅游活动的起源提供佐证,这就是与今天的联欢、联谊活动类似的“部落聚会”。

澳洲人类社会的整合起点是原始群。[③] 原始群的首次结盟形成最初的部落,澳洲部落已处在小型社会阶段晚期,至少经历过两到三次结盟。如果两个加盟群体可以同居一地生活,其联合关系是最容易维持的。实际上,由于生存条件所限,尤其是食物资源有限,加盟群体同居一地难以实现。但在一年中总会出现食物资源(动植物)最丰富的季节,每当此时,平时分散在各自领土上的氏族或地方群体就以部落为单位聚到一起,举行各种仪式、舞蹈、祝宴,由此形成几百、上千人的大型营地。于是结盟推动者以此为基础创建了两个结盟群体的定期聚会制度,其内容包括一年中相对固定的聚会时间、地点,事前的准备,营地的安排,聚会的日程等。[④]

例如,在昆士兰东南部的卡比和瓦卡两部落的领域内,长有大量布尼亚树,布尼亚树的果实不仅硕大累累,且含有营养价值丰富的淀粉,是食品中的佼佼者。每当布尼亚果成熟的季节,当地居民就从邻近的和较远的部落中邀请客人前来采集果实。于是,周围的部落居民便从四面八方蜂拥而至,甚至远在100英里以外的居民都前来采集布尼亚果实。每当此时,各种全部落甚至邀请宾客参加的祝宴和典礼便趁机举行[⑤],部落之间利用这样的活动以示友好。又如在澳大利亚的阿尔卑斯山区,盛夏时有大批螟蛾藏身于岩石缝隙中。澳大利亚人很喜欢吃螟蛾,把它视

---

① [苏]C. A. 托卡列夫、C. П. 托尔斯托主编,陈观胜、周为铮译:《澳大利亚和大洋洲各族人民》,三联书店1980年版,第27页。

② 参见张岩:《文明起源——从原始群到部落社会》,科学出版社2012年版,第4页。

③ 参见张岩:《文明起源——从原始群到部落社会》,科学出版社2012年版,第13页。

④ 参见张岩:《文明起源——从原始群到部落社会》,科学出版社2012年版,第216页。

⑤ 参见[苏]C. A. 托卡列夫、C. П. 托尔斯托主编,陈观胜、周为铮译:《澳大利亚和大洋洲各族人民》,三联书店1980年版,第42页。

为美食,他们一般用浓烟将其熏死而食之。每到"收获"季节,居住在这里的恩加里戈部落就邀请邻近的部落来这里熏螟蛾,共享美味,有时这里聚集各地的来宾达500～700人,共享美食的时刻达3个月之久。[①] 还有西澳大利亚,这里盛产含羞草和槐树脂,每到收获季节,许多部落就聚集到此,众多的人群经常举行友好大会,庆祝丰收,共享美食。

除了上述庆祝丰收的聚会外,在澳大利亚的部落中还流行一种集会——参加少年献身仪式的集会。这种集会并不是部落内部单独举行的,也会邀请很多外来部落的来宾,这些来宾都会受到热情的接待,仪式也非常隆重。所谓少年献身仪式,亦称"成人礼",成人礼不是因某一两个青年单独进行的,而是因本部落全体适龄青年集体进行,它牵动着整个部落,因此,献身仪式往往成了大规模集会的原因,各个部落的人都来参加。等到献身仪式最后阶段,则举行特别盛大的全部落的甚至是部落间的集会,参加集会的有二三百人,时间也持续很久,往往持续几个月。为了这样的集会,必须准备足够的食物,妇女们采集了植物类食物,青年们打猎,猎获物交给老年人。[②]

澳大利亚人各部落间的关系除战争外,更正常的状况是和平,除了共同庆祝和参加各种仪式,还表现为使节彼此往返。部落间经常派使节出使到友好的部落去,去邀请客人来参加节日或者其他活动,或传递某些信息。[③] 此外,还有一些外交活动,如婚姻外交——为本部落的人到外部落娶妻;又如"留学"外交——派本部落的男孩到外部落去"留学",学习外部落的语言、风俗和传统,这样在发生武装冲突时以便充当和平使者。使节的往返还具有严格规定的礼节,根据他们的不成文法,使节具有神圣性,本身带有整套的标志,如很多部落流行的"使节杖"。当使节到达时,往往要举行特殊的仪式。这些都说明了使节在部落间交往中的重要性。

诚然,在澳大利亚的部落之间也存在着原始的"物物交换",这时的交换完全是建立在自然经济基础之上的,他们所交换的物品也不是"商品",澳大利亚人还没有"价值"的尺度和概念,交换只是澳大利亚部落之间友好往来的一种形式。虽然没有证据表明这种交换活动要晚于前述的部落间的其他交往形式,但至少也没有证据表明交换开始得更早。更可能的情形是,人们在各种聚会中,在友好的往来中,也互相交换物品表达感情,由此开始了专门的物品交换活动。

4. 结论

综上所述,人类早期的交往活动形式多样,不管是原始部落内部的祭祀、部落之间的宴饮聚餐、庆祝丰收的聚会,还是少年献身仪式,或者部落间的友好外交往

---

① 参见[苏]C. A. 托卡列夫、C. П. 托尔斯托主编,陈观胜、周为铮译:《澳大利亚和大洋洲各族人民》,三联书店1980年版,第253～254页。

② 参见[苏]C. A. 托卡列夫、C. П. 托尔斯托主编,陈观胜、周为铮译:《澳大利亚和大洋洲各族人民》,三联书店1980年版,第233页。

③ 参见[苏]C. A. 托卡列夫、C. П. 托尔斯托主编,陈观胜、周为铮译:《澳大利亚和大洋洲各族人民》,三联书店1980年版,第267页。

来，这些活动都发生于原始部落时期，这一阶段要远早于原始社会末期进行的商品交换。更重要的是，这种部落之间的仪式性的"聚会""联欢""走访"等休闲娱乐活动，较之商品交换的功利性，其本身所具有的愉悦性和休闲性，更符合现代意义上的旅游的本质属性。因此，人类早期旅游活动的萌芽，应该源于人类原始的休闲娱乐诉求驱使下的居住地周边的休闲娱乐和部落间的聚会、联欢等活动。[①]

三、进入阶级社会后多种旅游需要的产生

进入阶级社会后，实现了社会生产各行业之间、体力劳动和脑力劳动之间更深入、更详细的分工，提高了劳动生产力水平，产生了更多的剩余产品，促进了商品交换规模和范围的扩大，同时也使文化、艺术、宗教等得以产生和发展，从而为旅游活动的发展准备了肥沃的土壤。同时，交通工具的发明和不断改进，为旅行活动提供了交通上的便利，也使得外出旅行的可行性大大增加。

在漫长的阶级社会发展过程中，旅游作为一种社会行为，经历了数量规模由小到大、活动目的由单一到多样化的发展过程。这一段时期，由于经济的发展，使得世界各地的商业旅行获得了长足的发展，同时，由于社会经济的发展和人类文化素养的提高，除商品交换之外的其他目的的旅游活动，如宗教旅游、享乐旅游、修学旅游等也得以产生和发展，但贯穿其中的以经济为目的的商务旅行在这一时期一直持续不断地发展。所以，人们断言："工业革命前的旅行大都出于朝圣、经商或公务目的。"[②]

（一）中国早期旅游的发展

中国进入奴隶社会后，由于生产力的提高、交通工具的改进和交通道路体系的建设，使得人类长途旅行的能力进一步提高。人类早期的旅行在奴隶社会建立之前的上古时期的神话中便已有所反映。传说黄帝曾"作舟车以济不能，旁行天下"，尧曾身涉流上沙、西见王母、地封独山，而大禹为了治理洪水也走遍了九州大地。到商代时期，人们已经掌握了"驾马服牛"的技术，可以驾着牛车和马车远行经商。到了周代，中国奴隶社会进入了政治、经济和文化发展的最高峰，旅游的类型也逐渐多样化，其他各种目的的旅游活动尤其是享乐旅游获得了较快的发展。当时最有代表性的享乐旅行就是盛行于王室的宫廷游猎，这种游猎在夏代已有，殷商王室也乐此不疲，西周王室还特地开辟了游猎的场所，特地规定了游猎场所的大小，设置了专管游猎的官员，游猎成为宫廷普遍追求的时髦行为。到春秋战国时期，享乐之风愈加盛行，旅行活动形式更加多样化，消闲、娱乐、狂欢等活动成为一时风气，像投壶、蹴鞠、狩猎等休闲、娱乐都是当时在士大夫之间颇为流行的"贵族运动"。同时，许多民俗性质的大型节庆、集会狂欢等活动也非常盛行，如在北方各地盛行

① 参见王德刚：《聚会与宴飨——人类旅游起源新探》，载《旅游科学》2015年第1期。

② 参见[英]A. J. 伯卡特、S. 梅特利克，张践译：《西方旅游业》，同济大学出版社1990年版，第1页。

一时的“社祭”和“腊祭”，堪称中国古代的“狂欢节”。① 由于春秋战国时期特殊的政治形态，形成了一种“周游列国”“朝秦暮楚”的游说热潮，其与少数士大夫和游士的讲学之旅，同为当时特殊条件下由民间知识分子开创的两项最盛行的旅行活动。

到封建社会时期，不仅封建政治制度随着朝代的更迭而得到不断的完善，科学技术和社会经济也不断进步和发展，从而使近代以前的中国在科学技术和社会经济方面均领先于西方世界，这也使中国封建社会中各种形式、各种目的的旅游活动格外活跃。较为流行的旅游形式包括帝王巡游、官吏宦游、士人漫游、科考旅游、高僧云游、节会庆游、商务旅行等。而且很多学者都认为中国古代旅游活动在魏晋南北朝时期逐渐趋于成熟，这一时期，社会上对于自然山水的审美欣赏较之以前任何一个时期都更加蔚然成风，士人漫游更具自觉性和主动性，旅游审美意识开始独立并趋向完整，审美意识和审美理论对后世的旅游活动影响巨大。② 尽管中国封建社会时期旅游活动类型多样，出现了一些以休闲消遣为目的的旅游活动，但一直持续不断和最多的仍然是商人们的商务旅游活动。很多文献中总是把“商”与“旅”联系在一起，从而构成了“商旅”一词，也从侧面证明了这一时期旅游者的基本构成仍为商人这一事实。③ 所以，这一时期的旅游活动主要还是以经济活动为目的。

（二）西方早期旅游的发展

奴隶社会是西方国家的早期旅游的重要时期，如古埃及、古希腊、古罗马、古巴比伦，奴隶制经济的一度繁荣，使得各国商业旅行盛行一时。同时，西方的宗教旅行在各种旅行中曾经特别突出。如公元前 5 世纪，古希腊的提洛岛、特尔斐和奥林匹斯山是当时世界上著名的宗教圣地，前来朝拜、参加各种节庆活动的人络绎不绝。此外，由于奴隶社会的阶级分层，奴隶主阶级占有绝大多数的劳动剩余物，享有政治、经济、文化等各方面的特权，他们有充分的自由、权力和条件进行享乐消费，因此，奴隶社会时期奴隶主阶级的享乐旅游曾经盛行一时，这种极少数人的享乐旅游也被认为是人类社会真正意义上的带有愉悦、游乐性质的旅游活动，是人类早期观光、娱乐旅游的雏形。因此，尽管“tourism”（旅游）一词直到 19 世纪初才出现，但许多西方旅游研究文献都认为，西方古代旅游肇始于古希腊、古罗马时期上流阶层的休闲活动。④ 这种早期的休闲活动在古埃及、古希腊和古罗马较为盛行，而且由于西方奴隶社会的阶级分层中，除了奴隶主和奴隶之外，还有一个相对独立的平民阶层，他们有人身自由和政治权利，许多人也加入观光旅游和享乐旅游行列，还有许多人开创和参与了徒步远游的专项体验旅游。

在古埃及，法老们为自己建造的金字塔吸引了大量的游人到访，许多人（包括来自古希腊、古罗马的旅游者）在金字塔上刻上自己的名字，为自己的到访留下了

---

① 参见王德刚：《游必有方——论孔子的旅游休闲观》，载《旅游科学》2008 年第 6 期。

② 参见龚鹏程：《游的精神文化史论》，河北教育出版社 2001 年版，第 59～60 页。

③ 参见王德刚主编：《旅游学概论》，清华大学出版社 2012 年版，第 10 页。

④ J. Towner, “What is Tourism's History?” *Tourism Management*, vol. 16, no. 5 (1995), pp. 339-343.

"到此一游"的纪念,也留下了早期旅游的物证。在底比斯神庙门农神像的基座上,就刻有公元前5世纪许多希腊旅游者的名字。当时的旅游者还有在旅行过程中购买旅游纪念品的习惯,他们会在出国旅行期间购买一些外国商品或土特产送给自己的亲朋好友。据文献记载,埃及法老派往苏丹的使节哈克胡夫(Harkhuf)回国时带了一名受过土著舞蹈训练的小矮人作为礼物献给法老;还有一位少年专门写信给他的兄弟,让他在出国旅行期间给自己带一条精美的珠链作为礼物。[①] 公元前1480年,埃及哈特希波苏特女王(Queen Hatshepsut)前往蓬特(Punt,据说位于非洲东海岸)旅行,被认为是最早出于和平与观光目的而进行的海上旅行(有关这次旅行的情况记载于埃及卢克索的一座神庙的墙壁上)。此外,当时的埃及还有盛大的宗教庆典,这些庆典活动是古代埃及人民生活中最重大的事情,活动的形式是盛大而壮观的游行行列,人们可以在游行路线两旁搭建的饮食摊棚中,进行享受美食、豪饮、舞蹈、唱歌及各种狂欢活动。

在古希腊,不管是发展早期的荷马时代、强盛时期的奴隶制城邦时期,还是君主制逐渐形成的"希腊化"时代,除了与商业有关的旅行活动外,最盛行的就是与宗教相关的活动。古希腊人十分重视祭祀和各种宗教节日庆典,在庆典上,人们参与到共同的游行之中,祭拜共同的神、到共同的圣地祭祀膜拜、共享大型的公共宴会,这些宗教活动都带有休闲性和一定的娱乐性,成为古希腊贵族享乐旅游的重要内容,是古希腊人旅游盛行的佐证。最负盛名的就是每四年一度希腊人在奥林匹亚所举行的奥林匹克运动会,它不仅使希腊本土人民在和平的气氛中欢聚一堂,而且,居住在小亚、西西里、意大利、北非的希腊人也来到希腊本土,同场竞技。赛会内容的丰富和场面的壮观,使之形成了全希腊最盛大的节日。据统计,在古典时代,全希腊的宗教节日已知的就已超过300个,分布在希腊全境250个地方,分别祭祀400个以上的神祇。[②] 这些节庆活动成为希腊人生活的重要内容,也是希腊人享受闲逸生活的证明。

提到西方奴隶社会的旅游史,古罗马人无疑在其中描写了最浓重的一笔。与其他国家的早期旅游不同,古罗马的平民也加入到度假的队伍中。人们在对古罗马的旅行所作概括中,如商贸之旅、宗教旅行、节庆旅行等都曾是希腊人的旅行经历。不过,罗马人的旅行大大跨越了古希腊人的范围和视野,依循古罗马的社会和文化特性,罗马人在消遣性的愉悦、休闲和享乐的旅游上历练出自己的特色。[③] 罗马盛行的旅游活动首先是乡村、海滨度假游。其次是极负盛名的、最具休闲性和享乐性洗浴文化。再次是公共娱乐活动与节庆,这是古罗马最普遍的游乐方式,这些公众娱乐活动不仅是一城一地的封闭的活动,而是罗马境内普遍的游乐形式。每

① 参见[美]查尔斯·R·格德纳(Charles R. Goeldner)等著,李天元等译:《旅游学》,中国人民大学出版社2008年版,第37页。

② P. E. Easterling and J. V. Muir (eds.), *Greek Religion and Society*, Cambridge: Cambridge University Press, 1985, pp. 98-127.

③ 参见夏正伟、高峰:《析古罗马的旅游现象》,载《上海大学学报》(社会科学版)2008年第1期。

当节日来临，总是吸引了络绎不绝的游历者。

与奴隶社会时期古希腊、古罗马的繁荣不同，欧洲的封建生产关系发展得比较缓慢，尤其是从公元5世纪罗马帝国衰亡，一直到公元11世纪，整个欧洲社会发展进入了停滞阶段，经济发展停滞，商品贸易也逐渐衰落，因而旅游活动尤其是商旅活动也随之大大减少，在这一段长达六七个世纪的时间里，欧洲的旅游活动实际上是倒退了。直到11世纪，欧洲封建社会结束了长达几个世纪的萧条时期，特别是历时200余年的十字军东征，间接刺激和恢复了一度倒退、萎缩了的旅游活动，特别是复活了朝圣旅游的繁荣。盛行于16世纪的文艺复兴运动，为欧洲带来了一场科学与艺术革命，并引发了以英国为首的欧洲修学旅游的大发展，使修学旅游成为时尚。同时，16世纪中叶以后，欧洲又掀起了一股温泉旅游的潮流，带动了整个旅游活动的规模化发展。[①] 这一以健康休闲为目的的旅游潮流一直延续了近2个世纪又向海水浴场转移。

（三）阶级社会旅游活动的主要特征

总的看来，萌芽于原始社会时期的旅游活动，在阶级社会得到了一定发展，并主要表现出以下几个方面的特征：

第一，从旅游活动的规模上看，尽管在西方有部分自由民加入了旅游的行列，但能够参与旅游活动的人还是以权力、富贵阶层为代表，这时候的旅游活动还只能是少数人的“特权”活动，还没有成为一种民众广泛参与的社会现象。

第二，在阶级社会时期，中外各国都已出现了以消遣、愉悦为目的的旅游活动。但这些旅游活动的参与人群有所不同：中国奴隶社会中，能够参与这种消遣旅游的是以天子为代表的少数奴隶主阶级；而西方奴隶社会中，因社会阶层中除了奴隶主、奴隶之外，还有一个有一定人身自由的自由民阶层，因此，除奴隶主阶级外，还有部分自由民加入了消遣旅游的行列。其他目的的旅行活动亦有产生，但与消遣旅游活动一样，范围很窄，规模不大。

第三，作为人类社会旅游活动发展的初期阶段，人们的外出旅游是自发形成的，活动内容也比较单一，旅游活动期间以自我、自助服务为主。因此，旅游期间的支出主要是满足基本的生活需要，因而也不可能出现专门为旅游活动提供服务的旅行接待业。这是早期旅游活动的一个突出表现，也是区别于现代旅游活动的一个基本特征。

第四，旅游是建立在一定的物质、经济基础上的社会活动，因此，阶级社会旅游活动的参与主体是特权阶层，旅游还不是一种大众化的社会现象。即便是在有平民参与旅游的古罗马，享乐旅游从根本上来说还是贵族或特权阶级的活动，而不是大多数罗马人的生活方式。

第五，在整个阶级社会时期，旅游活动的类型日益多样化，如宗教旅游、修学旅游、节庆旅游等得以产生和发展，尤其是更接近现代旅游本质的以消遣、愉悦和带

① 参见王德刚主编：《旅游学概论》，清华大学出版社2012年版，第9页。

有文化性质的旅游活动也得到了发展，但旅游活动的主体仍然是以经济为目的的经商旅游。

第六，在几千年的阶级社会发展过程中，由于文化的差异和经济发展水平的不同，东西方的旅游活动在规模逐步扩大、类型逐渐多样化的发展过程中，发展水平亦有所差异，主要表现为旅游类型和旅游发展水平的不同。尤其是以健康、保健为目的的旅游活动，如温泉和海滨休闲、保健旅游，在欧洲发展得较快。但在中国，这种旅游的意义一直没为人们所认识，所以这种旅游活动一直没有发展起来。[①]

四、人类早期对旅游的认识

人类旅游活动虽然发源很早，并在奴隶社会、封建社会得到了发展，出现了观光、享乐、游学等多种目的的旅游活动，但这些活动仍然只是社会“小众”群体的“特权”消费，还没有成为“大众”的普遍行为，人们对这种社会现象的认识也很浅显，还主要停留在个人体验、个人经验层面，或只是在个别领域对旅游的功能有一些理性认识。

（一）中国古代旅游思想

据有关研究梳理，中国古代在关于旅游的研究和认识方面，曾有许多的成果出现，主要包括：

1. 中国早期的“旅行指南”和接待设施

20 世纪 30 年代，我国著名民俗学家和历史学家江绍原的《中国古代旅行之研究》出版，这是中国首部旅游发展史专著。作者在书中指出，中国早期最原始的旅行指南是夏鼎。夏鼎是一种以“象物”即图画的形式制成的器物，而且图画的形式对各种异物、神奸的介绍也不可能详尽，于是后来便出现了“物图而兼地图或云图画式的旅行指南”——《山海图》和“备人实地使用而以山为本的地理书和旅行指南”——《山海经》。[②] 除旅行指南之外，作者在书中还考证了秦汉时期的旅行接待设施。据作者考证，秦汉时期的旅行接待设施有两种：一种是官办的“亭”，专门接待官差和有身份的旅行者，这在汉人《风俗通义》《释名》《说文》中均有记载；另一种是接待一般旅行者的“逆旅”或“客舍”。[③] “逆旅”或“客舍”一般由私人开办，设于交通要道的城中或郊外，其接待对象多是“普通的”或“贫贱的”旅行者。[④]

江绍原是中国旅游学术史上最早对旅游接待设施及旅游用品进行专门考证的学者，其对“旅行指南”、官办旅行接待设施、民办旅行接待设施的考证，也印证了我国古代旅游现象的存在。

---

① 参见王德刚主编：《旅游学概论》，清华大学出版社 2012 年版，第 10 页。

② 参见江绍原：《中国古代旅行之研究》，商务印书馆 1937 年版，第 6 页。

③ 参见王德刚：《中国古代旅游学研究探源》，载《桂林旅游专科学校学报》1999 年第 1 期。

④ 参见王德刚：《游必有方——论孔子的旅游休闲观》，载《旅游科学》2008 年第 6 期。

2. 孔子的旅游休闲观

孔子(前 551～前 479)是中国古代在旅游休闲方面最早有过系统理论的思想家。他把旅游休闲作为人生养成的重要途径,并形成了自己在旅游休闲观上自成体系的理论单元。年轻时受到乐礼知识、生活环境和社会风气的熏陶,也就造就了一个向往风雅和自由的生活方式的"文人"孔子,并且借助自己丰富的旅游休闲经历,孔子还总结出了"知者乐水,仁者乐山"(《论语·雍也》)的对旅游休闲审美的哲学认识。[①]

3. 中国古代最著名的旅行日记——《徐霞客游记》

徐霞客(1587～1641)是中国历史上最伟大的旅行家和地理学家,他自 22 岁起开始游历,历经 34 年。他在旅行考察中撰写成的 60 万字的旅行日记,在死后由他人整理成《徐霞客游记》,书中记载了作者对地理、水文、地质、植物等现象的观察和记录。徐霞客在游历过程中曾经多次遭遇险境,他的游历也堪称是典型的探险之旅、冒险之旅,徐霞客本人也成为那些富有冒险精神、探索精神的旅游爱好者们所推崇的对象。《徐霞客游记》开辟了地理学上系统观察自然、描述自然的新方向,既是一部科学考察中国地质地貌的地理名著,又是一部描绘中华风情的旅游巨著,还是文字优美的文学佳作,在国内外产生了深远的影响。

4. 山水审美观念的逐步成熟

旅游过程中的山水审美是观光旅游的重要功能之一,魏晋南北朝以前的旅游行为大多属于个体行为,山水审美也大多与个人的人生境遇有关,而缺乏超功利性的特性。[②] 这个时期,儒家"仁者乐山,智者乐水"和"独善其身,退隐山林"的观念,道家狂达逍遥、回归自然和入山修道、养生成仙的思想,佛教"青青翠竹"、尽真如"郁郁黄花,无非般若"的游览方法,风行士大夫间,合奏成洒脱玄远、恣意纵情的旅游主题,使中国稳健内敛的旅游风尚在上层社会发生一定变异。[③] 此时,随着社会生活的重要变化,景物从神的笼罩下慢慢解放出来,自然山水的审美欣赏相对成为一种风尚,在世俗地主士大夫阶层中,留恋山水成为一种心理需要和情感追求。此时期的著名代表是陶潜。他隐居田园,过着"采菊东篱下,悠然见南山"的悠闲生活。从他的诗作中,可以看出晋时文人以自然为本、陶醉于美丽山色中以求得精神上解脱的审美情趣。谢灵运、王羲之却是另外一种旅游方式。他们不是退隐山林,而是驰骋于山水中,游历自然,遍寻美景。这个时期的旅游具有"优游"的情致,同时却又夹杂着"及时行乐"的感伤无奈的情调和昏暗晦涩的色彩。而宋朝时期的自然审美具有了较南北朝时期更为深厚的大众性和普遍性。禅宗在北宋盛行一时,它要求人与自然合为一体,希望从自然中吮吸灵感,摆脱人事的羁縻。"千秋永在的自然山水高于转瞬即逝的人世豪华,顺应自然胜过人工造作"[④]。因此可以认

---

① 参见王德刚:《游必有方——论孔子的旅游休闲观》,载《旅游科学》2008 年第 6 期。

② 参见谢彦君:《基础旅游学》,中国旅游出版社 1999 年版,第 31 页。

③ 参见晋艺波:《中国旅游文化源流探析》,载《旅游研究》(季刊)2010 年第 3 期。

④ 参见李泽厚:《美的历程》,安徽文艺出版社 1999 年版,第 169 页。

为，在魏晋南北朝和宋朝时期，中国以山水审美为主要特征的观光旅游已经初步形成了一定的社会基础。

（二）欧洲早期的旅游观念

温泉文化可以说是欧洲最古老的疗养文化和度假文化，古罗马时期，人们就开始热衷于泡温泉，如英国巴斯古罗马温泉（今天已经成为世界文化遗产）、位于阿尔及利亚的埃撒利亨温泉、土耳其的赫拉波利斯（古罗马人所建的温泉城市），这些设施规模之大、建筑规格之高，无不证明着古罗马人对温泉浴的偏好。到18世纪的欧洲，人们更相信温泉和海水浴都对身体的某些疾病有疗效，有益健康，于是温泉疗养和海滨旅游开始兴起，海滨旅游胜地与温泉疗养胜地也由此获得了共同发展，形成了德国的巴登巴登、捷克的马利安斯科·拉兹内（马列恩巴德）、卡罗维·发利（卡尔斯巴德）等著名的温泉疗养地和英国的斯卡伯勒、布赖顿等著名的海滨海水浴场。

与此同时，在思想领域，在资产阶级超现实主义代表人物卢梭、歌德、海涅等人的影响下，欧洲掀起了"回归自然"的热潮。他们酷爱大自然，通过文学作品、画卷或音乐鼓励人们到大自然中去。也就是说，人的生活之本在于大自然，人们应该回归到同大自然之间的和谐状态，要回到原始大自然中没有欺侮和压榨的自由生活中去。人在与自然的亲近中，会从自然中吮吸灵感，摆脱人世间的烦恼，获取心灵的自由和解脱，从而达到一种新的精神高度的愉快。在这种思潮的影响下，人们除了在温泉和海滨与自然"亲密接触"外，也开始走向风景优美的山地和森林，去瑞士和阿尔卑斯山等自然风景区旅行，自然旅游也逐步成为社会时尚。这种崇尚自然、回归自然的浪漫主义时代精神，成为后来旅游业大发展的思想基础。

第二节 人类组团旅游的标志意义

外出旅游，由个体到群体，由自发到组织化，是一次质的跨越，因此也成为人类旅游发展史上的重要标志。

一、产业革命对人类生活和旅游的影响

社会现象由量变到质变，必然有一系列的条件为之支撑。正是由于社会经济、政治、文化等的基础性变化，才引发了人类旅游进程的跨越。

（一）产业革命对人类生活的影响

产业革命是资本主义大工业生产代替工场手工业的过程，它于18世纪60年代首先发生于英国，至19世纪30年代末在英国基本完成。美、法、德、日等国也在19世纪内先后完成。产业革命带来了生产力的大飞跃，深刻地影响着生产关系的变革，也给人类社会的各个方面带来了巨大的影响：

第一，产业革命带来了劳动生产力的迅速发展。由于发明和使用了机器，生产

力获得前所未有的飞跃。正如马克思所讲的:“自从蒸汽和新的工具机把旧的工场手工业变成大工业以后,在资产阶级领导下造成的生产力,就以前所未闻的速度和前所未闻的规模发展起来了。”①

第二,产业革命带来了经济关系的新变化,资本主义的生产关系确立了统治地位。经过工业革命,工厂制度建立起来了,使得“生产本身也从一系列的个人行动变成了一系列的社会行动”②,这就大大提高了劳动生产率,为资本主义生产战胜小生产、为资本主义制度的确立奠定了物质基础。同时,使资本主义的经济关系最终确立起来,资产阶级树立了完全的统治地位。

第三,产业革命带来了阶级关系的深刻变化。随着工业革命的进展,新的阶级关系确立了,整个社会日益分裂为两大敌对的阵营——资产阶级和无产阶级。更重要的是,产业革命造就了资产阶级地位的提升,社会财富不再只流向封建贵族和大土地所有者,而是有相当部分分流到了资产阶级的手中,工业资产阶级掌握了生产资料,拥有了大量的社会财富。

第四,产业革命促进了城市化的发展和生活方式的变化。产业革命给欧洲社会带来的最大变化就是城市化进程的加速、人口分布的变化和生活方式的改变。机器生产和工厂制度的建立,使得农村人口和社会闲散劳动力涌向城市,转为工业劳动力,导致人口分布的重大变化。同时,人们工作和生活地点重心的这种转移,使人们的生活方式也发生了巨大变化。过去,人们过着简单的田园式生活,经济基本可以自给;如今,为有节奏的紧张生活所代替,人们在机器的轰隆声中疲于奔命,生活需要的一切都要依赖商品市场。过去,人们习惯并满足于封闭、传统的生活方式,男女分工有序,劳动之余兴趣集中于闲聊、市集、礼拜活动等等;如今,经过一番洗礼的人们不那么守旧了,创造发明不断出现与推广,妇女投身工业生产,人们视野更宽阔了,话题已涉及到前所未有的广阔领域。

产业革命对人类生活的影响是巨大的,它不仅改变了人类传统的生活方式、扩大了人们的生活空间,而且还促进了人们生活观念的变化,人们的日常生活从形式到内容都发生了巨大变化。

(二)产业革命对旅游的影响

产业革命在带来西方社会政治、经济、文化等一系列变革的同时,也带来了旅游的突破性发展。人类之所以能够在19世纪中叶之后,在国内旅游和国际旅游方面得到快速发展,在很大程度上是与当时产业革命的影响分不开的。

第一,产业革命带来了生产力的迅速发展。由于发明和使用了机器,生产力获得前所未有的飞跃,社会财富极大地增加,为旅游的发展奠定了物质基础。

第二,产业革命带来了阶级关系的新变化,从而也带来了旅游者来源的变化和数量的增加。产业革命造就了工业资产阶级地位的提升和财富的增加,使他们有

① 马克思:《资本论》第3卷,人民出版社2004年版,第212页。

② 马克思:《资本论》第1卷,人民出版社2004年版,第90页。

能力从而也产生了外出休闲度假的愿望，使得这一时期旅游者的人群数量大大增加。

第三，产业革命改变了人们的工作性质和生活方式，为旅游的大众化创造了条件。随着大量人口涌入城市，原有的那种忙闲有致的多样化农业劳动开始为枯燥重复的单一性大机器工业劳动所替代。这一变化最终导致人们需要适时地逃避节奏紧张的城市生活和拥挤嘈杂的环境压力，产生对返回自由、宁静的大自然环境中去的要求，以便获得短暂的休息和调整情绪的机会。因此，对离开工作去作短暂旅行产生了强烈而广泛的社会性需求。

第四，产业革命推动了新式交通工具的产生，使较远距离的外出旅行成为可能。1769 年，法国工程师尼古拉斯·古诺(Nichoals Joseps Cugnot)制造出了世界上第一辆以蒸汽机为动力的前三轮汽车；1814 年，英国工程师斯蒂芬森造出了在铁轨上行走的蒸汽机车，正式发明了火车，铁路客运业问世；1885 年，德国工程师卡尔·奔驰(Karl Benz)，制成了世界上第一辆以汽油为燃料、以内燃机为动力、主要用于人员乘坐的现代汽车——“奔驰一号车”，开始了汽车业的发展。同时，轮船海上航运业在此阶段也得到了迅速普及和发展。交通运输业的快速发展，不仅降低了外出旅游的费用，而且缩短了旅游活动所需要的时间，扩大了人们旅行活动的出游半径，从而大大推动了旅游活动的快速发展。

(三)旅游趋势的变化

到 19 世纪中叶，随着生产力和经济发展水平的提高，人类社会已经具备了从“小众旅游”向“大众旅游”过渡的基本条件，旅游活动的发展在很多方面都取得了跨越性进步，开始了从“前旅游时代”向“现代旅游”的过渡。[①] 人类旅游活动在 19 世纪中叶之后表现出了以下三个基本特征：

第一，以消遣、愉悦为目的而外出旅游的人数大大增加，旅游不再是少数人的个别行为，而是开始转化为具有广泛社会基础的大众性行为，并规模化发展，旅游活动在整个世界特别是经济较发达的欧美地区具有了普遍的社会意义。

第二，随着商业性客运业的发展，如轮船、火车、汽车运输等，人们大都借助这类专业性的商业性服务来完成自己的旅游活动。

第三，团体旅游开始出现并得到一定的发展。

因此，人们普遍认为，在 19 世纪中叶，现代意义上的旅游活动应运而生了，也就是说，人类在此时完成了由“前旅游时代”向“现代旅游”的过渡，而这一过渡或转变是以人类组团外出旅游方式的出现为标志的。[②]

二、托马斯·库克的贡献及现代旅游业的产生

从前述的论证可以看出，旅游是一种与社会经济发展水平和人的精神愉悦追

① 参见王德刚主编：《旅游学概论》，清华大学出版社 2012 年版，第 14 页。

② 参见王德刚主编：《旅游学概论》，清华大学出版社 2012 年版，第 15 页。

求密切相关的社会现象。从世界范围看,产业革命的完成使社会生产力大大提高,从而带来了社会经济的繁荣,为人类旅游活动的产生和发展奠定了物质基础。同时,由于科学技术水平的提高,使蒸汽轮船、铁路火车等大型、快速运输设备成为人们的交通运输工具,也为更多的人外出旅游提供了机会和条件。而人们文化素养的提高和产业革命所带来的工作与精神压力,更促发了人们探索未知世界、追求精神娱乐和精神放松的欲望。但是,由于大多数的人都没有外出旅游的经验,特别是对远距离的出境旅游更是陌生,再加上出入境手续、货币兑换和语言障碍等原因,使得许多人虽然具备外出旅游的客观条件,甚至已经产生了外出旅游的主观愿望,但由于上述原因,却很难出行。因此,便需要有人提供上述各方面的帮助和服务。这一需要,就直接导致了现代旅游业的产生。

中外学者大都认可,现代旅游业开始于人类旅游活动史上的一次标志性的事件——托马斯·库克(Thomas Cook ,1808~1892)组织的第一次有意识的组团旅游活动。1841 年 7 月 5 日,英国人托马斯·库克利用包租火车的方式,组织了一次从莱斯特前往洛赫伯勒的团体旅游。这次活动的目的是参加在该地举行的禁酒大会,当时有 570 多人参与了这次旅游活动,整个活动往返全程 24 英里,当日往返,票价为 1 先令。

严格地讲,这次活动并非世界上第一次团体火车旅行,在此之前,早已有利用火车进行团体旅行的记载,托马斯·库克本人也是受到这些团体旅行活动的启发而组织了本次活动。这次活动之所以被认为是现代旅游业的开端,是因为这次火车团体旅游具有以下特点:

首先,此次活动具有广泛的公众性。此前的团体旅行或旅游都是为自己的专业团体或为本公司的员工组织的,而这次活动的参加者不再只是一个行业协会或组织的内部成员,而是来自社会各行各业并包括了家庭妇女,他们之间本来没有任何的关系,只是为了参加这次活动而暂时聚集到一起,活动结束后便四散离去不再发生联系。这一情况同现代旅行社组织的团体旅游的情况是基本相同的。

其次,托马斯·库克本人不仅发起、筹备和组织了这一活动,而且自始至终随团陪同照顾,这一点可以说是现代旅行社全程陪同的最早体现,也是现代团体旅游的标准模式。

最后,此次活动参加者的规模之大也是空前的,并且在社会上造成了巨大的影响,成为一次可载入史册的重大社会活动,使其本身具有了划时代的意义。

因此,此次活动,被认为是"现代旅游"产生的标志,也成为现代旅游业开端的重要标志之一。这次活动之后不久托马斯·库克又组织了同样大规模的团体旅游活动,随后又成立了旅行社。尤其是旅行社的出现,把旅馆业、旅游交通业、旅游景点业、餐饮业等旅游产业的要素集合在一起,真正实现了旅游产品的组合和旅游业各要素间的整合发展,实现了为旅游者提供服务的"一揽子"工程——旅行社的组团旅游服务,也因此实现了旅游业的产业化发展。从产业发展的角度看,旅行社的出现成为现代旅游业产生最重要的标志。

托马斯·库克的最大贡献，是开创了一种新的旅游活动的组织方式，使旅游从个体的、分散的活动变成了群体性的、有组织的活动，使旅游真正进入了规模化、产业化发展的阶段，这标志着现代意义上旅游活动开始了。因此，可以认为，伴随着人类由“前旅游时代”向“现代旅游”的过渡，人类社会产业结构体系中一个新的产业门类——现代旅游业产生了。

实际上，也正是由于托马斯·库克的组团旅游，使旅游走上了组织化、产业化的发展阶段，并且在这些追逐经济利益的旅游企业的推波助澜下，使旅游的经济功能越来越引起人们的重视，并最终将其定性为“产业”。

第四章　旅游的本质

发生在19世纪中叶由托马斯·库克组织的人类“第一次”组团旅游的实现，标志着人类旅游新时代的开始，人类从此进入了“现代旅游”发展阶段——大众旅游兴起了。

从19世纪中叶到21世纪初的今天，人类现代旅游已经走过了170多年的时间，在这并不算漫长的时间里，人类旅游活动的形式或类型其实并没有发生多大变化，观光、休闲、娱乐、度假、探险、修学等等，一如既往。有所变化的是：参与旅游的人数增加了，能够参与旅游的社会阶层更加广泛了，旅游者的脚步走得更远了，地球上几乎任何地方都已经留下了旅游者的脚印，甚至在地球上旅游已经不满足了，要走向太空了……最终的结果是，旅游业成为全球“最大的产业”了。

正是由于这种参与范围和产业规模的扩大，几乎涉及了人类所有的人群，那么，一个关键性的问题就显得越来越突出——人们到底为什么要旅游？旅游的本质到底是什么？

第一节　对旅游概念和分类的再认识

本质，是哲学的基本命题之一，它是指“事物本身所固有的根本属性，它决定事物性质、面貌和发展”[①]。

那么，研究“旅游的本质”，就是研究旅游本身所固有的，决定旅游性质、面貌和发展的根本属性。

但对旅游本质的研究，一直存在着一个关键性的困境，即以往基于经济学视角的旅游的定义，所包含的范畴非常宽泛，简单的时间、距离和非就业目的的泛旅游标准，使旅游的范畴几乎无所不包，对这样一个十分宽泛的旅游现象进行本质探讨，必然会产生无从下手、无从对应的无方向感和错位感。所以，要想对旅游的本质形成科学的认知，还需要首先从对“旅游”概念和分类的重新认识开始。

① 参见《新华汉语词典》编委会：《新华汉语词典》，商务印书馆2004年版，第48页。

一、旅游概念的现代性和规定性

概念与性质是对应的，在许多情况下，概念本身就是对性质的描述和提示。

（一）关于旅游的概念

迄今为止，学术界、产业界关于旅游概念的研究及根据自己的研究给旅游所下的定义无法进行准确统计，但基本可以划分为三类。

一是词源学诠释。有的学者是从词源诠释的角度来寻找“旅游”概念的渊源，并作为今天为旅游下定义的依据。而这种寻找分别从西方语系和中文语系两个途径来进行。

有研究者认为，在西方语系中，“旅游（tour）”一词来源于拉丁语的“tornare”和希腊语的“tornos”，语义是指“车床或者圆圈；围绕一个中心点或轴的运动”。而这个语义在现代英语中则演变为“顺序”。后缀的“-ism”被赋予“一个行动或过程以及特定行为或特性”的意思，而后缀“-ist”则指“从事特定活动的人”。当词根“tour”与后缀“-ism”和“-ist”并在一起时，指的则是按照圆形轨迹的移动。[①] 一般认为，圆圈是从一点出发，再回到起点。所以，旅游就是像圆圈一样，是一种往复的行程，离开后再回到起点；而完成这个行程的人就是“旅游者”。

而在中文语系中，“旅游”一词最早出现在南朝·梁诗人沈约的《悲哉行》诗中：“旅游媚年春，年春媚游人。徐光旦垂才，和露晓凝津。时嘤起稚叶，蕙气动初苹。一朝阻旧国，万里隔良辰。”从诗文中看，“旅游”一词在当时已经有了外出游览的含义。而此前，“旅”和“游”是分离的。孔颖达《周易正义》中解释：“旅者，客寄之名，羁旅之称；失其本居，而寄它方，谓之为旅。”古代的“游”，指的是自由自在、逍遥无为的生活境界，如《庄子·逍遥游》中的“乘物以游心”指的就是这种境界。

但自从“旅游”一词从欧洲引入我国后，原有的“旅游”一词的词义发生了变化。

二是技术性定义。对“旅游”进行技术性定义是从经济学的角度将旅游作为一种经济活动，为了实现国民经济统计和国际旅游数据收集、统计工作的标准化。各国都根据自己的国情和国民经济统计数据收集的需要设定了自己关于“旅游”的技术性定义或统计标准。如我国国家统计局和国家旅游局将旅游统计的标准设定为出行距离 10 公里以上、时间持续 6 小时以上的外出行为。为统一各国统计口径，旅游科学专家国际联合会（International Association of Scientific Experts in Tourism）曾于 1981 年对旅游进行了定义，是指“由人们向既非永久定居地亦非工作地旅行并在该处逗留所引起的相互关系和现象的总和”。这就是人们常说的“IASET”定义。[②]

三是属性和本质研究。从前述对旅游学术研究发展历程的梳理可以看出，学术界对旅游现象的研究首先源于对经济的关注，后逐步引入社会学视角，越来越注

---

① 参见王德刚主编：《旅游学概论》，清华大学出版社 2012 年版，第 24 页。

② 参见王德刚主编：《旅游学概论》，清华大学出版社 2012 年版，第 25 页。

意到旅游的文化内核，甚至认为旅游是一种文化行为，开始逐步深入到了对旅游本质的认识。其中较为典型的有：

1942年，瑞士学者汉泽克尔和克拉普夫在其合著的《普通旅游学纲要》中将旅游定义为：是非定居者的旅行和暂时居留而引起的现象和关系的总和。旅游“不会导致长期定居，并且不牵涉任何营利活动”[①]。此定义在强调旅游的非经济属性的同时，也引入了旅游的社会属性。

奥地利维也纳经济大学旅游研究所于20世纪50年代给旅游下的定义为：旅游可以理解成是暂时在异地的人的空余时间活动，主要是出于休养，其次是出于受教育、扩大知识和交际的原因的旅行，再次是参加这样或那样的组织活动，以及改变有关的关系和作用。[②]

1966年，法国学者让·梅特森基于对旅游本质的探讨，从旅游的目的性、文化内涵和休闲特征的角度将旅游定义为：旅游是一种消闲的活动，它包括旅行或离开定居地点较远的地方逗留。其目的在于消遣、休息或为了丰富他的经历和文化教育。[③]

人们对旅游概念的不同探讨和认定，与其出发点的角度是分不开的。关键的原因在于，“旅游”最基本的特征是人的身体位移——一种离开居住地的外出活动，但这种活动的目的、形式、内容和种类实在是太多了，人们都是想将其中的一部分框定起来作为一种特定类型——“旅游”，就是因为把握的尺度有别，所以形成的概念就有差异。这就是一直困扰着研究者、迄今为止无法形成一个统一的“旅游”概念的根本原因所在。

关于“旅游”的概念，无休止的讨论还在持续，目前人们较多地采用了世界旅游组织(UNWTO)的定义：旅游是指人们为了休闲、商务或其他目的而旅行到其惯常环境之外的地方并在那里停留持续时间不超过一年的活动。一个人的惯常环境是由其居住地周围的地区及其所有经常光顾的地方所组成的。[④]

（二）旅游概念的现代性

从上述分析可以看出，旅游，“实际上是我们现代人用现代的旅游学思想和观点对‘旅游’这种特定社会现象的概念界定，这种界定本身带有时代性，也带有被动性——概念出现于社会实践之后”[⑤]。也就是说，不管旅游原本产生时的本质属性如何，今天我们所说的旅游实际上是我们基于今天对这种现象的认识而进行的定义，特别是政府部门出于统计目的而界定的旅游，就更完全是出于功利性的经济需求而进行定义的，与旅游真正的本质、本原相差甚远。

这实际上是事物或现象在“起源”与“发生”之间的一种错位。从起源学的角度

① 吴必虎、宋子千：《旅游学概论》，中国人民大学出版社2009年版，第29页。

② 参见王洪滨：《旅游学概论》，中国旅游出版社2004年版，第15页。

③ 参见王洪滨：《旅游学概论》，中国旅游出版社2004年版，第15页。

④ 参见吴必虎、宋子千：《旅游学概论》，中国人民大学出版社2009年版，第26页。

⑤ 参见王德刚主编：《旅游学概论》，清华大学出版社2012年版，第1页。

来审视，一种现象或事物的出现往往是以某一特定事件作为开端或起源标志的；而从发生学的角度看，强调的则是与该事物或现象相关的观念或意识的形成过程。在人类社会实践和意识形态的发展过程中，任何一种现象或事物的“起源”与“发生”都可能是错位的。发生学认为，事物或现象的起源从来就没有绝对的开端，而是一个过程。

旅游是人的活动，是人类生命系统的开放与拓展。从上述对人类旅游活动起源研究的内容来看，人类旅游活动的发展历史是与人类社会发展的特定历史阶段相适应的。旅游并非是与人类社会的发展过程相始终的，它仅仅是在人类社会发展到一定历史阶段之后才出现的一种社会现象，并在历史发展的长河中逐步发展、演变、走向规模化和常态化，最终成为人类社会生活的一部分。这个过程本身，也体现了旅游现象由近及远、由古至今、由量变引起质变的逻辑进程。

正是因为找到了人类旅游活动产生的渊源，厘清了其发展、演变的过程，才使人们发现，“旅游”其实是一个具有“现代性”的概念，即它是用现代旅游学的理念和观点，对人类离开居住地外出活动这一社会现象的一种选择性界定。

（三）旅游概念的规定性

很多学者在探讨旅游的概念时首先从词源学的角度来诠释“旅”和“游”以及两个字合并之后形成的“旅游”一词的含义。

实际上，这种探讨没有任何意义。因为，今天所界定的旅游这种现象，是用专门设定的概念和范畴来框定的一种现象——设定一个规定性概念。例如，世界各国在统计学上对旅游所下的标准化技术定义——用出行时间和距离来作为鉴别“旅游”与“非旅游”的标准化定义，其与词源学上“旅游”的含义毫无相干。

从多年来人们从不同的视角对旅游概念的探讨来看，无论是国际性的旅游组织（如世界旅游组织、世界旅游和旅行理事会等）、国家政府机构的官方定义，还是旅游学者及相关学科研究者的民间定义和学术性探讨，也无论是人们提出的所谓“技术性定义”“经济性定义”还是“概念性定义”，都是在用今天设定的标准来“框定”人类社会生产和生活中的外出行为，哪些是旅游、哪些不是旅游，最终给出一个标准化的语言描述。所以，从发生学的角度看，所谓旅游，实际上是用今天旅游学的观念和意识对人类外出这种现象所进行的一种选择性“框定”，在历史发展长河中人类各种各样的外出活动只是为今天“框定”“旅游”的范围奠定了一个选择的基础。

这就使“旅游”这一概念具有了十分明显的规定性特征。

二、旅游的分类与本体论研究对象选择

在当前的产业领域，以功利化追求为导向的技术性定义界定的旅游的种类很宽泛。而本体论研究就是要让人们对旅游的认识回归本质。

（一）旅游分类研究

世界旅游组织（UNWTO）把旅游活动分为国内旅游活动和国际旅游活动

两类。

国内旅游，是指居民基于愉悦、商务或其他目的，离开其惯常环境而在其本国或本地区境内针对某些地方的持续时间不超过一年的旅行及滞留活动。

国际旅游，包括入境旅游和出境旅游。入境旅游是指非本国居民基于愉悦、商务或其他目的，离开其惯常环境到访某一特定地区持续时间不超过一年的访问活动；出境旅游是指某一特定地区的居民为了愉悦、商务或其他目的而旅行到其惯常环境之外的地区，并在那里停留时间不超过一年的活动。①

世界旅游组织（UNWTO）是以是否出国或出境为依据对旅游活动进行分类的。在旅游学术领域，对旅游活动（或旅游者）的分类研究是从不同的角度、以不同的分类标准进行细化的。

按旅游的目的，旅游可分为纯粹旅游、特殊旅游。

按旅游者到达目的地，旅游可分为国内旅游和国际旅游、长途旅游和短途旅游。

按旅游者同伴人数，旅游可分为零星旅游（散客）、团体旅游。

按接待方式，旅游可分为包价旅游、代办委托旅游。

按旅游内容，旅游可分为公务旅游、商务旅游、观光旅游、探亲旅游、文化旅游、会议旅游、宗教旅游、度假旅游、专业旅游、探险旅游、生态旅游。②

上述对旅游活动的各种分类，实际上是基于产业或经济导向的旅游概念的，产业或经济导向对旅游活动的认知，将休闲娱乐等消遣性的旅游需求与商务活动及其他个人事务型的旅游需求同等对待，但实际上他们之间在旅游欲望、旅游目的、旅游消费特征及在旅游本质等方面，是存在根本性差异的。其中有的旅游类型实际与旅游本体论的研究内容毫不相关。

分析各类旅游活动的动因可知，人作为旅游活动的主体参与旅游的动因可分为两类，即主动和被动。

主动的旅游是旅游主体的自觉性行为，即完全出自内心主观愿望、主动要付诸行动的行为。这种旅游都是在“有钱”（支付一定的费用）、“有闲”（有足够的闲暇时间）的情况下进行的消遣型旅游，是出自休闲、娱乐等目的。

被动的旅游是受外力驱使的被动性行为，即是受一定的外在原因而非发自主体内心愿望的必需性行为。这种旅游我们可称之为“事务型旅游”，是为完成某一特定事项而进行的旅游。

我们可将旅游按出游动因划分为两种类型：一是事务型旅游；二是消遣型旅游。

事务型旅游，或称“被动性旅游”，是受单位或个人事务驱使而进行的旅游活动。它又包含两种类型：一是个人事务型旅游，即因个人和家庭事务而进行的旅

---

① 参见吴必虎、宋子千：《旅游学概论》，中国人民大学出版社 2009 年版，第 28 页。

② 参见王洪滨：《旅游学概论》，中国旅游出版社 2004 年版，第 93～98 页。

游，具体包括探亲访友、寻根、治病等；二是差遣型旅游，即受单位差遣所进行的商务、政务旅游，包括商务活动、参加会议、考察、洽谈等。事务型旅游非出自志愿，目的地不可选择，外出时间没有选择余地、没有季节性，其中差遣型旅游花的也不是个人的钱，而个人事务型旅游也不一定用的是可支配收入。

消遣型旅游，或称“主动性旅游”，是发自内心意愿，利用自己的闲暇时间为休闲、娱乐目的而进行的旅游，具体包括观光、度假、娱乐、体验、修学等类型。消遣型旅游完全出自自愿，目的地是经过精心挑选的，出行时间是经过预先准备的，花多少钱是有专门计划的。

从旅游本体论的研究内容来看，旅游的本原、本质只是跟消遣型旅游有关，而与事务型旅游毫不相干。

（二）消遣型旅游——本体论研究的对象

之所以将消遣型旅游确定为旅游本体论研究的对象，根源在于旅游参与动因的“主动”与“被动”。

消遣型旅游，也有学者称之为“纯旅游”，是指出于观光、休闲、娱乐、度假等目的，利用自己的闲暇时间开展的自费旅游活动，亦即人们俗称的“自费旅游”。消遣型旅游是人们以自愿、自费为前提的旅游行为。

从人类社会旅游活动的发展历程来看，没有消遣旅游，也就不会有“旅游”的概念存在，同样也不会延伸出其他类型的旅游活动，也就不会有现代旅游业。整个人类社会自古至今的历史长河中，消遣旅游自始至终都是旅游活动和旅游产业的主线；观光、休闲、娱乐、度假是所有类型的旅游活动中“最正宗”“最纯粹”的旅游活动类型。

闲暇时间，一般包括每日闲暇、每周闲暇、每月闲暇和每年闲暇。每日闲暇一般不会产生旅游活动，周末、公共假日、带薪休假等往往是产生出游行为的主要时间。

与这种自费和利用自己闲暇时间进行旅游活动相近的类型包括公司奖励旅游，利用个人事务和公务差遣出游而进行的观光、休闲、娱乐等延伸的旅游活动。

而其他个人事务、公务差遣等旅游类型则属于人类旅游活动类型的扩展，是因公务差遣而进行的商务、政务旅游活动和因个人、家庭事务而进行的旅游活动，他们的旅游活动是在“被迫”的情况下实现的，实际属于“被旅游”。从旅游活动类型的构成上来看，也是在现代旅游理念的影响下，从“旅游产业”的角度“框定”进来的旅游类型。如果他们在外出处理公私事务的过程中，没有延伸参与观光、休闲、娱乐、度假等“纯旅游”活动，他们的旅游活动就与本体论研究的本原、本质及权利、利益、道德等问题没有任何内在联系。

因此，只有完全出于个人自愿、利用自己可自由支配的时间和可自由支配的收入来进行的旅游活动，才是旅游本体论研究的对象。

对这一问题的认识，在国际旅游学术研究领域和相关的国际旅游组织中经历了几个变化的过程。早期曾经有学者特别强调旅游的休闲、愉悦目的，认为旅游活动应该是工作(或职业)之外的事情。如前述的瑞士学者汉泽克尔和克拉普夫,就认为旅游与工作无关,在二人合著的《普通旅游学纲要》中定义旅游时就强调了几个关键词,即“非定居者”“旅行”“暂时居留”“不牵涉任何营利活动”。他们的这一观点一度为旅游科学专家国际联合会所接受,形成了该组织的“IASET”定义。但由于社会经济的发展,跨国、跨地区间的商务、政务、会展等活动越来越多,相应产生的人口流动数量规模也急剧增长,这些人口的流动对社会的经济影响和文化影响等也越来越大,将这些人口的流动纳入旅游范畴也逐渐为越来越多的学者和社会机构所接受,休闲和愉悦性、非工作目的的旅游观点受到了挑战。而实际上政府的旅游主管部门在此方面的推动作用更大,将旅游的范畴扩大到事务型旅游,不仅可以壮大旅游的规模,而且还可以增大旅游的贡献,提升旅游部门的地位。即使是世界旅游组织(UNWTO)在此问题的认识上也出现了模糊。世界旅游组织(UNWTO)一方面出台了《马尼拉世界旅游宣言》《全球旅游伦理规范》等强调旅游权利,促进旅游公益化、社会化发展等的文件;另一方面又一直在不遗余力地推动旅游的产业化发展,并最终放弃了“对愉悦性的坚持,而接受了更为宽泛的理解,旅游活动的目的被分为休闲、商务和其他三类”①,将以愉悦为目的的消遣型旅游淹没其中。

第二节　旅游的本质

学术界至今无法给旅游本质一个准确认识。而对旅游本质的相关研究,一直处于分散的各说各话状态。

一、关于旅游本质的研究

作为旅游本体论研究的根本性问题,也是旅游和旅游业发展中的关键性问题,旅游的本质似乎在学术领域早就该明确,但由于以往的研究是在经济导向下进行的,所以人们更关心的是有关产业发展政策、旅游资源和产品开发、旅游规划设计、旅游市场营销、旅游企业管理等与旅游产业发展实践紧密结合的领域,而对旅游本质的认识至今仍未形成统一的共识。目前较有代表性的关于旅游本质的认识主要有以下几种:

(一)“愉悦”说

旅游的本质是“愉悦”。

谢彦君教授在其《基础旅游学》中专门论述了“旅游的本质规定”,认为“愉悦构成了旅游这个范畴的基本硬核”,“旅游在根本上是一种主要以获得心里快感为目的的审美过程和自娱过程,是人类社会发展到一定阶段时人类最基本的活动之

① 参见吴必虎、宋子千:《旅游学概论》,中国人民大学出版社2009年版,第29页。

一”。[①] 并且认为，在人类旅游活动中，实际上并不存在纯粹意义上的生理快感需求和体验，因为在他们作出决策的过程中，客观对象或环境中的美的信息——导致心理愉悦的因素，早已通过各种渠道被主体获知，并在其休闲、娱乐活动的背景选择中发挥着潜在的影响，甚至是主导性作用。这就决定了旅游活动的本质实际上就是追求精神愉悦。

(二)“体验”说

把“体验”作为旅游的本质。

曹诗图教授在《旅游哲学引论》专著中，用两章的篇幅来专门描述《旅游本质论》。书中认为：从辩证唯物主义的矛盾论出发，旅游的主要矛盾是为了寻求“身心补偿”，即“人们为了寻求身心补偿，以消遣、审美、求知等精神愉悦为主要目的，到他们日常生活环境之外的地方旅行和逗留的各种身心体验”[②]。因此，旅游的本质就是“异地愉悦体验”。

并且，作者还从哲学意义上给出了将体验视为旅游本质的四个理由：

——体验是旅游现象所具有的最一般、最普遍、最稳定的共同属性；

——体验是旅游现象区别于其他现象的独特属性；

——体验是规定和影响旅游现象中其他非本质属性的根本；

——体验是旅游活动产生、变化及发展的依据。[③]

同时，外国学者里奇(Brent J. P. Ritchie)等通过对旅游领域重要期刊发表文章的定量和定性分析，强化了对旅游体验的理解，指出旅游的本质是旅行体验的开发和传递。[④]

(三)“求异”说

认为旅游的本质是“求异”。

袁美昌先生在其著作《旅游通论》中对旅游的本质进行了专门探讨，书中专门给旅游的本质下了定义，认为旅游的本质是“能够覆盖所有旅游活动全过程的，是旅游者对于获取异样感受的价值追求，即旅游者在出游期间各类感官的‘求异’”[⑤]。

作者在其著作中还对“寻求审美”“寻求愉悦”“寻求放松”等其他学者关于旅游本质的研究观点进行了辩驳，认为只有“求异”才是能够覆盖所有旅游类型和旅游全过程的本质。其主要观点如下：

——“求异”是出于人们本性的需求；

——“求异”是人们出游的选择偏好。

---

① 参见谢彦君：《基础旅游学》，中国旅游出版社 2004 年版，第 57～58 页。

② 参见曹诗图：《旅游哲学引论》，南开大学出版社 2008 年版，第 45 页。

③ 参见曹诗图：《旅游哲学引论》，南开大学出版社 2008 年版，第 44～51 页。

④ Brent J. R. Ritchie, Vincent Wing Sun Tung, Robin J. B. Ritchie, “Tourism Experience Management Research: Emergence, Evolution and Future Directions,” *International Journal of Contemporary Hospitality Management*, vol. 23, no. 4(2011), pp. 419- 438.

⑤ 参见袁美昌：《旅游通论》，南开大学出版社 2011 年版，第 45 页。

而“寻求审美”和“寻求愉悦”等都可以包含在“求异”当中;旧地重游现象则属于旅游者的“深度求异”。①

(四)“审美和娱乐”说

认为旅游的本质是“审美和娱乐”。

王洪滨教授主编的《旅游学概论》中列专节对“旅游的本质”进行讨论。书中认为:旅游的目的是决定旅游本质的前提。“审美和娱乐的核心本质构成了旅游者的追求目的。”②

作者特别强调以下观点:

——旅游是一种审美活动,是综合性的审美实践。

——旅游是人类一种积极而健康的社会交往活动。

——旅游是人类生活的高级需求和高层次的消费活动。③

(五)“诗意栖居”说

认为旅游的本质是“人诗意地栖居”。

杨振之教授在其《论旅游的本质》一文中,从国外到国内、从古代到现今,广征博引,最终提出了其旅游的本质是“人诗意地栖居”的论断。④

作者首先批判了以往旅游定义研究的缺陷,认为过去学者们对旅游定义的研究都“把着眼点放在了旅游的空间、时间、动机、保障系统和空间系统上”,并未“触及旅游本质或本质特征,而只是在言说旅游的一半特征”,是“对旅游表象的思考”,“没有追问到旅游的本质”。

其次,作者对加法·贾法瑞(Jafar Jafari)的旅游是“从世俗世界走向神圣世界”、王宁的“旅游的本质是寻找存在的真实”以及谢彦君的“旅游体验说”等与旅游本质相关的观点进行了否定。

最后,作者“从哲学上思考”,提出了自己关于“诗意地栖居”才是旅游的本质的论断。⑤

(六)“意识形态”说

认为旅游的本质是一种“态度”,是一种“意识形态”。

曹国新、汪忠烈、刘蕾在《论旅游学的定义:一种基于本体论的考察》一文中,对旅游的本质进行了讨论,从旅游活动的“本源”出发,认为旅游活动不是人的本能性行为,而是有目的、有意识、有条件地进行的活动,“旅游活动包含着人对世界的隐蔽和改造”,其核心是“价值判断”,其本质是一种“意识形态”。这是一种属于“社会上层建筑的精神力量”,它通过对人日常生活中“已然”的背景意识形态进行反观,

① 参见袁美昌:《旅游通论》,南开大学出版社2011年版,第40～45页。

② 参见王洪滨:《旅游学概论》,中国旅游出版社2004年版,第3页。

③ 参见王洪滨:《旅游学概论》,中国旅游出版社2004年版,第2～8页。

④ 参见杨振之:《论旅游的本质》,载《旅游学刊》2014年第3期。

⑤ 参见杨振之:《论旅游的本质》,载《旅游学刊》2014年第3期。

进行否定之否定，追寻自主决断的“应然”的人生价值。[①]

以上列出的是几种有代表性的观点，每一种观点只选择了其代表性的作者和文献，他们只是这些观点的代表者，其身后都有很多持有相同观点的学者。当然，也有许多其他学者在探讨旅游的定义时涉及到旅游的本质，提出了一些自己的看法，或深或浅，但基本与上述几种观点接近。

（七）其他视角和观点

世界许多学者都曾研究或阐释过旅游的本质，站在不同的视角对旅游的本质进行审视和诠释，并得出不同结论。这些观点都具有一定的代表性，主要包括：

1. 人类学视角

格拉伯恩（N. H. Graburn）最初将旅游定义为人们寻找超验性价值的神圣之旅，从人类学角度把旅游本质看作“仪式”性质的行为模式与游览的结合。[②]

2. 宗教视角

旅游的本质与下列因素有关：上帝创世神话中每周第七天是休息日是一条戒律；人类不单单听从上帝命令来休息，而且还通过旅行到其他地区来使自己从日常约束中解脱（用圣经的描述就是：对罪恶的救赎）出来。[③]

3. 经济学视角

布哈里斯（Dimitrios Buhalis）认为旅游的本质主要是通过刺激当地经济，从而提高目的地居民的生活繁荣。[④]

4. 哲学与心理学争论的视角

哲学和心理学争论的真实性问题被应用到旅游研究中。马康纳（Dean Maccannell）指出，旅游的发展需要一个更广泛的神化过程，使旅游客体从平凡的本质中显露出来。他的观点旨在促进“旅游化过程”与“舞台化真实性”的辩论，他强调对事物原形——旅游目的物的真实性体验，而否认旅游者体验的真实性。[⑤] 斯坦纳（Card J. Steiner）和瑞森格（Yvette Reisinger）提出旅游真实性研究应从存在主义出发，关注旅游主体参与时产生的旅游感受等本源性的命题上。[⑥] 王宁（Ning Wang）综合提出旅游真实性的范围包括旅游客体的真实性和存在主义的真实性；

① 参见曹国新、汪忠烈、刘蕾：《论旅游学的定义：一种基于本体论的考察》，载《江西财经大学学报》2005 年第 3 期。

② N. H. Graburn, “The Anthropology of Tourism,” *Annals of Tourism Research*, Vol. 10, no. 1 (1983), pp. 9-33.

③ Korstanje Maximiliano, Graham Busby, “Understanding the Bible as the Roots of Physical Displacement: The Origin of Tourism,” *E-Review of Tourism Research* (*ERTR*), vol. 8, no. 3(2010), pp. 95-111.

④ Dimitrios Buhalis, “Limits of Tourism Development in Peripheral Destinations: Problems and Challenges,” *Tourism Management*, no. 20 (1999), pp. 183-185.

⑤ Dean Maccannell, *El Turista: Una nueva teoría de la clase ociosa*, Barcelona: Melusina Ed, 2003, p. 45.

⑥ Carol J. Steiner, Yvette Reisinger, “Understanding Existential Authenticity,” *Annals of Tourism Research*, vol. 33, issue. 2(April 2006), pp. 299-318.

指出两者并不孤立，且存在主义的真实性更能说明旅游体验并不是完全依赖于旅游客体的真实性。所以旅游本质的研究应从旅游客体的真实性和存在主义的真实性结合的共同层面进行。[①]

二、旅游的本质

旅游是人的活动，对旅游本质进行本体论探讨，不能离开旅游的主体——人（旅游者）。人出游的目的、出游的过程、体验的结果是我们探讨旅游本质的根本性依据。同时，人类社会的发展经历了不同的阶段，每个阶段都表现出不同的经济特征和文化特征，对人的出游的可能性、可行性、出游过程和旅游效果（即旅游目标实现的程度）等都会产生不同的影响，特别是在人类社会进入21世纪的今天，旅游已经成为整个社会的普遍性现象，人类社会进入了“大众旅游”时代，旅游跟每一个人的生活都发生了联系，并成为生活的重要组成部分，旅游意义也在发生变化。

（一）旅游是人类生活的一部分

从人类旅游活动的起源和发展历程看，旅游活动的发展迄今经历了由少数个体参与到群体参与、再到产业化发展的不同阶段。到今天，正像世界旅游组织（UNWTO）的纲领性文件《马尼拉世界旅游宣言》中所指出的那样，旅游已经完全由少数富人的活动演变为具有广泛社会影响并与众多领域相联系的大众性活动。

随着社会的发展，现代人的生存需求和物质需求已得到了基本满足，较高层次的精神需要逐步成为生活的“必需品”。正像心理学家马斯洛（Abraham H. Maslow）的需求层次理论所指出的那样，人的欲望、需求是逐步递增的，当我们基本的生理需求和生存、生活需求得到满足后，就会产生交际、受尊重、自我价值实现等更高层次的需求，外出旅游成为人们开阔眼界、获得知识、陶冶情操、自我养成的重要途径，旅游也就自然而然地成为人类发展权的重要组成部分。同时，现代人渴望缓解自己日常工作与生活的紧张与压力，渴求知识、友谊、理解和自我价值的实现，旅游正好有满足这种需求的功效。《马尼拉世界旅游宣言》中还指出，旅游是“对人类休息和娱乐基本权利的承认”，旅游活动的宗旨之一，就是“彻底实现人的价值”。所以，在现代社会，旅游已成为人类闲暇生活的主要选择，成为现代生活方式的重要组成部分。

事实表明，旅游对于发达国家的人来说，是从小就习以为常的生活组成部分，是每个家庭不可或缺的休假生活之一。在中国，20世纪80年代以来，大多数家庭也逐步达到了小康生活水平，旅游也日渐成为现代中国人一种普遍的消费形式和休假方式。2013年，我国国内旅游人数已达32.5亿人次，人均2.5次/年；出境旅

① Ning Wang, “Rethinking Authenticity in Tourism Experience,” *Annals of Tourism Research*, vol. 26, issue. 2(1999), pp. 349-370.

游人数约9730万人次，平均每13人中就有1人次/年出国或出境旅游。[①] 就连人们日常生活中的见面语都在由过去的“吃了吗”逐渐转变为“去哪儿旅游啦”等等。在闲暇时间，带上家人或约几个好友，去远郊野外，看看星星，听听涛声，燃起篝火，唱些老歌，说些老话，已不失为大多数现代人身心休闲、自由惬意的一种“生活方式”。[②]

在当代社会，“居”与“游”已经成为人类生活的两个基本样态，人们的日常生活就像一个硬币的两个面，一面是长期居住在某地，另一面是离开常住地去旅游。我国著名经济学家于光远先生早在1985年时就将旅游定义为：旅游是现代社会中居民的一种短期性的特殊生活方式，这种生活方式的特点是：暂时性、异地性、业余性（非工作或职业行为）和享受性。[③]

所以，从人类社会旅游活动的发端、演化、发展历程来看，旅游已经从历史上“少数富人”的奢侈消费演变为当今社会人类生活的重要组成部分。

（二）从山水比德到人生养成

马斯洛的需求层次理论把人的需求分成五个层次，即生理需求、安全需求、社交需求、尊重需求和自我实现，依次由较低层次向较高层次发展。就旅游活动而言，纯粹为了满足生理需求的旅游活动实际上是不存在的，而旅游目的地一般也不会比旅游客源地（即旅游者的常住地）更安全，能够实际产生旅游需求是在第三、第四和第五个层次上，这本身也说明了旅游活动在人的精神领域的能动作用，旅游能够使人开阔眼界、增长知识、陶冶情操、提高修养，这些都能够对人的精神世界发挥能动的积极作用。自古以来，旅游也一直成为有抱负、有理想者的人生养成途径。

孔子一生都在不停地通过旅游实践来进行个人的人生养成，并成为我国最早在生活和哲学两个领域对人类的“旅游休闲观”进行系统论述的思想家。[④] 孔子主张“旅游休闲”与“积极入世”两不误，努力创造个人的生命价值，把旅游休闲作为实现自我养成、品德修行的一种途径和手段。孔子的“游”主要有三种形式：游览、游学、游仕。孔子就是从广阔的亲历旅游空间中成就了儒家思想。在“父母在，不远游”（《论语·里仁》）的孝观念之外，孔子十分向往闲游、远游，乐于休闲和远游。所谓“浴乎沂，风乎舞雩，咏而归”（《论语·先进》）、“有朋自远方来，不亦乐乎”（《论语·学而》）等等，便说明了这一点。孔子的游历生涯对其思想体系的形成影响极大。游历，成为孔子人生养成的重要途径。

在游历的过程中，孔子逐步因礼而得仁，将仁与自然山水有机融合，形成了“山水比德”的经典旅游思想——“仁者乐山，智者乐水。智者动，仁者静，智者乐，仁者寿”（《论语·雍也》）。山水比德就是将仁人君子的品德比拟为自然山水，也即是把

---

① 参见孙杨：《我国2013年国内旅游人数达32.5亿人次》，新华网，http://news.xinhuanet.com/fortune/2014-01/06/c_118844519.htm，2014年1月6日。

② 参见郑晴云：《朝圣与旅游：一种人类学透析》，载《旅游学刊》2008年第11期。

③ 参见仓理新：《社会学视角下的旅游文化现象》，载《旅游学刊》2008年第12期。

④ 参见王德刚：《游必有方——论孔子的旅游休闲观》，载《旅游科学》2008年第6期。

自然山水人格化。“乐水”是由于水的丰富变化，象征德、仁、理、义、智、勇等人文精神，“乐山”是景仰山的博大和无私奉献的胸怀。

孔子是一位有着远大政治抱负的历史伟人，旅游休闲活动成为他自我养成、品德修行的一种途径和手段，正是在这种不停息的“行万里路”旅游经历中，成就了孔子“登东山而小鲁，登泰山而小天下”的思想境界。

实际上，古今中外，许多人的成长都离不开旅游。无论是伟人、名人，还是普通百姓，对自然山水的观光游览、对人文圣迹参访游学，都会成为其一生成长的重要经历，从古罗马时代自由人到埃及金字塔的徒步旅行，到16～17世纪欧洲学子的海外修学，从春秋时代达官贵族的享乐旅行，到21世纪的今天每年1亿中国人的出境旅游，旅游已经成为人类生活和成长过程中不可缺少的重要组成部分，“读万卷书”与“行万里路”在日常语言中的并列使用，就是旅游在人生养成过程中重要作用的真实写照。

（三）目的多样性与体验多元化

人类旅游活动的发展虽然有着清晰的历史脉络，不同的历史阶段表现出不同的时代特色。但在21世纪的今天再来探讨旅游的本质问题，必然也必须将目光着眼于当下——整个人类已经进入大众旅游时代，旅游已经成为几乎所有具有活动自由和活动能力的人的生活组成部分，旅游体现出社会广泛参与的基本特征，而人的年龄、性别、爱好、性格、文化修养、专业知识、经济能力、闲暇时间、身体状况等因素，都会影响到其参与旅游的态度、出游的目的、旅游体验的形式、对旅游产品和服务的要求、对旅游体验效果的评价等等，显示出旅游目的多样性和旅游体验多元化的特征。

（四）旅游的本质

从人类旅游活动自古至今的发展历程来看，我们可以得出这样的结论：

——人类旅游活动起源于人类原始的审美、娱乐诉求和社会交往需要；

——从“前旅游时代”到“现代旅游”的产生，人类经历了十分漫长的历史发展过程；

——旅游是现代社会人类生活不可缺少的重要组成部分；

——旅游是人生养成的重要途径。

正是因为旅游活动在人类社会生活和人类个体人生养成中的这种地位和作用，特别是人类社会的发展进入21世纪，全社会几乎所有有活动自由和有活动能力的人都能够参与旅游活动之后，基于精神诉求的审美性和愉悦性便具有了普适意义。

从人类的旅游活动实践来看，审美和愉悦虽然不会体现在每一个人的每一次旅游活动中，即并不是所有人的所有旅游活动都具有审美性和愉悦性，但审美和愉悦肯定适用于每一个人，即审美性和愉悦性肯定会出现在每个人的某一次旅游活动中。

同时，从前述对人类旅游活动发展历程的梳理来看，人类旅游的目的体现得更多的是人在精神层面的需求——追求精神愉悦，从原始部落时期的聚会与宴飨，到西方古罗马时代的远行游览、中国春秋时代的山水比德，到21世纪的观光、休闲、研学，精神需求一直是人类旅游活动的主观诉求，特别是社会主流意识的主观诉求。虽然现实的旅游活动中也会有较低层次的、以生理体验为主导的“娱乐体验”，但正像谢彦君教授指出的那样，纯粹生理意义上的旅游体验实际上是不存在的。[①]

实际上，早在20世纪80年代初，我国就有人提出了旅游是一种文化事业的观点，认为旅游是一种文化现象，是人类物质文化和精神文化生活的一个最基本的组成部分，是旅游主体借助旅游媒介等外部条件，通过对旅游客体的能动活动而实现的精神享受过程。旅游的目的、旅游的过程和最终效果都是以获取精神享受为指向，旅游是一种精神活动。[②]

所以，旅游的本质可以概括为：精神愉悦。具体描述为：旅游的本质是以经济支出为手段、以精神愉悦为目的的文化消费活动。

首先，从旅游诉求的实现条件来看，外出旅游必须付出一定的经济成本来购买旅游企业和公共服务机构提供的相关产品和服务，作为等价交换，接待地的政府、企业和居民因为旅游者提供其所需的旅游产品和服务而获得经济回报，使旅游业成为当地重要的产业部门。这也正是许多发展中国家和地区大力发展旅游业的重要原因。所以，从接待地的角度，因要获得经济收益而发展旅游业，而对于旅游者来说，为实现旅游诉求，必须以一定的经济支出为代价和手段。

其次，从旅游消费的内容和过程来看，旅游者外出旅游并非为了获得经济利益，而是为了获得以文化享受、审美和娱乐为表象的精神愉悦，这本身就是一种文化消费现象。同时，旅游者在旅游活动中要与接待地及中间媒介的政府机构、旅游业的工作人员、当地居民等很多人接触，旅游者与这些不同人群的接触，会自然而然地产生文化交往与沟通现象，因此旅游者不仅会汲取接待地——东道社会的文化，而且还会把自己所表现出来的本国、本民族文化带到接待地，从而影响到那里的居民。不论是何种类型的旅游者，都不可避免地要接触东道社会的文化，因此文化在旅游活动中几乎无处不见。综观人类旅游活动的发展史，虽然各个时期各有不同的表现形式，但在本质上都有共同之处，即旅游者在旅游活动中所追求的是文化享受。文化，作为旅游的灵魂，始终蕴含在各种旅游活动中。因此，从本质上来说，旅游是一种文化活动。世界旅游组织纲领性文件《马尼拉世界旅游宣言》中说得好：“旅游的经济利益，不论是如何实际或重大，不是也不能构成国家促进这一活动的唯一标准。”[③]

第三，精神愉悦是旅游的本质内核，是导致一个人由“潜在旅游者”转化为“现

① 参见谢彦君：《基础旅游学》，中国旅游出版社2004年版，第57～58页。

② 参见王德刚：《旅游学概论》，清华大学出版社2012年版，第21页。

③ 参见徐京译：《马尼拉世界旅游宣言》（世界旅游组织1980年），载旅游研究空间站，http://www.lixinjian.com。

实旅游者"的根本动因。精神愉悦,既是旅游的目的,也是旅游的结果;而体验则是实现的过程——旅游者在旅游过程中通过审美体验、休闲体验、娱乐体验、学习体验等最终达到精神愉悦的效果和目的。这种旅游的精神愉悦,可以将之分为世俗愉悦和审美愉悦两个层次。

世俗愉悦,一般"是指通过视听感官以外的其他感官来获得"的愉悦感,如嗅觉、味觉、触觉等,是"建立在对感知对象的功利性认知基础上"的。[①] 世俗愉悦在动物世界中会有更多直接和间接的表现,或者说世俗愉悦多源于人的动物本能。在旅游活动中,世俗愉悦主要表现为体验感官快乐为满足,寻求刺激甚至是肉欲。这也是为什么人们经常会发现有些旅游者面对如诗如画的美景却视而不见、麻木不仁,但对那些极具动感和刺激的机械类项目却趋之若骛的根本原因所在。但世俗愉悦并不能简单地将之划归为"低级愉悦",旅游作为一种具有普适性的生活方式,其最大的作用就是给人带来快乐,或者说是人类享受快乐生活的一种方式,那么,世俗愉悦本身也应该成为许多人旅游的目的之一。

审美愉悦,是指旅游者"在欣赏美的自然、艺术品和其他人文现象时所产生的一种心理体验,是一种在没有利害感的关照中所得到的心理感受"[②]。在旅游活动中,审美体验也是具有多元性的,不但在观光游览中通过对自然景观、人文胜迹、艺术品、表演等的欣赏获得审美体验,而且还可以通过听觉、嗅觉等对对象的品味产生知觉,获得心理感应,发生陶醉感。如苏州园林中的著名园林拙政园,有一处景点名"听雨轩",园内一角遍植芭蕉,借雨打芭蕉而产生的声响效果来渲染雨景的气氛。在细雨蒙蒙的午后,倚栏静坐,淅淅沥沥的细雨轻敲蕉叶的声响,可把人带到恍惚若仙的心理境界,旅游主体在此就是通过听觉感受到了"雨打芭蕉落闲庭"的审美意境。

---

① 参见谢彦君:《旅游体验研究——一种现象学的视角》,南开大学出版社 2005 年版,第 146 页。

② 参见谢彦君:《旅游体验研究——一种现象学的视角》,南开大学出版社 2005 年版,第 138 页。

第五章　旅游权利

第一节　旅游权利的提出及法律依据

旅游权利是旅游本体论研究的核心概念。但由于长期以来经济导向对旅游研究的影响，旅游权利研究一直处于低迷状态。

一、旅游权利研究概况

现代旅游发展理念强调“旅游是人的基本权利”，但“旅游权利”作为一个学术问题是在最近几年才引起学术界关注的，相关的研究成果并不多。①

多数学者是从法律的角度对旅游权利进行了探讨。例如，2005 年，汤静提出吸纳《旅游权利法案》的基本原则，构建我国旅游基本法的规范体系②；2006 年，刘红婴认为旅游权是人权的一部分，并指出实施旅游权，要遵循法律的普适原则，要体现法律在程序上的各种保障，形成基本的行为规范③；2009 年，张永奇对“公民基本旅游权利”的概念给予初步的揭示和解读，指出公民的基本旅游权利是宪法赋予公民的政治、经济、社会、文化权利在旅游领域的具体体现④；2011 年，戴斌等指出旅游权利是旅游立法的宗旨和目标，旅游立法的根本宗旨应当是保护公民的旅游权利，其价值取向应以游客为本，并借助旅游立法推动旅游休闲产业健康发展⑤；2011 年，郭志平提出旅游权的内容主要包括旅游自由权、旅游平等权、旅游资源共享权、旅游保障权等，并提出法律应当从促进措施、旅游时间、旅游资源、具体旅游权利等方面对旅游权利加以确认和保障⑥；2012 年，傅林放认为旅游权利可以成为

---

① 参见王德刚：《再论旅游权利》，载《北京第二外国语学院学报》2011 年第 7 期。

② 参见汤静：《以〈旅游权利法案〉为导向构建我国旅游基本法》，载《文史博览》2005 年第 18 期。

③ 参见刘红婴：《旅游权的法理释义》，载《旅游学刊》2006 年第 9 期。

④ 参见张永奇：《论公民的基本旅游权利及其法律依据》，载《旅游论坛》2009 年第 5 期。

⑤ 参见戴斌、李仲广、战冬梅：《论旅游权利应是旅游立法的宗旨和目标》，载《旅游学刊》2011 年第 3 期。

⑥ 参见郭志平：《试论公民旅游权的法律确认与保障》，载《集美大学学报》（哲学社会科学版）2011 年第 3 期。

旅游法的价值支撑，并作为统一旅游法律体系的核心原则。[①]

与此同时，也有部分学者从本体论的角度对旅游权利进行了探讨。最先是2009年王德刚从本体论的角度对旅游这种社会现象进行了重新认识，将“旅游是人的基本权利”的理念提到学术层面上来进行讨论，并对低收入者、残疾人等弱势群体旅游权利的实现途径进行了初步探讨[②]；2010年，夏赞才、刘焱也对此进行探讨，并将旅游权利的构成分为自由旅行权、带薪休假权和友善接待权等三个方面[③]；2010年，戴斌在《保障公民旅游权利，让大众旅游成为现实》的报告中，通过对欧洲平民旅游、福利旅游的考察和感受，强调我国旅游业今后应向“平民、平稳、平等”的大众化发展方向发展[④]；2011年1月，中国旅游研究院为落实《中华人民共和国旅游法》起草组的工作要求，专门召开了旅游权利立法专题研讨会，会议探讨了旅游权利思想和理念及特定内容对旅游立法的重要意义，并对当前旅游权利立法提出了具体建议[⑤]；2011年，杜一力也对“旅游权利”这一概念进行了阐述，并详细分析了“旅游自由权”“旅游资源享有权”“休假权”“旅游权利救济”等四个方面的法理依据，论述了其存在的必要性，并阐述了旅游权利的性质与特点[⑥]；而王德刚也再次对“旅游权利”的本质、内涵、特点及其实现途径进行了系统探讨，进一步完善了对“旅游权利”问题的系统认识。[⑦]

而对旅游和旅游业的发展进行本体论思考，更显示了现阶段人们对旅游认识的理性回归，在人类社会进入理性发展时代的今天，人们开始用更全面的视角来探讨旅游的本质性问题；另一方面，这种思考也源于旅游发展的阶段性特征——“从原来有限的富人的活动转变为一种广泛与社会、经济生活相联系”的普遍性活动，城市和乡村、自然和文化遗产地等都卷入旅游开发的大潮，旅游的影响越来越广泛、越来越深入，这时旅游的本体论命题——旅游权利、旅游利益、旅游道德等，也必然要成为需要深度探讨的根本性问题。[⑧]

二、旅游权利的提出及法律依据

人类旅游活动的发展经历了漫长的历程，参与人数由少到多，出游形式由自发到有组织，人们对旅游与人类发展的关系的认识也在不断变化，而其中权利意识的形成则是认识上巨大的进步。

---

① 参见傅林放：《论旅游权利的内涵》，载《旅游学刊》2012年第12期。

② 参见王德刚：《旅游权利论》，载《旅游科学》2009年第4期。

③ 参见夏赞才、刘焱：《论旅游权利》，载《旅游学刊》2010年第5期。

④ 参见搜狐旅游，http://travel.sohu.com.

⑤ 参见中国旅游研究院，http://www.ctaweb.org.

⑥ 参见杜一力：《谈旅游权利和旅游者权利——献给第一个中国旅游日》，载《北京第二外国语学院学报》2011年第5期。

⑦ 参见王德刚：《再论旅游权利》，载《北京第二外国语学院学报》2011年第7期。

⑧ 参见王德刚：《再论旅游权利》，载《北京第二外国语学院学报》2011年第7期。

(一)权利的提出

“权利”一词在古代汉语里很早就有了，其语义主要指权势和货财。如《荀子·劝学》中“君子知夫不全不粹之不足以为美也……是故权利不能倾也，群众不能移也”；《后汉书·董卓传》中的“稍争权利，更相杀害”；明方孝孺《崔浩》：“弃三万户而不受，辞权利而不居，可谓无欲矣。”[①]但这种语义上的权利不是一个可以用来构造法律关系的法学概念，中国古代法律语言里也没有“权利”“义务”这样的词汇。直到19世纪中期，当美国学者丁韪良(W. A. P. Martin)和他的中国助手们把维顿(Wheaton)的《万国律例》(*Elements of International Law*)翻译成中文时，他们选择了“权利”这个古词来对译英文“rights”，并说服朝廷接受它。[②] 从此，“权利”一词在中国才逐渐具备了现代意义上的含义。如胡适在《国语文法概论》中写道：“二十年来，教育变成了人人的权利，变成了人人的义务。”[③]

权利作为法律用语，是指法律赋予人实现其利益的一种力量，是现代法律中最为核心的一个概念。具体来讲，权利是指公民依法应享有的权利和利益，或者法律关系主体在法律规定的范围内，为满足其特定的利益而自主享有的权能和利益。

宪法是一个国家的根本大法，作为“宪法上的权利”，各国宪法学有不同的用语。一般而言，英美倾向于将之称为“人权”，德国则习惯称之为“基本权利”，我国宪法中将其称为“公民的基本权利”。我国宪法规定：任何公民享有宪法和法律规定的权利，同时必须履行宪法和法律规定的义务。宪法中还明确规定了公民所享有的基本权利包括政治权利和自由、人身自由、社会经济权利、获得救济的权利、社会生活权利、平等权利。

(二)旅游权利的法律依据

旅游权利并不是新创设的一种权利，而是一直存在但由于经济社会的客观发展阶段和条件被人们忽视的权利，其存在性、重要性和合法性是不容置疑的。[④] 我国宪法和法律规定了以上我们提到的公民的一系列基本权利，这些权利是具体的，关系到公民生活的方方面面。从旅游的本质上来说，旅游权利应该属于公民基本权利中的社会经济权，是公民基本权利在旅游领域的具体体现和落实。当旅游权利成为人的基本权利、旅游活动成为人的基本生活方式时，就必须为行使这种权利提供法律支持，旅游权利也应该成为旅游相关法律的立法宗旨和目标。

迄今为止，与“旅游权利”相关的法律依据主要是一些国际法规性文件，包括《世界人权宣言》《公民权利和政治权利国际公约》《经济、社会和文化权利国际公约》《马尼拉世界旅游宣言》《阿卡普尔科文件》《旅游权利法案和旅游者守则》《全球

---

① 百度百科，http://baike.baidu.com/view/64422.htm? fr=aladdin。

② 百度百科，http://baike.baidu.com/view/64422.htm? fr=aladdin。

③ 百度百科，http://baike.baidu.com/view/64422.htm? fr=aladdin。

④ 参见郭志平：《试论公民旅游权的法律确认与保障》，载《集美大学学报》(哲学社会科学版)2011年第3期。

旅游伦理规范》等和各国制定的旅游法等法律法规。

这些文件和法律法规虽然主要侧重点有所不同，但从时间和内容深度上也表现出了对“旅游权利”认识上的逐步深入。对“旅游权利”问题进行进一步探讨，则可以将其作为研究旅游权利的理论基础和法律依据。

1. 国际法规性文件

(1)《大宪章》

世界上最早关于旅行权利的法律规定可以追溯到1215年英国的《大宪章》(又称《自由大宪章》或《1215大宪章》)，其中第41条规定，除战争时期敌对国家之外的所有商人，如果能够遵照旧时的公正习惯，都可以免除苛捐杂税，经由水路与陆路安全出入英格兰，或在英格兰境内逗留或经商；第42条规定，除在战争时期为了国家与公共利益加以暂时限制，任何对国家效忠的英格兰人都可以经由水路或陆路安全出入国境，囚犯与被剥夺保护权的人除外。[①] 需要指出的是，这里的出入国境的权利的拥有者，既包含了本国公民，也包含了外国公民。

(2)《世界人权宣言》

1948年12月10日，联合国大会通过了《世界人权宣言》(联合国大会第217号决议)，这是一份旨在维护人类基本权利的文件，它并非强制性的国际公约。在这份国际公约中，不仅在第13条规定：“人人在各国境内有权自由迁徙和居住；人人有权离开任何国家，包括其所属国在内，并有权返回他的国家”；更在第24条中规定：“人人有享有休息和闲暇的权利，包括工作时间有合理限制和定期给薪休假的权利”[②]。

虽然文件中并没有直接提出“旅游权利”的概念，但这是在国际性文件中第一次将旅游相关的权利具体化，不仅指出“人人有享有休息和闲暇的权利”，而且还具体指出人人享有“工作时间有合理限制和定期给薪休假的权利”，标志着旅游权利得到了世界性确认。

2. 世界旅游组织的相关文件

作为国际性的旅游机构，世界旅游组织(UNWTO)是最主要的旅游权利主张者，它制定并出台了一系列的有关旅游权利的文件和规章，对旅游权利进行了阐明和主张，将旅游权利的理念推向世界，为旅游权利的发展作出了巨大贡献。

1980年9月27日至10月10日在马尼拉召开的世界旅游大会上通过了《马尼拉世界旅游宣言》(以下简称《宣言》)。《宣言》首次对“旅游权利”进行了定性：“旅游也是人类社会的基本需要之一，旅游应是人人享有的权利。”“旅游是人们的一种积极休息，能够强烈而深刻地表达人的本性。”[③]《宣言》还进一步发扬了《世界人权

---

① 参见夏赞才、刘焱：《论旅游权利》，载《旅游学刊》2010年第5期。

② 《世界人权宣言》(联合国大会1948年)，百度百科，http://baike.baidu.com/view/22902.htm? fr=aladdin。

③ 徐京译：《马尼拉世界旅游宣言》(世界旅游组织1980年)，旅游研究空间站，http://www.lixinjian.com/Article/ShowArticle.asp? ArticleID=712。

宣言》中"人人有享受休息和闲暇的权利,包括工作时间有合理限制和定期给薪休假的权利"的理念,强调了旅游的社会作用,认为"在旅游实践中,精神因素(《宣言》认为精神因素主要包括彻底实现人的自身价值,不断地推动教育的发展,各国命运的平等,本着尊重他人人格和尊严的精神解放人,承认文化属性并尊重各国人民的精神遗产)比技术和物质因素占有更重要的地位"[①]。作为世界旅游领域的纲领性文件,《宣言》将旅游视为一种对国家发展至关重要的活动,认为旅游的发展与各国社会、经济和文化的发展密切相关。旅游要发展,人人就必须享有休息和休假的权利,必须享有在闲暇时间内自由旅行的权利,这是旅游得以发展的前提和基础。

1982年8月21~27日,世界旅游组织(UNWTO)在墨西哥的阿卡普尔科城召开了世界旅游会议,这次会议旨在逐步实施《宣言》所提出的目标,并在实施《宣言》的观点原则和标准方面迈出了重要的一步。会议精神被称为《阿卡普尔科文件》(以下简称《文件》),《文件》不仅承认"人人享有的旅游权利",而且在会议文件中更进一步指出了具体的意见和精神:"为了所有人更公平地参加旅行和度假,必须呈现必要的国家团结,以在将来达到一种均衡的形势,满足各阶层人民尤其是最卑微阶层人民度假的权利;有权休息、消遣和带薪休假,创造恰当的社会条件和立法体系,为所有阶层的人们有权休假提供便利;普遍承认社会各阶层的休息和娱乐活动的权利,特别是工资领取者带薪休假的权利;逐渐改进空闲时间的利用;根据生产过程的需要,制定措施,错开休假时间。"[②]从这些内容可以看出,《文件》对《宣言》的精神进行了进一步的发展。同时,针对各国的现实条件,指出各国的责任不能局限于承认带薪休假的权利,而应该创造实际和恰当的条件,让享有假日的人更有效地享受,很重要的方法就是"应该做出实质性努力错开休假时间"。更重要的是,《文件》强调了对弱势群体的关注,并提出了具体的要求:改善交通状况(空中、公路、铁路和海上),比如为中低等收入的度假者、青年人、老年人和残疾人提供优惠票价或其他旅行奖励措施;为低收入阶层开发和增加更简易和更实用的饭店设施,并尽量在建筑式样、材料、装饰和服务方面反映当地传统。[③]

在此基础上,1985年,世界旅游组织(UNWTO)又在索非亚召开会议,会上通过了《旅游权利法案和旅游者守则》。《旅游权利法案和旅游者守则》是对《宣言》和《文件》的进一步表述,坚持了《宣言》和《文件》中的基本原则,在第1条就明确主张:"人人享有休息娱乐的权利、合理限定工时的权利、定期带薪休假的权利和在法律范围内不加限制地自由往来的权利",并强调这"已在全世界得到承认"[④]。同

---

① 徐京译:《马尼拉世界旅游宣言》(世界旅游组织1980年),旅游研究空间站,http://www.lixinjian.com/Article/ShowArticle.asp? ArticleID=712。

② 《阿卡普尔科文件》(世界旅游组织1982年),旅游研究空间站,http://www.lixinjian.com/Article/ShowArticle.asp? ArticleID=713。

③ 参见《阿卡普尔科文件》(世界旅游组织1982年),旅游研究空间站,http://www.lixinjian.com/Article/ShowArticle.asp? ArticleID=713。

④ 《旅游权利法案和旅游者守则》(世界旅游组织1985年),旅游研究空间站,http://www.lixinjian.com/Article/ShowArticle.asp? ArticleID=714。

时，第3条规定："鼓励采取措施，特别是通过更好地分配工作和娱乐时间，建立和改善年度带薪假期制度和错开休假日期，以及特别注意青年、老年和残疾人等旅游手段，使每个人都能参加国内和国际旅游。"[①]

1999年10月1日，世界旅游组织(UNWTO)在智利圣地亚哥举行了第十三届大会，会议强调要在世界旅游组织的支持下，继续采取行动以加强1980年《马尼拉世界旅游宣言》和1985年《旅游权利法案和旅游者守则》的效果。会上通过的《全球旅游伦理规范》在第7条中对旅游权利作出了明确规定，指出："能够个人直接地拥有发现与享受地球资源的愿望是人世间所有人都平等享有的权利；普遍的旅游权利必须视为休息与休闲权利的必然结果，这种休息和休闲的权利包括《世界人权宣言》第24条和《经济、社会和文化权利公约》第7条中所保证的工作时间和周期性带薪假期的合理限制。"[②]《全球旅游伦理规范》是对之前的众多同类文件和宣言的同类思想的综合和完善，成为世界旅游业利益各方在新世纪的一个参照框架。

3. 我国的《旅游法》和相关法规

我国宪法和法律规定了公民的一系列基本权利。如《中华人民共和国宪法》第43条规定："中华人民共和国劳动者有休息的权利。国家发展劳动者休息和休养的设施，规定职工的工作时间和休假制度。"[③]《中华人民共和国劳动法》中也规定："劳动者享有平等就业和选择职业的权利、取得劳动报酬的权利、休息休假的权利……""国家实行带薪年休假制度，劳动者有带薪年休假的权利。"[④]虽然我国《宪法》和《劳动法》并没有明确提出公民的"基本旅游权利"，但实际上公民的旅游权利是公民基本权利的重要组成部分，是公民基本权利在旅游领域的具体体现和落实。

在我国，2013年《旅游法》正式颁布实施之前，一直缺乏一部旅游领域的基本法律。虽然各省陆续出台了一系列的地方性旅游法规，对旅游者的权利和义务作出了规定，但没有明确界定"旅游权利"，旅游权利尚未得到法律的直接确认和保障。直到2013年4月25日，《中华人民共和国旅游法》正式通过，并于2013年10月1日起施行。这是我国第一部旅游基本大法，对旅游者、旅游经营、旅游安全、旅游纠纷处理等内容作出了规定，并专设"旅游者"一章，明确了旅游者的基本权利，赋予消费者自主选择权、知悉真情权、要求严格履行权、受尊重权、救助保护请求权和特殊群体获得便利优惠权等权利。[⑤]《旅游法》中的法律条款针对我国旅游市场实际存在的问题提出了保障措施，成为维护旅游者和旅游经营者权益、规范旅游市场的法律保证。

---

① 《旅游权利法案和旅游者守则》(世界旅游组织1985年)，旅游研究空间站，http://www.lixinjian.com/Article/ShowArticle.asp? ArticleID=714。

② 参见张广瑞译：《全球旅游伦理》(世界旅游组织1999年)，载《旅游学刊》2000年第3期。

③ 《中华人民共和国宪法》，百度百科，http://baike.baidu.com/view/9353.htm。

④ 《中华人民共和国劳动法》，百度百科，http://baike.baidu.com/view/7300.htm。

⑤ 参见《中华人民共和国旅游法》，百度百科，http://baike.baidu.com/view/9282809.htm#4_2。

第二节　旅游权利的内涵和特征

从旅游权利概念的提出，到具有丰富的内涵，也经历了一个认识上不断提高的过程。

一、旅游权利的内涵

到底什么是旅游权利？人们对其认识是在实践和研究中不断厘清的。

（一）旅游权利与旅游者权利

在以上世界旅游组织的文件和各国的相关旅游法律中，不断地提议、倡导和规定旅游权利，学者们也一直在不断探讨，但到底什么是旅游权利一直也没有定论。而且很多文件和学者将"旅游权利"和"旅游者的权利"混为一谈，模糊了其各自的内涵。"旅游权利"和"旅游者的权利"其实是两个不同的概念，将二者混淆在一起，或者将"旅游权利"理解为"旅游者的权利"，这是一种很片面、狭隘的理解。解构迄今为止的"旅游权利"解释，它实际上应该包含两层含义，即人人旅游的权利和旅游者的权利，也就是说，旅游权利主体关注的是两个层面：所有人和旅游者。[①] 从内涵上说，旅游权利是公民人人拥有的权利，属于基本权利的范畴；而旅游者权利则是进入旅游活动之中的那部分公民的权利。比如休假权、旅游自由权、旅游服务关系平等享有权（旅游资源享有权）、旅游救济权均是旅游权利的范畴，而其他的权利，如旅游知情权、旅游方式选择权和个人信息保护等则是旅游者权利。[②] 也就是说，旅游者仅仅是旅游权利的践行者，对旅游者权利的主张是具体、细节性的，多附加在旅游者这一具有具体指向性的特殊身份上。很显然，相对于"旅游者权利是什么"，"旅游权利是什么"是更基本层面的问题。"旅游权利"与"旅游者权利"的关系，就是基本权利和具体权利的关系，根据这两者在社会生活中的相互关系来认识，必是先有旅游权利，然后才有旅游者权利。[③]

（二）旅游权利的内涵

厘清了这二者之间的关系，再来对旅游权利进行界定，在研究制定《中华人民共和国旅游法》的过程中，中国旅游研究院承担"旅游者"研究问题的小组对此作了总结，指出：旅游权利是现代社会中人们离开常住地实施旅行游览活动的权利，是人们通过利用时间和空间去获得精神、文化、健康等需求的一种权利。

那么，旅游权利到底包括哪些内容？综合其他国际公约、各国旅游法和学者的

---

① 参见夏赞才、刘焱：《论旅游权利》，载《旅游学刊》2010年第5期。

② 参见杜一力：《谈旅游权利和旅游者权利——献给第一个中国旅游日》，载《北京第二外国语学院学报》2011年第5期。

③ 参见杜一力：《谈旅游权利和旅游者权利——献给第一个中国旅游日》，载《北京第二外国语学院学报》2011年第5期。

阐述，旅游权利应该包括四个方面的内容：

一是旅游自由权，即在法律允许范围内不加限制地在国内和国际上自由往来。在很多国家的法律中有的表述为“人的自由流动”的权利，如在《世界人权宣言》中规定“人人在各国境内有权自由迁徙和居住”；《马尼拉世界旅游宣言》提出“必须享有在人本身所需要的闲暇及娱乐时间内自由旅行的权利”；《旅游权利法案和旅游者守则》明确主张人人享有“在法律范围内不加限制地自由往来的权利”。① 总之，既然人人享有自由旅游的权利，这就意味着，在法律许可的范围内，只要不对他人造成损害，人的自由旅游权利就不应受到限制。因此，各国政府有责任保障旅游者的人身财产安全，尽可能减少、消除阻碍旅游者自由旅行的各种障碍，简化旅行手续。②

二是闲暇权，即合理限制工作时间，使人能够有“持续增长”的“自由时间”，这是现代社会中国家要提供人们实现旅游权利的必要条件。

三是带薪休假权，即通过合理地安排工作时间和休息时间，使人能够周期性地享受带薪假期和“错开休假日期”。③ 随着“人人有享有休息和闲暇的权利，包括工作时间有合理限制和定期带薪休假的权利”④列入《世界人权宣言》，这一权利逐渐在很多国家得到法律支持。在我国，假日制度就几经调整，同时又制定了《职工带薪年休假条例》，使我国公民在享有法定节假日的同时，又能够享有年休假。

四是旅游资源享有权，即公民享有享用国家旅游资源的权利。这种权利在《马尼拉世界旅游宣言》中表达为“人人有直接拥有发现和享受旅游资源的权利”。因为“所有旅游资源都是人类遗产的一部分”，所以在法律许可的范围内，人人都可以参观游览，任何个人或者机构都不能加以限制。

二、旅游权利的性质

要对旅游权利的性质进行归纳，还必须从法律入手。

按照我国宪法规定，任何公民都享有宪法和法律规定的基本权利，基本权利具体包括政治权利和自由、人身自由、社会经济权利、获得救济的权利、社会生活权利、平等权利。其中，公民的社会经济权利包括劳动的权利和休息的权利等。《中华人民共和国宪法》第 42 条规定“公民有劳动的权利和义务”，而第 43 条规定“劳动者有休息的权利”⑤，而旅游权利实际上就是休息权利的自然延伸。

从国际公约文件的规定来看，《世界人权宣言》在第 24 条规定：“人人有休息及

① 前面已对相关国际文件进行了注释，在此不再一一注明。

② 参见夏赞才、刘焱：《论旅游权利》，载《旅游学刊》2010 年第 5 期。

③ 参见王德刚：《再论旅游权利》，载《北京第二外国语学院学报》2011 年第 7 期。

④ 《世界人权宣言》（联合国大会 1948 年），百度百科，http://baike.baidu.com/view/22902.htm? fr=aladdin。

⑤ 《中华人民共和国宪法》，百度百科，http://baike.baidu.com/view/9353.htm。

闲暇权，包括工作时间受合理限制及定期有带薪休假权”[①]；世界旅游组织旅游大会上通过的《阿卡普尔科文件》中指出：“休息的权利正如工作的权利一样，必须得到确认而成为人类幸福的一种基本权利”[②]；而《全球旅游伦理规范》第7条则十分明确地指出：“普遍的旅游权利必须视为休息与休闲权利的必然结果，这种休息和休闲的权利包括《世界人权宣言》第24条和《经济、社会和文化权利公约》第7条中所保证的工作时间和周期性带薪假期的合理限制。”[③]

以上这些法律和国际公约文件都为旅游权利的实现打下了基础，旅游权利逐步在世界范围内得到认可并确定下来。因此，从根本上说，“旅游权利”对于公民来讲，实际属于“社会经济权利”的范畴，是“社会经济权利”中“休息与休闲权利”的一个具体体现。

三、旅游权利的特点

通过对旅游权利内涵的研究，对旅游权利的基本特点进行总结，可概括为公平性、平等性、非功利性和利益多元性四个方面的基本特点。

（一）公平性

即旅游权利是一种“人人享有”的权利，倡导全部社会成员都共同享有旅游权利，强调对旅游活动的公平参与。在旅游成为一种普遍社会现象的今天，旅游公平成为衡量一个国家旅游业是否成熟的显著标志，其目标就是全体社会成员普遍享有旅游权利。而实际上在旅游发展过程中，对经济效益的追求往往成为许多国家和地方发展旅游的主要目的，却越来越忽略了“旅游权利”这一理念，造成了旅游不公平的现象。

在强调以人为本发展理念的今天，在很多国家（包括一些不发达国家），“人人享有旅游”的理念都已成为共识。西方国家早就有“Social Tourism”（多数学者将其译作“社会旅游”或者“福利旅游”）的概念，对旅游的探讨已不仅限于经济层面，更多的是从社会视角来对旅游的本质进行认识，逐步扭转了发展旅游的功利化倾向，而回归到旅游的本质，它实际所表达和表现的是一种社会公平的伦理。

前面提到的国际文件都一再强调所有的社会成员都能够参与旅游活动，并敦促各国政府、企业及其他组织机构等为所有人旅游权利的实现创造条件，特别是为弱势群体（主要指没有收入的青年人、低收入者、老年人和残疾人等）旅游权利的实现创造必要的条件。[④] 并对老年人、妇女、残障人士等特殊人群进行照顾性的旅游安排。要求各国政府制定和实施旨在促进国内和国际旅游和谐发展并促进能为参

---

① 《世界人权宣言》（联合国大会1948年），百度百科，http://baike.baidu.com/view/22902.htm? fr=aladdin。

② 《阿卡普尔科文件》（世界旅游组织1982年），旅游研究空间站，http://www.lixinjian.com/Article/ShowArticle.asp? ArticleID=713。

③ 参见张广瑞译：《全球旅游伦理》（世界旅游组织1999年），载《旅游学刊》2000年第3期。

④ 参见王德刚：《再论旅游权利》，载《北京第二外国语学院学报》2011年第7期。

加旅游的所有人带来益处的娱乐活动的政策，包括“通过更好地分配工作和娱乐时间，建立和改善年度带薪假期制度和错开休假日期，以及特别注意青年人、老年人和残疾人等旅游手段，使每个人都能参加国内和国际旅游”，将“旅游政策纳入他们各级的全盘发展政策，包括地方、地区、国家和国际的，并扩大双边和多边，包括同世界旅游组织（UNWTO）在内的旅游合作”（《旅游权利法案》第3条）等，并且把“社会旅游”作为每个社会为那些没有能力实现旅游权利的公民“所设立的目标”（《马尼拉世界旅游宣言》第10条），“应当在公共机构的支持下予以发展”（《全球旅游伦理》第7条）。①

（二）平等性

由于旅游活动本身需要的主客观等方面的条件，在人类社会发展的过程中，旅游一开始只是少数富人和特权阶层的奢侈消费，并不是人人都能够参与的普遍性活动，从这个层面上来说，人的旅游权利一开始并“不平等”。

直到近代，西方“人生而平等”的理念逐渐深入人心，1948年公布的《世界人权宣言》在第1条提出了“人人生而自由，在尊严和权利上一律平等”的基本理念，在此基础上，“人人平等”的理念开始在旅游领域得到贯彻和发扬。《马尼拉世界旅游宣言》第2条中强调：“考虑到人类面临的问题……将旅游同工人享有带薪休假的权利一样看待，使得旅游从原来有限富人的活动转变为一种与社会经济生活广泛联系的活动，是非常及时和必要的。”②而《全球旅游伦理规范》则进一步指出：“能够个人直接地拥有发现与享受地球资源的愿望是人世间所有人都平等享有的权利”，而且，鉴于某些特定群体特别是弱势群体的特殊情况，要“鼓励和促进家庭、学生和老年旅游以及为残疾人组织的旅游活动”（《全球旅游伦理规范》第7条）。③

旅游权利的平等性，还体现为所有的旅游利益相关者之间的权利平等。政府、企业、社区居民、旅游者、社会公众等所有的利益相关者，相互之间是一种不分高低、上下的平等关系，政府和投资商不能因为自己在旅游开发过程中处于主导地位就成为旅游关系中的强者；旅游者与社区居民之间、旅游消费者与接待服务人员之间，虽然由于消费与服务而形成了特定的主客关系，但在权利、人格、经济关系、政治地位等方面都是平等的，并不存在“顾客永远是对的”这样的逻辑。

（三）非功利性

与各国政府和旅游产业界注重旅游的经济功能的功利性追求不同，旅游权利理念实际上更加注重旅游的非经济属性，即旅游的社会文化功能。正如《马尼拉世界旅游宣言》第21条所指出的，“在旅游实践中，精神因素（精神因素包括：彻底实现人的自身价值，不断地推动教育的发展，各国命运的平等，本着尊重他人人格和尊严的精神解放人，承认文化属性并尊重各国人民的精神遗产）比技术和物质因素

① 参见王德刚：《再论旅游权利》，载《北京第二外国语学院学报》2011年第7期。

② 参见王德刚：《再论旅游权利》，载《北京第二外国语学院学报》2011年第7期。

③ 参见王德刚：《再论旅游权利》，载《北京第二外国语学院学报》2011年第7期。

占有更重要的地位”[①]。旅游权利理念强调旅游在实现旅游者个体自我价值、提高人文精神修养、促进社会公平和加强国际和平交往等方面的积极作用。“不论旅游业的经济效益多么现实、重要，都不会也不可能是各国作出鼓励发展旅游业之决策的唯一标准。度假的权利，公民熟悉自己周围环境的机会，更深刻了解其国民性及把每个人与其同胞联系在一起的凝聚力，文化和民族归属感，这些都是促使每个人通过度假和旅行等方式参加国内和国际旅游的主要原因。”[②]

（四）利益多元性

所有的旅游利益相关者都能够也应该从旅游发展中获得利益。对于不同的利益相关者来说，旅游的作用并不相同，而他们对发展旅游的利益诉求也各不相同。不管是政府（包括国家政府、地方政府）、社区居民、企业、社会公众还是旅游者，所有的旅游利益相关者都应该“平等地分享这些活动的经济、社会和文化利益”（《全球旅游伦理》第5条），即每一个旅游利益相关者都应该为发展旅游承担一定的成本，并同时能够共同分享发展旅游所带来的利益。[③] 在这种复杂的关系网络中，各个利益相关者由于所处的地位、投入的成本和投入的方式等的不同，而使利益诉求表现出非常明显的异质倾向，使旅游权利表现出利益多元性特征。

---

① 参见徐京译：《马尼拉世界旅游宣言》（世界旅游组织1980年），旅游研究空间站，http://www.lixinjian.com/Article/ShowArticle.asp? ArticleID=712。

② 参见徐京译：《马尼拉世界旅游宣言》（世界旅游组织1980年），旅游研究空间站，http://www.lixinjian.com/Article/ShowArticle.asp? ArticleID=712。

③ 参见王德刚：《再论旅游权利》，载《北京第二外国语学院学报》2011年第7期。

结　论

通过以上对旅游的起源、旅游的本质及旅游权利的探讨，结合当前旅游发展的阶段性特征和旅游本体论研究中存在的一些问题，我们对当前学界所关注的基础理论进行重新梳理和反思。

首先，从本体论的角度对人类旅游现象的产生进行了溯源研究，并以新的证据得出了一个结论：人类早期旅游活动的萌芽，源于原始部落时期人们出于原始的审美、娱乐诉求，而在居住地周边展开休闲娱乐活动和社会交往活动。这些活动的发生，在时间上要远早于原始社会末期进行的商品交换，更重要的是，这些休闲娱乐和社会交往活动，较之商品交换的功利性，其本身所具有的愉悦性和休闲性更符合现代意义上的旅游的本质属性。这个结论推翻了当前学界广泛认可的“商贸旅游”起源说，使人们对旅游活动起源的认识也回归到旅游的本质属性。

其次，通过旅游溯源研究，也进一步梳理出了旅游的本质属性——精神愉悦，进一步明确了这一旅游本体论研究中的根本性问题，解决了旅游和旅游业发展中的关键性问题。

最后，在此基础上，最终确定了“旅游是人人享有的基本权利”的理念，这种理念也已经得到了世界范围的认可。在人类社会进入高度文明的21世纪的今天，人们倡导以人为本的发展理念，强调人文关怀，人类的旅游发展观也应逐步回归到旅游的本质——从追求旅游的经济性转向旅游的社会性，即把旅游真正作为人的基本权利来对待，功利化的经济目的固然可作为发展旅游的目的之一，但不能作为唯一目的，在追求经济发展的同时，更应强调旅游的社会功能，树立权利意识。

本部分的研究，从对旅游起源的考证出发，最终都回归到了旅游的本质，这是当前旅游研究的关键性问题，这些研究也将是后续旅游利益、旅游道德、旅游立德机制等相关研究的认识基础。

第三部分
旅游利益相关者及其利益诉求

第六章　旅游系统与旅游利益相关者

旅游是一个复杂的系统，这个系统中包含了众多的利益相关者，在系统中处于不同的位置，也决定了其不同的利益诉求。

第一节　旅游系统

系统的存在是客观事实。自然界和人类社会各个领域广泛存在着不同类型、不同层次的系统。因此，可以用系统思想来考察、描述和分析事物。现代旅游业作为一种综合产业，具有广泛的关联度和强劲的带动性，运用当代系统科学的研究成果可以全面认识旅游业和旅游活动的功能结构和运行规律。

一、旅游系统的概念

一般系统论(General System Theory)的创始人贝塔朗菲(V. L. Bertalanffy)将“系统”定义为“相互作用着的若干要素的复合体”①。而对于“要素的复合体”，有三种不同的区分方式：一是按照要素的数目来区分，二是按照要素的种类来区分，三是按照要素的关系来区分。在前两种情况下，复合体可理解为各个孤立要素的总和，具有累加性特征；在第三种情况下，不仅要知道各个要素，而且还要知道它们之间的关系，具有组合性特征。“相互作用”是指：若干要素处于若干关系中，以致一个要素在一种关系中的行为不同于它在另一关系中的作用。一般系统具有集合性、整体性、关联性(或相关性)、目的性和环境适应性的特征。② 系统思想要求对系统作全面的分析，从整体把握系统，整体观点是系统思想的精髓。③

旅游系统理论是系统论在旅游研究领域的运用。将旅游视为一个系统，通过构建系统模型剖析旅游的特征，始于20世纪下半叶。现代旅游发展到产业化阶段才真正具有了系统化特征，旅游系统才逐渐成为学者们关注的对象。④ 旅游现象

---

① 参见[美]冯·贝塔朗菲著，林康义等译：《一般系统论——基础、发展和应用》，清华大学出版社1987年版，第50～55页。

② 参见高振荣、陈以新：《信息论　系统论　控制论》，解放军出版社1987年版，第92～93页。

③ 参见钟韵、彭华：《旅游研究中的系统思维方法：概念与应用》，载《旅游学刊》2001年第3期。

④ 参见马勇、李玺：《旅游规划与开发》，科学出版社2004年版，第1～6页。

本体在逐步集聚环境能量、信息、物质、人才和资本，不断吸引客流的过程中，旅游现象内部各要素的独立运动逐步产生了协同。进入“现代旅游”阶段后，在旅游市场发育和旅游规划引导的双重作用下，一些地区开始形成具有有序的时空结构、稳定的旅游功能的特种“社会—经济—环境”集聚体，并因此而成为世界旅游胜地。从跨国旅游企业、国家公园体系、旅游城市、旅游度假区、大规模的旅游人群、非旅游企业与地方经济依赖旅游等现象中，人们开始认识到，在当今世界的旅游现象各要素之间，已经开始形成了具有强大的市场竞争能力、内部要素互为支持、具有特定结构和功能的有机整体，这个有机体即可称之为“旅游系统”①。目前，虽然“旅游系统”作为一个学术概念已被学界所认同，但是还并没有就旅游系统的概念、组成、结构等基本问题达成思想上的共识。其中比较有代表性的观点包括：

美国学者 Gunn 从旅游系统功能的角度提出旅游系统由供给板块和需求板块两部分组成。旅游系统最重要、最根本的功能是满足旅游者的需求，整个系统的存在依赖于旅游需求的存在。在旅游开发规划中，将旅游看作一个由需求和供给诸要素构成的综合性系统，与需求和供给相关的旅游业的所有构成部分都是要考虑的问题。②

“雷帕旅游系统”的提出者澳大利亚的雷帕(N. Leiper)从旅游要素空间结构的角度提出，旅游是一个系统，包括旅游者、客源地、旅游通道、旅游业和目的地五个要素，这五个要素在功能和空间联系上相互交错。旅游系统是旅游客源地与旅游目的地通过旅游通道相连的空间系统。③

美国旅游学者密尔与莫里森从市场营销的角度提出，旅游系统是由市场、旅行、目的地(旅游服务和吸引物)、营销四部分组成的供需紧密结合的产销链。

吴必虎认为，旅游活动实际上就是一个系统，该系统的特征的把握及其在旅游开发、规划、经营、管理中的应用，就是旅游科学的核心任务。④

刘峰认为，旅游系统是指直接参与旅游活动的各个因子相互依托、相互制约形成的一个开放的有机系统，是旅游规划的对象。⑤

吴晋峰等强调，旅游系统为旅游活动系统，是由于大众旅游的出现而形成的社会经济系统的子系统，由与旅游活动密切相关的客源地、媒介和目的地三个部分组成。⑥

吴人韦认为，旅游系统是一个以旅游目的地的吸引力为核心，以人流的异地移动性为特征，以闲暇消费为手段，具有较稳定的结构和功能的一种现代经济、社会、环境的边缘组合系统。旅游系统由旅游者、旅游地和旅游企业三大要素集所构成，

---

① 参见吴人韦：《论旅游规划的性质》，载《地理学与国土研究》1999 年第 4 期。

② 参见[美]Edward Inskeeper 著，张凌云译：《旅游规划——一种综合性的可持续的开发方法》，旅游教育出版社 2004 年版，第 21 页。

③ N. Leiper, “The Framework of Tourism,” *Annals of Tourism Research*, vol. 6, no. 1 (1979), pp. 390-407.

④ 参见吴必虎：《旅游系统：对旅游活动与旅游科学的一种解释》，载《旅游学刊》1998 年第 1 期。

⑤ 参见刘峰：《旅游系统规划：一种旅游规划新思路》，载《地理学与国土研究》1999 年第 1 期。

⑥ 参见吴晋峰、段烨：《旅游系统与旅游规划》，载《人文地理》2001 年第 5 期。

并具有运转、竞争和增益三大功能。[①] 旅游系统的社会目的是价值增值，包括经济价值、环境价值和社会价值三个方面的统一。

郭长江等指出，人类的旅游活动是一个系统。旅游系统是各种旅游事象的集合体，是通过旅游者的旅游活动使各组成要素相互联系、相互作用构成的一个有机整体，它具有实现旅游价值的整体功能。[②]

综上所述，学者们从不同的研究视角分析了旅游系统的内涵，这些不同的定义是基于学者对旅游本质问题的不同认识产生的。实际上，系统的边界和层次不同，其内部结构和要素就会有很大差异。从最初基于功能的供需结构分析，到更为复杂的旅游社会网络系统，对旅游系统的认识也在不断深化。

二、旅游系统模型

旅游系统研究和旅游系统模型的构建，强调全面、整体、综合地反映旅游发展对经济、社会、文化、环境等多方面的影响和相互关系，同时也关注它们之间的协调发展。

(一)旅游功能系统

功能是指系统各要素联合行动所产生的特殊功效与作用。系统论观点认为，系统功能决定于系统结构，而系统的外部环境会影响系统结构。满足旅游需求是旅游系统最重要、最根本的功能，整个旅游系统依赖于旅游需求的存在，并对上一级系统产生各种影响，如社会、经济和环境影响等。在旅游功能系统性的研究上，传统的观点是认为，旅游系统包括三个子系统，即旅游主体子系统、旅游客体子系统、旅游媒体子系统，而各子系统均与外部系统相联系。

关于旅游系统的结构，美国学者 Gunn 于 1972 年首次提出了“旅游功能系统模型”，此后，基于功能视角的旅游系统研究被众多学者所采纳，如 Mill 和 Morrison、吴必虎、杨新军与刘家明等。

1. Gunn 的旅游功能系统

Gunn 指出，旅游系统由需求板块和供给板块两部分组成，包括旅游者、交通、吸引物、服务以及信息促销五部分。需求(旅游者)来自于受某种兴趣驱动的有旅行能力的人口，而供给是指为了满足旅游需求，国家、地区或者社区应该提供的服务。供给由各类交通工具、吸引物、为旅游者提供的设施和服务、旅游信息和促销构成(见图 6-1)，其中以旅游吸引物最为重要，而且这些要素之间存在强烈的相互依赖，其中任何一个要素发生变化都将引起其他要素的变化。Gunn 明确指出，供给、需求之间的匹配关系是实现旅游系统功能的基础，而传统认为的一些旅游固有的特点(如空间特点)都是非本质性的。这样对旅游系统的分析关键就是对旅游产品供给和需求的分析。但是作为早期旅游系统研究的代表，Gunn 只是着眼于旅游

① 参见吴人韦：《论旅游规划的性质》，载《地理学与国土研究》1999 年第 4 期。

② 参见郭长江等：《国内外旅游系统研究综述》，载《中国人口、资源与环境》2007 年第 4 期。

业本身，对旅游系统与旅游(业)所依赖的环境的结合及影响没有作深入的探讨。

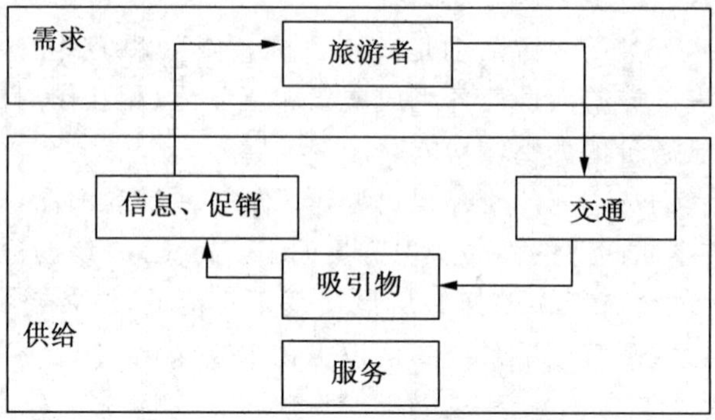

图 6-1　Gunn1972 年提出的旅游系统模型

资料来源：Gunn，1988。转引自：李文亮等，2005①

随着对旅游系统认识的深化，Gunn 在 2002 年对该模型进行了修正。在修正模型中，供给和需求两个板块作为旅游系统基本结构的架构更加清晰，强调了供给和需求之间的相互关系，并详细描述了供给子系统——吸引物、促销、交通、信息和服务，各个要素之间相互作用、彼此影响(见图 6-2)。要素之间的反馈是重要的结构。任何一个要素发生变化都会引起其他要素的变化。例如，旅游者行为或需求发生变化，旅游供给方面就会开发新的旅游资源，提供与旅游者需求相吻合的产品和服务，或推出新的促销措施。而这样原来旅游系统的平衡状态就会打破，系统中的所有要素都会发生相应的变化，直至形成新的稳定状态。

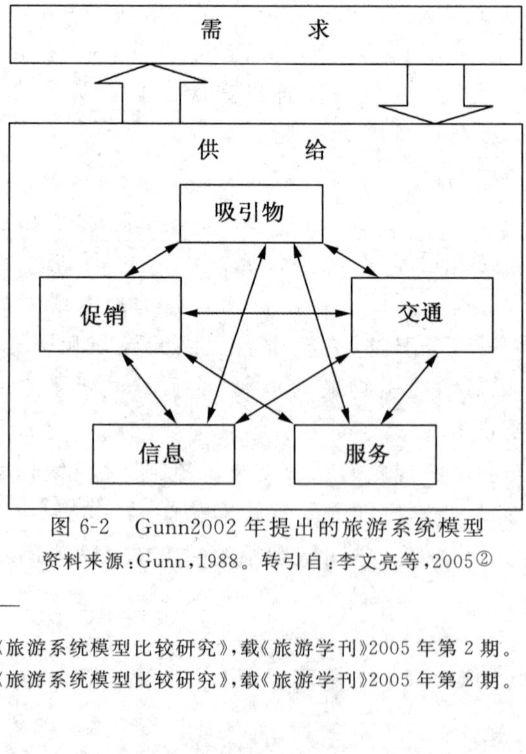

图 6-2　Gunn2002 年提出的旅游系统模型

资料来源：Gunn，1988。转引自：李文亮等，2005②

① 参见李文亮等：《旅游系统模型比较研究》，载《旅游学刊》2005 年第 2 期。

② 参见李文亮等：《旅游系统模型比较研究》，载《旅游学刊》2005 年第 2 期。

2. Mill 和 Morrison 的功能系统模型

Mill 和 Morrison 沿着结构功能分析的方向从营销角度出发，把位于同一空间中功能互补的吸引物和服务两个要素合并成了一个要素——旅游目的地。这样，该模型的组成要素包括市场、交通、营销、旅游目的地(旅游服务和吸引物)。连接这四个部分的是旅游购买、适应需求、旅游销售、形成需求四个单向流(见图 6-3)。此模型区分了市场、营销、目的地等可度量的"状态"和变化着的"流"，这些"流"可以理解为旅游者的一个决策过程。旅游者是控制这个系统的动力点。同前面的模型相比，整个 Mill 和 Morrison 模型系统更加注重旅游者的决策过程和旅游目的地营销过程。学者们把 Gunn 的旅游功能系统模型和 Mill、Morrison 提出的模型合称为"G-M-M 模型"。此模型明确指出，一个有效运行的旅游系统模型必然表现为旅游者与信息的空间流动。旅游者通过交通这一媒介从市场流向目的地，而信息则通过营销这一媒介从目的地流向市场。所以该模型内在的含义是：旅游系统有效运行在于"推"和"拉"两个作用，即旅游目的地通过营销环节把旅游者"拉"过来，市场借助于交通(旅行)环节把旅游者"推"出去。

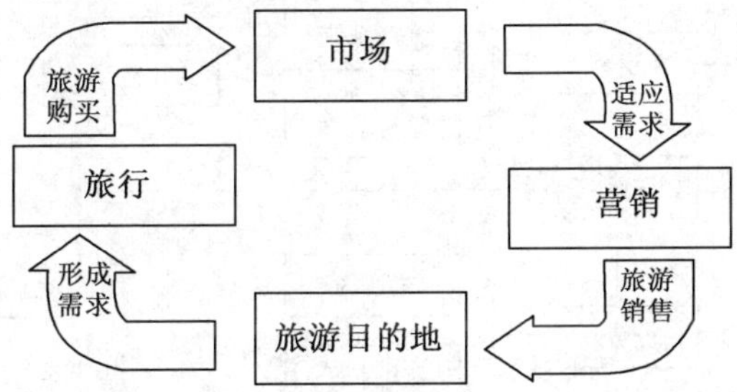

图 6-3　Mill 和 Morrison 的旅游系统模型

资料来源：Mill 和 Morrison，1992。转引自：李文亮等，2005①

3. 吴必虎的功能系统模型

吴必虎教授提出了一个更为全面的旅游功能系统概念模型。他把交通和促销合并为一个出行子系统。此外，又增加了一个支持子系统，包括政策法规、环境保证和人力资源。这样旅游系统即分为客源市场系统、目的地系统、出行系统和支持系统四个部分(见图 6-4)。客源市场系统主要是指位于游憩活动谱上各段落的休闲者和旅游者及其活动等因素构成的子系统；出行系统刻画了保证或促使旅游者离家出行、前往目的地的几个基本机制性要素，如交通设施、旅行服务、信息促销；目的地系统主要是指为已经到达出行终点的游客提供游览、娱乐、食宿、购物等旅游需求的多种因素的综合体，由吸引物、设施和服务三方面要素组成；支持系统由政策、制度、环境、人才、社区等因素组成，其中政府处于特别重要的位置，教育机构也担负着非常重要的责任。②

① 参见李文亮等：《旅游系统模型比较研究》，载《旅游学刊》2005 年第 2 期。

② 参见吴必虎：《区域旅游规划原理》，中国旅游出版社 2001 年版，第 36～39 页。

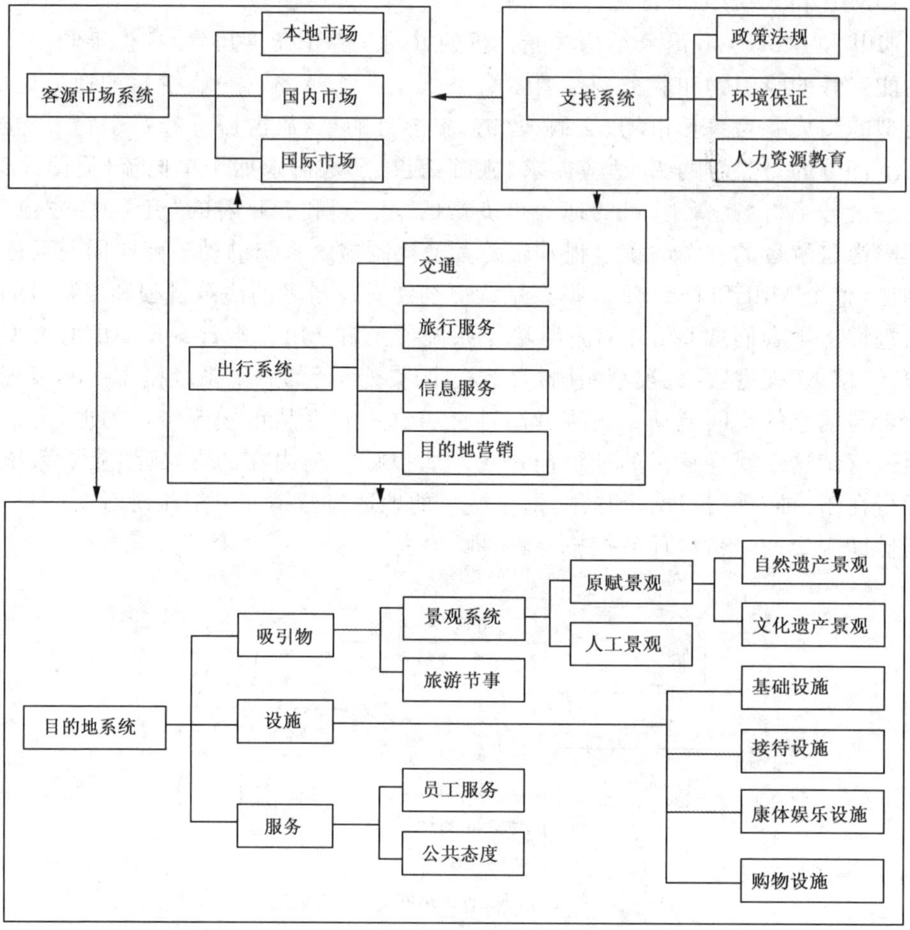

图 6-4　吴必虎的旅游系统模型①

很明显，该模型考虑了中国旅游发展的特殊性，将政府的作用作为支持子系统纳入了系统内，具有一定的合理性。但是在该模型中，各子系统之间是一种单向的作用影响。这种近线性的系统模型很难反映出系统本身的作用机制和结构。另外，每个子系统中很详尽地列出了组成要素，但是并没有指出要素本身与内部、外部的作用关系与作用方式。系统内部要素是单向作用的，从系统角度来说就是缺少了要素之间的联系。因此，这个模型难以对旅游发展的非线性动态行为进行解释。②

（二）旅游空间结构系统

旅游是旅游者离开常住地到异地进行的活动，这种跨空间的属性使得旅游活

① 参见吴必虎：《旅游系统：对旅游活动与旅游科学的一种解释》，载《旅游学刊》1998 年第 1 期。

② 参见徐红罡：《旅游系统分析》，南开大学出版社 2009 年版，第 19 页。

动呈现出地域上的人流、物流、信息流的大规模运动，因此从地理空间的角度揭示旅游系统结构是学者们常用的方法，其中影响力较大的是澳大利亚学者雷帕1979年提出并于1990年修正的模型。该模型认为旅游系统包括旅游者、旅游业、客源地、旅游通道和目的地五个要素，重点突出了客源地、目的地和旅游通道三个空间要素。图6-5中，旅游通道的概念具有明显的空间特征，它不仅仅是指那些帮助旅游者实现空间移动的物质载体，而且还包括一些旅游者可能参观的地点。旅游通道的特征和效率将影响和改变旅游流的规模和方向。[①] 在该模型中，雷帕也指出旅游系统中另外两个要素——旅游者和旅游业，旅游者是旅游系统的主体，在客源地和目的地的推拉作用下，旅游者在空间上进行流动。而旅游业存在的意义在于通过其产品满足旅游者的旅游需求。旅游业中的不同部门分布于客源地、目的地或旅游通道等不同空间，共同为旅游者提供一个完整的旅游产品。[②]

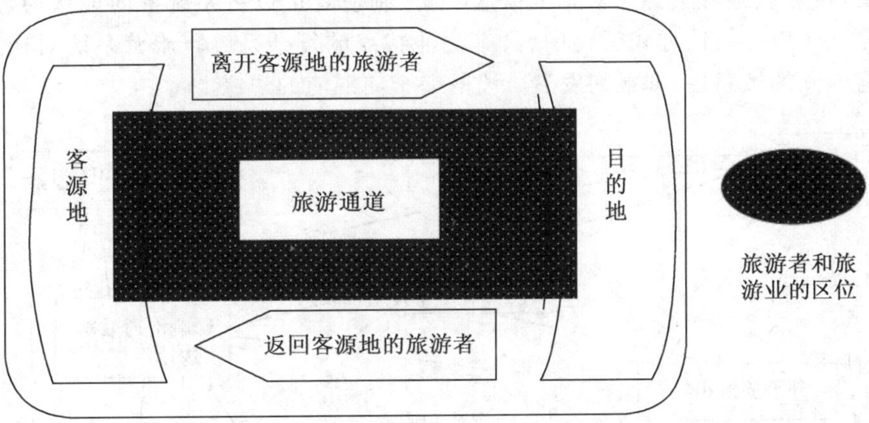

图6-5 雷帕的旅游空间系统模型

资料来源：Leiper，1995。转引自：李文亮等，2005[③]

虽然雷帕重视旅游者和旅游业的空间属性，但是他同样也强调供给与需求间的关系。比如，他认为客源地的需求天生具有不稳定性、季节性和非理性等特点，另一方面旅游目的地的供给又是割裂的、刚性的，因此旅游业是一个在供求关系上充满矛盾的产业。[④] 与纯粹的需求供给系统相比，雷帕的模型增加了地理空间的维度，为旅游空间结构研究和旅游地理学研究提供了基本框架。

（三）旅游复杂性系统

复杂性科学可以帮助人们理解蚁群、免疫系统等原来无法解释的复杂系统[⑤]，

① 参见张林：《旅游地理学》，南开大学出版社2007年版，第18～19页。

② 参见李文亮等：《旅游系统模型比较研究》，载《旅游学刊》2005年第2期。

③ 参见李文亮等：《旅游系统模型比较研究》，载《旅游学刊》2005年第2期。

④ 参见李文亮等：《旅游系统模型比较研究》，载《旅游学刊》2005年第2期。

⑤ C. Gershenson, N. Fernández, "Complexity and Information: Measuring Emergence, Self-organization, and Homeostasis at Multiple Scales," *Complexity*, vol. 18, no. 2(2012), pp. 29-44.

一经提出就被广泛用于生物、物理等自然科学领域以及社会科学领域。旅游系统是一个复杂的巨系统，系统内部具有复杂的联系机理。在旅游研究中，复杂性理论常被用于解释旅游目的地和旅游市场的演化问题，揭示旅游系统的动态变化特征。中心地理论研究者 Christaller 描述了这样一个案例：几个画家在一个宁静的地方画画，画家吸引其他艺术家，这些艺术家又吸引了旅游者，旅游者又吸引了一些旅游企业在此投资，然后是更多的旅游接待设施、更多的旅游者，最终这个画家画画的地方成为一个著名的旅游目的地。①

香港理工大学教授 McKercher 提出了一个基于复杂性理论的概念性旅游系统模型，用于解释至少是 9 项主要因素之间的复杂关系（见图 6-6），分别是旅游者、信息向量、旅游内部影响因素、外部旅游机构、影响沟通效率的因素、宏观环境因素、目的地或内部旅游社区、系统输出、混沌制造者，其中旅游者是旅游业中的核心参与者，没有旅游者旅游业就无从谈起，混沌制造者可以将系统推向他认为，旅游系统是一个以非线性方式运行的、具有混沌特点的复杂系统。旅游系统对初始条件具有强烈的敏感性，即最初发展阶段的一个向混沌的边缘。②

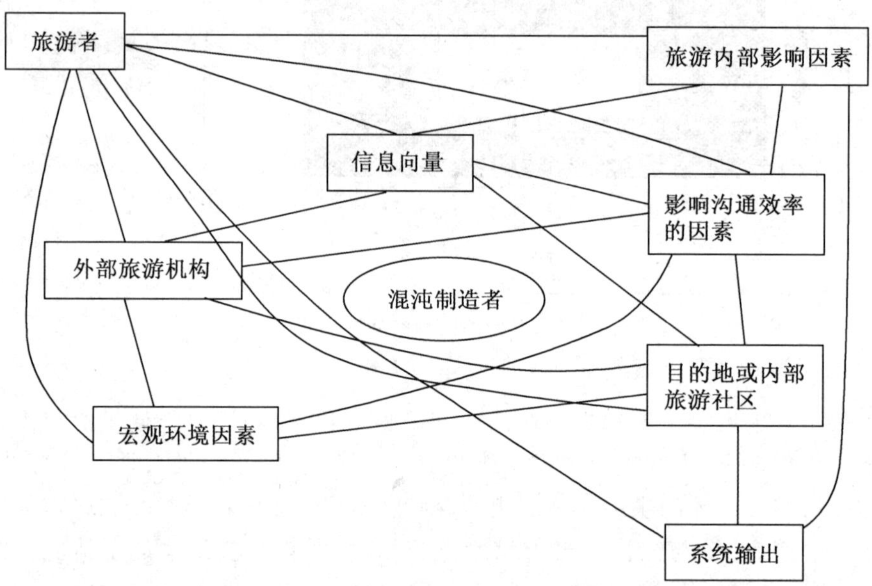

图 6-6　McKercher 的旅游复杂系统模型

小的变化可能导致出现完全不同结果。他同时强调信息在旅游系统中的重要性，信息流位于旅游系统的中心位置，对于旅游者和外部主体的活动具有重要的影

① W. Christaller, "Some Considerations of Tourism Location in Europe," *Paper of the Regional Science Association*, no. 12 (1963), pp. 95-105.

② B. McKercher, "A Chaos Approach to Tourism," *Tourism Management*, vol. 20, no. 4(1999), pp. 425-434.

响。此外,McKercher 认为系统内各要素之间的关系是开放的、复杂的,因此这种复杂性导致系统具有内生的不确定性,因此很难准确预测系统未来的发展方向。

(四)旅游网络系统

由于旅游系统各组成成分的行动嵌入于一定的社会、经济网络中,因此从社会网络角度分析旅游系统的经济、社会性质成为近些年旅游系统研究的新方向。这主要是得益于新经济社会学理论发展的推动。所谓"新经济社会学",是与传统的经济社会学比较而言,兴起于 20 世纪 80 年代,是一门将经济学与社会学相融合来分析经济社会现象的科学。它认为,个人的行动受到社会环境因素的影响,其行动嵌入到社会网络环境中,而非原子化的个人。[①]

首先,旅游系统具有社会网络性质。旅游系统单元的各种活动根植于社会网络中,这主要表现在三个方面:(1)社会资本的根植性。为了优先获得"社会资源"与"社会关系"等社会资本形式,旅游系统单元分别展开不同形式的协同竞合,以获取较为理想的生态位。(2)信任文化的根植性。旅游系统因其运行过程的动态复杂性要求旅游系统组元之间应形成必要的信任机制,信任成为构成旅游系统社会网络的基本内涵。(3)行为场域的根植性。按照社会学家 Boudieu 的观点,"场域"是由不同的社会要素连接而组成的,这些不同社会要素在复杂的社会关系中占有特定的位置,并发挥不同的作用。旅游系统是由各个旅游子系统行为所形成的"场域",并在"惯习"的能动性与生成性推动下构成了旅游系统行为场域的根植性。

其次,旅游系统具有经济网络性质。在旅游系统经济网络形成过程中,参与者在一次性博弈时所选择的努力水平要低于整个网络利润最大时而采取"不努力"的策略,主要因为旅游产业是一个关联性高且相当脆弱的产业,旅游产品的无形性、旅游资源的不可再生性以及旅游客源市场的季节性使得旅游系统经济网络的参与者初次相互协作组成网络时具有相当的不确定性,而随着近年来国家一系列刺激旅游业发展的政策相继出台,以及旅游产业日益成为国民经济的支柱产业的巨大发展机遇,将会极大鼓励旅游经济网络参与者的信心,也将促进旅游系统经济网络进一步得到拓展。

除了上述较有影响力的旅游系统模型以外,也有学者在此基础上作了更深入的研究,将社会、经济和生态等因素都考虑进来,从更大的系统视角去架构旅游业的地位,探讨旅游业与区域可持续发展的关系,构建了旅游业的可持续发展模型。例如,Patterson 等人分析了多米尼加岛的旅游业发展状况,构建了包括经济、生态、社会因素的旅游系统模型。社会因素包括两个主要部分:人口(含人口和人口迁移)、社会资本(含社会网络和社会规范),经济因素包括旅游收入、农业出口、制

---

① 参见赵磊:《网络:旅游系统研究的经济社会学转向》,载《旅游学刊》2011 年第 2 期。

造业出口、政府支出/债务、国内经济，生态因素包括土地利用、栖息地、承载力。[①]这三个因素之间是相互作用的，如社会因素对生态的影响主要表现在就业人数、收益分享以及生活状态。该模型从更为丰富的社会、经济和生态系统视角架构旅游业的地位以及与区域旅游可持续发展的关系，并给予生态系统充分的认识。

三、旅游系统特征

从以上关于旅游系统模型的研究可以看出，其实到目前为止学术领域还未形成一个具象的、确定的旅游系统。但我们可以从中归纳出这些不同结构的模型所揭示出来的旅游系统的基本特征。

（一）层次性

不同的问题和角度产生不同的系统，有着不同的系统边界，内部也就存在不同的构成要素和相互关系。确定的问题和角度，是旅游系统研究的立足点。系统科学称之为"层次"，即不同层次的旅游系统所揭示的问题和目标是不一样的。同样，任何旅游系统都有一定的层次结构并可分解为一系列的子系统和要素，同时，它又是某个更高级、更复杂的系统的子系统或组成要素。Farrell 从更广阔的视角把旅游系统的层次从低到高划分为旅游产品层次、旅游目的地层次、旅游与区域系统层次和旅游与大气系统层次。[②] 不同层次的旅游系统对于认识旅游活动规律和旅游经济运行有着不同的作用。

（二）开放性

旅游系统的开放性是指旅游系统与外界环境进行着熵流的转化过程。旅游系统一方面从周围环境得到物质、能量和信息，另一方面旅游系统又向周围环境不断释放物质、能量与信息。旅游系统的这种开放性是其自身存在和演化的前提，但归根结底，旅游系统的社会目的是价值增值，包括经济价值、环境价值、社会价值以及三个方面的统一。[③] 实际上，旅游系统的开放性与旅游活动的开放性、旅游业的开放性、边界模糊性是直接相联系的。

（三）动态性

旅游系统的动态性源于旅游系统的开放性。系统的变化具有绝对性。旅游系统时时刻刻都在与其周围的环境发生着物质、能量和信息的交换，系统各要素及系统整体时时刻刻都在发生变化，只不过有些变化较为明显，而有些变化不太明显。旅游系统的动态性有多种表现形式，如周期性变化（季节性变化）和随机性变化、线

---

① T. Patterson, T. Gulden, K. Cousins, et al., "Integrating Environmental, Social and Economic Systems: A Dynamic Model of Tourism in Dominica," *Ecological Modelling*, vol. 75, no. 2 (2004), pp. 121-136.

② B. H. Farrell, L. Twining-Ward, "Reconceptualizing Tourism," *Annals of Tourism Research*, vol. 31, no. 2 (2004), pp. 274-295.

③ 参见吴人韦：《论旅游规划的性质》，载《地理学与国土研究》1999 年第 4 期。

性变化和非线性变化、渐进式变化和突变性变化等。

（四）构成要素的广泛性

这种广泛性源于旅游活动和旅游业的“无限关联性”。旅游作为现代人一种高层次的生活方式和行为方式，其表现形式是综合性的、消费性的经济—文化活动。它涉及社会、经济、文化和环境等多个层面，其实际使用的设施和服务根据各自的隶属行业进行分类和管辖。所以，旅游本身的关联性使之依赖于很多行业的支持，使得旅游系统构成要素极其广泛。

（五）要素之间联系的复杂性

旅游系统内部众多要素之间是相互影响、相互作用、相互制约的。它具有内部各级组成部分之间相互作用的非线性，具有牵一发而动全身的特性。正如旅游系统复杂性研究者 McKercher 所言，旅游系统是具有混沌特点的复杂系统。要素间的复杂互动使旅游系统以一种非线性的方式运行，紊乱和突变都是内在于旅游系统的特点，这使得旅游系统具有不可预测性和不可控制性，从而导致任何试图对旅游系统进行自上而下的控制都将趋于失败。同时，旅游系统内部要素之间的联系不是单方向的，而是一种互动作用。正是这种互动作用使它处在动态的变化中。

第二节　旅游利益相关者

在旅游系统这个复杂的系统中，旅游利益相关者的构成也很复杂，涉及众多领域。

一、利益相关者与旅游利益相关者

在学术领域，“利益相关者”概念出现的时间并不长，而被引入旅游研究领域则只有三四年的时间。

（一）利益相关者的概念

1963 年，斯坦福研究院首次提出“利益相关者”（stakeholder）这个术语。他们对利益相关者的界定是狭义的，认为只有在企业中投入了专业性资产的人或团体才是利益相关者。当时的美国、英国等国家长期奉行外部控制型公司治理模式，主张公司首先应对股东负责，追求股东利益的最大化。利益相关者理论与传统的企业理论有所不同，该理论认为任何公司的发展均离不开各利益相关者的参与和投入，企业在为股东利益服务的同时还要保护其他利益相关者的利益。利益相关者理论最初被作为企业认识和治理的经济学理论而被人们所接受和了解。随着利益相关者理论研究内容的不断发展和深化，分化为系统理论、企业规划、企业社会责任和组织理论四大理论分支。管理学者弗里曼的《战略管理：一种利益相关者的方法》一书的出版被认为是利益相关者理论正式形成的标志。他认为，“利益相关者是能够影响一个组织目标的实现，或者受到一个组织实现其目标过程影响的所有个体或群体”[①]，并基于企业利益相关者之间的复杂关系来研究企业的战略管理问题。弗里曼不仅将影响企业目标达成的个体和群体视为利益相关者，同时也将受企业目标达成过程中所采取的行动影响的个体和群体看作利益相关者，并正式将当地社区、政府部门、环境保护主义者等实体纳入利益相关者管理的研究范畴，大大扩展了利益相关者的内涵。弗里曼的观点与当时西方国家正在兴起的企业社会责任（CSR：corporate social responsibility）的观点不谋而合，受到许多管理学家、经济学家的赞同。弗里曼给出的利益相关者的基本思想也为广大学者所接受。伴随着众多学者的努力，利益相关者理论在研究广度和深度上都有了很大发展。1996年1月，英国首相托尼·布莱尔在新加坡发表演讲时，正式提出要建立一种“利益相关者经济（stakeholder economy）”，在这种经济中，大家相互信任，有共同的目标，共同努力，共同受益，“所有的人都有机会通过贡献取得发展，没有哪个群体或阶级受到优待或排斥”。

总体来说，利益相关者理论主要回答了三个主要的问题：“谁是企业的利益相关者”；“利益相关者的利益诉求是什么”；“利益相关者的利益如何实现，即他们将怎样得到他们想要的东西”。[②] 弗里曼也曾指出，有效管理利益相关者需要理解三个主要焦点，即有效识别利益相关者的利益、组织与利益相关者之间的关系和利益相关者之间的交流管理。第一个问题是要确认组织的利益相关者的属性，并将企业利益相关者和非利益相关者区分开来。利益相关者的利益可能不尽相同，因此，一旦识别了企业利益相关者的范畴，就要基于利益的差异，对利益相关者进行分类。第二个问题是明确他们的利益点和利益诉求，利益上的分歧可能会导致利益相关者产生冲突。第三个问题旨在了解各利益相关者对企业的影响，并根据影响制定组织战略。

（二）重要利益相关者的属性

在管理学中，重要利益相关者是那些控制了组织所需要重要资源的人或群体，因此它的核心属性是“影响能力”。所谓“影响能力”，是指某一个人或群体是否拥有影响决策的地位、能力和方法，是权力的表现。企业对利益相关者的依赖程度决定了其影响能力。这一属性在评判重要旅游利益相关者时同样适用，旅游发展对哪些利益相关者依赖程度越大，它们就越重要。

除了“影响能力”之外，“合法性”也是确定重要利益相关者的属性。“合法性”是指某一个人或群体是否在社会规范、价值观、信仰或法律上被赋予企业的索取权，受到社会因素的影响。对于“影响能力”和“合法性”，两者都是动态的，随时可能从一个状态转化为另一个状态。[③]

---

① R. E. Freeman, *Strategic Management: A Stakeholder Approach*, Massachusetts: Pitman, 1984, pp. 25.

② J. Frooman, "Stakeholder Influence Strategies," *Academy of Management Journal*, vol. 24, no. 2(1999), pp. 191-205.

③ 参见王素洁：《社会网络视角下的乡村旅游决策研究》，山东大学出版社2011年版，第119页。

二、旅游利益相关者

利益相关者理论从20世纪80年代开始被引入旅游研究领域，并引起广大学者的关注。最初的一些学者"并没有直接将利益相关者理论运用于旅游研究领域，但他们从协作与组织的角度对此问题作了前瞻性的研究"①。虽然没有明确使用这一术语，但是很多学者已经从不同角度探讨了部分利益相关者的问题，例如著名的社区旅游研究者Murphy提出在旅游业发展中，要尽力让社区居民参与到旅游规划与管理决策，公平分享旅游利益与分担旅游负面影响。②

（一）利益相关者理论在旅游研究领域的应用

利益相关者理论向旅游研究领域延伸并引起广泛重视，是与旅游可持续发展理念的广泛普及密切相关的。西方发达国家工业革命以后实行"高生产，高消耗，高污染"的发展模式，虽然创造了前所未有的劳动生产力，但是出现了"粮食短缺、能源危机、环境污染"的资源环境问题，不仅严重制约了经济的发展，而且还直接威胁到人类的生存安全。从20世纪60年代起，各国纷纷采取措施，治理环境污染，改善环境质量。但是环境问题不断恶化，并打破了区域和国家界限演变成全球化问题。例如污染物的跨地区、跨国家输送问题，全球气候变化、臭氧层破坏、生物多样性锐减、土地退化和沙漠化等问题日趋严重。从那时起，对环境和生存问题的关注、对发展道路的反思和探索在世界范围内展开。1987年，联合国世界环境与发展委员会（World Commission on Environment and Development，WCED）发表了《我们共同的未来》（*Our Common Future*），即具有广泛影响力的《布伦特兰报告》。该报告提出了可持续发展理念，并指出可持续发展是个困难的过程，在让部分人受益的同时，势必影响到部分群体的利益，因此有必要理解利益相关者和引入利益相关者理论。

旅游地可持续发展是可持续发展大系统中的一个子系统。1990年，在加拿大温哥华召开的"可持续发展国际大会"上，旅游组行动委员会在《旅游持续发展行动战略》草案中，提出了"可持续旅游"的概念，指出："持续发展的目的是保护和美化环境，满足人们的基本需要，维护当代和后代人之间的公平关系，提高全人类的生活质量。"③旅游可持续发展"被认为是在保持和增强未来发展机会的同时满足目前游客和旅游地居民的需求，也可以被认为是对各种资源的管理的指导以使人们在保持文化的完整性、基本的生态过程、生物的多样性和生命维持系统的同时完成经济、社会和美学的需要"④。可以看出，利益相关者理论被引入旅游研究和旅游业发展领域，是基于可持续发展理念，关注并试图实现所有旅游利益相关者在旅游

① 参见郭华：《国外旅游利益相关者研究综述与启示》，载《人文地理》2008年第2期。

② P. E. Murphy *Tourism: A Community Approach*, New York and London: Methuen, 1985, pp. 155-176.

③ 参见戴凡译：《旅游持续发展行动战略》，载《旅游学刊》1994年第4期。

④ 参见戴凡译：《旅游持续发展行动战略》，载《旅游学刊》1994年第4期。

发展中的利益平等、公平获利与可持续发展。

(二)旅游利益相关者的界定

作为“利益相关者”理论的分支，学者们提出了“旅游利益相关者(tourism stakeholder)”术语。1999年，世界旅游组织制定的《全球旅游伦理规范》中使用了这一概念，提供了旅游业发展中不同利益相关者行为参照标准，标志着“旅游利益相关者”概念已正式得到官方认可。关于旅游利益相关者的概念，很多学者沿用了旅游利益相关者图谱创立者弗里曼的经典定义。遵循旅游研究的通常做法，将旅游利益相关者界定为任何能影响旅游发展或为旅游发展所影响的群体或个人。

利益相关者理论的应用有助于平衡旅游活动与社会、环境的关系，它为旅游管理者更有效地满足参与者的需求和利益提供了一个概念性框架。它作为一种新的管理理论在西方许多国家的旅游研究和旅游开发实践中已经得到应用，并将利益相关者管理作为旅游规划的一种模式，重点强调将旅游开发所涉及的众多利益相关者，在合理的成本、利益分配模式下取得合作，使他们在日益激烈的竞争中建立起“求同”的发展态势。[①]

三、旅游利益相关者的构成

旅游利益相关者构成的识别是利益相关者理论首先要解决的问题。正如Donaldson和Dunfee指出：“不弄清楚谁可以算作利益相关者这个问题，要为利益相关者做‘正确的事’就非常成问题了。”[②]由于旅游开发活动本身的综合性和其关联关系的复杂性，要准确确定利益相关者的构成以及他们之间的相互关系并不容易。作为一个综合性的产业，旅游开发和旅游业比其他大部分行业所涉及的利益相关者都要多。

大多数学者在引用管理学利益相关者定义的基础上，针对各自研究的对象作出了概念性的分类。其中，在国内影响力较广的是旅游利益主体图创立者Sautter与Leisen绘制的旅游业主体图，指出旅游规划师要协调八类利益相关者，分别是政府部门、从业人员、本地商业、本地居民、积极团体、竞争者、游客和本地商业。[③]在有关旅游伦理的相关文献中，将旅游专业人员、社会公众、媒体确定为旅游开发的利益相关者；有学者以旅游经营者、旅游规划者、当地政府作为核心因素来研究利益相关者群体，这种分类明显过于简单，因为在旅游开发实践中，主导者可能是政府或相关部门，也可能是旅游企业或其他投资商，也有可能是当地居民的个体或组织，而且他们之间的关系也不是简单的双边关系，这就增加了利益相关者构成及

① 参见王德刚、贾衍菊：《成本共担与利益共享——旅游开发的利益相关者及其价值取向研究》，载《旅游科学》2008年第1期。

② T. Donaldson, T. W. Dunfee, “Toward A Unified Conception of Business Ethics: Integrative social contracts theory,” *Academy of Management Review*, vol. 19, no. 2(1994), pp. 252-284.

③ E. T. Sautter, B. Leisen, “Managing Stakeholders: A Tourism Planning Mode,” *Annals of Tourism Research*, vol. 26, no. 2(1999), pp. 312-328.

其相互关系的复杂性。

从可持续发展的角度，利益相关者的概念应该从涵盖面更宽泛的意义上去考虑，因为可持续发展的理念涉及人类（政府、企业、居民、旅游者等）与非人类（资源、环境）、当代人与后代人等广泛的利益，因此，旅游开发的利益相关者实际上包括了人类的与非人类的、现实的与潜在的利益主体。这些利益相关者对旅游业的发展有着不同程度的影响作用，它们既希望通过旅游发展获取利益，但它们的利益点又不同且在某种程度上存在一定的冲突。

根据旅游发展所涉及的领域、不同领域利益主体的利益性质、相关程度和影响方式，可将旅游开发的利益相关者分三个层次，即核心层、支持层和边缘层（见图 6-7）。

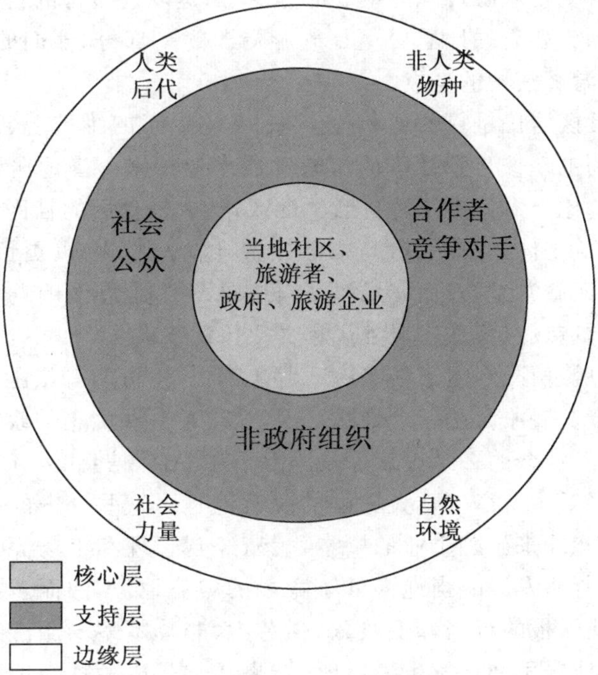

图 6-7　旅游利益相关者构成体系框架

（一）核心层利益相关者

核心层利益相关者是指旅游开发过程中的主要群体，拥有直接的经济、社会和道德利益。他们通过参与旅游开发发生直接联系，直接影响旅游开发的运行，直接接触旅游者的旅游活动。他们的利益更多地表现为经济效益，包括旅游者、政府（国家、地方政府）、旅游企业（投资商、供应商、代理商、员工）和当地社区。其中，当地社区和旅游者的利益处于最核心位置，原因在于旅游开发的目的就是为旅游者提供高质量体验和提高目的地社区居民的生活质量。

1. 当地社区

长期以来，由于在资金、技术、观念等方面限制，社区居民虽然是旅游目的地的"主人"，然而一直以来却是以"弱势群体"的姿态出现在旅游发展的博弈过程中。政府认为当地社区居民作为利益分配的最终环节，是产业链上的一个终端，在某种程度上扮演着接受者的角色。旅游规划者不需要也没有能力考虑社区的利益问题，这种规划理念长期阻碍着旅游地的可持续发展。虽然社区居民是经济利益分配的最终环节，但并不意味着他们是所有利益的被动接受者。这些居民可能世世代代居住在这些富有旅游价值的自然景区和人文历史环境里，他们有自己的生活方式和行为习惯，从而有了自己的特色文化，他们可以成为旅游开发的有力促进者，甚至他们本身就是旅游资源的组成部分，特别是现今流行的古镇游、民俗游、农家乐等旅游活动，旅游目的地居民更是旅游资源的一部分，他们的衣食住行、风俗习惯都成了吸引游客消费的亮点。

同时，当地社区居民是目的地环境生态、文化生态的维护者、创造者和长期承受者，完全有权利主动参与到社区的旅游发展事业中来。当地居民是目的地社区的真正主人，他们比外来人更了解自己的社区，更热爱自己的社区。如果将当地居民视为合法的利益主体，让他们参与社区旅游开发，他们会以更负责的精神、更积极的态度关心社区旅游发展；而如果忽视当地居民的利益，没有与社区建立起合作伙伴关系，往往会造成经济秩序混乱或者文化传统丧失。

在旅游业发展过程中，由于很多地区财政紧张，不可能对旅游开发有很大的投入，如何筹集资金发展旅游是一个难题。因此，给予一些优惠的政策吸引外来企业投资成为筹集开发资金的一个有效手段。由于在资金、信息、人才和经营管理经验方面的优势，许多对旅游产生重大影响的决策都是由这些外来的旅游企业和当地政府制定的。这些外来旅游企业的资本优势、经营管理和市场等方面的经验又使一些有意参与旅游业发展的当地人处于竞争的劣势地位，因而多数当地人只能从事一些低投资、低回报的行当和低收入、强劳力、非技术型的旅游服务。当这些旅游企业利益和当地居民利益发生冲突时，结果常常是以牺牲当地居民利益来维护企业的盈利。因此，如何引入资金和投资者，充分维护当地居民的利益和主体地位，成为保证旅游业可持续发展的重要因素。

2. 旅游者

旅游者是旅游活动的主体。旅游者出游的动机一般比较明确，即旅游者希望更多地接触当地居民，感受"原汁原味"的旅游目的地氛围。当然，旅游者要自觉地约束自己在旅游目的地的行为，尽量减少对当地环境的负面影响。在旅游活动中，旅游者与旅游企业和当地居民的接触最多，使用他们所提供的产品和服务。由于经济利益的驱动，在现实旅游活动中存在很多有损旅游者利益的现象，例如旅行社的零团费报价、旅游经营者欺诈事件等等。这些行为破坏了市场秩序，阻碍了市场交易，损害了旅游者的利益，降低了市场经济的运行效率。又或由于盲目建设，使得很多旅游目的地的原生态文化逐渐消退，这些都将会影响旅游者对该地区的整体评价，反过来给该地区的旅游发展带来很多负面效应，甚至导致当地旅游业的衰退。

旅游活动开展过程中势必带来游客与当地居民之间的各种交往，这本身是一种文化交流活动，是两种不同地域文化的碰撞与整合。若存在交往的不平等，则必然会产生文化的影响与冲突。世界旅游业的发展实践已经让人们看到了旅游开发给传统地区的社会文化、社会结构等所带来的多元化影响，如美国学者Fox所说，“旅游业像一把火，它可以煮熟你的饭，也可以烧掉你的屋”①。这种多元化的影响是多方面的、深刻的，同时也给旅游地的经营管理带来巨大的挑战。

3. 旅游企业

旅游企业是指涉及旅游发展的各个行业，一是直接旅游企业（包括旅行社、饭店、餐馆、旅游商店、交通公司、旅游景点、娱乐场所等），二是辅助旅游企业（包括管理公司、服务公司、影视公司、出版单位、通信设施以及食品、卫生等生活服务部门和行业）。旅游企业直接或间接地参与旅游目的地的开发，其生产和经营活动直接影响旅游发展的各个方面。为旅游者提供综合服务的各经济部门中，起骨干作用的是旅行社、交通和以饭店为代表的住宿业。

4. 政府

政府分为中央政府和地方政府。在西方国家，通常会将政府归入支持层利益相关者甚至边缘层利益相关者。现阶段，包括我国在内的许多国家旅游业因实施“政府主导型”的旅游发展战略——政府制定旅游业发展政策、编制旅游规划、协调关系和监督检查，其管理职能是强力的。“政府主导型”的旅游发展战略要求政府要发挥独到的作用，在发展旅游业的关键领域、关键环节上起到主导的作用。特别是在一些经济较为落后的地区发展旅游业，就必须由政府来主导，包括政策倾斜、资金支持、人才培养与配备、业务指导与培训、标准制定与推广等。但是从本质上说，这一发展战略并非是政府包揽一切，而是一个政府与市场相互补充、同时并存、分工明确的战略。中央政府能够从全局的角度宏观地控制其他旅游相关者的活动，平衡相互间的关系。

（二）支持层利益相关者

支持层利益相关者指那些在某一特定的时间和空间能给旅游开发带来机会和威胁的利益相关者，主要包括社会公众、竞争或合作对手、非政府组织等。他们对旅游开发的影响是间接的，但在信誉、公众形象方面的作用力较大。

1. 社会公众

参与社会活动的公众群体，包括新闻媒体、学术机构、社会公众等方面。社会公众对旅游开发的影响，主要体现在对旅游开发的关注与监督上。这种关注和监督力度将促进旅游开发决策者在选择经营模式时，必须考虑经济效益、社会效益和环境效益的关系，公共利益和旅游业的关系，长远利益和近期利益的关系，并采取

① 参见张波：《旅游对接待地社会文化的消极影响》，载《云南师范大学学报》2004年第3期。

保护与开发相协调的发展方式。比较有代表性的是专家学者和社会公众。

专家学者是规划和咨询领域中具有专业知识和专业技术的群体，往往也是最具权威的群体。一方面，专家学者通过理论倡导和学术成果影响政府的政策和社会公众的价值观、行为方式；另一方面，自然科学对技术进步的推动和社会科学对社会制度的改进对旅游业的运营和管理起到了很大的促进作用。

社会公众对旅游发展的影响具有间接性。比如说，新闻媒体，表面上来看与旅游业的关系并不那么直接。但是从旅游业的发展来看，正确积极地利用新闻媒体有利于旅游消费者的理性消费和经营者的成功运作。同样，新闻媒体对于旅游目的地、旅游知识和旅游经营者成功经验等的宣传会极大地推动当地旅游业的发展，而新闻媒体对旅游业实际运行的监督也会有效地规范其发展。

2. 非政府组织

非政府组织是依法建立的、非政府的、非营利的、自主管理、非党派性质的，并且具有一定志愿性质的、致力于解决各种社会性问题的社会组织。非政府组织的行动具有更多的社会公正性和公平性。国外非政府组织比较发达，以美国非政府组织为例，它在旅游业中主要体现为各种旅游协会、俱乐部、研究及培训机构以及遍布全美各地的旅游问询中心等。就其各自发挥的作用而言，从国家层面来讲主要是全美旅游行业协会（Travel Industry Association of America，TIA），而州以下则当属美国各地数以千计的旅游问询中心（Convention and Visitors Bureau，CVB），相比而言，发挥作用最大的是旅游问询中心。旅游问询中心开展业务工作的主要特点：一是与政府有密切的合作；二是与当地旅游企业有广泛的沟通，并且能为企业提供充分的服务，而中心也同时获得充分的活动经费；三是注重与大学、学联等社会组织合作，调动社会资源参与活动的积极性；四是中心的工作目标明确，既能从树立城市整体形象的高度着眼，又能从吸引外地人来消费、提高住房率的具体策划着手。这些特点，充分体现了中心作为非营利性组织在开展旅游公共服务活动中的活跃性和有效性。[①]

在我国的旅游发展过程中，一些国际性非政府组织，如世界自然基金会（WWF）、自然保护区（Nature Conservancy）等都作出了积极的贡献。前者于1996年在中国大陆正式成立分支机构以来，极大地推动了我国的保护和发展事业，尤其是其所推广的合作伙伴关系和参与式保护模式取得了显著的成效。后者也向云南省丽江纳西族自治县生态旅游示范地区发展等项目提供资金，为推动当地社区的发展和生态系统的保护作出了有益的尝试。但是，总体而言，我国本土的非政府组织很不发达，在旅游发展中还不能充分发挥作用。

3. 竞争或合作对手

竞争与合作是任何旅游目的地都面临的共同问题。作为旅游目的地，与周边目的地或城市将形成这样的关系：互为市场，合作伙伴，竞争对手。因此，竞争的威

---

① 参见于蔚杰：《从美国旅游业的发展看非政府组织管理》，载《东岳论丛》2009年第2期。

胁是非常现实的，这种威胁主要是因周边地区的竞争，使客源分流。

开发旅游、发展旅游业已经成为一种普遍性行为，旅游市场已由过去的卖方市场走向了买方市场，市场的竞争日益激烈，客源的分流是必然的。面临这些巨大的挑战，如果今后在旅游开发和企业经营方面投入的力度不够，起点不高，开发水平低，策划失误，有陷入困境之虞。旅游目的地的管理、经营机构应努力把竞争对手变成合作伙伴，走共同发展之路。

（三）边缘层利益相关者

边缘层利益相关者是指潜在的、非人类的、间接作用于旅游开发和旅游业发展过程的利益主体。上述两个层次的利益相关者考虑的是“人类”“现实”的利益主体。但旅游开发作为一种影响深远的社会活动，其对资源的配置和使用不仅对当代人的利益产生影响，而且还能够影响后代人的利益；不仅对人类种群的利益产生影响，而且还能够对非人类的其他种群和自然环境状态产生影响。这些受旅游开发资源配置和使用行为影响的对象，包括人类的和非人类的、现实的和潜在的，以及影响旅游开发的宏观环境——政治、经济、社会文化和技术环境等，都是旅游开发的利益主体，即边缘层利益相关者。这里需强调的是，边缘层利益相关者并非意味着是次要或不重要的，只是因为它们对旅游开发的影响多是潜在的、非人化的，但这种影响力同样是强大的，并以某种潜在的方式作用于旅游开发过程。

由于这些群体无法替自己说话，在没有合适的方式代表它们的声音时，经常为人们所忽视或遗漏。而他们都是可持续发展的重要内容，因此，他们应该是代际平等和生态可持续性原则的受益者。但过度的或规划不当的旅游开发会影响目的地的资源存量和自然环境；低级的旅游开发会破坏不可再生的旅游资源；同时，旅游者的活动对环境的破坏也负有一定责任。在某些地区，野生动物受到严重的干扰，外来物种的引入影响着本地的生态系统等，都是旅游开发所造成的环境成本。

在现实社会中，边缘层利益相关者的利益经常由其利益代言人——政府（环保、自然保护区、文化等部门）或非政府组织——民间人物与环境保护者等来代言其利益和要求。这类非政府组织的建立通常是为了实现某一种有价值的社会目的，如文化遗产与环境保护、促进文化发展等。

四、旅游利益相关者价值取向

利益分配和争夺是产生利益相关者理论的根本原因，因此，研究旅游利益相关者必须要关注各旅游利益相关者的价值取向、各旅游利益相关者之间的相互关系。旅游和旅游业的发展是构建和促成各利益相关者之间关系变化的催化剂，旅游发展过程中的所有参与者、相关者也都希望通过发展旅游来促进变化。但对于以何种方式和途径来促进变化、向何处变化则存在着较大分歧，甚至直接参与者和间接参与者（如自然环境、非人类物种）之间也存在矛盾。这就需要在不同的愿望之间达成权衡和妥协。从这一角度上讲，旅游发展的过程实际上也是不同利益群体之间的利益再分配和相互妥协的过程，是资源（自然、文化、权力等）的分配和利益（经济、社会、环境等)的均衡过程,是旅游利益相关者之间通过成本共担和利益分享而进行社会建制的过程。

(一)旅游利益相关者的价值取向

1. 旅游者——高质量的、满意的旅游经历

旅游者是旅游利益相关者中的核心利益相关者,通过旅游过程来获得旅游利益。从旅游者的目的出发,其利益诉求主要包括:

——旅游过程中的便捷、健康、安全保障;

——体验自然、文化,实现预设的自我价值;

——在目的地的部分开支,被用来保护自然和文化遗产,恢复废弃的历史建筑物,促进目的地的社会发展。

2. 当地居民——健康的居住、生活环境

旅游活动本身是游客穿越、打扰当地居民生活空间的过程,同时,当地居民参与或同意发展旅游,是因为他们对发展旅游寄予希望,有自己的利益诉求。主要包括:

——供应充足和卫生的食品,没有污染的水源,医疗保健和健康安全,合理的工作报酬,较好的受教育机会,足够和安全使用娱乐场所的机会等;

——完善的基础设施和公共服务体系;

——促进文化的保护和传承,维护和提高社区的个性,增强当地人的自尊和自信;

——参与旅游开发决策,提高对其生活发展的控制力。

3. 旅游企业——健康的经营环境

旅游企业往往是旅游开发和旅游产业的积极参与者,也是主动投入成本进行旅游开发的利益相关者。他们的目的就是要从发展旅游和旅游业中获得直接和最大的经济利益。具体包括:

——良好的政策环境,以促进企业发展,包括饭店及其他住宿设施、餐馆及其他饮食服务、旅游代理企业、运输系统、手工艺品等;

——合理的经济负担(税收、社区贡献等);

——有经过培训、高素质并热爱旅游业的劳动力资源(主要是当地就业者);

——充足的和高质量的客源以保障经营收益(游客数量、停留时间和消费额)。

4. 文化与环境保护者——他们所代言的非人类种群的利益得到充分重视

以非政府组织、科研机构等为代表的文化和环境保护者,他们往往最关心环境、资源、文化和作为弱势群体的其他利益相关者的利益和命运,并常常作为他们的利益代言人。他们的诉求主要包括:

——通过防护、改善、修复和重建被损坏的文化遗产和自然环境等达到文化遗产和环境保护的目的;

——通过发展旅游业拯救濒临失传的非物质文化遗产(民俗、民间艺术等);

——鼓励对历史建筑、遗址等有形文化遗产的保护,并为这些活动提供资金;

——激励人们去关心、提高环境意识，去“关心”而不是去“消耗”资源；

——人类活动对环境、资源的影响仅限于边缘区域，或者对人类的影响以一定的方式进行补偿。

5. 各方共同关心的问题

虽然各利益相关者的利益诉求有一定的差异性，甚至他们之间的某些利益诉求是相互矛盾的、具有排他性的，但他们之间在许多方面仍然会有共同性。主要包括：

——地方交通、通信和其他基础设施的改善，公共服务系统的完善；

——本地居民与旅游者之间建立友好的关系（如旅游开发对文化的影响或对基础设施的共同利用问题）；

——土地利用的分配问题（居民居住用地/接待设施、农业/娱乐用地、狩猎/保护区、野生动物栖息地等）；

——当地居民生活质量的提高；

——政府增加税收，地方声誉提高。

旅游发展确保每个群体都能公平地分享旅游业的成果，为整个社区的发展提供机会，而不是为了某一部分利益主体的发展却牺牲了另一部分利益主体的利益。但在旅游开发实践中，由于经济基础、旅游业发展水平和市场机制发育等方面的原因，部分利益相关者的利益并没有得到保障，甚至受到侵害。特别是边缘层利益相关者的利益，由于他们的潜在性和非人类性特征，又没有现实的和有影响力的代言人，他们的利益经常被忽视，致使旅游开发利益均衡体系受到破坏，旅游目的地产品周期大大缩短，旅游业向着预期之外的方向发展。尤其是在“追求发展”的经济目标驱使下，一味地迁就和屈从开发商的利益导向，使目的地环境遭受到污染、文化特色逐渐消失，企业的短期利益得到膨胀，但地方综合效益却大大下降；而地方（政府）的损失又往往转嫁到居民、社区身上，牺牲居民、社区利益来替换政府成本；有的旅游目的地过度拥挤和旅游者对景区、景点和基础设施的优先权使当地居民与旅游者之间产生摩擦，社区居民从旅游开发中获得的不是利益而是问题和威胁。

（二）重要利益相关者之间的相互关系

可持续旅游的发展目标是：

——让人们更加明白和理解旅游能够给环境、文化和经济带来的好处；

——在发展中维护公平；

——提高旅游地居民的生活水平；

——为游客提供高质量的旅游感受；

——保持上述几个目标所依赖的环境质量。[①]

从根本上说，社区利益应该是发展旅游业的首要目的，也是其他旅游利益相关者利益得以保证的基础。旅游业作为改善社区经济和社会生活策略的一部分，无

① 参见戴凡：《旅游持续发展行动战略》，载《旅游学刊》1994 年第 4 期。

论采用什么途径，目标都应着眼于社区利益，提高当地的生活质量，保持当地的环境质量。只有社区居民的需要和愿望得到足够的重视和满足，才能够实现社区旅游发展的根本目标——提高社区居民的生活质量和其对生活发展的控制力。同时，社区居民还是旅游发展影响的主要承担者[①]，他们对旅游影响的感知水平决定着其对旅游业的态度[②]、支持度[③]，而他们对旅游业的态度、支持度又在一定程度上决定着社区的生活质量[④]和当地旅游业的可持续发展进程。[⑤]

当地居民不仅是旅游业的最终受益人，而且还是旅游资源的一部分。从国际旅游的发展趋势来看，当地居民的文化、生活、生产方式构成的人文景观是以自然风光为基础的旅游目的地最好的互补资源。当地居民参与管理、获得利益，提高其对旅游业的控制力，才能根除居民、发展商、游客的潜在冲突，消除旅游业发展的潜在障碍，保证当代人利益、后代人利益及环境利益都得到公平对待。所以说，基于社区利益的共识是促进旅游业可持续发展的基础(见图 6-8)。

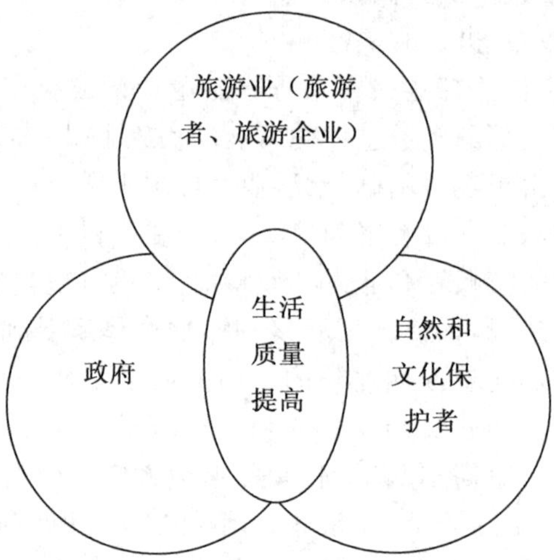

图 6-8　重要利益相关者之间的相互关系

① 参见唐顺铁:《旅游目的地的社区化及社区旅游研究》,载《地理研究》1998 年第 2 期。.

② D. Gursoy, C. G. Chi, P. Dyer , "Locals' Attitudes toward Mass and Alternative Tourism: The Case of Sunshine Coast, Australia," *Journal of Travel Research* , vol. 49, no. 3, pp. 381-394.

③ D. Gursoy, C. Jurowski, M. Uysal, "Resident Attitudes: A Structural Modeling Approach," *Annals of Tourism Research* , vol. 29, no. 2(2002), pp. 79-105.

④ K. Kim, M. Uysal, M. J. Sirgy, "How Does Tourism in a Community Impact the Quality of Life of Community Residents?" *Tourism Management* , vol. 36(2013), pp. 527-540.

⑤ L. N. Nicholas, B. Thapa, Y. J. Ko, "Residents' Perspectives of a World Heritage Site: The Pitons Management Area, St. Lucia," *Annals of Tourism Research* , vol. 36, no. 3(2009), pp. 390-412.

五、旅游利益相关者管理

利益相关者管理(stakeholder management)是指企业的经营管理者为综合平衡各个利益相关者的利益要求而进行的管理活动。这种管理活动有助于组织目标的实现。旅游利益相关者管理是站在旅游目的地的立场,为建设和谐、友好的旅游目的地,在分析不同旅游利益相关者的利益诉求和相互之间的关系的基础上而进行的管理活动。旅游目的地是由众多具有竞争或合作关系的旅游利益相关者构成,围绕旅游这一关系纽带,旅游目的地管理者与众多利益相关者之间或各利益相关者群体之间建立了各种各样的内外部联系,成为一个由多种联结交织在一起的多重、复杂、交叉重叠的网络式集合体。[①] 从某种程度上讲,目的地旅游和旅游业发展的成功与否即取决于利益相关者管理的水平。

(一)旅游利益相关者管理的过程

弗里曼认为利益相关者管理可以分为四步:第一步,根据具体问题,确定利益相关者群体。第二步,针对每个利益相关者群体的情况,确定他们的"利益",并辨明这些利益相关者对企业的重要程度。第三步,核实当时企业在多大程度上满足了每个利益相关者的需要与期望。第四步,识别利益相关者当前尚未得到满足的利益诉求,以据此调整企业政策和利益相关者利益的优先性。[②]

灵活地管理自身与旅游利益相关者之间的复杂关系是旅游目的地管理者管理能力的重要表现,这需要旅游目的地对旅游利益相关者进行准确分类。这种分类应视旅游目的地的发展阶段而定。因为在不同阶段,控制旅游目的地发展的利益相关者各不相同。在旅游业刚刚起步时,当地政府和旅游企业要承担大部分工作,旅游项目的规划、建设以及投资都需要政府和旅游企业的协商和沟通;当旅游项目建成营业以后,利益相关者的主角就转换为当地社区和旅游经营者,政府主要起协调和中介作用,当地社区通过直接或间接参与的方式进行经营,旅游企业是参与经营的主体;当进一步发展到成熟阶段后,旅游者、非政府组织和社会公众等的参与、利益诉求会越来越突出,并发挥着"群体的智慧"[③],对旅游目的地发展的影响和作用越来越大,甚至会影响旅游目的地的发展进程。由此可见,在旅游目的地的不同发展阶段,旅游业的各个利益主体的特征、重要程度以及参与热情都会发生很大的变化,其中有些利益相关者会因为某些属性的获得或丧失而改变特征,引发利益相关者格局的变化。正如美国学者米切尔所言,"政治力量的运用、各种联盟的建立、

---

① 参见王素洁:《旅游目的地利益相关者管理战略研究——基于社会网络视角》,载《山东大学学报》(哲学社会科学版)2012 年第 1 期。

② 参见王素洁:《社会网络视角下的乡村旅游决策研究》,山东大学出版社 2011 年版,第 121 页。

③ J. Surowiecki, M. P. Silverman,"The Wisdom of Crowds," *American Journal of Physics*, vol. 75, no. 2(2007), pp. 90-192.

社会经济条件的转变都有可能使利益相关者从各种状态下发生变化”①。另外，在不同的文化背景和制度背景下，利益相关者参与方式、程度也存在很大差异，如在发展中国家，在很多社会领域对社区居民参与会有制度上、操作上、结构上和文化上的限制。而社区居民在参与意识、参与能力等方面也存在很大的不同。

Markwick 在 Mendelow 的利益相关者“权力—利益”矩阵基础上提出了旅游利益相关者分类框架(见图 6-9)。② 通过“权力—利益”矩阵，旅游利益相关者被划分到 A、B、C、D 四个区域内。A、B 两区内的利益相关者权力小，但不表示他们不重要，争取他们对旅游发展的支持，可以在很大程度上对 C、D 两区内权力大的利益相关者起到制衡的作用。相对来说，C 区内的利益相关者较难以管理，他们的态度对于旅游发展的决策既可以是最大的支持，也可以是最大的障碍，因此，弄清他们的态度是旅游决策之前首先要解决的问题；D 区的利益相关者既拥有较大的权力，又关注旅游发展给自身带来的利益，因此是“游戏”的关键参与者，旅游目的地管理者在决策前要多与他们沟通，争取他们的支持。

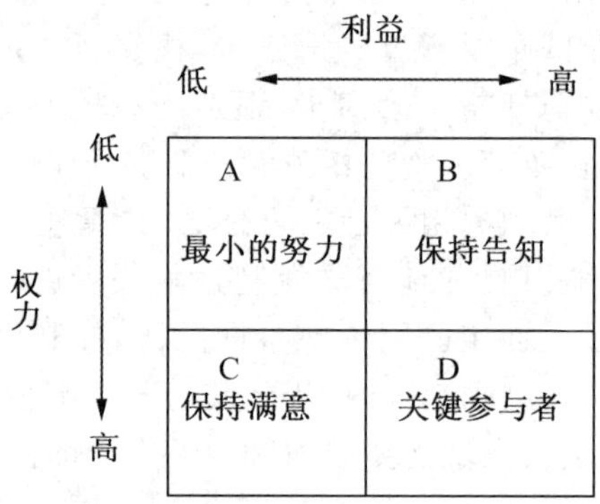

图 6-9　利益相关者图谱：“权力—利益”矩阵

(二)旅游利益相关者管理需要注意的问题

1. 旅游利益相关者的动态性

“利益相关者”是一个动态的概念。因为旅游发展的外部环境在不断变化，目的地旅游业发展的阶段性也在变化，旅游目的地的利益相关者也就会相应处于不断的变化和发展之中，静态地看待目的地的利益相关者将不利于旅游业的健康发展，因此应该动态地界定“谁是旅游目的地的利益相关者”。

旅游利益相关者的动态性主要表现在两个方面：

一是利益相关者数量的变化，一些原本与旅游发展不相关的群体，可能会因为

① A. Mitchell, D. Wood, “Toward a Theory of Stakeholder Identification and Salience: Defining the Principle of Who and What Really Counts,” *The Academy of Management Review*, vol. 22, no. 4(1997), pp. 853-886.

② M. C. Markwick, “Golf Tourism Development, Stakeholders, Differing Discourses and Alternative Agendas: The Case of Malta,” *Tourism Management*, vol. 21, no. 5(2000), pp. 515-524.

环境的变化而成为目的地的利益相关者，而原本是目的地旅游利益相关者组织也可能会因为环境的变化而淡出利益相关者行列。

二是利益相关者重要程度的变化。虽然我们按照利益性质、相关关系、影响方式将旅游利益相关者分为核心层、支持层和边缘层，但是对于利益相关者重要程度的认识需要动态地认识。也就是说，旅游目的地利益相关者的重要性是处于变化之中，处于边缘层的利益相关者可以成为非常重要的利益相关者，而处于核心层的利益相关者的重要性也会减弱。因此，在准确界定了“谁是旅游目的地的利益相关者”之后，还应该动态地辨析“利益相关者的重要程度”。

2. 旅游利益相关者管理理论的局限性

旅游利益相关者管理理论为一个新兴理论，对于我们全面认识旅游系统的构成确实是一个很大的进步，但是其理论架构本身还不够完善，理论的解释能力还存在一定欠缺。

一是不同旅游利益相关者的利益是异质性的，导致这些利益相关者之间是竞争性关系，这最终会影响旅游发展的效率。旅游利益相关者管理理论支持旅游可持续发展理念，实现经济、社会、环境的协调发展。但是对很多旅游企业而言，如果所关注的首要目标不是自身的利润，而是其他利益相关者的利益，那么旅游企业自身的利益就会受损。在利益相关者的利益相互冲突的背景下，所谓的“中立”解决方案有时候是很难确定的。

二是作为一种新兴的理论，利益相关者管理理论目前主要还是停留在分析旅游发展现象层面，而解决实际问题的理论基础和能力还十分有限。利益相关者管理理论只是给旅游目的地或旅游企业提供了一个在现实的社会中如何识别利益相关者的方法，它还不完全具备指导旅游目的地或旅游企业去处理自己与其他利益相关者关系的能力。我国很多旅游景区利益相关者管理过程中就暴露出一些较为严重的问题，如资源破坏、环境污染、利益分配不均等，导致景区管理者与周边社区居民的关系越来越紧张，甚至转化为敌对关系。面对这些问题，利益相关者管理理论是无能为力的。因为利益相关者管理理论只是提供了认识问题的视角和均衡利益分配的愿景，而真正有效解决问题还需要结合社会学、法学、心理学、经济学等领域的理论和系统分析方法来建立和发展利益相关者管理理论与方法。特别是在整个社会经济利益诉求还处在首位的功利化阶段，制度、权力也比较强大的前提下，完全靠利益相关者管理理论更是无法解决现实中的利益纷争。

第七章　旅游者利益

旅游者是购买旅游产品的消费主体，是旅游业服务的对象。旅游者的购买决策行为直接影响着旅游产品能否实现其价值，他们的利益诉求能否得到满足决定着旅游企业或旅游目的地的可持续经营和发展。旅游者利益诉求是一个不断发展的概念。在这里所探讨的“旅游者”，专指“大众旅游时代背景下的现代旅游者”。虽然自原始社会开始，人类就有旅游活动，那些只占据小规模的社会精英旅游者也有相应的利益诉求，但是由于没有专门为其提供支持的专门性服务，所以那时的旅行者并没有成为区分于其他产品购买者的独立群体，其利益诉求也没有受到相应的重视。中国旅游业经过三十余年的发展，已经从早期的“非常规”发展模式回归到常规化发展道路上来，国民旅游也已成为一种常态。公民旅游意识的增强和旅游者旅游经验的丰富，必然推动大众对于旅游品质需求的提升，为游客提供高质量的旅游产品和服务成为旅游企业可持续经营、旅游目的地可持续发展的基础。

第一节　旅游者核心利益

人类旅游的目的是多元化的，旅游诉求的利益也同样具有多样性。

一、旅游者核心利益

旅游业的经营发展，是围绕旅游者的需求展开的。没有旅游者，就没有旅游业。因此，旅游业主要是基于满足旅游市场需求、提供产品和服务而获得利润的市场行为，其主要服务对象是旅游者，也包括其他类型的消费者，如当地社区、移民者等。大多数旅游者在消费旅游产品过程中是有理性目的、导向的行为者，通常以效益最大化原则为指导，达到物质和精神层面的最大满足。他们的决策大都是按内部计划好的目的和目标来进行的，其偏好在获得方式上是明确的，他们往往通过选择不同的旅游目的地来实现自己的利益，各个旅游目的地必须在市场上接受旅游者的挑选，旅游者需要的满足就是旅游目的地发展的目标，即旅游目的地产品质量、旅游者满意度、旅游者后续行为与旅游目的地的成功存在一种逻辑上的因果关系。

从现代社会发展理念和旅游的本质特征出发，旅游活动本身也带有一定的公益性，即旅游业并非完全是出于经济诉求的单一功能性经济现象，它还是国家和政府提高公民文化修养和生活质量、全面提升公民素质的重要途径——旅游作为公民的基本权利也应该是国家和政府公共事业的重要组成部分。

不管是从经济的角度，还是从公益性、社会性事业的角度，旅游者都是旅游活动的主体。旅游者的核心利益是由旅游活动的本质特征决定的。

旅游在根本上是一种主要以获得心理快感、满足——“精神愉悦”为目的的审美过程和自娱过程，是人生经历的一部分。旅游体验是旅游者在旅游过程中通过观赏、参与、领悟等方式所体验到的放松、新奇和实在等的心理享受和愉悦过程。[①]所以旅游者的核心利益诉求就是旅游过程中的“高质量”体验和旅游体验之后的“精神愉悦”。

所谓“高质量”是旅游产品的品质，这种旅游产品既包括旅游者在旅游活动过程中所体验或消耗的各类具有实物形态的物质产品（如自然景观、餐饮、商品等），也包括附在这些产品上及依托各项设施所提供的服务（如游览过程中的导游服务、住宿服务等）。

“精神愉悦”既是旅游的目的，也是旅游活动之后的结果，同时将转化为旅游者对目的地产品、服务、环境、形象等的整体评价。“精神愉悦”与“高质量”的体验过程是联系在一起的，“体验”是过程，“精神愉悦”在旅游之前是目的，在旅游之后是结果。

二、旅游者核心利益特征

旅游者的核心利益特征主要体现在三个方面。

首先，旅游者的核心利益属于非经济诉求。尽管以往人们在论述旅游的性质时，主要关注于它的经济特征。但是对于旅游者个体而言，经济对于旅游这种本质上属于个人审美与愉悦体验范畴的现象只是一种支持条件，旅游者的核心利益属于非经济诉求。旅游者愿意支付相应的成本以获取旅游产品和服务，从根本上说是源于自我实现和自我提升的内在需要。旅游者对旅游产品高质量的要求是为了满足自身较高层次的精神需求。这种精神需求不仅会因为旅游者的特征呈现出个体性差异，而且在不同的社会条件下，还表现为受时代价值观的影响所表现出来的时代特征。正如沈祖祥所讲：“中国古代的旅游好像是中国文化的一面折光镜，在这面镜子里，或隐或现地反映出时代文化的影子，或强或弱地袒露着中国文化的灵魂。”[②]而“二战”之后欧美人对休闲度假旅游产品的偏爱、当代社会人们对生态旅游和文化旅游类产品的推崇，都有着鲜明的社会烙印。

---

① 参见谢彦君：《基础旅游学》，中国旅游出版社2011年版，第54、238、242页。

② 参见沈祖祥：《观乎人文以化天下——旅游与中国文化史纲》，旅游教育出版社1996年版，第9页。

现有研究初步表明,旅游与人们的主观幸福感[①]、生活质量[②]是显著的正相关关系。旅游是人们追求快乐和幸福的一种方式或手段,是内在精神需要的外在表现形式之一,其本身带有消遣、娱乐的性质。借由旅游,人的视野被不断放大,见识不断增长,在旅游之中有所感悟,释放自我,找寻生活的真正乐趣。尽管旅行压力和旅游者对旅游的态度会影响旅游幸福感,但旅游的确能以不同的方式影响人们的幸福感,在一定时期内提高主观幸福感,尤其是旅游前准备阶段的幸福感增强最为明显。[③] 一般情况下,个性化旅游者的幸福感要高于大众化旅游者,因为个性化旅游者所选取的旅游产品和出游的方式更具有针对性,更吻合自己的需求特征。所以,旅游者的核心利益诉求就在于追求旅游活动意义的实现。

其次,旅游者核心利益属于旅游者主观评价的范畴。旅游发展的目标在于满足旅游者个体的需要,而这种需要的满足程度,带有很大的主观性。由于旅游活动本身的复杂性,旅游者对旅游服务质量的感知主要受各种体验活动的影响,而这种体验又产生于旅游服务的全过程,并受制于旅游者的个体特征影响。满意是指"顾客通过对某种产品或服务的可感知效果与他/她的期望相比较后所形成的一种愉悦或失望的感觉状态"[④]。而在旅游过程中,旅游者感知到的期望与现实的偏差的大小,要受到诸如旅游者本身辨别事件的真实性和虚幻性的能力,建立可以使自己获得归属感的人际关系的能力以及旅游者的活动方式等因素的综合影响,并最终决定着旅游者的满意程度。根据世界著名旅游学者、新西兰克里斯·瑞安(Chris Ryan)在其著作《休闲旅游:社会科学的透视》中的观点,旅游目的地的性质、舒适性、便利性、可进入性、住宿质量、景点的数目和活动内容的多少以及目的地的种族特性等因素都会影响旅游者基于旅游经验的判断。[⑤]

最后,旅游者核心利益诉求的有效满足是旅游发展质量的客观体现。旅游者在旅游活动过程中,通过对当地各项旅游产品的体验来获得身心上的满足,并对此次旅游活动的感受作出评价,与预期效果相比,决定是否重游以及对该旅游目的地形象进行评价。因此,旅游者核心利益能够得到有效满足是旅游目的地旅游业发展质量的一面"镜子",是旅游业发展水平的重要标尺。因此,旅游者旅游利益诉求的内容、时空特点和结构特性,是旅游产业发展规划和旅游行业管理的重要依据。

---

① 参见张亚芳:《旅游对旅游者主观幸福感的影响研究》,载《新西部》(理论版)2013年第5期。

② 参见赵东喜、丁丽英:《旅游与生活质量的关系研究——以大学生为例》,载《北京第二外国语学院学报》2010年第5期。

③ 参见张天问、吴明远:《基于扎根理论的旅游幸福感构成》,载《旅游学刊》2014年第10期。

④ R. L. A. Oliver, "Cognitive Model of the Antecedents and Consequences of Satisfaction Decisions," *Journal of Marketing Research*, vol. 17, 1980, pp. 460-469.

⑤ 转引自谢彦君:《基础旅游学》,中国旅游出版社2011年版,第248页。

第二节 旅游者利益的表现形式

旅游者是旅游世界的主角。[①] 旅游活动的顺利实现需要依靠专门和相关的服务企业为之提供相应的服务，需要与很多人群接触互动，如东道主的政府和居民、旅游企业、旅游服务人员、其他旅游者等，这些接触互动会体现在整个旅游活动的不同阶段和环节。而在这些接触和互动过程中，起着直接主导作用的实际就是旅游者的利益诉求。

一、独具特色的旅游吸引物

如前所述，"精神愉悦"是旅游的本质，而"独具特色的旅游吸引物"则是旅游者利益表现的首要内容。一个地方之所以能够吸引旅游者自觉、自愿地前去旅游，主要是因为它存在着能够使旅游主体实现超越自我惯常时空体验的各种因素，因此旅游目的地的核心吸引物就是吸引旅游者的核心要素，也是旅游者在该目的地旅游消费的主要内容或场所，旅游吸引物的特色、质量变成为旅游者能否获得满意体验的核心要素。

旅游吸引物是指能够激发旅游主体以此为目标而选择旅游活动的、具有独立或辅助吸引作用的因素或因素的总和。一个旅游目的地（如城市、历史街区、古村落、旅游景区、主题公园等）往往不仅是一种独特的自然、文化、艺术或环境资源，而是一个能在特定领域有总体吸引力的产品；同时还是一个由目的地提供的复杂且综合的服务系统。

国外学者（John Swarbrooke）将旅游吸引物分为四种类型：一是具有特色的自然环境；二是最初并非为吸引游客而建造，但现在却吸引着大量游客前来参观访问的房屋、建筑群和场所，如宗教活动场所；三是专门为吸引游客而建造的房屋、建筑群和场所，如主题公园；四是特殊活动。[②] 旅游吸引物作为旅游活动中的核心要素，可以满足游客所期望的利益，如学习新的东西、轻松的娱乐活动、干净的环境、显示身份、怀旧、刺激、享受日光浴、购物等，利益的具体形式与旅游吸引物的特征相对应。例如，自然美景可以让游客享受自然，抒发身心，更为公众利用、欣赏或科学研究提供了机会。以世界上第一个国家公园——美国黄石国家为例，公园内的森林占全国总面积的 90%左右，水面占 10%左右。这是一片广袤而洁净的原始自然区，有着丰沛的降水。在这片高原上，泥火山和温泉到处可见，尤其是间歇性喷泉更是众多，它的数量和密度都是世界之冠。由于具有异常丰富的旅游资源、长达 100 多年的旅游历史以及众多特许经营商的加盟，如今，黄石公园已成为旅游者的天堂，其旅游活动可以说是包罗万象，丰富多彩，适合不同品位的形形色色的旅游

① 参见谢彦君：《现象世界的旅游体验——旅游世界与生活世界》，载《旅游学刊》2006 年第 4 期。

② 参见 John Swarbrooke：*The Development and Management of Visitor Attractions*（2nd Edition），东北财经大学出版社，第 5 页。

者。每年约有 300 万游客到黄石国家公园内旅游，约有 1/3 的美国人一生中至少到黄石国家公园一次。

二、安全的旅游消费环境

安全是旅游业存在和发展的社会基础。在旅游过程中，旅游者与外界事物广泛接触，由于旅游者自身心理、生理的原因以及外界事物众多且不断变化，旅游过程中充满着不确定性，旅游意外和事故偶有发生，安全问题日益突出。旅游安全问题既包括那些在旅游活动中发生频率高、比较容易控制、影响范围相对较小的安全问题，如饮食安全、旅行安全、游览安全、住宿安全等，也包括那些旅游危机、旅游风险等难以预测的、发生频率低并对旅游业造成很大影响的旅游安全问题，如恐怖主义、犯罪、战争、政治动乱、传染性疾病、环境与气候、自然灾害、经济与社会危机等。①

旅游安全问题不仅直接影响旅游目的地旅游业的健康发展，影响旅游目的地的吸引力，而且对整个区域社会经济的发展都会带来影响。2004 年 12 月 26 日，印尼苏门答腊岛北部发生了震惊世界的强烈地震，且在东南亚、南亚海域引发高达近 10 米的海啸，巨浪袭击了斯里兰卡、印尼、泰国等国沿海地区，游客伤亡几十万。自然灾害和意外事故的发生，使旅游业遭受巨大损失。2008 年汶川地震，四川省旅游局统计表明，在此次地震中，四川省 4000 多个旅游景区被损坏了 568 个，彭州银厂沟、什邡欢乐谷、平武猿王洞、北川小寨子沟和安县千佛山等景区已无法恢复，累计损失达 278.40 亿元。汶川地震给四川省旅游业造成损失达 624 亿元，相当于 2007 年四川省全年旅游总收入(1217.31 亿元)的一半。

旅游目的地管理者应该把安全旅游作为旅游质量发展的基本要求。强化旅游安全意识，落实旅游安全责任，严格旅游安全监管，加强旅游安全风险管理，提高旅游安全保障能力，妥善处置旅游突发事件，切实保障广大游客的生命财产安全，并且要分析特殊的安全问题如危机事件的影响和处理危机事件的方法，保证旅游业快速、稳定和可持续发展。

三、高效的旅游公共服务

现代旅游者已经基本告别了传统的“走马观光式”的旅游方式，而会深入到目的地的角落中全身心地感受旅游的过程。现代旅游已经从最初的“观光游”进入到“深度体验游”甚至“慢游”时代。旅游者需要及时获得便利化的出游服务，尤其是及时准确的旅游信息、方便快捷的旅游交通、舒适优美的旅游环境。传统的适合团队旅游的公共服务设施已经过于简单，无法满足现代旅游市场需求。在全国范围内，游客的出游方式已经呈现散客化趋势。据国家旅游局《2013 旅游抽样调查资料》数据反映，2012 年我国城镇居民通过旅行社组织的游客仅占旅游总人次比重

---

① 参见高玲、郑向敏：《国外旅游安全研究综述》，载《旅游论坛》2008 年第 3 期。

的 4.7%，而非旅行社组织的游客要占旅游总人次比重的 95.3%，而农村居民通过旅行社组织的占 2.4%，非旅行社组织的占 97.6%。[①] 事实上，自由行的方式拓展了旅游者的足迹，交通的便利、闲暇时间的增多，增加了旅游外出旅游的机会以及重游旅游目的地的欲望，这都对旅游目的地公共服务提出了更高的要求。

旅游公共服务是由政府或其他社会组织提供的，以满足旅游者共同需求为核心，不以盈利为目的，具有明显公共性的产品和服务的总称，包括旅游基础设施类服务、公共信息类服务、行业指导类服务和安全检测类服务。[②] 世界上很多著名的旅游城市都凭借一流的旅游公共服务设施、充分丰富的旅游信息咨询服务、高效的旅游运行机制构成以散客为中心的城市旅游公共服务体系。例如，法国首都巴黎，作为世界一流旅游目的地，该城市的公共服务体系非常成熟，旅游交通建设已经纳入整个城市交通建设范畴，自由出行的游客可以选择非常方便、快捷、多样的交通方式到达城市的各个游览景区（点）；同时构建丰富及时的信息环境，“巴黎旅游信息网”（www.parisinfo.com）和“游客中心”向旅游者提供各种预订、信息咨询、旅游宣传等各项服务，成为推广巴黎、吸引全世界游客到访的窗口。

四、友好的目的地氛围

旅游目的地的氛围对旅游者行为选择有较大的影响。旅游者在进行旅游决策时首先考虑的是旅游目的地的整体氛围，再好的旅游地，如果旅游氛围存在问题，旅游者也不会作出旅游选择。友好的目的地氛围既是目的地旅游产品的重要组成部分，也可以降低旅游者的感知风险。实际上，现代旅游者为了体验目的地深层的文化韵味做，会积极地融入到当地社区生活当中，感受“身在异乡”的旅游生活。2001 年 5 月 30 日，一位名叫迈克·奥谢伊的美国游客在带领 11 人的团队到中国的北京、山海关旅游之后，给国家主席江泽民写了一封信，信中谈到了他这次到中国旅游的“美妙的经历”。从信的内容可以看出，游客最感兴趣的是接待地居民的态度是不是友好，饭店和餐馆服务员、出租车司机、火车上的邻座脸上有没有笑容，公园里晨练的居民能不能跟他们友善地交流、愿不愿意让游客参与他们的秧歌表演和游戏，等等。整个旅程他们“最深的印象是中国的国民，所有的中国人都对我们不可思议的好、不可思议的友善”[③]。

当前旅游市场的服务还处于“粗放式”服务阶段，旅游者尚未体验到目的地的友好（想顾客所想、急顾客所急），同时大量游客的到来在给目的地经济、社会、环境带来巨大效益的同时，旅游者和目的地居民的矛盾日益凸显，从而使目的地居民对旅游者的态度也在发生变化，成为影响目的地友好氛围的重要因素。美国旅游消

① 参见国家旅游局政策法规司：《2013 旅游抽样调查资料》，中国旅游出版社 2013 年版，第 276～278 页。

② 参见李爽、甘巧林、刘望保：《旅游公共服务体系：一个理论框架的构建》，载《北京第二外国语学院学报》2010 年第 5 期。

③ 参见王德刚、于静静：《旅游开发与居民感知态度影响因素实证研究》，载《旅游科学》2007 年第 4 期。

费行为研究者米尔曼等对佛罗里达中部的社会影响分析从旅游的正负面两个维度进行的：旅游正面影响的指标包括改善教育设施、医疗保健设施、改善社会服务条件、改善娱乐设施、增加社区自豪感；而旅游负面影响的指标包括市中心过分拥挤、商店过分拥挤、交通堵塞、噪音污染、破坏当地的活动、更多的犯罪活动和更多的垃圾等。[①] 依据旅游地发展周期理论，国外学者多克西（G. V. Doxey）提出了社区居民的“刺激指数”（Index of Irritation）观点，当地居民对旅游发展的态度会随着旅游开发的深入经历一系列的变化：从开始的“欢欣”（Euphoria），到“冷漠”（Apathy）、再到“烦恼”（Annoyance）甚至“敌对”（Antagonism）。[②] 所以，有效协调旅游者和目的地居民利益是目的地管理者在营造友好氛围时需要重点处理的问题。

五、合理的旅游价格

合理的产品价格是消费者权益的基本内容，旅游者也不例外。但是由于旅游活动的异地性特征，信息的不对称、地缘上“相对弱势”的地位都使得旅游者成为“被宰”的对象。2012 年 1 月，微博实名认证用户罗迪发布微博称，朋友一家三口到海南三亚旅游，被出租车司机推荐到一家餐馆吃海鲜，三个普通的菜被宰近 4000 元。自此，三亚“宰客门”事件彻底曝光，一时间，“天价海鲜”“司机串通宰客”等敏感词语席卷而来，人们对三亚望而却步。因为这一事件，海南岛成为举国关注焦点。类似这样的事件，近些年屡屡发生并受到社会广泛关注，对目的地形象和声誉都产生了很大的负面影响，并进而影响到旅游者的旅游体验、对目的地的选择、重游意愿以及推荐意愿等。这暴露出旅游目的地服务供给中存在着严重的质量问题，而且不仅仅是涉及少数人的小问题。

合理的旅游产品价格是旅游者的基本利益诉求。能否为旅游者提供合理性价比的旅游产品是检验旅游目的地服务品质的标尺。旅游目的地应该着力打造公平有序、优胜劣汰、诚实守信的旅游市场环境，完善质量投诉信息平台，畅通旅游投诉和消费维权渠道，切实维护旅游者的消费权益。

对于上述旅游者利益诉求的具体体现形式，需要明确三点：

第一，这些表现形式主要是针对大众旅游者需求而言。因为，在现代旅游背景下，旅游者群体出现分化，新生代消费人群开始崛起，很多“后现代旅游者”尤其注重个人的体验过程，可能会在某些具体的利益诉求形式上存在差异。在国外的很多旅游分享日志中，多数将自己标榜为“后现代旅游者”的游客多具有以下特征：喜欢“古怪的”“标新立异”“不受大多数人欢迎”的地方，“注重个别的、个人的体验”，

---

① A. Milman, A. Pizam, “Social Impacts of Tourism on Central Florida,” *Annals of Tourism Research*, vol,15,no. 2(1988), pp. 191-204.

② G. V. Doxey, “A Causation Theory of Visitor-resident Irritants: Methodology and Research Inferences in the Impact of Tourism,” Sixth Annual Conference, Proceedings of the Travel Research Association, San Diego, CA, 1975,pp. 195.

喜欢"在安全范围内感受宏大的、外来的、危险的具有英雄主义情结的事物"[①]。

第二，个体偏好的差异会影响旅游者个体的利益诉求。一是由性别、年龄、经济状况、受教育程度等方面的差异引起，如年轻人群更注重体验的多元化；二是由个人经历不同引发的对旅游的认知和诉求不同，这与自身的成长经历、生活经验以及心理因素密切相关；三是文化差异，如部分旅游者追求文化异质性或钟情于某一种特定类型的旅游产品。

第三，对于不同形式的旅游产品，旅游者对不同利益诉求重要性的认知会存在差别。例如严格意义上的生态旅游者，旅游动机与目的非常明确：了解当地环境的文化与自然历史知识；欣赏和研究自然景观、野生生物及相关文化特征；自觉约束自己在生态旅游目的地的行为，尽量减少对生态环境的负面影响。陈岩峰 2008 年通过对峨眉山风景区的生态旅游者进行实证研究发现，他们利益诉求的顺序是：高质量的旅游经历、保护自然、价格合理、社区受益（均值分别为 4.71、4.18、3.77、2.16），而且这种排列顺序均具有显著或非常显著的统计意义。[②]

第三节　现代旅游者利益诉求的新特点

旅游者的利益诉求随着时代、社会、个人和经济条件等方面的进步，将永无止境地发展、变化。如旅游者对于住宿设施的需要，最初的要求比较简单，只要能够满足住宿本身的功能性需求即可，如今则是设施齐全、豪华舒适。旅游者对于旅游纪念品的需要，最初是经济、实惠、耐用，而如今是美观、小巧、精致。由此可见，旅游者的利益诉求是不断发展的。随着社会生产力的发展，物质文化生活水平的提高，消费价值观念的转变，现代旅游者利益诉求也呈现出新的特点。

一、回归自然

随着现代社会的日益城市化、工业化，使人类和大自然的距离日渐疏远，回归自然是人类对自己家园的破坏日渐严重现象反思后而产生的一种心理诉求。这一诉求既是对现代文明所造成的生态破坏的抗议，也是对人类文明史即人与自然互动历史的反省[③]，同时，也是基于人类社会不可逆转的城市化、工业化进程，人类自然产生的一种逆反心态——越是进入后工业化社会人类就越表现出强烈的"去工业化"心态。人类这种逆反心态的产生，主要是因为进入现代社会之后，人居环境的破坏、竞争的加剧、污染的日趋严重等，使人们越来越体会到物质文明的进步所带来的环境和资源代价，迫使人们去进行反思、反省，同时，更多的人则选择了"逃避"——从人口密集、污染严重及城市化程度高的地区向人烟稀少、基本无污染的

① 参见齐飞：《旅游消费者行为：后现代主义下的趋同与分化》，载《旅游学刊》2014 年第 7 期。

② 参见陈岩峰：《基于利益相关者理论的旅游景区可持续发展研究》，西南交通大学博士学位论文，2008 年。

③ 参见喻学才：《回归自然与休闲旅游》，载《建筑论坛》1998 年第 4 期。

自然山水或田园风光区移动。大自然美妙的景观、生生不息的力量,促发了人类重返自然、贴近自然的强烈欲望。

世界各国从社会发展进程中逐渐认识到旅游与环境之间的关系,纷纷大力推出新兴旅游产品,包括生态旅游、绿色旅游、替代性旅游等,这些旅游产品的迅速发展见证了人们回归大自然的渴望。单就生态旅游而言,全球用于生态旅游的花费每年都增长约20%,大约相当于整个旅游业平均增长率的5倍。世界旅游组织的长期预测表明,不仅全世界国际旅游人次的数目将有长足增长,而且这些旅游者中参加生态旅游的比例也在大大增加。①

现代"回归自然"的倾向,通常是指旅游者向淳朴纯真的大自然旅游空间的流动。其实,在基于工业文明之上的第三次浪潮中,人们还向往着用现代高科技来克服原生自然的粗糙、简陋、不洁等从而创造螺旋性上升的人造自然环境。德国科学家在研究充分体现人与自然紧密结合的居住环境——生态屋(Biohouse)。这样的房屋,选择取之于自然的木头、黏土或砖做建房材料,装饰时用无毒性材料,注意自然采光,运用太阳能,用营养土载培植物以构成绿色环境。在选择宅基时考虑到避开可能会引起失眠乃至于癌症的地球磁力线。据估计,在原西德1989年所建房屋中,5%~10%是生态屋,另有25%运用某些生态化建筑技术。如今,具有强烈环境意识的普通民众对这种造价比一般房屋高的生态屋有很大兴趣。② 近些年在世界各地兴起的树屋旅馆展示了现代人回归自然的新潮流。例如法国多尔多涅区Dans les Arbres城堡酒店,是一栋栋微型城堡,三栋木质建筑位于一个荒废要塞的废弃壕沟周围,是其模仿附近的城堡所建。每个天台都有热水浴缸,客人们可以在这里俯览周围的乡村景色。而废弃的壕沟现在则是一个无边缘泳池的所在地。其他奢华服务包括按摩、主厨现场制作的大餐和果篮等;而早餐则是长发公主的传递方式,食物会放在篮子里通过绳子下放到客人们的房间。游客可以在美丽的乡村环境中彻底放松心情。

总之,人类越是走向高度城市化、工业化,人们就更加向往返璞归真、回归自然,向往天人合一的自由境界。

二、崇尚个性

现代旅游的产生是以人类组团旅游的出现为重要标志的,说明在现代旅游产生之初,团队出游的方式是具有普遍意义的,能够帮助人们解决很多旅游过程中的不便,并成为人类最重要的旅游组织方式。但随着社会的发展和人类文明的进步,个性化追求越来越具有广泛的社会性,旅游成为现代人彰显个性的手段。

旅游者抱着某种特定的兴趣和特定的目的,来选择适合自己个性的旅游地、旅游点,或者旅游方式,如这几年悄然兴起的"探险旅游""野外生存旅游""戈壁徒步

---

① 参见李燕琴、蔡运龙:《北京市生态旅游者的行为特征调查与分析》,载《地理研究》2004年第11期。

② 参见庄志民:《后工业文明与回归自然的旅游——关于我国旅游经济发展战略的文化思考》,载《旅游学刊》1995年第6期。

旅游”“体育旅游”“自行车旅游”“摄影旅行”等，就是在这种个性化需求中兴起和发展起来的。那些与“新奇”“神圣”“稀有”“人迹罕至”等词语有关的旅游目的地，已经受到众多旅游者的青睐。也许他们要为此忍受恶劣的住宿和饮食条件，但这些带有“自虐”性质的旅游活动却是凸显“个性”、展示个人魅力、“很酷”的一种方式。在旅游过程中，旅游者的要求不仅局限于物品的效用及功能的相对属性上，而且还要求这种活动能够使人产生一定的联想，争取某种自我形象的塑造和获得自信，使之成为一种具有象征意义的活动。例如，为了表现征服欲望去登山，为了表现勇气和个人英雄主义而高空“蹦极”，为了彰显个人毅力和体力、意志极限而到人烟罕至的戈壁中去徒步，等等。所以在当今个性化的浪潮中，旅游产品能够成为最富有象征意义的产品之一。例如在西方发达国家兴起且不断发展的“沙发旅游”(couch surfing,CS)，就是一个很好的例证。“沙发旅游”原是指两个人不论认识与否，通过网络认识，到对方所在国家或城市旅游时借宿对方家沙发的互助旅游方式，是体现低消费、深体验、重交往、凸显个性的旅游方式，注重个性张扬和主观感受是其主要特点。

此外，社会化媒体的兴起为旅游者个性化诉求提供了技术性支持。旅游者在社会化媒体中表达出各种各样的观点，这些个性化元素极大了丰富了人们对旅游目的地形象的认知。社会化媒体通过为旅游者定制产品甚至基于用户的定价决策等努力满足现代游客的个性化诉求。据环球资讯报道，TripAdivisor 的一款名为“Just For You”的产品可以根据用户输入的内容及历史行为提供个性化的酒店推荐。用户的参与非常重要，能够使得预测的使用数据更加精准，每次搜索都能够提供定制化的结果。TripAdvisor 的公告称：他们会考虑旅行者的反馈以及历史搜索记录和在网站上贡献，提供更多更好的个性化搜索结果，帮助旅行者找到更满足其需求和喜好的酒店。搜索结果会出现在熟悉的 TripAdvisor 产品展示界面上，个性化的推荐会根据特定的搜索和用户按降序排列。[①]

旅游本身是意见极具个性化特征的现象。追求个性，是回归旅游的本性。同时，追求个性也是和平时代个人英雄主义的旅游表达。个性化追求使人的旅游活动充满色彩，个性化旅游使人的生活有了“传奇”。

三、追求本真

旅游体验不仅仅是一种商业活动，本质上更是旅游者对旅游目的地自然、历史、传统、文化、风俗等的认知，旅游者的出游恰恰是为了寻求一种真实性，以实现时间和空间的逃逸。[②] 虽然旅游体验过程是旅游主体带有强烈主观色彩对外部世界的感受和体认，但旅游者希望获得真实感则是自始至终的诉求。他们需要欣赏

① 参见环球咨询：《TripAdvisor 推个性化搜索产品 Just For You》，http://www.traveldaily.com.cn/article/85726.html，2014-10-29。

② D. MacCannell，“Staged Authenticity: Arrangements of Social Space in Tourist Settings,” *American Journal of Sociology*, vol. 79(1973), pp. 589-603.

到原汁原味的自然生态和民俗文化，旅游目的地为其提供的所有服务、表演都应是真实的再现和真情的流露，而非虚伪的或完全商品化、舞台化的表演，尤其排斥对艺术、信仰、仪式、节日、风俗等文化现象的商品化。但伴随着地方旅游业的发展，目的地旅游企业出于对经济利益的追求，旅游目的地往往会向旅游者展示一些“舞台化的吸引物”“伪事件”以及商业文化，真实性离旅游者的预期越来越遥远。

真实性是联合国教科文组织对世界遗产地文化展示的基本要求之一，也是国际上通行的历史文化遗产保护的基本原则之一。世界上任何一个在文化旅游发展中长期保持了吸引力的乡村社区和文化遗产地，都与它长期保持了文化的真实性有不可分的关系，即使随时代变迁民俗发生变异，如果没有了最根本的传统民俗文化真实性的延续，那就谈不上民俗文化的魅力。

但从另一个角度分析，旅游者对本真的追求，往往要通过深入社区的“深度游”来实现，特别是对传统文化、民族文化、民俗文化的真实体验，更要深入到社区生活中去。而这样一来，虽然旅游者获得了真实的体验，但却对地方文化产生了影响。目的地文化与客源地文化是一对矛盾、冲突文化，而客源地文化作为一种外来文化，对传统地区的“在地文化”往往能够产生一种“催化”作用，使传统地区的文化发生变异，甚至过快地消失。这在世界上已经不乏案例。

四、提倡理性

旅游虽然具有追求愉悦和快乐的性质，但是旅游者不能以此为由而为所欲为、无所顾忌，在这一过程中更要注重自身的行为，倡导和践行一种符合旅游伦理的“负责任的旅游”方式。国外学者 Krippendorf 在其撰写的《度假者：了解休闲与旅行的影响》一书中，阐述了人们在旅游中和在家中的不同行为，针对大众旅游的弊端，提出了代表旅游发展方向的新旅游方式，旨在倡导不会引起对环境和社会无法容忍的破坏的新型旅游方式。① 世界旅游组织《全球旅游伦理规范》中申明，要促进“负责任的、可持续的和便于大众接近的旅游业，目标是为经济发展、国际理解、和平、繁荣和普遍尊重人权做贡献”②。

基于负责任旅游的发展方式，旅游行为主体要具备正确的旅游观和价值观，所采取的旅游行为方式要更加顾及旅游影响的后果，应该以对环境更加关心的方式参与旅游活动。《旅游持续发展行动战略》中明确指出，作为环境的主要使用者，旅游者从事的旅游活动应有利于旅游的持续发展。因此，他们的行为应集中于：(1)选择一个有良好道德和保护环境声誉的旅游经纪人。(2)了解和尊重旅游地的居民和自然遗产，包括地理、历史、风俗和当前大众关注的事件。(3)旅行时要有文化和环境敏感性，避免对旅游地社区有不良影响或有损自然环境的行为。(4)避免购买或使用有损当地生态和文化的产品、服务和交通工具。(5)在旅行中遵循最小影

① H. Goodwin, “Moving beyond Eco-tourism,” www. chinadialogue. net /article /summary /467-Moving-beyond -eco-tourism. 2006-10-19.

② 参见张广瑞译：《全球旅游伦理规范》，载《旅游学刊》2000 年第 3 期。

响原则,在自然和文化遗产区内遵守环境规则。(6)在旅游国支持保护资源的活动。[1]

所以,“提倡理性”的利益诉求、“负责任旅游”方式是现代旅游者与目的地社会、环境和谐共处的基础。近期英国学者 Malone 等的研究表明这种基于道德的旅游方式与“追求快乐”的旅游诉求并不冲突,他们运用解释性现象学方法将“快乐主义”情感与“道德旅游”消费行为联系在一起,发现旅游者在道德消费行为中获得了两种快乐体验价值:互惠利益和自由的情感状态,前者是强调旅游者意识到自身的行为给目的地居民带来利益,互惠关系的建立让他们感到快乐和欣喜;而后者是指道德旅游活动为旅游者表达和实现自己的信念和价值提供了机会,这种自由的状态让他们的旅行富有乐趣。[2]

提倡理性旅游、负责任的旅游,也是现代人个人素养提高的表现。旅游者个人素养的提高使人们能够更加注重个人行为对旅游目的地的影响,避免旅游过程中“文化休克”[3]现象的发生。20 世纪七八十年代部分欧洲旅游者“性旅游”的出现,使很多旅游目的地卖淫现象泛滥,就是一个典型的反面案例。而在当代社会,由于旅游者个人素养的提高,加上旅游道德和旅游行为规范的约束,提倡理性和负责任的旅游越来越成为社会的主流。

现代社会的旅游属于大众体验型旅游,现代旅游者的“利益诉求是什么”,是探究向旅游者“提供什么”“如何提供”问题的基础。旅游者不仅注重旅游产品和服务的质量,而且还注重情感、精神的愉悦和身体的享受,所以“追求高质量的旅游体验”以获得“精神愉悦”是现代旅游者的核心利益。在旅游活动过程中,满意的旅游经历、安全的旅游消费环境、高效的旅游公共服务、友好的目的地氛围、合理的旅游价格等具体环节确保了旅游者利益诉求的实现。相对于传统社会的精英体验旅游,现代大众体验旅游更加呈现出回归自然、崇尚个性、追求本真、提倡理性的特征。著名美学家宗白华先生说:“旅游是对外发现自然,对内发现自我的过程。”[4]现代旅游活动的普通化、常态化、去神秘化给人们带来更多的收益,包括知识性学习、技能提升,更包括对自身生活方式和生命意义的深层思考,从而可以更好地实现个人发展、家庭和睦与社会和谐。

---

① 参见戴凡:《旅游持续发展行动战略》,载《旅游学刊》1994 年第 4 期。

② S. Malone, S. McCabe, A. P. Smith, “The Role of Hedonism in Ethical Tourism,” *Annals of Tourism Research*, vol. 44(2014), pp. 241-254.

③ “文化休克”(Cultural Shock)是 1958 年美国人类学家奥博格(Kalvero Oberg)提出来的一概念,是指一个人进入到不熟悉的文化环境时,因失去自己熟悉的所有社会交流的符号与手段而产生的一种迷失、疑惑、排斥甚至恐惧的感觉。旅游过程中的“文化休克”则是指当人们离开自己的惯常环境、缺少了监督和规范时,会放弃自己长期遵守的行为规范而放纵自己。

④ 参见李志飞:《生活在别处:旅游者二元行为理论》,载《旅游学刊》2004 年第 8 期。

第八章　政府旅游利益

在旅游和旅游业发展过程中，和其他利益相关者相比，政府是有特殊利益诉求的利益主体。同时，政府是一个层级制的组织系统，处在不同行政层级中的政府机构及其人员对旅游发展的利益诉求也表现出较大差异。特别是随着市场化改革的不断深入，地方政府逐渐成为一个强有力的利益主体。中央政府和地方政府在实现政府自身利益方面有着不同的方式和手段。所以，政府旅游利益诉求可以分为国家旅游利益和地方旅游利益两个层面加以分析。

第一节　政府旅游利益取向分析

在旅游系统中，政府的角色比较特殊，既是旅游和旅游业发展的组织者、规范者，也是重要的旅游开发者，也这决定了其利益诉求的特殊性。

一、政府作为特殊的旅游利益主体

在由于旅游发展所形成的错综复杂的利益关系中，旅游者、旅游企业、社区居民的利益指向都是非常清晰的，即追求自身利益、特别是经济利益的最大化，而只有政府的利益诉求具有特殊性。这是由政府作为公共行政主体和市场主体的双重角色所决定的。

一方面，政府是公共行政的主体，是公共旅游资源的管理者和整合、调配者，在旅游发展过程中要以实现公共利益为重要任务。根据意大利经济学家、社会学家帕累托(Vilfredo Pareto)的福利经济学理论，由于政府或国家是社会的公共机构，是全社会公共利益的当然代表，所以该主体也就以全社会公共福利的最大化为其目标。政府的任务就是要不断增进和服务公共利益。所以，“政府的功能之一，就是用公共精神教育人，更多地发挥人的主动性，使公共精神在制定政策过程中占优势”，政府行为的价值在于其对社会公共利益的满足和实现。[①] 从旅游和旅游业的角度来讲，政府既掌握最重要、最优质的旅游资源，掌握着公共财政使用的决策权

---

① 参见彭姝:《政府行为的目标——对政府行为的利益取向分析》，载《内蒙古农业大学学报》(社会科学版)2005 年第 4 期。

和旅游业公共服务设施的规划、建设和管理，掌握着旅游行业的管理和旅游产业发展政策的制定，而公民的旅游权利能否实现、旅游公共利益是否能够受到重视、能否实现等，也主要取决于政府的诉求、观念和决策。

另一方面，政府又是一个特殊的利益集团，体现了某个特定阶层或某些特定人群的独特意志。现代西方经济学认为，政府既是市场主体之一，也是"经济人"，也会追求自身利益的最大化。公共选择学派认为政府内部个人或集团拥有自身的利益，在追求自身利益最大化的过程中会导致政府的变异，如滋生寻租与腐败现象等。还有学者认为，虽然在理论上科层组织只是非人格的部门，但实际上它却形成了政府中的独立群体，拥有本身的利益、价值和权力基础。[①] 政府利益主要表现为：政府的权利或权威，政府的业绩、信誉与形象，政府工作条件与公务人员的收入和福利等。[②] 当政府内部集团的利益与国家利益不一致时，可能会为了自己的利益而忘却社会利益，甚至会牺牲社会的利益而谋求自身的集团利益。有时会因特定的利益追求而导致诉求指向的偏离，过于集中于某项利益诉求（如经济利益），而忽视了利益关系的平衡。如在某些特定条件下，因过度追求发展而牺牲社区的某些利益，包括：以降低社区出让资源补偿换取对投资商的优惠，无视社区对自身发展的控制力，规划不当或决策失误造成资源、环境破坏等。所以说，在多方利益关系中，政府的利益指向是比较复杂的。

因此，在复杂的旅游利益关系中，政府是一个具有特殊性的利益主体，他一方面作为整个社会、国家利益的代表，会考虑社会和国家的整体利益，在利益关系中通过政府的权力、法律、制度、规制等去协调各种利益关系，以达成均衡的利益分配机制；另一方面，政府往往也是某些特殊利益集团的代表，特殊利益集团的利益诉求有时能够主导政府的行为和决策，导致利益均衡关系的打破。

二、政府作为旅游利益主体的必要性

政府在旅游发展过程的作用和地位是不容替代的，位于旅游发展利益谱图的核心位置。

一方面，旅游业显著的外部性特征决定了需要政府介入旅游发展过程。旅游业的外部性分为正外部性和负外部性两类。旅游业的正外部性是指旅游业发展促进旅游目的地经济的发展、提升国民文化素质等一系列社会和经济效益，而旅游企业和游客并没有从相关受益者那里获得任何回报。旅游业的负外部性是指旅游发展会带来交通拥挤、资源过度开发、生态环境的破坏等，但旅游企业和游客并没有向相关受害者支付任何成本。所以，如果政府完全退出旅游发展领域，会导致一系列不良后果。

另一方面，旅游业具有综合性、跨地域性、跨行业性和公共性等特点，需要政府

① 参见杨冠琼：《政府治理体系创新》，经济管理出版社 2000 年版，第 317 页。

② 参见宁骚等：《现代化与政府科学决策》，经济科学出版社 2001 年版，第 4 页。

适当地参与、主导和协调。特别是随着旅游业进入世界市场领域更需要通过政府层面的协调才能够实现旅游过程的便利化。旅游业发展也具有高度的开放性和全面的竞争性。在进行国际旅游经营时，要面对世界性的竞争，政府的宏观管理作用更加突出。世界上包括中国在内的很多国家都在加强政府在旅游发展中的作用，甚至实施政府主导型旅游发展战略。从发展中国家来看，政府主导程度由于市场机制的不健全相对较高，以高效率的政府行为弥补市场缺陷，促进旅游市场的发育完善。发达国家也越来越重视政府在推动旅游业发展中的作用。

三、政府在旅游发展中的基本职能

政治职能是国家行政机关依法对国家和社会公共事务进行管理时应承担的职责和所具有的功能。在旅游发展过程中，政府发挥的基本职能包括以下几个方面：

第一，健全旅游法律制度，制定旅游政策和相关法律是政府的基本职能。2008年金融危机爆发以后，很多国家政府纷纷将旅游业作为刺激需求、拉动经济增长的重要手段，并相继出台一系列政策推动旅游业的发展，如美国的《旅游促进法案》、欧盟的《新欧盟旅游政策框架》、英国的《2012 年决胜：旅游业战略和超越》、法国的《旅游服务业发展与现代化法律（草案）》、日本的《新成长战略——重建“活力日本”方案》、澳大利亚的《国家长期旅游业战略》、新西兰的《2015 年旅游业发展战略》、加拿大的《2009～2013 年旅游业发展战略》、韩国的《观光产业先进化战略》等。① 而中国在经历了多年的建议、提案之后，也终于在 2013 年正式颁布、实施了《中华人民共和国旅游法》，使我国旅游和旅游业的发展终于走上了有法律保护、有法律规范的阶段。

第二，介入旅游业的管制，加强行业管理。通过加强管制，制定产业政策、设定准入门槛、规范市场行为、推行行业标准等，实现旅游业的社会、经济、文化、就业等收益，使旅游业的发展处于政府可控制、可调整的范围内，使旅游业与其他行业、旅游业内部各要素之间保持良好的秩序和合理的比例关系。

第三，协调作用。旅游业发展涉及各个层级的政府部门，同时旅游业内部又包含众多行业和业务部门。这种错综复杂的关系，使得旅游业的任何一项发展计划都需要取得广泛的支持和相互的协调。政府在其中扮演协调作用，包括政策协调、技术协调、信息协调等。对于国家旅游行政机构而言，需要扮演好各政府部门之间特别是中央政府与地方政府之间，以及政府与私营部门之间的关系。

第四，服务协助作用。政府为发展旅游业需要提供多方面的协助。其一，提供必要的旅游基础设施，为旅游企业创造良好的经营环境，为旅游者创造良好的旅游环境。其二，提供足够的启动资金，大多数国家都有某种关于如何为旅游业进行资金支持的机制。其三，通过综合调查研究，提供有关旅游信息。所以，政府所制定

① 参见中国旅游新闻网：《中国与发达国家旅游政策哪些不同》，http://www.cntour2.com/viewnews/2011/3/22/ 0322100916.htm。

的政策、决策质量的优劣，对旅游发展方向、方式及途径的选择，对旅游发展基础设施的宏观管理与调配能力，对旅游市场和环境的调控能力往往决定旅游发展前景的好坏，其他各利益相关者能否从旅游发展中获利、并在旅游活动中发出自己的声音，很大程度上取决于政府部门的权力使用。政府在旅游的“权力场”“利益场”中具有举足轻重的地位，在旅游发展的利益相关体系中至关重要。

四、政府介入旅游业的方式

政府介入旅游业的方式以及工作重点是由旅游业的发展阶段决定的。经济合作与发展组织(OECD)旅游委员会认为，在旅游业发展的不同阶段，政府介入旅游业的方式和内容有很大的不同。

第一，启动阶段——先驱或催化剂。在旅游业发展早期，各国政府为尽快启动产业发展，普遍发挥了“先驱”或催化剂作用，其管理触角几乎涉及旅游活动的各个领域，通过建设旅游基础设施，为产业发展消除障碍；通过旅游企业国有化运动，成为饭店、旅行社、交通企业业主；通过政府主导促销国家形象，尽快占领国际旅游市场

第二，发展阶段——规制与服务。随着旅游业的增长，其巨大的商业价值也逐渐在市场上显现出来。受利益驱动，私营部门开始对饭店及旅行贸易等旅游经营领域产生了愈发浓厚的兴趣，私营资金进入旅游业，进而导致饭店建设和旅行社、旅行批发商的快速发展。为了使这种供给适度扩张、对旅游业进行管制，政府开始采取了具体法律措施，如大多数国家强制性推行旅行社许可经营、饭店等级划分制度，价格管制更是全球风行，在某些国家，餐馆菜单甚至都在管制之列。此外，随着竞争加剧，政府为企业提供各种服务也在一定程度上提高了旅游竞争力，其中一个重要表现，就是为入境旅游者签证办理提供便利措施。

第三，成熟阶段——协调与中介。国家旅游组织参与旅游业的最后阶段的主要特征是，国家扮演协调者的角色，或旅游开发的催化剂。当前，全球大多数国家，尤其是发展中国家或旅游业仍处于转型期间的俄罗斯、中欧、东欧以及部分中东国家仍处于第一或第二阶段，但欧洲、北美以及亚太地区大多数国家则已进入第三阶段。在中央政府层面上，这些国家正逐步从旅游企业及服务企业的利益中摆脱出来；保护旅游者及其他消费者而不是对产业实行管制。除欧洲、南美和东亚太等少数国家外，发达国家纷纷取消对旅行社许可经营制度及饭店等级划分，而将这些职能交由行会组织，企业自愿参加。[①]

第二节　政府旅游利益

正是由于政府在发展旅游和旅游业具有特殊地位，其利益诉求也与其他利益

① 参见匡林：《集权还是分权：政府发展旅游业的两难境地》，载《旅游学刊》2001 年第 2 期。

相关者有所不同。

一、国家旅游利益

政府具有层级性。同样是政府，因处于不同的层级，利益诉求也会有差异。

(一)国家旅游利益的表现

"国家利益"是一个大概念，一般是指"一个民族国家生存和发展的总体利益，包括一切能满足民族国家全体人民物质与精神需要的东西"①。旅游活动涉及不同国家、不同民族、不同信仰、不同制度以及不同生活方式的人们之间的直接接触与跨文化交流，有助于增进不同国家人民之间的相互了解，增强国际间的和平友好关系，影响到政治、经济、文化、社会等不同领域。因此，旅游业在宏观上可以服务于国家对外战略利益；在微观上，旅游者大规模的跨地区、跨国家的移动，强大的人流形成强大的社会影响，明显具有"民间外交"的效应，同时，国家间的经贸、文化往来甚至外交关系等，也可以通过旅游来进行互动和促进，使"民间外交"上升为国家间的正式外交行动。而在国家内部，公民通过休闲和旅游活动增长知识、修身养性、陶冶情操、提升个人素质，旅游目的地通过发展旅游业提高经济收入、促进社会经济发展等，实际也是国家发展总体目标的重要组成部分。

国家旅游利益主要表现在以下几个层面：

1. 塑造国家形象

国家形象是一个国家综合实力和全面影响力的具体表现。广义上的国家形象是国际形象和国内形象的综合体，是一个国家内部公众和外部公众对该国政治、文化、地理等方面的认识和评价。② 狭义的国家形象仅指国际形象，是"其他国家(包括个人、组织和政府)对该国的综合评价和总体印象"③。良好的国家形象对内可以形成强大的凝聚力，便于增强国民的自信心；对外可以形成良好的吸引力，便于加强国际合作与交流、吸引投资和提升国际地位。

旅游是塑造国家形象的一个重要渠道。综观我国历代的对外经济、文化和政治交流史，都与旅游这种方式密切相关。从汉代张骞、班超出使西域、开辟"丝绸之路"，到晋代法显的南亚之行；从唐代玄奘"西天取经"、西游印度，到明朝郑和七下西洋；从元明两代接纳马可·波罗、利玛窦来华访学传教，到严复奉命远涉重洋到英国学习海军战术和炮台建筑等。④ 这些旅游文化交流事件将中国人民友善、热爱和平的形象传播到世界各地，增进了与世界其他文明之间的对话。当今世界，各国政府都很重视运用旅游来塑造国家形象。很多国家和地区都把旅游交流与推介作为传播文化、展示形象的有效载体，有的推举各界名人作为旅游形象大使，有的

---

① 参见阎学通：《中国国家利益分析》，天津人民出版社 1997 年版，第 10 页。

② 参见孙有中：《国家形象的内涵及其功能》，载《国际论坛》2002 年第 3 期。

③ 参见刘继南：《大众传播和国际关系》，北京广播学院出版社 1999 年版，第 25 页。

④ 参见李智：《文化外交——一种传播学的解读》，北京大学出版社 2005 年版，第 157 页。

政府首脑亲自出马拍摄国家形象广告，通过旅游渠道广为传播；有的外交、旅游部门联合起来，共同营造旅游目的地形象。例如，在美国有线电视新闻网(CNN)国际频道上播放的广告，有近1/4是各国投放的国家旅游宣传广告。马来西亚早在2000年便在CNN上放了旅游广告。马来西亚旅游局的官员表示，尽管价格很贵，但取得了明显效果，吸引了很多游客。随后泰国、韩国和马尔代夫等亚洲国家也都投重资在CNN播放旅游广告。很显然，旅游的发展，不仅给这些国家带来巨额的外汇收入，而且还大大提高了国家的美誉度。国家形象提升与国际旅游产业发展实现了良性的互动发展。

旅游业是对外开放的窗口，旅游业的交流规模和发展成就，本身就是国家形象的重要部分。无论是本国居民的出境游，还是他国居民的入境游，都会影响到国家形象的传播。近些年，随着我国改革开放的继续深化，入境旅游发展迅速，有效地促进了国外公众更好地了解和认识中国。2007年9月，美国华人团体百人会开展了名为“中国人和美国人对彼此态度”的民意调查。调查由百人会与美国知名的调研公司佐格比国际联合进行，问卷包括65个问题，有效随机美国受访者为1650人，包括普通公众、意见领袖、商界精英和国会工作人员4个群体。调查结果显示，对于曾经去过中国大陆的美国人，大多数认为访华经历对其心中的中国形象产生积极的影响。其中，67%的意见领袖和64%的商界精英表示，他们对中国的印象变好了。① 所以说，来华旅游与对华印象存在着直接关系。

相比而言，出境旅游在塑造国家形象方面发挥着独特的作用。首先，作为一种高消费的活动，出境旅游既是一个国家或地区经济发达程度的重要表征，也是一个国家或地区综合实力的有力象征。此外，出境旅游者的行为不同于一般的个体行为，属于涉外行为，这就使个体与国家之间产生了不可分割的联系，个人也就成为国家形象诸要素中的一环。由2007年3月26日《时代》周刊公布的一项调查表明，27个国家近3万民众评估12个主要国家，日本国家旅游形象位居世界第一，高出了中国多达12个百分点。这其中一个很重要的原因就是日本国民的高素质给世人留下了深刻印象。② 然而近些年中国出境公民行为的失范也对国家形象产生负面的影响，已经得到国家相关部门和国民的普遍重视。所以出境旅游在塑造旅游形象方面是把双刃剑，如果运用得当，可进一步改善和提升国家形象，否则，就会更大地损害国家形象。

2. 提升国家软实力

旅游活动从本质上讲是一种文化交流和审美体验行为，这是由旅游活动和旅游产业的文化属性决定的。因此，旅游业的快速发展，有利于不同文化背景下的人们相互接触和了解，促进各个国家和地区之间、各个民族之间的文化交流与相互了解。

---

① 参见钟龙彪、刘力：《国际旅游发展背景下的中国国家形象传播》，载《理论平台》2013年第7期。

② 参见杨冬云：《国家形象的构成要素与国家软实力》，载《湘潭大学学报》(哲学社会科学版)2008年第9期。

通过旅游来提升国家软实力，既表现在入境旅游领域，也表现在出境旅游领域。发展入境旅游，让来自海外不同国家、不同民族、不同文化背景和经济发达水平的旅游者亲眼目睹、亲身体会目的地国家和地区的社会、经济、文化、制度和人民的生活状态，提高了认知，提升了形象，展示了国家实力；发展出境旅游，以本国旅游者为国家形象和文化载体，通过他们的言行举止，来展示国家、民族的文化特质和公民修养。

重大旅游活动、旅游庆典，是展示国家软实力的重要手段。旅游营销和文化输出相结合以潜移默化的方式获得外国民众的接受和认可。如 2004 年在法国举行的中国盛装行进表演，这是一项典型的旅游对外交流活动，被国家列为标志着中法文化融合意义的重头戏，也是国家元首胡锦涛主席访问法国的前奏曲。活动由北京市旅游局承办。整个活动在古老的中国文化氛围里进行：市政厅广场上挂上了中国的大红灯笼，街坊馆舍里贴上了中国的“福”字或年画，大街上飘扬着中国十二生肖的小彩旗。据《中国旅游报》描述，来自世界东方的杂技表演、京剧表演、木偶表演，在柔美的丝竹、铿锵的锣鼓伴奏下呈现在香榭丽舍大街上，顿时大街成了歌舞欢腾的海洋。来自法国、英国、意大利、卢森堡、德国等地的近 80 万游客目睹了这一盛况。活动向欧洲乃至全世界展示了我国的文化风采，产生了积极的政治、文化和外交影响。旅游是文化的载体，旅游可以扩大文化的传播，从而进一步提升国家形象和软实力。①

3. 服从于国家利益

国家层面的旅游利益要服从于国家的整体利益。特别是国际旅游中的国家形象传播是国家意志的体现，是实现国家利益的需要，是促进对外交往的需要，所以它不是单纯经济意义上的活动。

我国的对外交往中具有强烈的外交敏感性特征。在这方面，独具中国特色的“中国公民出境旅游目的地”的制度安排和实施是最有说服力的例证。20 世纪 90 年代，我国旅游界启动了针对海外旅游目的地的客源市场开放工作，主要目的是有步骤地对外开放我国公民出境旅游市场。“被批准的旅游目的地国家”（ADS，Approved Destination Status）是中国在旅游对外工作领域的创新，国际上尚无先例。中国政府首先确定对香港和澳门开放自由行，每年有数以千万计的大陆游客进入这两个地区，数以百亿元的旅游消费注入这两个地区，这充分体现了中央政府对两个特别行政区社会经济发展的大力支持。同样，海峡两岸旅游限制的突破，其政治因素的作用远远大于经济因素。到 2011 年底，中国已批准 140 个国家和地区为中国公民出境旅游目的地，实施 111 个。② 我国公民出国旅游目的地开放工作，已成为我国对外工作的一个重要内容，成为中国人民走向世界、加深与世界各国人民友谊的桥梁。实际上，自由出境旅游是公民国际生存权益的重要内容，也是国家在国

① 参见桑颖：《论国际旅游于国家形象的塑造》，载《东南亚纵横》2009 年第 9 期。

② 参见新华网：《中国已批准 140 个国家和地区为中国公民出境旅游目的地》，http://news.xinhuanet.com/ society/ 2011-12/28/c_111325314.htm，2011-11.

际舞台上地位和尊严的重要标志,因为从政治意义上讲,出境旅游的自由度越高,出行的范围越广,国家在国际上所享受的尊严也就越多。正是出于这方面的考量,我国在出境客源上的产业作为,渐渐演变成为外交上的政治用意,确有其深厚的国际政治背景。①

旅游利益要服从于国家整体利益,而国家利益包括了政治、经济、文化、军事、教育、公民权利等方方面面的内容,而且不仅仅体现在国际领域,而且还体现在国内事务中。如国家消除贫困行动,通过发展旅游业让贫困地区、贫困村、贫困人口实现脱贫,走上致富,成为一个最有效的路径之一,无论是在国际上,还是在我们中国国内,"旅游脱贫"都是整个国家消除贫困计划的重要组成部分。

4. 服务于国家战略

旅游业的发展要服务于国家战略层面的需要。国家战略既包括对外领域,也包括对内领域。

在国际事务中,国家旅游利益与国家战略要保持高度的一致性,有时也作为国家战略的重要组成部分。自2012年以来,随着中俄、中美、中韩、中印关系的进一步密切,旅游已经成为中国与上述国家之间进行经贸往来、跨文化交流的重要手段,由两国元首直接在最高层面协商,确定了中俄旅游年、中美旅游年、中韩旅游年、中印旅游年等系列"旅游版"的国家行动。由中国发起的"一带一路"(即"丝绸之路经济带""21世纪海上丝绸之路")计划,更是把旅游作为整个计划的先行者。从这些现象来看,旅游已经成为国家外交和跨文化交流事务中的主角。

同样,在国内事务中,旅游也是国家战略的重要体现。近些年来,农业、农村和农民(简称"三农")问题正在成为影响中国政局稳定和困扰中国经济进一步发展的重点、难点问题。党的十六大提出:"发展农村经济,增加农民收入是全面建设小康社会的重大任务。"扶助农村弱势群体,尽快使他们摆脱贫困,逐步达到小康生活水平,是今后农村经济工作面临的重要课题。越来越多的贫困乡村和群众,通过旅游实现了脱贫致富。截至2013年底,全国共有10.6万个乡村旅游特色村,180多万个乡村旅游经营户,年接待游客9.6亿人次,年经营收入约2800亿元,直接从事乡村旅游的农民达3000多万人,占农村劳动力的6.9%。综合拉动性强、扶助功能大、投入成本低、受益面宽等特点让旅游成为不少地区政府工作的重要抓手,很多贫困村通过发展旅游发生了翻天覆地的变化。贵州省江口县、内蒙古阿尔山市和广西巴马瑶族自治县是国家旅游局定点帮扶的国家级贫困县。国家旅游局给予三地政策、资金、规划、人才等多方面的扶持,为贫困县的脱贫富民引领了道路,取得了明显的成效。2013年,江口县接待游客达340万人次,同比增长25.51%,旅游总收入达28亿元,同比增长33.21%;2013年,阿尔山市共计接待旅游者131万人次,同比增长20%,实现旅游收入15.7亿元,同比增长20.8%;2013年,巴马接待

① 参见梅毅:《旅游外交——我国旅游产业发展新取向》,载《南昌大学学报》(人文社会科学版)2006年第5期。

国内外游客263.47万人次，同比增长21.04%，实现旅游收入24.89亿元，同比增长26.18%，旅游创汇822.54万美元，同比增长28.27%。2014年8月发布的《国务院关于促进旅游业改革发展的若干意见》提出，大力发展乡村旅游，加强乡村旅游精准扶贫，扎实推进乡村旅游富民工程，带动贫困地区脱贫致富。《意见》为旅游扶贫工作指明了方向、确定了目标。国家旅游局将与扶贫办共同筛选出2000个贫困村建档立卡，实施促进村级旅游发展的小型基础项目、给予扶贫小额信用贷款支持、鼓励政策性银行给予优惠信贷、国家旅游发展基金予以小额贷款贴息等。①

5. 民间外交效应

旅游者跨地区、跨国家的移动，明显具有"民间外交"效应。

旅游的"民间外交"效应，表现在很多领域：首先，通过旅游者的跨国、跨地区流动，可以增进国家间、地区间、民族间和人民间的相互了解，建立友谊、友好关系。其次，旅游作为一种文化交流渠道，可以增进相互间的理解和认知，建立国家间、地区间、民族间和人民间的相互尊重。再次，通过旅游交往，可以缓解国家间、地区间、民族间政治上的敌对或争执关系，并进一步促进建立和平、友好、融合的新型关系。最后，在许多情况下，当两个国家间尚未建立正常的外交关系时，旅游这种"民间外交"往往是最有效、甚至是唯一的交往途径。

自中国改革开放以来，广泛的中外民间旅游活动过程推动了我国旅游外交活动的顺利进行。情形之一是中外民间在旅游景点里的水乳交融。这方面典型例子很多，山东曲阜民间旅游外交活动是其中之一。《中国旅游报》曾对曲阜的场景做过专门的描绘：来曲阜的修学团以欧美地区为主，五人至几十人不等，金发女郎、高鼻梁男士、黑皮肤小伙，来到信义之乡、礼仪之邦曲阜，来到黄皮肤、黑头发、具有文雅气质的人群中间，从那份怡然自得、那份笑语喧哗，不难看出圣人故里对异域游人的强大吸引力。情形之二是游历过程中的特殊场合。近年来，许多来华的大型入境旅游团队在游览过程中，都乐于参与各种特色旅游活动，扩大了与当地民间的接触。比如说2003年，为款待"非典"后的首个欧美旅行团，中国国旅总社在居庸关长城烽火台安排了团队宴会，可谓场面宏大，氛围独特。情形之三是境内大型旅游节庆活动中的中外接触。2005年，北京国际旅游文化节吸引了26个国家代表前来参加，10万北京市民与盛装行进的中外游客一道载歌载舞，顷刻间北京平安大街成了欢乐的海洋。在我国如此盛大的中外接触场面是前所未有的。节庆活动使"北京与世界的距离越来越近"。情形之四是境外大型旅游活动中的深度互动。2005年2月13日，"2005春节北京代表团—伦敦广场表演活动"在伦敦举行，20多万伦敦市民聚集在市内最热闹的地段——鸽子广场，与远道而来的中国客人一起，欢庆中国传统春节。中外大规模民间接触已成功地走向了海外。情形之五是意义特别的境外营销活动。近年来，我国旅游界依托许多重要资源或重大背景，以灵活

① 参见国家旅游局信息中心：《全国旅游扶贫工作综述》，http://www.cnta.gov.cn/html/2014-10/2014-10-17-%7B@hur%7D-10-63337.htm，2014-10。

多样的旅游促销方式，深入客源国底层社会，与普通民众进行了面对面的接触。比如说，我国旅游界先后在美国、韩国、澳大利亚、德国等旅游目的地，举办了规模盛大的旅游大篷车促销活动，推动了深入和广泛的中外民间接触。[①] 总之，在民间显示出旺盛生命力的旅游活动有效地促进了国家对外活动的开展。

6. 繁荣国家经济

旅游业在繁荣国家经济方面起到的重要作用已经受到世界各国的瞩目。从全世界范围来看，加快发展旅游业成为很多国家的战略决策，中国是把旅游业定位成了战略性的支柱产业和现代服务业来加以培育，出台了《旅游法》。美国发布了国家旅游发展战略，提出了促进旅游业发展的一揽子措施，包括针对中国游客的签证便利化措施。俄罗斯政府也是批准了2011～2018年的发展旅游业目标计划。

根据《2013年中国旅游业统计公报》，2013年国内旅游人数32.62亿人次，收入26276.12亿元人民币，分别比上年增长10.3%和15.7%；入境旅游人数1.29亿人次，实现国际旅游（外汇）收入516.64亿美元，分别比上年下降2.5%和增长3.3%；中国公民出境人数达到9818.52万人次，比上年增长18.0%；全年实现旅游业总收入2.95万亿元人民币，比上年增长14.0%。[②] 著名的中国问题专家戴维·蓝普顿将旅游归为中国力量的一部分。他认为，旅游是吸引力的标志，也是传播影响力以及理念力量的载体。它还有助于扩展经济。其他国家正在争夺快速增长的大陆游客，这些游客令人惊讶地在国外大笔消费。中国旅游货币的力量推动法国政府出版了一本指导手册，建议那些接待中国旅游者的地方避免敏感的话题。旅游部长利昂·伯特兰据称解释说，目标是确保中国人下次还会来旅游。[③]

（二）国家旅游利益重心的演变

新中国建立以来，中国社会发生了巨大变化和深刻转型，从计划走向市场，从封闭走向开放，中国旅游发展经历了"起步阶段""改革开放后的发展阶段"以及"全面发展阶段"三个时期，国家层面的旅游利益重心相应经历了"政治诉求—经济诉求—社会诉求"的演化过程。

1. 起步阶段（1949～1978年）——政治诉求

从新中国成立之初到20世纪70年代末期的近30年，国家一直关注对外接待工作，不过当时主要是着眼于政治。政府把旅游作为一种民间外交活动以赢得国际社会认知，服务于国家的外交战略。这与当时的政治背景有密切联系。当时新中国建设的主要精力放在了社会主义改造和建设上，有许多政治、经济问题亟待解决，如何尽快去除封建主义和资本主义残余成为建国初期的重点工作。

针对当时来华国际友人的增多情况，新中国第一家全国范围内的旅行社——

① 参见梅毅：《旅游外交与中国和平发展》，武汉大学博士学位论文，2006年。

② 参见中华人民共和国国家旅游局网站：《2013年中国旅游业统计公报》，http://www.cnta.gov.cn/html/2014-9/2014-9-24-%7B@hur%7D-47-90095.html，2014-9。

③ 参见桑颖：《论国际旅游于国家形象的塑造》，载《东南亚纵横》2009年第9期。

中国国际旅行社成立，而且地方设立了分支机构，其主要业务是负责外宾在国内的接待服务工作。新中国希望扩大对外交往的范围，同欧洲一些中立国家建立和发展了友好关系。截至1956年，新中国与25个国家建立了外交关系，来华外宾人数不断攀升，中国国际旅行社的业务范围也不断扩大，从刚开始时负责外宾的吃、住、旅、行和票务业务，逐步与外国旅行社取得业务联系，开始承接自费旅行人员，为国家创汇作出贡献。中国政府积极开展以旅游主要形式的民间外交，与许多未建立关系的国家开展文化和经济交流。例如，在1952年4月于莫斯科举行的国际经济会议期间，中国国际贸易促进会同法国、英国、意大利、日本等国家的工商界代表和企业家签订了总额2.2亿美元的进出口协议。中国还邀请一些主张中日友好的日本众议院议员来华访问，并签订了中日民间贸易协定①，以"渐进积累"方式为两国关系正常化创造条件，从而为两国关系在20世纪70年代取得突破打下了群众基础。

从20世纪60年代初到"文化大革命"开始前，我国旅游业得到了进一步发展，此阶段不论从旅游产业创汇总额还是从接待游客数量上都得到了大幅提升。1964年中国旅行游览事业管理局的成立，标志着我国旅游业发展步入正轨。中国旅行游览事业管理局隶属于国务院，主要负责外国旅游者的服务工作和领导全国各地旅游相关机构，并将对外宣传作为工作重点。然而旅游业较好的发展形势随着国内政治动荡而受到重创。"文革"时期，我国旅游外交完全停留在外交和政治接待层面上，目的是为了对国内政治安全提供必要的服务。那个时候，公民出境旅游活动全面停顿，少量的外国客人(主要是政治性客人)来华活动，而且活动空间也非常狭窄，旅游外交活动几乎处在崩溃的边缘。20世纪70年代后期中国旅游业得到一定程度的恢复，首次接待了来自美国的自费游客，实现了中美旅游交往的重大突破。在国务院的关怀下各地的中国国际旅行社得到恢复和重新设立。

总体来讲，该阶段由于在政治、经济、社会等多方面的原因，旅游只是作为事业而存在发展，其性质只是外交工作的补充形式，因此政治诉求是此阶段国家层面关注旅游的核心利益。旅游业作为中国外交事业的延伸和补充，扮演着政治性、外事性接待的角色，但这不能作为一种常态现象来对待。

2. 改革开放后的发展阶段(1979～2010年)——经济诉求

1978年12月，党的十一届三中全会上确立了以经济建设为中心的发展思路，改革开放由此拉开序幕，中国旅游业从此开始了新的发展历程。邓小平同志在1978年时多次谈到旅游业的发展，促使我国旅游业发展思路从"外事接待"向"经济创汇"转变，确立了"以入境旅游为先导，以赚取外汇为目的"的非常规旅游产业发展思路。1981年10月，国务院颁布《关于加强旅游工作的决定》，强调非旅游部门不得经营旅游业务，旅游外联统一由国旅总社和中旅总社直接负责，各省(市、区)不得从事外联业务，不得直接对外招徕游客。这说明当时旅游业还处在政府垄

① 参见王立：《波澜起伏——中美关系演变的曲折历程》，世界知识出版社1998年版，第40～41页。

断状态，缺乏真正民间意义上的旅游接待工作。

20 世纪 80 年代中期以后，纯民间意义上的旅游活动不断壮大，旅游业渐渐由官方外交的附属转变成社会性的经济产业。所以创汇是这一时期的主要经济利益诉求。旅游业的工作核心变成了经济任务，促进产业全面发展成了行业的主题。1986 年 4 月，第六届全国人大第四次会议原则上批准了“七五”计划，将旅游发展正式列为我国发展规划当中，中央和地方将按照计划逐年安排旅游建设资金，当时的国务院领导在当年的全国旅游工作会议上指出，发展旅游业是创汇的三大支柱之一，要把发展旅游业列入国家以及各地政府的经济发展规划中。旅游业经过新中国成立以来三十多年的发展，首次被列入国家发展规划，从此旅游业发展揭开了新的序幕。同年，国务院还批准成立了中国旅游协会。中国旅游协会的成立促进了我国旅游业与世界的接触。

进入 20 世纪 90 年代以后，国内旅游正式提上议事日程。旅游业的经济诉求转变为发展国内旅游以拉动内需，进一步发挥旅游业的经济属性。这一时期旅游业有了更好的发展基础，改革开放十多年的发展让中国不论经济实力还是国际地位都大幅提升，国内政治局面稳定能够吸引大批国外游客，国民经济增速不断攀升，国内旅游业发展同样迅猛，另外在此阶段我国出境游客也有了突飞猛进的增长，在世界旅游市场中我国成为举足轻重的组成部分。在此阶段，国内旅游发展速度大于入境旅游，一方面是国内经济状况渐入佳境，人民对精神文化生活的要求进一步提高；另一方面从 1995 年开始的“双休日”、1999 年开始的“五一”“十一”小长假政策刺激了国内旅游市场。1998 年，我国正式将旅游业确立为国民经济新的增长点，标志着我国旅游产业地位的再次提升。随着我国加入 WTO 和 2008 年北京奥运会的召开，我国旅游业进入一个新的发展时期。入境旅游人数的增加让我国旅游业在国际上的地位不断攀升，据联合国世界旅游组织公布的数据，2012 年中国已经成为继法国、美国之后的第三大最受欢迎旅游目的地。我国已成为日、韩两国国民出境游的首选目的地，是法国国民在亚洲的最大目的地国，是俄罗斯国民出境游第三大目的地国。进入 21 世纪后国内旅游的迅猛发展得益于政策的强力推动。立足于 1999 年制定的“建设世界旅游强国，培育新兴支柱产业”战略目标，政府相继出台了《国务院办公厅转发国家旅游局关于积极发展国内旅游业意见的通知》(1993)、《国务院关于修改〈全国年节及纪念日放假办法〉的决定(第一次修订文件)》(1999)、《国务院办公厅转发国家旅游局等部门进一步发展假日旅游若干意见的通知》(2000)、《国务院关于加快发展服务业的若干意见》(2007)。至 2008 年，旅游发展政策调整为“大力发展国内旅游，积极发展入境旅游，有序发展出境旅游”，旅游拉动内需的经济诉求进一步得到官方的确认。

需要指出的是，在该阶段中尽管旅游工作的重心已经转向经济发展，但是旅游业的发展依然与政治诉求密切相关。没有正常、良好的国家关系，就不可能有正常的旅游者跨境流动。中国与周边国家外交关系的正常化，尤其是与日本、韩国关系的正常化，香港和澳门的回归，以及海峡两岸关系的改善与突破，都成为中国入境旅游市场格局重大变化的关键。同样，旅游业在官方外交活动中扮演着越来越重要的角色，这主要是因为旅游业具有温和的对外面孔，在外交上容易为他国接受和理解。比如说，1999 年 2 月 6 日，中泰两国签署了《中华人民共和国和泰国关于 21 世纪合作计划的联合声明》，其中第 8 条指出："双方将积极促进旅游业合作，消除旅游业产生的问题"等。2003 年 5 月，与俄罗斯签署了《中华人民共和国与俄罗斯联邦联合声明》，其中"旅游领域的合作"是主要内容之一；2003 年 6 月 3 日，中国与哈萨克斯坦共和国签署了《中华人民共和国和哈萨克斯坦共和国联合声明》，声明第 13 条也将旅游列为重要内容，提出扩大双方在旅游的交往及组织两国青年团队互访具有重要意义等。[①]

3. 全面发展阶段(2011 年至今)——社会诉求

当前，我国旅游业正处于大众旅游初级阶段向中高级阶段演化的关键时期。[②]进入"十二五"后，政府不仅仅只关注旅游的经济效益，而且还开始强调旅游在服务民生、提高人民生活质量、提升国民素养方面的社会诉求。2009 年年底，国务院颁布的《关于加快发展旅游业的意见》将旅游业定位为"战略性支柱产业和人民群众更加满意的现代服务业"。2013 年，《国民旅游休闲纲要》和《旅游法》颁布，公民旅游权利得到应有的尊重，旅游在构建和谐社会、弘扬文化等方面的功能得到重视。2014 年 8 月国务院发布了《关于促进旅游业改革发展的若干意见》，是继 2009 年《国务院关于加快发展旅游业的意见》之后出台的又一个纲领性文件。文件明确指出："加快旅游业改革发展，是适应人民群众消费升级和产业结构调整的必然要求，对于扩就业、增收入，推动中西部发展和贫困地区脱贫致富，促进经济平稳增长和生态环境改善意义重大，对于提高人民生活质量、培育和践行社会主义核心价值观也具有重要作用。"伴随着旅游消费成为人们日常生活的重要组成部分，未来旅游在提升国民生活质量、增强居民主观幸福感、弘扬社会文化、教育方面的社会功能将更加彰显。

总之，从国家层面出发，旅游利益诉求本身也是国家意志的重要表现，特别是在国际旅游和国际事务中，一个国家的入境旅游、出境旅游是与其国家的外交、文化交流、经济往来等多项事物相联系的，亦即国际旅游以及旅游的国际影响力不可能单独、单项发展。近年来，随着中国国际地位日益提高和国际作用的不断扩大，"中国旅游"的国际地位与影响也水涨船高，"中国游客"及其花费在国际市场上所占的份额、"中国旅游业"在国际旅游产业中的地位、中国旅游管理部门在国际相关的政府旅游组织、民间机构中的作用和话语权等，都发生了巨大变化；中国旅游在国家外交、跨文化交流、商贸往来等领域的作用也日益增强，并正在替代一些传统(如商品进口、出口、对外工程和劳务服务等)领域，成为新的重要渠道和手段。如 2012 年开始的"中俄旅游年"，是由当时的国家主席胡锦涛与俄罗斯总统梅德韦杰

① 参见梅毅：《旅游外交——我国旅游产业发展新取向》，载《南昌大学学报》(人文社会科学版)2006 年第 5 期。

② 参见戴斌：《我国旅游业"十三五"发展思路探讨》，载《旅游学刊》2014 年第 10 期。

夫，于2010年9月27日在北京签署的《中华人民共和国和俄罗斯联邦关于全面深化战略协作伙伴关系的联合声明》中，确定“双方商定互办旅游年”的意向。2011年10月11日，温家宝总理与俄罗斯联邦政府总理普京在北京签署的《中俄总理第十六次定期会晤联合公报》中正式商定，2012年在中国举办“俄罗斯旅游年”，2013年在俄罗斯举办“中国旅游年”。2015年9月22日，国家主席习近平在美国华盛顿州当地政府和美国友好团体联合举行的欢迎宴会上发表演讲时宣布，中美将在2016年举办“中美旅游年”，中国将为两国人民友好交往创造更多便利条件。由此可见，旅游和旅游业已经进入国家参与国际事务、作用于国际社会的主流渠道，并在其中扮演重要角色，这本身就更直接地体现了国家意志。

二、地方旅游利益

地方利益同样是一个比较复杂的利益集合。由于世界各国国家体制和政治制度的不同，地方政府与国家政府之间的关系也各不相同，地方政府的利益取向也有很大差异。

在我国的政治体制中，地方政府是我国社会主义市场经济中的一个相对比较特殊的市场行为主体，对地方事物具有强有力的管辖权和参与经济活动的权利，在社会经济、文化等活动中起着决定、主导型作用。在公共选择理论的视角下，地方政府的产生虽然是基于某种公共利益或公众福利，但是地方政府一旦获得某种程度的主体性和独立性，成为一个相对独立于社会和个人的组织时，地方政府各级机关所代表的利益不仅仅是地方利益，还有地方政府自身利益。地方政府的根本使命是谋求地区资源的最优配置和地方利益的最大化，同时又是政府官员利用公共资源实现集体利益的过程。

与国家旅游利益相比，旅游业发展可以有效提升地方形象、促进民间文化的传播，但是地方旅游利益的着眼点主要落脚在经济利益诉求上。所以，国家旅游利益要高于地方旅游利益。

经济利益是地方旅游利益的主要内容，而经济利益又集中表现在地方财政贡献和产业结构上。

地方利益与产业发展、与经济效益息息相关，为了追求较高的经济效益，地方政府往往偏好发展高投资、高回报的产业。众所周知，旅游业对地方经济发展有着巨大的影响，这些经济影响可以归纳为对经济收入的影响、对就业的影响、对区域贸易平衡的影响以及对投资和开发的影响，所以支持与发展旅游业成为很多地方政府发展经济的选择路径。前些年，很多省市根据自身的资源特征和产业结构状况，给予旅游产业不同的定位，如“支柱产业”（江苏等）、“主导产业”（山东）、“重要产业”（青海）、“第三产业的龙头产业”（内蒙古），力争使旅游业成为区域经济新的突破点和增长点，这充分显示了地方政府对旅游发展的支持度。从当前实际需要来看，在调整经济结构的现实要求下，各级政府迫切需要培植新的产业，寻找新的经济增长点，而旅游业资源效率高、环境污染少，以及拉动消费、促进就业等方面的产业优势，与当前提升产业结构的要求高度吻合。正是在这种背景下，各级政府才高度关注旅游业。

通过发展旅游业促进地方产业结构调整，也是地方政府经济诉求的重要表现。无论是经济发达地区，还是经济欠发达地区，都在积极探索旅游驱动经济发展、旅游促进产业结构优化的新模式。近些年，随着市场经济的推进和产业结构的调整，很多县域地区充分发挥自身优势，走出了一条“旅游促进经济”的发展道路，在国内比较有影响力的成功案例有河南焦作、河南栾川、江西婺源、山东枣庄、山东沂水和沂南等。以河南焦作为例，1999 年之前，焦作是一个以煤炭、化工、冶金、建材、轻纺等为主导的中等工业城市，在传统工业经济转型的现实压力下，焦作市委、市政府大胆提出了“旅游带动战略”，使焦作走上了一条通过发展旅游业提升整个城市核心竞争力的道路，于是“焦作模式”应运而生。遵循保护性开发的原则，焦作市重点开发建设了云台山、神农山、青龙峡、峰林峡等五大景区和陈家沟、嘉应关、韩园等十大景点。焦作市每年市财政都要拿出几百万元专项经费用于旅游宣传促销工作。焦作市委、政府主要负责同志还亲自带队，到主要客源地征求意见及建议，及时调整发展战略。2001 年，焦作市还制定了《关于省外旅游专列、团体赴焦作的奖励政策》，极大地调动了相关旅行社的积极性，对激活焦作的山水旅游市场起到了积极的推动作用。多形式、多手段、多层面的科学营销方式确立了焦作旅游业在国内外旅游市场上的品牌地位和影响力。2005 年 9 月，世界旅游评估中心、世界旅游推广峰会全球秘书处等组织，组织国内外旅游专家在对焦作的旅游服务进行为期 5 个多月的考察评估后，授予焦作市“世界杰出旅游服务品牌”荣誉称号。[①] 焦作旅游的兴起，对于促进当地经济发展有积极的作用，主要表现在以下几个方面：(1)旅游对国民生产总值的贡献愈加明显。2013 年，全市共接待游客 2955 万人次，实现旅游综合收入 233 亿元，同比分别增长了 13.4％和 16.5％。[②] (2)对地区就业机会的影响。焦作市选择通过发展旅游产业带动其他相关产业的发展，大力吸纳当地剩余劳动力，从而减轻了社会就业压力，促进了社会秩序的稳定。(3)对地区招商引资的影响。2013 年底，焦作市 56 个旅游在建项目累计完成投资 34 亿元，2013 年完成投资 12.5 亿元，旅游重点项目进展顺利。(4)对地区知名度的影响。2013 年，焦作市充分利用中央电视台等主流媒体的影响力，进一步加大了焦作旅游主题形象品牌宣传力度。焦作市已经四次被评选为“中国旅游竞争力百强城市”。

地方政府的旅游利益诉求还体现在一些非经济领域，包括改善居民生活质量、增加就业机会、提高地方知名度和美誉度等。旅游业发展在提高地方居民生活质量方面，一方面体现在通过发展获得的经济受益可以反哺到社区，建设完善的公共

---

① 参见余兵：《“焦作模式”和“栾川模式”对我国旅游业发展的启示》，载《信阳农业高等专科学校学报》2007 年第 3 期。

② 参见中原旅游网：《2013 年焦作旅游项目签约》，http://www.fanging.com/news/News_ Show.asp?ArticleID=121477，2014-1。

服务体系，提高居民福利等；另一方面当地居民也是旅游产品、特别是环城游憩旅游产品的重要消费者，旅游促进了他们的身心健康，增长了见识，开阔了视野，提高了个人素质；旅游业是一个劳动密集型产业和资金密集型产业，根据有关研究，旅游业每增加 1 个直接就业机会，能够相应增加 5 个间接就业机会，旅游业中的酒店业、景区业、旅行社业等都属于典型的劳动密集型产业，用工数量多，对就业者个人技能、素质要求弹性大，属于典型的高就业领域，对提高地方就业率有着非常重要的作用；旅游业还是一个最注重宣传营销的"眼球"行业，通过持续不断的规模性投入营销地方，能够大大提高旅游目的地的知名度，同时，游客来此消费体验之后的口碑宣传，又会直接提升旅游目的地的美誉度。因此，对于地方政府而言，发展旅游业的确能够一劳多得。

总体上看，从政府的角度，国家旅游利益诉求和地方政府旅游利益诉求有共性、重叠的内容，如发展经济、提高软实力和声誉、就业、居民生活质量等。但由于地位和职责的不同，地方政府更加注重旅游发展的经济意义。

第九章　社区居民旅游利益

社区是旅游发展的重要载体。社区参与旅游业发展，既有主动的，也有被动的。而社区居民在旅游发展中，既享受着利益，也随着烦扰。

第一节　社区居民参与旅游的成本和收益

不管是主动参与，还是被动参与，社区居民都要为发展旅游付出一定的成本，同样，也会或多或少获得收益。

一、社区居民参与旅游的方式

社区居民生活在旅游目的地系统之中，随着旅游的发展和旅游者活动的渗透，社区居民总会主动或被动地参与到旅游活动和旅游业发展中来，区别只是参与方式和参与程度等方面的差异。1985 年，墨菲(P. E. Murphy)首次提出了“社区参与”视角下的旅游规划理念[①]，自此社区居民在旅游发展中的作用逐渐受到了研究者的重视。从旅游开发和规划的视角出发，旅游地社区居民的参与有利于使游客获得更加真实的旅游体验，有利于旅游产品质量的提升，社区居民是旅游系统发展必然的组成部分。[②]

从某种意义上来说，旅游地的发展离不开当地社区居民的支持和配合。以兴文大坝苗族乡小寨村踩山节为例，研究者在田野调查中深入分析了当地社区居民对文化空间旅游化的认同与选择，结果发现虽然舞台化的生存使得民族文化表现形式得到了保护和传播，但是由于社区居民的“不在场”，神圣的文化内涵和民族内部情感却并未得到应有的存续，最终使得游客旅游体验的真实感受到显著影响。[③]除了文化真实感的问题，社区居民不仅可为旅游产业的发展提供劳动力，而且社区居民的综合素质、生活习惯、环境资源保护意识，甚至在旅游餐饮、旅游住宿和旅游

---

① P. E. Murphy, *Tourism: A Community Approach*, New York: Methuen Press, 1985, pp. 155-176.

② B. Garrod, “Local Participation in the Planning and Management of Ecotourism: A Revised Model Approach,” *Journal of Ecotourism*, vol. 2, no. 1(2003), pp. 33-53.

③ 参见段太香：《社区居民对文化空间旅游化的认同与选择——以兴文大坝苗族乡小寨村踩山节田野调查为例》，载《黑河学院学报》2013 年第 6 期。

商品销售中体现出来的价值观念和行为规范等,都会对旅游目的地形象和声誉产生直接影响。[①]

在文化旅游地,尤其以民俗文化为核心吸引力的旅游地,社区居民更是以旅游核心资源的角色被卷入到旅游活动和旅游业发展中来。如在村落遗产旅游中,旅游发展依托的核心资源就是乡村社区居民生活空间中的聚落景观、民情风俗、生活方式和农耕文化等,核心资源的保护与传承有赖于当地社区居民的积极性和主动性,任何消极的感知和对抗的情绪都会导致旅游资源的破坏和旅游开发的不可持续,也同时影响社区的人文环境;如果没有社区居民的参与和支持,村落遗产旅游是不可能持续发展的。[②]

然而,旅游地社区居民对待旅游发展的态度却是复杂的。旅游地社区居民参与旅游通常源于对经济利益的追求[③],另一方面旅游地居民又不希望旅游的发展影响到自身的生活环境和文化习惯等。简而言之,与其他利益主体一样,旅游地社区居民想要从旅游发展中获利但是不愿意付出成本;实际上,没有付出的收益是很难实现的。张洁和杨桂华以云南省中部古州野林彝族村寨、大槟榔园花腰傣村寨两个生态旅游景区为例,研究发现社区居民参与旅游积极性受到社区经济和旅游业发展水平、景区优势旅游资源、社区居民对旅游开发的认知、对政府的信任度以及民族传统习俗等五个因素的影响。[④]

对待旅游发展的态度不同,当地社区居民参与旅游的深度和方式也不尽相同。郑向敏和刘静提出了社区居民参与旅游业发展的三个层次[⑤],陈佳娜和李伟以西双版纳州曼春满社区为案例对应社区居民参与旅游发展的三个层次提出了人力参与、资本参与和文化参与的"三阶段说"。[⑥] 刘玉鹏和苏勤从人本主义视角出发,提出了基于双因素理论的社区居民激励机制;从激励机制构建的角度,指出应当为社区居民参与旅游规划、参与旅游管理、参与旅游投资、参与旅游就业和参与旅游经营等提供机会。[⑦]

---

① 参见谢茹:《国家风景名胜区经营权研究》,人民出版社2006年版,第180～188页。

② L. Nicholas, B. Thapa and Y. Ko, "Residents' Perspectives of a World Heritage Site: The Pitons Management Area, St. Lucia," *Annals of Tourism Research*, vol. 36, no. 3 (2009), pp. 390-412.

③ R. Scheyvens, "Ecotourism and the Empowerment of Local Communities," *Tourism Management*, vol. 20, no. 2 (1999), pp. 245-249.

④ 参见张洁、杨桂华:《社区居民参与旅游积极性的影响因素调查研究》,载《生态经济》2005年第10期。

⑤ 参见郑向敏、刘静:《论旅游业发展中社区参与的二个层次》,载《华侨大学学报》(哲学社会科学版)2002年第2期。

⑥ 参见陈佳娜、李伟:《不同旅游发展阶段民族社区居民参与旅游开发方式探讨——以曼春满村寨为例》,载《湖北经济学院学报》(人文社会科学版)2012年第1期。

⑦ 参见刘玉鹏、苏勤:《基于人本原理的旅游社区居民激励机制的构建》,载《云南地理环境研究》2008年第3期。

表 9-1　　社区居民参与旅游的“三层次论”和“三阶段说”

参与层次	参与人数	参与范围	对旅游业了解程度	状态	参与阶段
初级参与	少	窄	低	被动	人力参与
积极参与	中	一般	中	主动	资本参与
成熟参与	多	宽	高	主动	文化参与

资料来源：整理自(郑向敏，刘静，2002；陈佳娜，李伟，2012)。

不同的参与方式带来了不同的受益状况，不同的受益状况会影响甚至决定未来社区居民参与旅游方式的选择。刘雪丽以湖北某景区社区居民为研究对象，对社区居民的收益状况进行了剖析，研究发现主要的受益层集中在农家乐经营业户，并进一步指出收益现状影响其他参与方式的居民和未参与居民对未来参与方式的选择。该景区的工作人员在调查中表示，如果未来景区发展好，那么他们自己家也会开农家乐；尚未参与旅游活动的居民也表示如果参与的话，肯定是开农家乐，因为他们发现农家乐这种参与方式获得的经济利益最多。[①]

社区的范畴、类型很复杂，有城市社区，有乡村社区，有以居民为主的社区，也有以经营者、机构为主的社区。社区的类型不同，社区成员的文化背景、经济基础、习惯、信仰等不同，都会影响到参与旅游的方式和参与的程度。

从上述的相关研究可以看出，我们可以从一下几个角度对社区居民参与旅游和旅游业发展的方式进行分类：

一是从参与意愿上，可分为主动参与和被动参与。

二是从参与途径上，可分为就业参与和经营参与。

三是从参与深度上，可分为人力参与、资本参与、文化参与。

从参与意愿上，社区居民主观上有意识，对发展旅游业有较高的期望，并希望通过发展旅游业改变社区和个人的经济状况，主动参与旅游开发和旅游业经营；但在许多情况下，社区居民实在不知情、少知情的情况下被动参与，当地政府和社区机构(居委会、村委会等)“越庖代俎”，“替民作主”与开发商达成协议，社区居民被排除在外，资源被整体或部分出租、占用，社区居民紧紧得到一点打了折扣的资源租赁费。社区资源变成投资商牟利的工具。

从参与途径上，社区居民一部分会成为旅游企业的员工，即以在旅游企业就业的形式参与社区旅游业发展；在有些情况下，社区居民可能会成为旅游企业的经营者，特别是一些小型餐馆、小型或家庭旅馆、旅游商店、手工作坊等小业主经营项目，往往是社区居民经营项目的主要类型。在很多地方，为了维持社区个性和地方文化特点，往往会要求当地业主必须占有一定的比例。

从参与深度上，人力参与、资本参与、文化参与代表了三个不同的层次。人力参与主要是指在旅游企业中就业，往往是在社区居民对旅游业前景还不很明了、还

① 参见刘雪丽：《民族地区旅游开发中社区居民受益状况分析》，中央民族大学硕士学位论文，2009 年。

不是很有信心的情况下，仅仅以“打工”这种对个人而言没有任何风险的方式参与；资本参与则有两种形式，一是直接作为业主从事旅游业经营，二是以社区或个人资源、现金投入等方式参与股份，以分红获利；文化参与是最高层次的参与，包括参与社区发展规划、参与社区发展决策、参与社区文化营造等，能够充分显示当地居民作为社区“主人翁”的地位，对社区发展有一定或充分的控制力。

二、社区居民参与旅游的成本

社区居民参与旅游的成本和收益，是影响社区居民对旅游发展态度的两个维度。旅游生命周期理论研究者巴特勒(R. W. Butler)在旅游地生命周期研究中发现，当旅游开发的消极影响变得很明显时，社区居民对旅游地的旅游发展支持度就会下降。① 对参与旅游发展的成本感知，对社区居民支持发展旅游的态度具有负向影响。②

与发达国家相比，由于发展中国家社区参与在实际运行、制度结构和文化方面的局限性，社区居民对旅游发展及其他事物上几乎没有控制力。③ 随着旅游业高速发展，外来人员和外部社会资本大规模流入旅游社区，当地社区居民作为旅游资源的所有者却没能获得与旅游业同步发展的机会。实际上，旅游地社区居民与政府、旅游企业、旅游者、外来务工人员相比较，正在逐步陷入“边缘化”的尴尬处境，具体表现为空间分布区域边缘化、民族文化边缘化、旅游参与的边缘化、经济利益分配边缘化、旅游开发决策权边缘化等方面。④

社区居民从“主人”的地位滑落至“边缘化”群体，这是很多发展中国家旅游地社区居民付出的一系列经济成本、社会成本和文化成本的综合写照。郭华和甘巧林以江西省婺源县李坑村为例，在质化研究的基础上对旅游开发背景下当地居民社会排斥的主观感知状况进行了考察，发现旅游开发给当地社区带来了多方面的变化，这些变化导致社区居民的挫折感、自卑感增加，当地社区居民已经感知到了经济排斥、政治排斥、文化排斥和关系排斥等多个维度的社会排斥状况。⑤ 即使在发达国家，旅游地社区居民，尤其是原有社区中的弱势群体在旅游发展中也存在被进一步边缘化的情况。阿特金森和劳迪尔讨论了 1996 年英国布里斯托尔国际海洋节期间两个流浪者露营群体被驱赶的社会排斥现象，他们的存在被认为会侵犯

① R. W. Butler, “The Concept of a Tourist Area Cycle of Evolution: Implications for Management of Resources,” *Canadian Geographer*, vol. 24, no. 1(1980), pp. 5-12.

② T. H. Lee, “Influence Analysis of Community Resident Support for Sustainable Tourism Development,” *Tourism Management*, vol. 34, no. 1(2013), pp. 37-46.

③ Cevat Tousun, “Limits to Community Participation in the Tourism Development Process in Developing Countries,” *Tourism Management*, no. 21(2000), pp. 613-633.

④ 参见余丹:《旅游开发背景下的社区居民“边缘化”》，载《社会科学家》2008 年第 8 期。

⑤ 参见郭华、甘巧林:《乡村旅游社区居民社会排斥的多维度感知——江西婺源李坑村案例的质化研究》，载《旅游学刊》2011 年第 8 期。

旅游者和节日参与者，破坏布里斯托尔希望建立的海洋遗产地形象。[①] 为了保持对旅游者的吸引力，旅游地社区居民反而成为社会排斥的对象，这在旅游地发展中并不是个例。

现实中，旅游发展挤占旅游地社区居民生活空间和生产空间的案例举不胜举。问题的核心在于，不管是主动还是被迫出让了生活和生产空间，社区居民有没有获得相应的合理补偿。事实上，由于在与地方政府和旅游开发商的博弈关系中处于弱势地位，社区居民付出的成本往往没有获得相应的收益。以贵州樟江风景名胜区为例，由于土地征用、景区移民、旅游污染以及旅游收益的分配不均等问题，直接导致了当地乡村社区居民在发展权、土地使用权、社会保障权、村民自治权、文化权、环境权等多方面利益受损。[②] 诸多权利的丧失是贵州樟江风景名胜区乡村社区居民在旅游发展中付出的直接成本，由此导致的利益丧失是难以测量的间接成本。另据报道，2013 年前后著名的平遥古城，当地政府计划引导居民外迁，使古城内的居民人数保留在历史鼎盛时期的两万人左右。从 1997 年平遥古城入选世界文化遗产后，每年有超过 100 万人次的游客到访平遥。游客的迅速增多加速了古城的老化，也令这座面积约 2.25 平方公里的古城不堪重负。为此，平遥实施了居民搬迁工程。在过去十几年间已经搬迁出去 3 万余人，总体上古城内已有近一半居民迁到城外居住，大多数政府机关、单位也迁到城外办公，原住人口从申遗之前的 6 万人降到现今 3 万人左右。平遥古城的做法实际是众多古城较为普遍采取的一种方式。为保护古城而适度外迁居民，无论是从理论上、还是从实践上讲，都具有一定的必要性和合理性。但这种保护掩盖了一个关键性的问题，即造成古城空间拥挤、不堪重负的主要原因是什么。是因为居民人数多了、还是游客人数多了？这往往是个最容易被颠倒、混淆的问题，明明是游客过多造成了古城有限空间的拥挤，每年上百万甚至几百万的游客涌入空间有限的古城，让古城不堪重负，但却让古城的老百姓埋单。除平遥之外，丽江、曲阜、阳朔、凤凰、周庄等的情况也都类似。但最让人感到遗憾的是，出于对经济利益的追求，地方政府首先想到的不是通过预警疏导游客或控制游客量，而是先对当地居民下手，让古城内的居民外迁。其实只有原住民才可以让历史的古城持续散发活力。[③]

"整体搬迁"是旅游发展中社区居民"主人"地位彻底丧失的必然结果。比如，以避免图瓦人日常的生产生活对景区交通和游客活动产生不利影响为理由，旅游开发者对喀纳斯生态旅游核心区中的图瓦老村进行了"整体搬迁"。喀纳斯生态旅游区的"整体搬迁"迫使图瓦老村原有的 126 户（502 人，共 3 个部落）中 53 户搬迁到新村，另有 38 户坚持不搬而留在了图瓦老村，16 户搬迁周边村落或散居在距离

---

① D. Atkinson and E. Laudier, "A Sanitised City? Social Exclusion at Bristol's 1996 International Festival of the Sea," *Geoforum*, vol. 29, no. 2(1998), pp. 199-206.

② 参见王剑、赵媛：《风景名胜区旅游发展与农村社区居民权益受损分析——以樟江风景名胜区为例》，载《人文地理》2009 年第 2 期。

③ 参见王德刚：《古城命运要由原住民来决定》，载 2013 年 11 月 22 日《中国旅游报》。

老村较近的森林里，19户搬到自己新找的聚居点。[①] 为发展旅游而让原住民搬迁，发展旅游的目的到底是为了谁？整体搬迁模式下，旅游地社区居民在旅游开发和发展中首先丧失了“居住权”，然后由于各自在搬迁时的抵抗和选择不同失去了原有平衡的社区社会结构，随即失去了公平发展的机会。

如果把“整体搬迁”模式算作极端情况的话，在旅游发展中更为常见的情况则是社区居民原有生产和生活因为旅游发展而受到的种种制约。以九寨沟为例，由于九寨沟实行分区管理，核心区内禁止游客和当地居民进入，当地社区居民只能在狭窄的沟里活动，生活空间和生产空间因为旅游景区的资源保护和发展而受到了制约。[②] 另外，在九寨沟核心区一草一木都不允许动，当地社区居民原来从事的狩猎、采摘等生产活动也被禁止。类似的情况，也发生在以森林、草原、湖泊、海洋等为旅游资源的旅游地，社区居民祖祖辈辈从事的伐木、狩猎、放牧、捕鱼等资源消耗型生产活动都会或多或少地受到限制。“整体搬迁”的案例在旅游开发、特别是乡村旅游开发中非常常见，一个有特色的古村或民俗村被开发商整体租赁，开发商在村外给村民们另盖了现代化的社区把村民搬进去，原来的村庄被开发成了旅游区，农民看似住进了新房子、拿到了老房子的租金、还能够在开发商的公司里就业再拿一份工资，但村庄的发展、旅游业的经营从此基本与村民无关，村民本身变成了社区发展的看客。

另外，在旅游发展中社区居民还有一些隐性的成本付出。由于信息不对称等原因，社区居民在旅游发展中利益受损的情况时有发生。时少华以M村旅游开发拆迁征地事件为案例，深入调查研究的结果表明乡村社区的自治权力事实上并没有起到保护村民公共利益的作用；相反，在征地拆迁过程中，代表村落自治权力的村干部积极配合县镇地方政府和开发商，促成了拆迁征地工作的顺利完成，结果导致村庄土地被低价收购、村民就业前景暗淡，M村村民的基本利益和生存环境都受到了严重威胁。[③]

通过上述的分析，我们可以总结出，无论是主动参与、还是被动参与，社区居民参与旅游业发展的成本主要包括以下几个方面：

——社区公共资源或个人资源以出租、转让等形式被占用；

——社区某些公共资源被无偿占用，如社区广场、绿地、河段、山地、游憩空间等；

——社区组织或居民主动以资源、实物、现金等形式入股旅游开发、建设项目；

——社区的传统文化、民间艺术、民俗风情等非物质文化被作为“旅游资源”用

---

① 参见姚娟、田世政：《社区居民“整体搬迁”模式对生态旅游景区管理的影响——以新疆喀纳斯生态旅游景区为例》，载《林业经济》2007年第6期。

② 参见孟晓红：《社区居民对旅游生态补偿的认知与期望调查研究——以九寨沟自然保护区为例》，载《旅游纵览》(下半月)2014年第8期。

③ 参见时少华：《权力视角下社区居民在当地旅游发展中的参与困境与破解路径——基于京郊M村旅游拆迁征地事件的分析》，载《理论导刊》2012年第12期。

于旅游开发，等等。

三、社区居民参与旅游的收益

社区居民在旅游发展中能否获益以及对收益的感知，直接影响社区居民对待旅游发展的态度。美国学者古尔索伊（D. Gursoy）和卢瑟福（D. G. Rutherford）以华盛顿和爱达荷州的社区居民为例，从经济获益、社会获益、社会成本、文化获益和文化成本五个方面探讨了旅游影响感知对当地居民旅游态度的影响，运用实证案例证实了经济获益感知和文化获益感知对社区居民对旅游发展态度的影响。[①]

旅游发展给旅游地社区居民带来的收益是多方面的，除了经济利益之外，还包括对社区居民生活质量产生影响的社会利益、文化利益和环境利益等。[②] 但是，由于旅游发展给旅游地社区居民带来的经济利益比较容易测量，而且在社区居民感知中最为显著，社区居民参与旅游获得的经济利益成为研究者关注的重点。以世外桃源景区的开发为例，景区 2003 年 10 月正式接待游客，通过旅游开发桃源村村民的生活水平迅速提高，人均收入由旅游开发前的 200 元左右提高到 2006 年的 1000 元左右，旅游发展还带动了当地竹编手工艺的发展。[③] 大量的研究表明社区居民从旅游中获得的收益主要是经济利益，安德拉卡等将社区居民获得的旅游经济收益划进一步划分为就业收入、经营收入、土地租金及股金和其他形式收益四种类型。[④]

表 9-2　　旅游地社区居民旅游经济收益类型

经济收益类型	具体表现
就业收入	通过在旅游企业就业的方式获得经济利益
经营收入	通过开办家庭旅馆、生产销售旅游商品、提供餐饮和休闲娱乐服务等经营活动获得经营收入
租金及股息	将宅基地和责任田之外农业用地使用权以转包、出租等方式流转土地使用权获得一定数量的租金；将宅基地和土地经营权作价入股旅游企业，获取股息

① D. Gursoy and D. G. Rutherford, "Host Attitudes Toward tourism: An Improved Structural Model," *Annals of Tourism Research*, vol. 31, no. 3(2004), pp. 495-516.

② C. Jurowski and D. Gursoy, "Distance Effects on Residents' Attitudes toward Tourism," *Annals of Tourism Research*, vol. 31, no. 2(2004), pp. 296-312.

③ 参见刘益：《旅游开发对社区居民经济影响的时空分异特征研究——以丹霞山、世外桃源景区为例》，载《经济地理》2006 年第 4 期。

④ K. L. Anderecka, K. M. Valentime, R. C. Knopf and C. A. Vogta, "Residents' Perceptions of Community Tourism Impacts," *Annals of Tourism Research*, vol. 32, no. 4(2005), pp. 1056-1076.

续表

经济收益类型	具体表现
其他形式收入	基于社区成员身份获得二次分配性质的经济收益，例如在某些生态旅游发达的地区，社区居民达到一定保障条件，就可以按月领取养老金、低保金等，凭借社区成员的身份每年获得一定数量的分红

资料来源：整理自（Anderecka 等，2005）。

需要注意的是，旅游地社区居民是一个非均质的群体，在旅游发展中获得利益的能力和机会也各不相同。因此，实际上社区居民个体对待旅游发展的态度取决于个人获益的情况。研究结果也证实了个人获益对社区居民的旅游发展态度具有正向影响的判断。① 以福建土楼为例，研究者采用结构方程模型（SEM）验证社区居民旅游发展态度的影响因素时引入“个人获益”作为调节变量，剖析了获益和未获益对居民旅游感知和旅游态度的影响；结果表明，从旅游发展中获益的社区居民对经济、社会文化和环境的获益感知越强烈，对待当地旅游发展的态度就越积极；相反，没有从旅游发展中获益的居民对经济、社会文化和环境的负面影响感知越强烈，则对待当地旅游发展的态度越反对。②

从上述分析看，社区居民参与旅游业发展的收益主要包括三个方面：经济收益、社会收益、环境收益。

社区居民的经济收益包括：一是就业收益，二是租金、股息和分红收益，三是社区福利。

社区居民的社会收益，主要包括社区知名度、美誉度提高，公共服务体系进一步完善，地方文化得以较好的保护和传承，社区个性得以持续并得到进一步强化，居民对社区发展的控制力提高，等等。

社区居民的环境收益，主要指通过发展旅游业，社区环境得到进一步美化、优化，有较明显的改善。

第二节　社区居民的旅游利益诉求

社区居民对于参与旅游发展有哪些利益诉求，由于缺乏系统的表达渠道，社区居民的利益诉求通常以态度、行为等形式表现出来。相关学者对于社区居民在旅游中的利益诉求的研究，则采用社区居民对旅游发展中的感知和态度调查来获取关于利益诉求的相关数据。目前，旅游发展中的利益居民感知和态度被认为是社

---

① N. McGehee and K. Andereck, “Factors Predicting Rural Resident’s Support of Tourism,” *Journal of Travel Research*, vol. 43, no. 2(2004), pp. 131-140.

② 参见王纯阳、屈海林：《村落遗产地社区居民旅游发展态度的影响因素》，载《地理学报》2014 年第 2 期。

区居民对旅游发展最直观的评价[①]，社区居民对旅游的感知和态度从而成为理解社区居民在旅游发展中利益诉求的关键。因此，近年来关于社区居民对于旅游的感知和态度引起了研究者的关注，社区居民对旅游的感知和态度研究积累了大量的成果。

一、社区居民的旅游经济利益诉求

经济利益诉求，是社区居民对旅游发展最直接的利益诉求。社区居民作为社区的主人和旅游影响的主要承担者，在发展旅游的过程中理应获得相应的经济收益。刘静艳等以广东鼎湖山风景区社区居民为研究对象，通过实证研究表明旅游经济收益对正面的旅游影响感知存在显著正向影响。[②] 另有学者对加纳两个小镇社区居民的研究结果表明，由于社区居民对旅游发展经济期望与实际获益之间存在落差，随即导致当地居民对旅游发展表现出消极的态度和行为。[③]

从经济利益的角度讲，社区居民同样希望经济利益的最大化。无论是就业者对工资薪酬的期望，还是经营业户或资本入股者对经营收益、分红的期望，都希望收益最大化、并且逐年提高而且是不能逆转的。而且，当居民的权利意识越来越提高时，那些没有直接参与旅游业经营的社区居民也会要求公共资源被占用也要得到应有的回报。

二、社区居民的旅游利益诉求类型

理论上，社区居民对旅游利益诉求可以划分为经济利益、社会利益和环境利益等多种类型。卢松和张捷以世界文化遗产皖南古村落的实证案例，基于社区居民对旅游发展带来的相关利益的感知，通过对调查所得数据采用均值分析、相关分析和矩阵分析等方法，将社区居民在旅游中的利益诉求划分为急需改进的因素、需要重点维护和完善的因素、可逐步解决的因素和需要不断维护的因素四种类型（见表9-3）。[④] 无论是经济利益、社会利益和环境利益诉求的理论划分，还是基于实证研究的四类利益因素划分，对于增进社区居民旅游利益的诉求具有重要意义。社区居民旅游利益诉求类型的细分，表明社区居民对旅游发展的利益诉求不是单一的经济利益诉求，而是多元化的复杂的利益诉求。在多元化的利益诉求序列中，必然存在基于价值观念的利益类型排序。从排序的角度来说，卢松和张捷对古村落社区居民旅游利益诉求按照重要程度和紧急程度的类型划分具有重要意义，为协调

---

① 参见尹寿兵、刘云霞：《风景区毗邻社区居民旅游感知和态度的差异及机制研究——以黄山市汤口镇为例》，载《地理科学》2013 年第 4 期。

② 参见刘静艳、王雅君、施琼：《旅游经济收益及旅游影响感知对社区居民环保意向的影响研究》，载《旅游科学》2014 年第 3 期。

③ V. Teye, E. Sirakaya and S. Sonmez, "Resident's Attitudes to Tourism Development," *Annals of Tourism Research*, vol. 29, no. 3(2002), pp. 668-688.

④ 参见卢松、张捷：《古村落旅游社区居民生活满意度及社区建设研究——以世界文化遗产皖南古村落为例》，载《旅游科学》2009 年第 3 期。

社区居民与旅游发展之间的关系提供了具有可操作性的指导。

表 9-3　　古村落社区居民旅游四类利益诉求

类型	利益诉求
急需改进的因素	住房条件、经济收入水平、学校教育、村民参与事务管理状况、社会福利和社会保障等
重点维护和完善的因素	村容村貌、道路交通、村内环境卫生、自然环境、基础设施、消防设施、医疗服务等
可以逐步解决的因素	物价水平、休闲娱乐设施、就业机会、当地政府工作、公共休闲空间、文体设施等
需要不断维护的因素	与其他村民的关系处理、购物方便程度、社会治安等

资料来源：整理自(卢松，张捷，2009)。

三、社区居民的利益诉求差异

社区居民利益诉求差异的相关研究表明，即使在同一社区内部，社区居民由于年龄、性别、教育背景、社区地位、职业等方面的差异，也存在对旅游利益诉求的差异。韩国圣等分析了天堂寨景区农村社区居民旅游影响感知的差异，研究发现青年群体更关注旅游发展带来的社会成本，中年群体更关注旅游发展带来的经济利益，老年群体和中年群体都非常关注社区议题。①

总体来说，老年人和妇女的利益诉求更多停留在物质生活层面；而随着社会和旅游业的发展，社区居民中的部分"精英"的旅游利益诉求正在从经济利益诉求层面向被尊重、成就感和自我发展等精神层面的利益诉求升级②，并越来越关注社区整体利益、社区个性和传统的维护与传承、社区形象等公共利益。

从空间地域的维度来看，社区居民旅游利益诉求的差异通常会受到不同地区经济发展水平的影响。杨学燕以宁夏回族自治区永宁县纳家户村以及西吉县火石寨乡为例，分析了旅游开发对不同经济发展地区的回族社区居民的影响和感知差异，研究结果表明纳家户村、火石寨乡两个回族聚居区的居民对旅游发展及其所带来的经济、社会、文化影响都有比较显著的感知，但感知程度存在差异。③ 程绍文等以中国九寨沟和英国 NF 国家公园为对比案例，分析了自然旅游地社区居民旅游发展期望与旅游影响感知对其旅游态度的影响，结果表明两地社区居民对旅游

① 参见韩国圣、张捷、黄跃雯、尹立杰：《天堂寨景区农村社区居民旅游影响感知的差异分析》，载《地理科学》2011 年第 12 期。

② 参见景秀艳、Timothy J. Tyrrell：《旅游发展与社区居民幸福之关联——基于泰宁县三个旅游社区的实证研究》，载《吉林师范大学学报》(人文社会科学版)2012 年第 1 期。

③ 参见杨学燕：《从社区居民对旅游影响的感知谈回族民俗文化的旅游开发——以宁夏永宁县纳家户村为例》，载《宁夏大学学报》(自然科学版)2008 年第 1 期。

发展的期望和态度具有显著的文化差异。[①]

从时间阶段的维度来看，社区居民的旅游利益诉求差异受到旅游发展阶段的直接影响。谌永生等以敦煌市为例研究了主社区居民对旅游效应的感知，研究发现社区居民对旅游积极效应的感知明显强于对消极效应的感知，对经济效应的感知强于对社会文化和环境效应的感知；敦煌市已形成了较为鲜明的热爱者、现实主义者、谨慎的热爱者、顾虑者和憎恨者等五类群体。[②] 处于旅游发展不同阶段的社区居民对于旅游发展的利益诉求也存在显著差异，随着旅游发展从初级阶段向高级阶段升级，社区居民对于经济利益的敏感程度会逐渐降低，而对环境利益和社会利益的敏感程度会逐渐增强，这将导致顾虑者和憎恨者群体的增加。总之，随着旅游地不断发展，社区居民的旅游利益诉求越来越难以满足，社区居民与旅游发展的矛盾将越来越成为制约旅游可持续发展的核心问题。

总体来看，社区旅游利益的差异主要受不同人群、空间和旅游发展阶段的影响。对经济利益的关注具有一定的共性，但随着旅游发展阶段的变化，特别是当进入高级阶段时，则会逐步减弱，而对社区公共利益——包括环境质量、文化传承、社区个性等的关注会逐渐加强。

第三节　社区居民与旅游相关利益群体的博弈关系

社区居民与旅游者、政府、开发商等是处在相对的位置，因此也在博弈中获得利益。

一、社区居民与旅游者

社区居民与旅游者之间的关系，作为旅游中的"主客关系"长期受到国内外研究者的关注。1975 年，较早关注社区居民利益的旅游学者道科西(G. V. Doxey)根据巴巴多斯和尼亚加拉的案例研究，总结出旅游地社区居民对待旅游者和旅游发展态度的阶段性变化，指出随着旅游发展和游客数量的增加，社区居民会经历"兴奋—漠然—厌恶—对抗"四个阶段。[③] 道科西指数和社区居民态度四阶段说对于理解和研究社区居民对待旅游者的态度问题影响深远。

当地社区居民与旅游者之间的直接冲突成为在旅游发展过程中难以避免的问题，大量的主客冲突现象和极端事件不断证实了道科西的"愤怒指数"理论。1995

---

① 参见程绍文、张捷、徐菲菲、梁玥琳：《自然旅游地社区居民旅游发展期望与旅游影响感知对其旅游态度的影响——对中国九寨沟和英国 NF 国家公园的比较研究》，载《地理研究》2010 年第 12 期。

② 参见谌永生、王乃昂、范娟娟、程弘毅、隆浩：《主社区居民对旅游效应的感知研究——以敦煌市为例》，载《地域研究与开发》2005 年第 2 期。

③ G. V. Doxey, "A Causation Theory of Visitor-resident Irritants, Methodology and Research Inference," Sixth Annual Conference Proceedings of the Travel Research Association, *The Impact of Tourism*, San Diego, 1975, pp. 195-198.

年，法国巴黎的克劳德·夏朋杰曾经领导过一次针对旅游者的抗争，要求禁止旅游客车进入他生活的区域。[①] 2011年8月，江西婺源李坑、江湾、汪口等景区出现了村民拦阻游客事件，一些景区也因此关闭，其原因是由于当地村民和婺源旅游公司关于"分成费"存在矛盾并未能有效地解决，最后村民只能以"拦堵游客"的过激方式表达自己的不满。刘好强从公平理论的视角出发，将"拦堵游客"归结为组织报复行为，指出由于未获得公平发展和获益的权利，社区居民将采取组织报复等负面行为表达不满和利益诉求。[②] 2012年8月5日，新疆喀纳斯风景名胜区中的禾木村发生了当地马队与漂流队之间的矛盾冲突，导致当天大量游客滞留。[③] 2012年2月1日，香港《苹果日报》出现一则题为"香港人，忍够了"的大幅广告，暗讽大陆人为"蝗虫"，要求当局阻止大陆人"入侵"。[④] 随后，香港市民与大陆游客之间的矛盾随着"地铁骂战""滋扰内地游客"等事件不断激化。张梅通过对福建南靖土楼一年半的实地跟踪调查，整理出了福建南靖土楼居民与游客发生冲突的三种情况：(1)村民在村口拦车要求游客下车进楼参观并消费，如果游客有异议就产生口角甚至肢体冲突；(2)村民不顾一次性门票收费规则，擅自在未设收费点的土楼(非世遗而具有某种特色的土楼)和已设收费点土楼(世遗土楼)二楼入口处自主联合轮流收费，否则拒绝游客进入或上楼；(3)村民联合哄抬物价，严重者存在轻微欺诈游客现象。[⑤] 进一步调查发现，福建土楼居民与游客发生冲突根源于社区参与旅游的层次低、形式单一、规模小、分享的利益低下而且缺乏参与旅游经营、管理和决策的有效途径。

旅游活动中的主客交往会对当地社区居民的经济行为、人际关系、价值观念和社会文化等多方面产生影响。[⑥] 只有当旅游者真正渗透到当地社区居民日常生活中去的时候，双方的文化和社会差异才会真正显露出来，同时问题也会发生。[⑦] 因此，社区居民与旅游者之间的关系，不仅取决于旅游发展阶段、旅游者规模等，而且还取决于旅游发展模式。当采用旅游景区与社区相分离的发展模式时，旅游者的活动空间与当地社区居民相隔离，主客接触的可能性被限制，旅游者对当地社区居民生活产生的影响也较小。反之，如果采用旅游与社区一体化发展的模式，则出现旅游者活动空间与当地居民竞争与共享的现象，主客接触频繁、交往深入，旅游者对社区居民的生活影响较大。这往往成为旅游发展的矛盾，旅游者希望进入社区

① 参见[美]西奥多·斯坦杰：《旅游带来的负面效应》，载《编译参考》1995年第11期。

② 参见刘好强：《旅游公平对旅游社区居民社会排斥感与组织报复行为的影响》，载《商业时代》2014年第13期。

③ 参见王琼、张军民、汪锦、冯迎、李茹茹：《禾木景区社区居民旅游影响感知实证研究》，载《资源开发与市场》2014年第9期。

④ 参见百度百科"蝗虫广告"，http://baike.baidu.com/view/7737747.htm?fr=aladdin。

⑤ 参见张梅：《福建土楼(南靖)旅游管理中的社区居民行为研究》，载《闽台文化研究》2014年第2期。

⑥ 参见孟威、苏勤：《旅游主客交往对社区居民影响的分析模型——以周庄为例》，载《旅游论坛》2010年第3期。

⑦ 参见[美]威廉·瑟厄波德：《全球旅游新论》，张广瑞等译，中国旅游出版社2001年版，第71页。

进行深度体验式的旅游，而旅游者的规模过大就势必影响、干扰社区生活（见表 9-4）。

表 9-4　　主客交往对旅游地社区居民的影响

影响内容	具体表现
经济行为	使旅游地社区居民逐渐适应并变得善于经营商业
人际关系	使旅游地社区居民更加殷勤好客；使旅游地社区居民不再惧怕并越来越擅长与旅游者交往；使旅游地社区居民内部的人际关系（相互信任、社交网络等）受到影响
价值观念	更加珍视和保护自己的生活方式；道德水准存在下降趋势；思想观念更新和开放；文化自豪感增加
社会文化	旅游地社区居民婚姻和家庭关系逐渐改变；本地方言使用频率和比例减少，口音逐渐改变；社区居民文明礼貌程度提高；旅游地犯罪率（抢劫、偷窃、诈骗等）存在上升趋势

资料来源：整理自（孟威和苏勤，2010）。

社区居民对待旅游和旅游者的态度也与旅游地原有的文化涵化程度、经济发展水平等因素密切相关。王洁和杨桂华以碧塔海生态旅游景区为例对影响生态旅游景区社区居民心理承载力的因素进行了分析，研究表明在旅游业发展以前已经打破封闭状态的红坡村委会和九龙村委会下属的各自然村已经具备与外界沟通交往的能力，相对比较容易接受大量远方的旅游者的到来。[①]

总体上，社区居民在与其他旅游利益相关群体的博弈中，通常处于弱势地位，而旅游者则往往成为社区居民发泄不满的对象。旅游者作为旅游活动的主体，是旅游相关利益诸多主体中的核心。在旅游发展初期，社区居民出于对外来旅游者的好奇和对来自旅游发展的经济利益的直接感知，通常会对旅游者抱有积极态度；但是，随着旅游发展不断深入，旅游者规模不断扩大，社区居民对于外来旅游者好奇之心被逐渐消磨殆尽，对经济利益的感知为逐渐显现的社会利益和环境利益感知所取代，社区居民会将对整个旅游发展的不满发泄到旅游者身上。因为归根结底，无论是对地方政府政策的不满，还是对旅游开发商利益分配的不满，社区居民的表达途径都非常有限。虽然，作为个体的旅游者未必是引起社区居民负面态度的直接原因，但是却非常可能成为社区居民负面态度的表达直接对象。

二、社区居民与旅游企业

旅游开发商往往是政府职能部门通过招商引资等途径引进的企业，享受政府

① 参见王洁、杨桂华：《影响生态旅游景区社区居民心理承载力的因素探析——以碧塔海生态旅游景区为例》，载《思想战线》2002 年第 5 期。

和部门给予的各种优惠政策，与社区居民相比处于优势地位。① 因此，解决社区居民与旅游企业之间的冲突问题，通常采取为社区居民增权的措施。柴寿升等以青岛崂山风景区为案例，研究了旅游开发与社区居民利益的冲突，根据居民对旅游开发的态度差异将当地社区居民划分为支持者、中立者、憎恨者和矛盾憎恨者四类，并为解决冲突提出了建立沟通机制、补偿机制、增权机制和公平利益分配机制的应对措施。② 社区居民与旅游企业之间的利益冲突是旅游产业利益相关者之间的核心冲突。社区居民与旅游企业之间的冲突可以分为就业权益冲突、收益权益冲突和社区利益被忽视三种情况（见表9-5）。③

表9-5　社区居民与旅游企业之间的三类利益冲突

类型	社区居民	旅游企业	冲突
就业权益冲突	希望通过旅游开发获得工作机会	考虑到当地居民文化水平、职业技能等情况，不愿意大量雇用当地社区居民	产生严重用工冲突，使企业的正常经营常受到不利影响
收益权益冲突	希望参与旅游经营项目获取收益	资金投入是参与旅游项目的基础	当地居民由于缺乏投入旅游项目的资金被排除在旅游收益之外，外地人通过投资旅游发展获益，引发收益冲突
社区利益被忽视	社区居民生活受到旅游发展的负面影响，未获得补偿和参与旅游发展的机会，存在不满又没有正当表达途径	旅游企业获得旅游发展带来的经济利益，忽视当地社区居民的利益诉求和感受	社区居民由于心理失衡，与旅游企业爆发激烈冲突直接破坏正常经营活动，在谈判中会提出非理性的不正当要求

资料来源：整理自（张海燕，2013）。

旅游企业如果在参与旅游开发之初，就将社区居民的利益纳入考虑，尊重社区居民的利益诉求，社区居民与旅游企业之间则会出现良性互动的双赢关系。广维文华旅游文化产业有限公司在开发《印象·刘三姐》项目之初就将居民作为重要利益主体纳入规划之中，整个项目演职员共750多人，其中雇用当地农民400多人。《印象·刘三姐》演出地所在的木山、管家、下莫、田家河、木山榨、白沙湾、猫仔山等7个自然村，人口2700多，其中有200多人在演出中担当拉红绸、点渔火、举旗、水

① 参见杨坤：《基于博弈论的旅游开发商与社区居民的关系研究》，载《齐齐哈尔大学学报》（哲学社会科学版）2011年第5期。

② 参见柴寿升、龙春凤、常会丽：《基于社区居民感知的景区旅游开发与社区利益冲突研究——以崂山风景区为例》，载《中国海洋大学学报》（社会科学版）2012年第2期。

③ 参见张海燕：《旅游企业与社区居民利益冲突及协调博弈研究》，载《财经理论与实践》2013第1期。

上救护等任务，因角色不同人均月收入600～1000元不等。当地农民可以通过直接参与演出、开办餐饮、出租房屋等，从《印象·刘三姐》旅游项目中获得经济收益。[①]《印象·刘三姐》的演出项目因为在设计之初考虑了社区居民的参与，节目设计需要大量的演职人员且不需要高水平的表演者。因此，整个项目750多人中雇用当地农民达到400多人，占所有演职人员的比例超过了50%，项目从设计之时就为社区居民参与和获利保留了足够的空间。一方面，经营《印象·刘三姐》演出项目的旅游企业为当地社区居民提供了就业机会和因旅游获利的经营机会；另一方面，大量当地农民参演《印象·刘三姐》为旅游企业提供了低廉的劳动力资源，保障了演出项目的成功运作。

一般情况下，企业与社区居民是处于不平等的地位的，企业往往处于强势地位，居民处于弱势地位。这就需要政府居间协调，从招商引资、企业进入社区一开始，就建构起与社区居民地位平等、利益均衡的合作关系，才能够真正形成可持续的社区旅游发展模式。

三、社区居民与地方政府

在旅游发展过程中，旅游地社区居民与地方政府之间的矛盾似乎更难以解决，社区居民与地方政府之间的博弈关系也更为复杂。理论上，地方政府与社区居民在旅游利益诉求上应当有很多一致性。社区居民和地方政府共同构成了旅游地社会系统，在旅游发展中希望获得经济利益，减少社会利益和环境利益的成本付出。那么，为什么社区居民与地方政府之间也会出现矛盾和冲突呢？具体来说，可以至少分为两类情况：一是地方政府在主导旅游发展的过程中，自上而下地推动旅游发展，忽视了社区居民的利益诉求，并利用自己所处的强势地位而“越庖代俎”“自作主张”，造成政府投入和政策措施“不得人心”；二是地方政府在主导旅游发展的过程中，为了更快地推动旅游的快速发展，在协调旅游企业、旅游者、政府和社区居民等多方相关主体利益时，往往会牺牲社区居民的利益从而造成社区居民的不满。

举例来说，在实施旅游扶贫工程中，额尔古纳各级政府为贫穷的室韦村做了很多工作。比如争取了20万元扶贫基金作为启动资金、投入村庄基础设施建设、编制室韦村旅游发展规划、组织村民赴俄罗斯考察、请老师来村中讲解如何做好家庭游、筹措资金安装电脑并进行网上宣传、敦促室韦村建立村民自治的家庭游协会等。但是，李燕琴所做的实证研究表明，当地社区居民对于地方政府的评价却不高，即使从旅游发展中受益的居民也对地方政府的相关政策心存不满。[②] 室韦旅游扶贫的案例中地方政府在决定发展旅游及制定相关政策的时候没有征求社区居民的意见，因此即使社区居民在旅游发展中获得了实际经济利益，由于在旅游决

① 参见韦复生：《旅游社区居民与利益相关者博弈关系分析——以大型桂林山水实景演出“印象·刘三姐”为例》，载《广西民族研究》2007年第3期。

② 参见李燕琴：《旅游扶贫中社区居民态度的分异与主要矛盾——以中俄边境村落室韦为例》，载《地理研究》2011年第11期。

策、政策制定等环节未受到相应的尊重，社区居民实际上丧失了自主发展的权利。被动地卷入旅游发展的浪潮之中，通过自身的不断适应获得相应的经济利益，社区居民并不会因此感激地方政府的努力。

在协调旅游开发商企业和社区居民关系时，地方政府通常充当重要的角色。尤其涉及到土地征用，往往是由地方政府出面与社区居民直接博弈；旅游开发商企业则在土地征用问题处理好之后介入旅游开发活动。陈莎以凤凰古城为案例剖析了地方政府、旅游开发商和当地社区居民之间的博弈关系，研究表明县政府与社区居民间的博弈主要表现为土地征用。① 虽然当地居民掌握着最为核心土地资源，但是政府却在实际博弈关系中处于强势地位，被征土地的居民处于了博弈的劣势位置。由于凤凰古城旅游发展主要依靠外部投资力量，在“外来企业进驻＋县政府主导”的模式下，旅游开发商获得了高额利润，县政府获得了财税收入，但是社区居民却逐渐丧失了旅游资源开发的主动权，居民参与旅游规划和旅游发展的权利被“剥夺”，利益诉求被边缘化。时少华以京郊 M 村落旅游拆迁征地事件为例，对社区居民参与过程中的权利运作策略进行分析，表明“合法性困境”和乡土社会的“权利利益网络”构成了乡村社区居民在面对地方政府时的两大困境。② 乡村社区居民在与地方政府博弈的过程中，采用了“拖”策略、问题构建和依法抗争等策略并成功获得了额外的奖励和补偿。

在分析社区居民与地方政府的关系时，社区居民中精英群体的角色、态度和行为非常值得关注。精英治理概念对于处理社区居民与地方政府之间的关系具有启发意义。在政府监管和引导、在外地企业介入和经营的前提条件下，旅游地社区中的“精英”可以利用其自身的影响力来引导其他居民主动参与旅游；旅游地社区中是否存在“精英”以及“精英”的影响力是考察社区居民是否具有旅游参与能力的重要指向标。③

地方政府在协调旅游企业与社区居民关系时的立场、态度和措施，会影响到未来社区居民对地方政府的信任度，进而影响社区居民参与旅游的积极性。同安野山谷生态乐园案例研究表明，由于景区开发前期的征地赔偿、山地租用财务状况并不明晰等问题，不仅景区与当地社区之间矛盾重重，而且造成旅游地社区居民对居委会和地方政府强烈的不信任。④ 不仅旅游发展影响社区居民与地方政府之间的博弈关系，而且在旅游发展之前社区居民对地方政府的信任程度也会影响社区居

① 参见陈莎：《基于社区居民—政府—旅游企业博弈下民族文化旅游产业发展研究》，吉首大学硕士学位论文，2013 年。

② 参见时少华：《权力视角下社区居民在当地旅游发展中的参与困境与破解路径— 基于京郊 M 村旅游拆迁征地事件的分析》，载《理论导刊》2012 年第 12 期。

③ 参见王林：《乡村旅游社区文化遗产的精英治理——以广西龙脊梯田平安寨村委会选举为例》，载《旅游学刊》2009 年第 5 期。

④ 参见陈秀琼、林雅恋：《旅游开发对社区居民生活质量影响分析——同安野山谷生态乐园案例》，载《中国农学通报》2010 年第 21 期。

民参与旅游的积极性。[①]

总之，社区居民在旅游业发展中，往往处于弱势地位，往常会“被旅游”，利益得不到保障。因而也导致社区居民在与旅游者、政府、开发商等之间的博弈中，会采取他们认为有效的各种方法和手段。

① 参见张洁、杨桂华：《社区居民参与旅游积极性的影响因素调查研究》，载《生态经济》2005 年第 10 期。

第十章　企业旅游利益

企业是以盈利为目的的社会组织，即无论在哪个领域，从事哪个行业，企业都要得利。旅游企业同样是以盈利为目的，但由于旅游业的特殊性，其利益诉求也具有自己的特点。

第一节　旅游企业经营权和收益权

企业是以经营牟利测之，生产某种产品为盈利手段的。因此，经营权和收益权是企业的基本权利。

一、旅游企业经营权

经营权和收益权是企业的基本利益。

与其他利益群体相比较，旅游企业在旅游发展中的利益诉求是比较清晰的，即获取最大化的经济利益。然而随着旅游和旅游业的发展，对旅游企业研究的不断深入，人们逐渐认识到旅游企业的经营绩效实际来自相关利益群体多方的诉求压力，旅游企业自身的经营权是处在与政府的博弈关系之中。因此，在讨论旅游企业在旅游发展中付出的成本、获得的收益和应承担的责任之前，首先需要关注旅游企业的经营权问题。可以说，经营权是旅游企业在旅游发展中的基础利益，是旅游企业作为旅游市场主体的基本保障。

企业的经营只有拥有了企业法人财产的经营权之后，才能根据市场的需要独立作出企业的经营决策，自主地开展生产经营活动，及时适应市场变化。经营权是经营者对其经营财产的一种占有、使用和收益的权利。由于我国旅游业发展的特殊历程，旅游企业的类别相对较为复杂，包括国有企业、私营企业、合资企业、外资企业、混合所有制企业、股份制企业等多种类型，在乡村旅游企业中还包括许多个体经营者、合作社经营者，在景区和饭店经营领域，还包括事业性质的旅游景区管理机构，招待所、培训中心性质的住宿接待机构等。

上述不同类型的旅游企业，由于企业性质的不同，其经营权限、享受的政府政策、承担的经济责任和负担等也有很大区别。

从概念上说，企业经营权是指企业在经营过程中对企业财产经营、投资和其他事项所享有的支配、管理权。企业经营权的实现方式主要包括承包、租赁和公司制。在市场经济条件下,企业建立自主经营、自负盈亏的自主企业制度,现代企业制度中,在所有权和经营权分离的基础上,企业可以获得经营自主权。

由于旅游业是一个特殊性的行业,具有产品与服务的一体化、产品生产与消费的一致性等特点,决定了旅游企业经营的特殊性,有些具体的细分行业需要建立许可制度,如旅行社行业,需要有旅游主管部门的经营许可并需缴纳保证金,才能够进入该行业、获得经营权,即政府规制为其设立了进入门槛。而景区类旅游企业由于其所经营资源的特殊性,部分具有公共资源性质,景区经营者并不能完全按照市场原则对资源进行经营,所以,景区类产品的价格要实行三种定价原则,即政府定价、政府指导价和市场定价,这必然会影响景区企业的经营权限和经营绩效。因此,经营权作为旅游企业的基本利益,实际上受很多特殊政府规章、规制的制约。

二、旅游企业收益权

旅游企业包括旅行社、旅游饭店、旅游景区、旅游车船公司、农家乐以及新型线上企业等不同类型,其中旅游景区的经营权和收益权问题由于实践需要受到了研究者的广泛关注。世界各国旅游景区,尤其是自然景区赖以发展的资源基本属于国有资产,将国有资产进行企业化运营时就出现了所有权和经营权分离的问题。因此,现代西方产权理论被认为是旅游景区经营权转让的理论基础。瑞士和美国自然资源使用状况的比较研究表明,经营权转让在提高资源利用效率方面具有重要作用。①

旅游企业的经营权和收益权问题最为突出、也是最受社会关注的是旅游景区企业的经营和收益问题。

1997年,湖南省就分别以委托经营和租赁经营的方式出让了张家界黄龙洞和宝峰湖的经营权,成为了我国第一个出让景区经营权的省份。住建部曾经专门就景区经营权转让问题发出禁令,至今在学术界关于旅游景区经营权是否应当出让也存在争议。问题的关键在于,政府要尊重契约、履行合同约定。在需要资金保护资源和发展旅游的时候,通过经营权转让的方式引入了社会资本,赋予了旅游企业以景区经营权,此后就应当分清楚哪些是归政府管的、哪些是归市场调节的范畴。否则,旅游企业的经营权就没有实现完整意义上的转让,旅游企业的基本权益就失去了保障。

事实上,旅游景区企业的经营权和收益权并没能得到很好的保障,凯利通过研究澳大利亚景区价格设定问题,对旅游景区企业的经营权问题进行了探讨。② 尽

---

① David Vail and Lars Hultkrantz, "Property Rights and Sustainable Nature Tourism: Adaptation and Mal-adaptation in Dalarna(Sweden) and Maine(USA)," *Ecological Economics*, vol. 35, no. 5(2000), pp. 223-242.

② Kelly Cassidy and Chris Guilding, "Tourist Accommodation Price Setting in Australian Strata Titled Properties," *International Journal of Hospitality Management*, vol. 26, no. 2(2007), pp. 277-292.

管我国多数旅游景区已经实现了经营权和所有权的分离，但是旅游景区企业对于门票价格并不拥有完全意义上的定价权。企业拥有产品的定价权是企业作为市场主体的重要表现，景区旅游产品的门票价格不能由旅游景区企业完全决定，则旅游景区产品的供需关系就不是完全由市场调节。也就是说，旅游景区企业还不能成为完整意义上的市场主体，也即没有完全获得经营权。国家发改委曾在 2007 年出台规定，要求景区门票涨价间隔不得少于三年。《旅游法》为了严格控制景区门票价格上涨，特别规定利用公共资源建设的景区的门票以及景区内的游览场所、交通工具等另行收费项目，实行政府定价或者政府指导价，严格控制价格上涨。

显然，政府对于旅游景区门票价格的管理有利于旅游者的利益诉求，但是在一定程度上却损害了旅游景区企业的经营权。这在旅游业发展过程中是一个很突出的矛盾。一方面，旅游景区本身的多重性质和带有部分公共产品的属性，的确要求旅游景区的价格不能完全实行企业自主定价，特别是那些利用公共资源开发的景区，本身就带有经济和公益的双重属性，不能完全作为市场行为；另一方面，政府作为国有资产所有权的行使主体，拥有相应的利益分配权，比如在出让旅游景区经营权时可以约定利益分配的比例等，但是，政府直接出手干预景区产品价格的行为，不符合经营权和所有权分离的原则，不符合出让经营权的合同约定。

从经济学的角度看，景区企业位于旅游产业链的上游，景区把游客吸引来，当地的旅行社服务业、餐饮、住宿、购物、娱乐、交通等领域都通过游客消费获得经济利益，即旅游景区的经营活动具有外部经济性。但问题是：目前旅游景区之外的这些行业都把景区带来的利益认为是自己应得的，而政府、媒体、公众等则更主观认定景区的外部经济是公众利益的一部分和关联企业的应得利益，这就造成了景区经营者心里的不平衡，因此，也就导致了景区经营者会采取外部不经济手段来获得更大利益、弥补心里平衡的行为，而门票涨价就是景区经营企业将外部经济内部化的一种必然手段。所以，景区涨价的根源，实际上是景区企业的外部贡献得不到合理回报所使然。目前，我国都还没有建立起对景区企业的外部贡献进行合理回报的机制和渠道，在这种情况下任何性质的企业经营者都会采取外部性不经济性手段来获得自身利益的最大化。西湖免除大门票之所以能够在全国获得一片喝彩声，很多人只是在表面上看到了杭州市政府的大气和精明，但这种模式实际正是吻合了景区经济外部性的经济规律，而政府则通过地方财政的转移支付来对景区进行回报，这样就建立起了一种通过政府财政来平衡旅游利益再次分配的合理机制。但对于绝大多数旅游景区来说，却没有一种机制和渠道让他们获得合理回报，下游所有的企业，也只有旅行社可以通过招徕更多的游客来回报景区，而交通、餐饮、住宿、娱乐、购物等其他关联企业，则基本没有形成对景区企业的直接回报，政府更缺乏平衡机制。[①]

因此，从景区企业经营权、收益权的角度讲必须要建立科学的社会回报机制，

---

① 参见王德刚：《景区涨价板子不能只打景区》，载 2012 年 4 月 25 日《中国旅游报》。

使景区企业的社会贡献——外部经济性得到合理回报。十几年前,我国曾设有"旅游发展基金",征收范围是所有旅游企业,征收额是企业营业额的3%左右,很多省份是由税务部门将这个基金与地税一起征收的,然后返还给旅游部门用于旅游营销,专款专用,这实际上带有一点平衡的意义,起码能够通过营销给景区带来更多游客,增加一定的经济效益。

另外,由于旅游企业经营内容所涉及利益相关者的不同,旅游企业的收益权会有很大的差异。如涉及到社区利益的历史街区、古村镇、乡村旅游等项目,利益相关者的众多,利益分配格局复杂,旅游经营收益分散,具体开发或经营企业的本身所得到的收益必然受到影响。

三、旅游企业与政府的博弈关系

旅游企业与政府之间的博弈关系,同样也最突出表现在景区企业中,实际仍是对经营权的争夺,是产权不清晰和利益分配不合理的具体表现。谢雨对地方政府与旅游企业之间的关系采用演化博弈理论进行了分析。① 朱瑞通过分析生态旅游涉及的多项利益主体,演绎了旅游企业与旅游者、社区、公众、媒体和政府等利益主体的博弈关系,进一步指出旅游企业与之博弈的"政府"并不是一个单独的利益主体,而是包括了环保部门、国土部门、农业部门、建设部门、林业部门和海洋部门等细分主体的政府部门利益群体。②

由于我国的景区类型很多,涉及到众多的资源管理部门,包括旅游、文化与文物、林业、水利、住建、环保、宗教、海洋和渔业、国土等等,这些部门都是代表政府在管理着本领域的相关资源,包括文物保护单位、风景名胜区、自然保护区、森林公园、湿地公园、地质公园、水利风景区、生态保护区、旅游区、度假区等等,各自依据相关的法律、条例、办法等对所属资源实施管理、监督。而旅游景区企业出于自身的利益诉求、特别是经济利益最大化的诉求,总是试图能够突破法律法规界限,为自己谋取更大的利益。只要有利益诉求,这种博弈就一直会持续下去。

第二节 旅游企业利益诉求与绩效

作为重多企业中的一种类型,旅游企业的利益诉求是与旅游业的性质及其所经营的资源、生产的产品相对应的。

一、旅游企业利益诉求

旅游企业包括开发商、供应商、代理商和企业内的人力资源,从经营的产品来说包括景区企业、旅行社企业、旅游住宿接待企业、旅游车船运输企业、旅游餐饮企

① 参见谢雨:《地方政府与旅游企业的演化博弈分析》,北京工业大学硕士学位论文,2013年。

② 参见朱瑞:《我国生态旅游发展:利益相关者视角分析》,载《杭州师范学院学报》2004年第5期。

业、旅游商品研发销售企业、旅游康体娱乐企业，近年来又出现了许多新业态旅游企业，如线上旅行社和旅游电商、租赁住宿企业、露营地等等。随着乡村、农业旅游的发展，又出现了个体农家乐经营者、乡村旅游合作社、乡村酒店、季节性采摘园、租赁农庄等新的经营业态。旅游企业的类型非常复杂。

旅游企业的经营要依托目的地社区的资源。从可持续发展的角度讲，他们都应该尊重目的地文化和环境、尊重目的地的经济模式及传统的生活方式。但由于企业本身的逐利本性，在现实中他们往往因利益的驱动而发生与此相悖的行为和价值取向。开发商拥有合法的收益权，追求投资的高回报是他们最关心的问题；供应商与代理商包括旅游景区、旅游交通、旅行社、饭店、旅游商店等，他们的利益核心是由其所提供产品的特点决定的，如旅游景区提供的产品包括有形部分、服务、顾客的行为和一些无法控制的因素（如天气情况、某一时间景点的游客构成），他们之间的关系很复杂，致使每个旅游者的经历都不一样。在旅游企业中，员工的服务行为本身也是产品的一部分，这也就构成了员工与企业、员工与旅游者之间特殊的利益关系，这样以来员工在旅游企业的利益就不仅仅是薪水、奖金、津贴，还有直接的法律和道德上的利益，如此也引发了员工与企业成本的复杂化。

但企业作为投资者、经营者和旅游产品的供给者，他们也应该有自己正当的利益诉求，主要包括：

——良好的政策环境，能够促进获利颇丰的旅游企业发展，包括景区、饭店及其他住宿设施，餐馆及其他饮食服务，运输系统，手工艺品等；

——合理的经济负担（税收、规费、社区贡献等）；

——有足够的经过培训、高素质并热爱旅游业的劳动力资源（主要是当地就业者）；

——充足的和高质量的客源以保障经营收益（游客数量、停留时间和消费额）。

从本质上上说，旅游企业利益诉求的核心，实际上是健康的经营环境。[①] 只有有一个健康的经营环境，旅游企业才能够获得合理的经济收益，并得到较快的发展。

二、旅游企业绩效责任

企业一般是指以盈利为目的，运用各种生产要素（土地、劳动力、资本、技术和企业家才能等），向市场提供商品或服务，实行自主经营、自负盈亏、独立核算的法人或其他社会经济组织。[②] 旅游企业也是以盈利为目的的法人或社会经济组织。因此，企业旅游利益的天然核心是经济利益。企业在旅游发展中获得经济利益的能力，既体现在获取经济收益方面，也体现在成本控制方面，综合起来称为“企业绩效”。

企业绩效是指企业在某段生产经营期间内取得的经营成果，企业绩效的影响

① 参见王德刚、贾艳菊：《成本共担与利益共享——旅游开发的利益相关者及其价值取向研究》，载《旅游科学》2008 年第 1 期。

② 参见百度百科“企业”，http://baike.baidu.com/view/38340.htm? fr=aladdin。

因素有很多，包括企业规模、股权集中度、股权结构、资产管理能力等。[①] 旅游企业成本主要由设备设施使用费、原材料等物资消耗、从业人员成本等组成，刘海林通过构建旅游企业成本构成的数学模型求解旅游企业利润最大化的实现路径，从成本控制的角度，剖析了旅游企业的利益策略。[②]

旅游企业有获取经济利益的诉求，而且对相关利益群体承担绩效责任。李冬梅以上市公司利益相关者责任与企业绩效的相关性为研究对象，将利益相关者责任分为对股东、员工、债权人、消费者、供应商和政府六个方面进行研究，以A股上市公司2008～2010年的数据为样本，对企业利益相关者责任与企业绩效关系进行了检验，构建了企业利益相关者责任指标体系（见表10-1）。[③]

表10-1　旅游企业利益相关者绩效责任指标体系

绩效责任	指标	计算方法	利益相关者诉求
企业绩效	总资产收益率	净利润/总资产	旅游企业总体运营情况
	净资产收益率	净利润/平均净资产	
对股东的绩效责任	资本保值增值率	期末股东权益/期初股东权益	资本保值增值；资金安全
	每股收益	（净利润－优先股股利）/流通在外普通股加权	
对员工的绩效责任	工资福利率	应付职工薪酬/营业收入	稳定地工作环境、公平合理的工资福利、培训升职机会等
	支付给员工现金比率	用于员工的现金支出/销售商品收到的现金	
对债权人的绩效责任	流动比率	流动资产/流动负债	企业的偿债能力
	速动比率	（流动资产－存货）/流动负债	
对政府的绩效责任	税费收入比	（支付的各项税费－税费返还）/营业收入	依法纳税，遵守市场交易规则，接受政府的监管
	资产税费贡献率	企业支付的各项税费/总资产	
对旅游者的绩效责任	营业收入增长率	本年营业收入/上年营业收入－1	旅游产品的产量充足、质量合格、价格合理
	营业成本率	营业成本/营业收入	
对供应商的绩效责任	应付账款周转率	主营业务成本/应付账款平均余额	货款支付能力
	应付账款比重	应付账款/营业收入	

资料来源：整理自（李冬梅，2012）。

① 参见蔡莉：《企业经营管理者的绩效评价研究》，载《管理评论》2003年第2期。

② 参见刘海林：《旅游企业成本控制研究》，载《经营管理者》2013年第1期。

③ 参见李冬梅：《上市公司利益相关者责任与绩效相关性实证研究》，哈尔滨工业大学硕士学位论文，2012年。

三、旅游企业规模效益

为了获得更多的经济利益，为了取得更好的企业绩效，旅游企业在成长中追求规模效益。古典经济学家马歇尔认为，任何一种产品生产规模扩大的影响要素分为两方面：一是依赖企业所处行业产生的一般经济；另则是依赖企业自身的资源、组织和经营效率产生的经济。[①] 依赖企业所处行业产生的一般经济称为"外部经济"，依赖企业自身资源、组织和经营效率产生的经济称为"内部经济"。从外部经济性看，产业聚集区的优势有利于企业生产规模扩大；从内部经济性看，分工专业化、机械技术投入、组织管理效率等带来了企业效率提高，从而促进企业规模的扩张。马歇尔对外部经济和内部经济的阐释，为企业从追求绩效到追求规模的发展策略提供了理论基础。

另有学者认为，如果增加组织交易时企业组织成本越少，相应的成本增加越缓慢；如果增加组织交易时管理者失误的可能性越小，相应的总体失误概率越低；企业规模越大，生产要素的供给价格也降低得越多。[②] 企业一般会经历由小到大的成长过程，而企业规模的内涵是指生产要素和产品在企业的集中程度，也可被认为是企业从事经济活动的广度。[③] 美国运通公司、法国雅高集团、英国洲际集团等成功的旅游企业集团化发展案例，不仅是旅游企业规模效益的典范，而且成为全世界旅游企业发展的目标。20 世纪 90 年代中后期，国旅集团、中旅集团、首都旅游集团先后组建，规模效益是旅游企业追求的发展目标。然而，不同类型旅游企业的规模效益存在显著差异。

旅行社企业的规模效益相对来说不太显著。富恩特斯对 2007 年西班牙阿利坎特(Alicante)的旅行社企业进行了规模效率测度，证实了企业所在区位对效率水平有显著影响，而旅行社所有权性质与经营年限，对规模效率的影响并不显著。[④] 而卢明强等人在对 2008 年我国各省份旅行社行业效率测量基础上，发现不同省份的旅行社之间规模效率差异明显，如天津、河北等多达 16 个省市的旅行社企业表现为规模无效；仅有辽宁、河南等 4 个省份的旅行社企业表现为规模有效。[⑤] 吴向明和徐晓丽利用 DEA-Malmquist 指数方法，对我国旅游上市公司的投资效率进行

---

① 参见[英]阿尔弗雷德·马歇尔，朱志泰译：《经济学原理》上卷，商务印书馆 1964 年版，第 167～168 页。

② 参见[美]罗纳德·科斯：《企业的性质》，载[美]奥利弗·威廉姆森、西德尼·温特主编，姚海鑫、邢源源译：《企业的性质：起源、演变和发展》，商务印书馆 2007 年版，第 29～30 页。

③ 参见王京安：《企业规模决定论》，中国经济出版社 2006 年版，第 164～165 页。

④ Ramon Fuentes, "Efficiency of Travel Agencies: A Case Study in Alicante, Spain," *Tourism Management*, vol. 32. no. 1(2011), pp. 75-87.

⑤ 参见卢明强、徐舒、王秀梅：《基于数据包络分析(DEA)的我国旅行社行业经营效率研究》，载《旅游论坛》2010 年第 6 期。

了评价研究，得到旅游上市公司总体投资效率偏低的结论。[①]

相对于旅行社企业而言，旅游酒店企业的规模效益显著。陈劲甫对2002年台湾地区55家酒店进行规模效率测度，结果表明80%的样本企业具有高规模效率，并且连锁经营酒店的规模效率高于独立经营酒店。[②] 从行业利润率、市场竞争现状出发，饭店联合体被认为是增强饭店竞争力的有效方法。[③] 以如家便捷酒店为例，经济型酒店可以有效利用规模优势实现生产成本的降低。[④]

旅游企业随着规模增长之后的多元化经营也成为一种发展趋势。阿米胡德和列弗从企业高管层自身利益最大化的角度分析了企业多元化经营策略实施的必然性，认为所有权与经营权分离状态会促使企业高管层采取自身利益最大化决策行为，为了避免不良业绩和降低职业风险，管理者通常会实施多元化经营策略。[⑤] 李善民和周小春研究也表明，公司规模越高，公司年龄越长，旅游企业无关业务多元化的程度也越高。[⑥] 段正梁等以2003～2010年17家旅游上市公司为研究对象，采用关联比例作为多元化类型的代理变量衡量相关多元化程度，实证分析的结果表明股权集中度、企业价值对旅游企业相关多元化具有显著正向影响，国有股比例、资源可转移性、公司规模和公司年龄对旅游企业相关多元化具有显著负向相关。[⑦]

总体而言，几乎所有的企业当具备了一定发展条件之后，都会追求规模效益，或通过扩大现有产品的生产规模，或通过扩大经营范围实现多种经营，由一个原本的个体企业变成“总公司”，或走向集团化等，使自己产品的市场占有额、整合市场的能力等逐步提高，企业获利业越来越大。目前来看，旅游企业的规模化经营、多种经营、多业态经营成功的案例还比较少，单一业务规模化经营的成功案例相对较多。如国际上数量较多的旅游跨国公司多是饭店企业、旅行社企业等单一业务企业，景区企业中最成功的迪士尼也主要是经营主题公园产品。

四、旅游企业间联盟行为

为了进一步增强企业绩效，旅游企业除了自身规模增长之外，还通过企业间的联盟行为获得更高的企业绩效。旅游企业之间主要的合作模式包括大型旅游企业

① 参见吴向明、徐晓丽：《基于DEA-Malmquist指数的我国旅游上市公司投资效率评价研究》，载《经济研究》2013年第9期。

② Ching-Fu Chen, “Applying the Stochastic Frontier Approach to Measure Hotel Managerial Efficiency in Taiwan,” *Tourism Management*, vol. 28, no. 3(2007), pp. 696-702.

③ 参见于伟：《饭店联合体动力机制及运行分析》，载《桂林旅游高等专科学校学报》2005年第6期。

④ 参见刘菲：《以如家便捷酒店为例探讨经济型酒店如何实现规模经济》，载《经营管理者》2008年第7期。

⑤ Y. Amihud and B. Lev, “Risk Reduction as a Managerial Motive for Conglomerate Mergers,” *Bell Journal of Economics*, vol. 12, no. 2(1981), pp. 605-617.

⑥ 参见李善民、周小春：《公司特征、行业特征和并购战略类型的实证研究》，载《管理世界》2007年第3期。

⑦ 参见段正梁、毕汝麦、危湘衡：《多元化类型与旅游企业价值关系研究》，载《旅游学刊》2014年第2期。

集团化、中型旅游企业连锁化和小型旅游企业专业化三种形式。[①] 查尔德等把旅游企业间战略联盟的动机分为外部动机和内部动机两种类型。[②]

总体来看，旅游企业战略联盟的动机可以分为三类：一是为了克服旅游市场的不稳定性，二是为了应对行业竞争导致的日益增长的投资需求，三是为了获取竞争优势。比如，美国航空公司和汉莎航空公司等24家航空公司结成了星空(Star)航空联盟，为了各自的发展它们在网络联结、采购和顾客关系上展开合作，以应对航空旅游市场的不确定性和不稳定性。再如，万豪(Marriott)酒店集团在英国扩大酒店连锁时，为了节省投资，采取向英国连锁酒店 Whitbread 公司出售集团酒店特许经营权的方式建立了联盟。2004年3月16日，美国艾克亚公司与我国天津泰达旅游集团签订换股协议，通过股份置换的形式建立联盟，成功进入中国市场。[③] 美国艾克亚公司与天津泰达旅游集团结盟的主要动机，就是为了获取泰达旅游集团在中国市场上的竞争优势。

混业同盟被认为是未来旅游企业间联盟的重要趋势之一，贺小荣和徐少阳通过总结国内外旅游企业间联盟的案例，归纳了品牌联盟、特许经营、经济联合体、战略伙伴关系、渠道联盟和价格同盟等多种联盟形式。[④]

联盟的种类很多，关键是相互之间契约关系和利益关系的稳定性。自现代旅游产业以来，世界上出现过无数的各种各样的旅游企业联盟，但绝大多数维持的时间不长，关键原因就是未能实际上建立一种平衡、稳定的契约关系和利益分配关系。

第三节　旅游企业利益与责任

企业作为一个社会组织，必然要承担一定的社会责任，而且这种责任要与其利益相匹配。

一、旅游企业相关群体利益

一般来说，企业的利益相关者包括股东、企业管理者、雇员、债权人、供应商和经销商、消费者、政府、社区居民以及一些特殊利益团体。基于各自的立场及其在企业管理过程中的基本作用考虑，相关利益群体的核心利益诉求也各有不同。[⑤] 张瀚文等以旅游公司为研究对象，尝试引入利益群体与公司治理等理论体系，研究

---

① 参见马晓冬：《区域旅游合作与发展简论》，载2005年2月1日《光明日报》。

② J. Child and D. Faulkner, *Strategies of Cooperation: Managing Alliances, Networks and Joint Ventures*, Oxford: Oxford University Press, 1998, pp. 28.

③ 参见：《中国并购报告2004(旅游篇)》，人民邮电出版社2004年版，第332页。

④ 参见贺小荣、徐少阳：《国外旅游企业战略联盟的现状及对我国的启示》，载《旅游学刊》2007年第1期。

⑤ 参见张瀚文、陈国生、陆利军、肖晶：《古村落旅游开发企业利益群体共同治理模式研究》，载《怀化学院学报》2013年第3期。

介入古村落旅游开发的旅游公司的有效治理模式问题，对旅游企业利益群体的利益诉求进行了梳理(见表 10-2)。

表 10-2　　旅游企业相关利益群体的利益诉求

利益群体	作用	利益诉求
股东	将其物质资本投入旅游企业，为旅游企业的生产经营创造了基本的物质条件，并且也是旅游企业进行后续筹资活动的财物根基	为了获得尽可能多的投资回报或尽可能多的利润，因而他们最关心的是其投资的安全性和规避风险的可能性
债权人	债权人与股东一起为旅游企业提供物质资本	债权人为旅游企业提供信贷资金，是为了获得资金的收益，安全、按时收回贷款的本息
管理者	以异质性人力资本对旅游企业进行了专用性投资，拥有旅游企业的剩余权利；负责旅游企业生产经营，承担实现和协调的责任	追求货币报酬最大化。管理人员的利益需求为效用最大化，即获得的货币报酬带来的效用减去努力工作的负效用
员工	员工是旅游企业重要的资源和同质性人力资本的所有者，是公司经营的主要参与者	员工的利益需求为效用最大化，即货币报酬的效用减去努力工作负效用的差值最大化
政府	直接作为投资主体；作为旅游行业的管理者、调控者	地方政府的效用取决于从景区获得的财政收入、增加的就业数和带动其他产业发展等综合利益与所付出的成本
社区居民	社区居民日常的衣、食、住、行以及生活习俗、婚庆、节日等方面的独特性而成为旅游资源	效用取决于旅游为当地社区带来的经济、社会和环境三者效益与负效益之差的最大化。
旅游者	旅游产品的消费者，只有旅游者购买了旅游产品，其他利益群体的利益才得以最终实现	游客的利益需求是物质、心理上的满足感与付出的金钱、时间、体力等之间的差额最大化

资料来源：整理自(张瀚文等，2013)。

实际上，我们可以把旅游企业的利益相关群体分成两类。一类是企业内部的利益相关群体，包括股东、企业管理者、雇员、债权人、供应商、经销商；另一类是企业外部的利益相关群体，包括消费者、政府、社区居民等。这两类利益相关群体的利益诉求是具有异质性的，前者追求企业自身利益的最大化，特别是经济利益；后者追求除了同样追求利益最大化之外，还有一些非经济性利益诉求，而且，后者的利益诉求与前者的利益诉求具有相悖性。

二、旅游企业社会责任

1953年，企业社会责任的首倡者博温（H. R. Bowen）在《商人的社会责任》中首次提出企业的“社会责任”问题，并将企业社会责任界定为“商人按照社会的价值目标，依照有关政策作出的决策和采取的具体行动”[①]。美国学者戴维斯（K. Davis）则指出，企业责任是企业需要考虑应对的超经济、法律要求以外的其他事务。[②]卡罗尔模型的创立者卡罗尔（A. B. Carroll）认为企业社会责任包含企业对社会的所有责任。[③] 卡罗尔提出了企业责任金字塔模型，将企业社会责任分成经济责任、法律责任、道德责任和自愿责任四个层次。企业责任金字塔模型对于理解旅游企业的社会责任具有启发和借鉴意义。

旅游企业承担社会责任不仅有利于企业自身形象，而且还能够帮助旅游地获得声誉和认同。粟路军和黄福才从环境等相关者利益保护、促进社会进步、自愿行为等几方面设计旅游企业社会责任评价指标，通过问卷调查得出企业社会责任的值，以此研究旅游企业社会责任与旅游声誉、认同、游客忠诚之间的关系，得出旅游企业社会责任正向影响旅游地声誉和认同，旅游地声誉也对旅游认同和游客重游倾向口碑宣传有正的影响。[④] 相反，旅游企业一旦遭遇信任危机，则会增加企业交易成本，损害品牌建设。张爱萍从资金信誉、商业信用和企业信誉三个方面探讨旅游企业的信用现状，并着重分析了失信行为给旅游企业加大了交易成本、使其失去了旅游者的信任，不利于企业品牌的建立。[⑤]

承担社会责任对于旅游企业而言，不仅有利于塑造良好的企业形象，而且对于旅游企业的财务效益有直接的提升作用。王晶通过对中国旅游上市公司的企业年报进行分析，发现短期内社会责任确实会给企业增加成本负担，但是主动承担社会责任可以保障其相关者的利益，赢得更多的支持，使其拥有独特的竞争优势；旅游企业每股收益每增加1元，资产收益率就提高18.93个百分点；企业支付丰厚的薪资给员工能有效激励员工提高工作积极性；主动向政府纳税能获得政府更多的支持，这些举措都有助于提高企业的财务效益。[⑥]

培养企业伦理道德观、建立企业伦理决策机制等道德治理方法是提高旅游企

① H. R. Bowen, "Social Responsibilities of the Businessman," *New York*: *Harper*, vol. 2, no. 6 (1953), pp. 348.

② K. Davis, "The Case for and against Business Assumption for Social Responsibilities," *Academy of Management Journal*, vol. 16, no. 2(1973), pp. 312-322.

③ A, B. Carroll, "The Pyramid of Corporate Social Responsibility: Toward the Moral Management of Organizational Stakeholders," *Business Horizons*, vol. 34, no. 4(1991), pp. 39-48.

④ 参见粟路军、黄福才：《旅游地社会责任、声誉、认同与旅游者忠诚关系》，载《旅游学刊》2012年第10期。

⑤ 参见张爱萍：《旅游企业的信用问题及其治理对策》，载《旅游科学》2003年第2期。

⑥ 参见王晶：《旅游企业社会责任与财务效益的相关性研究》，江南大学硕士学位论文，2013年。

业信用的有效途径。[①] 旅游企业的社会责任表现对财务效益有促进作用，企业应该主动履行各项社会责任。斯坦威克利用多元回归分析方法对115家跨行业企业在1987～1992年间的情况进行研究分析，采用用企业财富名誉调查排行结果作为对企业社会责任履行状况的评价，然后将评价结果作为回归模型方程中的因变量；并将企业的财务绩效、组织规模、环境绩效作为方程中的自变量，最终表明企业社会绩效与财务绩效之间存在着积极的影响关系。[②]

旅游企业的社会责任，还包括提供"负责任"的旅游产品和"善行"旅游产品。从本质上说，旅游产业是一种文化产业，旅游产品属于文化产品，因此，旅游企业应向旅游消费者提供"负责任"的旅游产品，如"性旅游"、滥杀动物的狩猎旅游、无节制和破坏生态的保护区旅游、干扰原住民生活的社区旅游等等，旅游企业开发这些产品本身即属于不道德行为、不负责任行为，是与企业的社会责任背道而驰的。

三、国有旅游企业公共利益责任

在我国全民所有制和集体所有制的体制下，讨论旅游企业的利益和责任时，特别需要考虑国有旅游企业的公共利益责任问题。在论及国有企业时，学者们经常探讨国企经营、成本控制、市场竞争以及委托代理关系中的技术问题；而实际上国有旅游企业存在的非技术问题，是国有旅游企业在现有的产权模式下能否代表所有者利益、能否在市场经济条件下合理存在的性质问题。当讨论制度性问题和方向性问题时，由于缺少有效的制度来体现所有者的权利，使得所有者法律上拥有所有权，实际上却无法行使相关权利。因此，要想使公众利益得到保障，国有旅游企业改革的关键不是所有权的改革而是所有权相对应的利益分配机制的改革。[③]

国有景区企业的最根本的利益是社会利益，是国家利益；最迫切的利益是地方经济发展和当地居民脱贫致富问题；最需要完善规范的是经济利益体制，是开发商的经济回报问题。[④] 可以说，国有旅游企业是我国国情背景下的特殊命题。国有旅游企业在承担一般旅游企业的绩效责任和社会责任的同时，由于产权所属的企业性质，国有旅游企业还承担着相应的公共利益责任。这使得我国国有企业改革中所有权与经营权的分离，以及伴随着所有权和经营权的利益分配制度设计相比其他国家更加复杂。

国有旅游企业承担公共利益责任主要体现在以下两个方面：一是承担国家和地方政府发展旅游产业的主要任务，尤其是投资大、投资回收期长、投资风险较大的领域，为社会资本的加入和其他旅游企业的发展提供示范；二是在以经济收益为

---

① 参见齐善鸿、吕波：《旅游企业信用危机与道德治理》，载《理论探讨》2006年第5期。

② S. D. Stanwick, "The Relationship Between Corporate Social Performance and Organizational Size, Financial Performance and Environmental Performance: An Empirical Examination," *Journal of Business Ethics*, vol. 17, no. 4(1998), pp. 195-204.

③ 参见王亚娟：《地方国有旅游企业的公共利益目标》，载《经济研究导刊》2012年第7期。

④ 参见陈秀琼：《公共资源类旅游景区门票涨价的理性思考》，载《价格理论与实践》2006年第8期。

企业目标的同时，综合考虑公共旅游产品和半公共旅游产品的供给。作为社会主义政治经济学的基本原理，国有经济被认为是全民所有制的实现形式。但是，作为国有经济的具体产权单位——国有独资及国有控股企业却采取了自主经营的形式，具有独立的经济利益。在没有找到一种有效的制度架构的情况下，国有企业，进而国有经济，并不"天然"地代表全体人民的利益，其投资、运营的收益也可能与全民福祉无关。因此，探讨国有旅游企业制度架构，确保国有旅游企业在承担企业绩效责任的同时也承担公共利益责任，将成为未来旅游管理研究领域的重要课题。

四、旅游企业机会主义行为

机会主义是带有欺诈性的利己追求。[①] 旅游企业机会主义行为的存在有几个条件：一是旅游企业以经济利益作为唯一企业绩效考量指标；二是旅游市场信息不对称为机会主义行为提供市场空间；三是相关法律、管理条例和监管等存在漏洞，为机会主义行为存在提供制度空间。

实际上，即使从世界范围来看，不仅旅游企业存在机会主义行为，各类企业的机会主义行为似乎也是一种常见的商业交易行为。[②] 因此，诸如零团费、负团费、强迫消费、变相强迫消费等旅游企业的机会主义行为的出现需要引起研究者的理性思考，媒体会关注并报道导致旅游企业机会主义行为的事实以及引发的与游客之间关系紧张等现象，而研究者应当思考旅游企业机会主义行为出现的机制从而为避免机会主义行为的产生提供研究基础。

如果利益足够高的话，大多数企业都会欺骗，这只不过是一个棘手的人性事实。[③] 商业组织是嵌入在社会背景之中的，企业行为必然受到制度环境的影响，必须遵守制度环境支持认可的规则从而获得企业行为的合法性。[④] 交易成本分析(TCA)理论的核心原则之一就是认为交易伙伴之间存在机会主义行为。[⑤] 从这个意义上来讲，所有企业都存在机会主义行为的动机和倾向。

诚信缺失是中国旅游企业机会主义行为带来的最为严重的问题之一。从经济学视角来看，信息不对称条件下的逆向选择、委托代理等问题是导致企业失信的主

---

① O. E. Williamson, *Markets and Hierarchies: Analysis and Antitrust Implications*, New York: Free Press, 1975, p. 102.

② T. Mysen, G. Svensson and J. M. Payan, "The Key Role of Opportunism in Business Relationships," *Marketing Intelligence & Planning*, vol. 29, no. 4(2011), pp. 436-449.

③ T. Hawkins, M. G. Knipper and D. Strutton, "Opportunism in Buyer-supplier Relations: New Insights from Quantitative Synthesis," *Journal of Marketing Channels*, vol. 16, no. 1(2009), pp. 43-75.

④ M. Orru, N. W. Biggart and G. G. Hamilton, "Organizational Isomorphism in East Asia," in *The New Institutionalism in Organizational Analysis*, Chicago: The University of Chicago Press, 1991, pp. 361-379.

⑤ T. G. Hawkins, C. M. Wittmann and M. M. Beyerlein, "Antecedents and Consequences of Opportunism in Buyer-supplier Relations: Research Synthesis and New Frontiers," *Industrial Marketing Management*, vol. 37, no. 8(2008), pp. 895-909.

要原因。[①] 从企业层面来说,企业对失信行为的认识不足,再加上产权制度不合理导致国有旅游企业的经营者与企业的信誉之间没有长远关系,私营、民营旅游企业对产权缺乏稳定的预期,这些都会促使旅游企业经营者为了短期利益而放弃信誉所能带来的长远利益。[②] 姚延波等将旅游企业诚信的概念概括为"旅游企业对股东、员工、供应商、顾客、政府、社区等内、外部利益相关者履行契约、兑现承诺的实际行为,由规范诚信、能力诚信和情感诚信三个维度构成,三个维度之间是由低级到高级的层层递进关系",并提出了旅游企业诚信概念模型(见图 10-1)。[③]

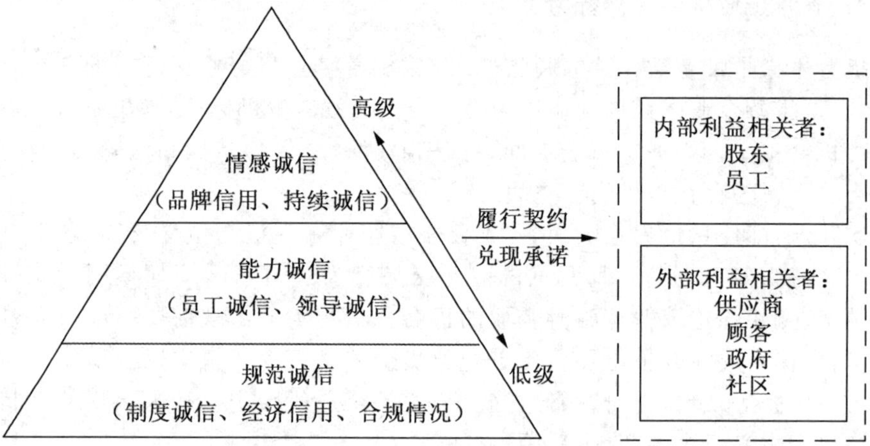

图 10-1 旅游企业诚信概念模型

资料来源:引自(姚延波等,2014)。

"零团费"、强迫与变相强迫消费等问题的出现并不是简单的导游人员素质低下或个别旅行社不规范经营的问题,支撑这一模式存在的是一条涉及众多利益主体的完整的利益链条。[④] 零团费是指旅游目的地的接待旅行社不向客源地组团旅行社收取游客在目的地旅行期间的接待费用,而是通过游客在目的地旅行期间的消费(由此而获得的商业回扣)来弥补团费并获取利润。[⑤] 正常旅行社的产品是旅行包价产品,涵盖了出行交通、住宿、餐饮、景区门票等所有旅游消费支出,旅游者从旅行社购买了旅游定价产品之后跟团出行不需要额外付费。传统旅行社是不为

① D. Kreps and R. Wilson, "Reputation and Imperfect Information," *Journal of Economic Theory*, vol. 27, no. 3(1982), pp. 253-279.

② 参见郑向敏、吴继滨:《论旅游企业诚信经营的缺失》,载《桂林旅游高等专科学校学报》2004 年第 2 期。

③ 参见姚延波、张丹、何蕾:《旅游企业诚信概念及其结构维度——基于扎根理论的探索性研究》,载《南开管理评论》2014 年第 1 期。

④ 参见陈永昶:《游客感知视角下旅游企业机会主义行为成因与影响研究》,南开大学硕士学位论文,2012 年。

⑤ 参加贾跃千、何佳梅、崔凤军:《零团费与我国出境游发展阶段的互动关系分析》,载《旅游学刊》2006 年第 1 期。

游客垫付费用的，需要游客先行支付旅行社包价产品的费用，旅行社再与旅游产业链条上的各类企业进行支付交易。“零团费”如果不以欺骗为前提的话，可以视为一种新的旅行社商业模式，即旅行社为游客垫付旅行相关费用作为吸引力，获取组织游客旅行的资格之后，将游客带领至相关购物和消费场所，在游客消费额中提取佣金以抵消旅行成本并获取差额利润。

关于“零团费”的商业模式，在其他行业也有类似的案例。比如，在移动、联通和电信的营业厅购买手机，假设手机实际标价为1500元，市场上也会见到“0元购机，话费畅享”之类的广告语。“0元购机”的实质内容是，消费者支付1500元给营业厅，办理移动、联通或电信的移动电话卡，1500元作为手机话费存入电话卡中，但是每个月必须按照定制的套餐消费，消费额从1500元话费中扣除。这个销售逻辑与“零团费”本质上是一样的，只不过移动通信业务办理在合同中将业务实质内容交代清楚，消费者在合同上签字同意；而“零团费”的操作程序存在不合法规的地方。如果将“零团费”中的“欺骗”因素剔除掉，这种旅行社操作行为就可以摘掉“机会主义行为”的大帽子。当然，目前旅行社的盈利模式也是一个值得探讨的问题，旅行社盈利到底是靠服务费、差价、回扣还是其他，需要进行深入研究。

总之，作为核心旅游利益相关者之一，旅游企业的利益诉求看似比较单一，即追求经济利益的最大化，但这种利益追求也是在与政府、与社区、与旅游消费者之间的博弈中获取的，并因此而构建了错综复杂的利益关系。

第十一章　公众旅游利益

“公众”是个构成复杂的利益群体，他们参与旅游的途径、利益诉求与其他利益相关者有很大的不同。

第一节　公众参与主体的界定

在旅游利益相关者中，“公众”的构成和地位都很特殊，其关心的问题和利益诉求也大多与“自己”无直接关系。

一、公众与公众参与

（一）公众

在旅游系统中，“公众”是一个比较特殊的利益相关者，实际上是一个与旅游的核心利益主体有一定距离的利益相关者。

广义的公众是指除自己之外的所有人，具有排己性；狭义的公众则是指除自己及与自己有相当关系或一定交往的人（或团体）之外的人群，具有排他性。① 但在相关社会事务中、特别是法律事务中关于“公众”的概念界定仍然存在争议，因此在很多法律条文中避免使用“公众”这个词汇。

研究认为，无论是广义的公众，还是狭义的公众，公众的概念内涵是与利益主体的距离相关的。如果把自己看作利益主体的话，那么凡是自己之外的所有人都属于公众的范围；如果把利益主体看作一个群体的话，那么凡是这个利益群体之外的所有人都属于公众的范围。因此，总体上说“公众”是与利益核心主体存在一定距离的人群，也因而往往会具有相对公正客观的立场。

（二）公众参与

公众参与，缘起于西方20世纪的新公共行政改革。20世纪60年代，西方国家的新公共行政改革直接推动了公众参与运动的兴起。② 1992年，联合国环境与发

---

① 参见百度百科“公众”，http://baike.baidu.com/view/177917.htm? fr=aladdin。

② 参见[英]约翰·克莱顿·托马斯，孙柏瑛译：《公共决策中的公民参与：公共管理者的新技能与新策略》，中国人民大学出版社2005年版，第78页。

展大会通过的《21世纪议程》强调可持续发展理念，强调当地社区和非政府组织的参与，进一步推动了公众参与在全世界范围内的广泛实践。[①] 国外旅游研究中使用的与“参与”相对应的英文词有 participation、involvement 和 engagement。其中，对 participation 的使用最多，且常将之与 involvement 并列或交替使用，而未对两者进行区分。事实上，前者比后者的参与程度要高，参与者更具有主动性；前者指公众要参与到决策过程中，而后者多指被告知或者接受政策制定者的信息咨询。[②]

相对于“公众”的概念界定，公众参与主体的界定难度更大。如果将公众理解为与核心利益主体保持一定距离的人群，公众参与主体的选择则需要进一步确定这个“距离”的阈值。因为如果公众参与的主体与核心利益主体距离过近、与核心利益主体的利益诉求完全一致或基本一致，则公众参与主体就会失去公正客观的立场；如果公众参与主体与核心利益主体距离过远，核心利益主体的利益诉求与公众参与主体完全无关，则容易出现“事不关己高高挂起”的倾向，公众参与主体容易失去参与热情，如果被动参与的话则容易发出不负责任的言论。再有，如果公众参与主体与核心利益主体距离过远，也可能因为从未关心过相关问题导致信息缺失，也不利于公众参与取得理想的结果。因此，在国外公众参与案例研究中，不同案例研究使用的“公众参与”名词也存在差异。

从旅游和旅游业的角度出发，“公众参与”所指的并不是参与旅游活动和旅游业发展，而主要指的是参与或影响旅游发展决策，即参与对地区或社区旅游发展的控制。

王京传和李天元对国外关于土著参与、居民参与、社区参与、市民参与和相关利益者参与等学术名词进行了辨析，认为土著参与、居民参与、公民/市民参与均属于公众参与，但他们的范围更小，土著和社区限于当地人，公民/市民则限于法定的公民/市民；利益相关者参与则比公众参与之范围要广，还包括政府部门及其人员等的参与，其中的居民、非政府组织等参与属于公众参与范畴。[③]

实际上，在很多情况下，研究机构和学术团体、行业协会、商会、专门性社会组织（如慈善机构、动物及其他资源保护组织等）、媒体等非政府组织作为“公众”中的组织性机构，往往更有主动性、专业性、话语权和社会影响力，参与旅游的效用也更高。

二、公众参与层次

公众参与自20世纪西方新公共行政改革运动以来，在世界各国不断实践，在实际操作中存在公众参与层次、参与方式等技术性问题，公众参与的效率、效果尚未达到理想的状态。王京传和李天元在对国外公众参与研究文献进行综述时发

① P. W. Williams, R. W. Pernrose and S. Hawkes, "Shared Decision-making in Tourism Land Use Planning," *Annals of Tourism Research*, vol. 25, no. 4(1998), pp. 860-889.

② J. Pretty, "The Many Interpretations of Participation," *Focus*, vol. 16, no. 1(1995), pp. 4-5.

③ 参见王京传、李天元:《国外公众参与旅游目的地公共事务研究综述》,载《旅游学刊》2014年第3期。

现，虽然公众有参与旅游的意愿，研究结论也表明"集权化的旅游政策是无效的"[①]，因而倡导公众参与，但是大量的案例研究却发现公众在决策中依然是沉默的和无权利的[②]，公众参与远未实现。理论上公众可以参与旅游决策、旅游公共事务管理等方面，但是实践中公众参与旅游规划的案例比较多见、参与流程设计也相对比较成熟，参与其他旅游公共事务管理的成熟经验并不多。因此，对旅游公众参与的研究也多集中在公众参与旅游规划方面。

社区旅游规划公众参与的倡导者冈崎（E. Okazaki）构建了社区旅游规划中公众参与层次模型（见图 11-1），并以菲律宾科隆为案例地，研究发现当地居民处于非参与层次。[③] 图森基于社区层面建立了公众参与旅游规划的三层次模型，将参与划分为强制性参与、诱导性参与和自主性参与。在此基础上，图森（C. Tosun）又建立了上述三个模型中不同参与层次之间的对应关系（见表 11-1）。[④]

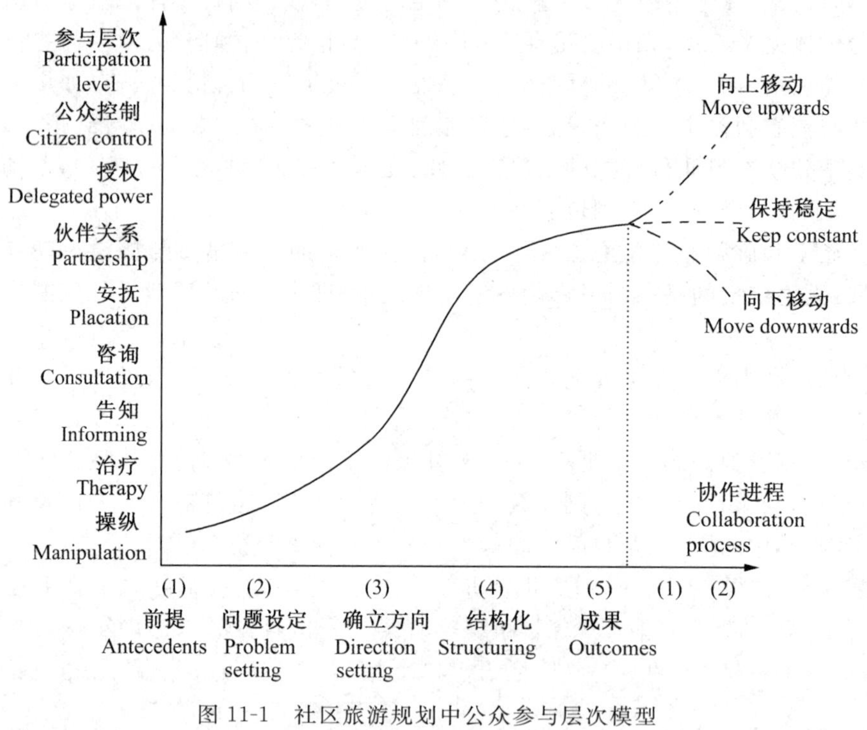

图 11-1　社区旅游规划中公众参与层次模型

资料来源：整理自（Okazaki，2008）。

① J. Tosun and C. L. Jenkins, "Regional Planning Approaches to Tourism Development: The Case of Turkey," *Tourism Management*, vol. 17, no. 7(1996), pp. 519-536.

② C. Aas, A. Ladkin and J. Fletcher, "Stakeholder Collaboration and Heritage Management," *Annals of Tourism Research*, vol. 32, no. 1(2005), pp. 28-48.

③ E. Okazaki, "A Community Based Tourism Model: Its Concept and Use," *Journal of Sustainable Tourism*, vol. 16, no. 5(2008), pp. 511-529.

④ C. Tosun, "Expected Nature of Community Participation in Tourism Development," *Tourism Management*, vol. 27, no. 2(2006), pp. 493-504.

表 11-1　　旅游规划中公众参与层次模型

<table>
<tr><td>自我动员</td><td>公民控制</td><td rowspan="3">权力性参与</td><td rowspan="3">自主性参与：自下而上、主动参与、直接参与、参与决策、真正参与、自主规划</td></tr>
<tr><td rowspan="2">互动性参与</td><td>授权</td></tr>
<tr><td>伙伴关系</td></tr>
<tr><td>功能性参与</td><td>安抚</td><td rowspan="3">象征性参与</td><td rowspan="3">诱导性参与：自上而下、被动参与、正式、间接参与、操纵、参与实施和利益分享、已形成的方案选择和反馈</td></tr>
<tr><td>物质激励性参与</td><td>咨询</td></tr>
<tr><td>咨询性参与</td><td>告知</td></tr>
<tr><td>被动参与</td><td>治疗</td><td rowspan="2">无参与</td><td rowspan="2">强制性参与：自上而下、被动参与、间接参与、正式、参与实施但不分享利益、二选一或无选择、家长式、象征性和操纵</td></tr>
<tr><td>操纵性参与</td><td>操纵</td></tr>
<tr><td>普瑞提模型</td><td colspan="2">阿斯坦模型</td><td>图森模型</td></tr>
</table>

资料来源：整理自（Tosun，2006）。

近年来，虚拟现实技术快速发展，不仅创造了许多满足人们娱乐要求的三维游戏，而且还为三维建模和空间分析等科学研究创造了很好的平台与环境。① 虚拟现实技术的发展为推动公众参与规划、参与决策提供了技术支持。黄潇婷和马修军以美国纽约社区公园规划为例，讨论了虚拟游戏作为公众参与公园规划平台的可能性和实践效果，认为虚拟世界可以作为交互平台能够为公众参与公园规划提供技术支持。一方面，虚拟游戏能够普及规划知识，具有教育功能；另一方面，参与规划的公众借助虚拟游戏拥有了更加专业的规划意见表达能力。具体来说，虚拟游戏“第二人生”中的一些模块功能，为游戏者提供了诸如道路和建筑等菜单选项，游戏者可以根据个人的功能要求和审美情趣选择并进行组合，还可以对自己的选择结果进行修改。借助虚拟游戏“第二人生”，每个游戏者都可以提交一张 3D 的着陆灯公园设计图。游戏者通过参与虚拟世界中公园的规划和建设，实践了空间布局、道路规划、建筑选址等规划决策。②

值得注意的是，虽然目前只有旅游规划这一个领域公众有相对现实一点的参与机会，但公众参与社区旅游发展决策、参与对旅游公共事务的管理等，必将是一个不可逆转的趋势。

第二节　公众参与方式

公众参与旅游规划及其他公共事务，必须经过一定的途径，并形成制度。

① A. Hendaoui, M. Limayem and C. W. Thompson, "3D Social Virtual Worlds," *IEEE Internet Computing*, vol. 11, no. 2(2008), pp. 88-92.

② 参见黄潇婷、马修军：《虚拟世界平台作为城市规划模型的应用探析——以美国纽约社区公园规划为例》，载《国际城市规划》2011 年第 6 期。

一、公示制度

公示制度,也称"信息披露制度",是向社会公开或公告的制度化规定。比如,上市公司为保障投资者利益、接受社会公众的监督而依照法律规定必须将其自身的财务变化、经营状况等信息和资料向证券管理部门和证券交易所报告,并向社会公开或公告。[①] 公示制度,是将旅游相关决策信息对公众公开告知的制度设计,是公众参与旅游的信息基础。

2014 年 10 月 17 日,海南省旅游发展委员会在海南国际旅游岛官方网站公开发布关于征求《海南省民俗旅游发展总体规划(征求意见稿)》意见的公告。[②] 公告将《海南省民俗旅游发展总体规划(征求意见稿)》的 PDF 文件作为附件,明确告知了关于规划反馈意见提交的截止时间,接受信函、传真或邮件多种方式的反馈意见。这种公示制度的实施,为公众参与旅游决策、旅游政策制定、旅游规划设计等提供了制度保障。

二、民意征集

民意征集是民主政治参与的途径之一,是公众参与决策的扩大途径,可以使决策科学化、民主化。民意征集可以帮助决策者深入了解民情、充分反映民意、广泛集中民智、切实珍惜民力;对决策本身而言,民意征集活动本身可以促使公众对决策的了解和认同,有利于决策后的顺利实施。民意征集,尤其是网上民意征集是公众参与旅游决策的重要途径。

民意征集活动,最常用于旅游地形象口号的征集。2014 年 6 月,为进一步塑造张家港旅游的新概念和新形象,提高张家港旅游的知名度和认同感,把张家港建成国内一流、国际知名的旅游目的地,由张家港市旅游局主办、新浪江苏承办"张家港市旅游主题口号和旅游形象标志万元征集"活动全面展开。[③] 民意征集活动,一方面可以为地方政府确定旅游地主题形象提供决策参考,另一方面可以帮助地方政府了解旅游地居民对当地形象的认知情况,为后期主题形象的推广奠定民意基础。

三、听证制度

1996 年 3 月通过的《行政处罚法》,首次从国家层面对听证制度作了规定。1997 年通过的《价格法》和 2000 年 3 月通过的《立法法》,又对价格决策和地方立法

① 参见百度百科"信息披露制度",http://baike.baidu.com/view/1322942.htm。

② 参见海南国际旅游岛官方网站:《关于征求〈海南省民俗旅游发展总体规划(征求意见稿)〉意见的公告》,http://tourism.hainan.gov.cn/Goverment/zhengwudating/tongzhigonggao/201410/t20141017_51589.htm。

③ 参见新浪旅游:《张家港市旅游主题口号和旅游形象标志万元征集启事》,http://travel.sina.com.cn/china/2014-06-09/1601265247.shtml。

听证作了规定。法律法规关于听证制度的规定,加速了听证程序建设和听证制度的实施推广。中央和地方的很多政府部门制定了专门的听证程序或规则、办法。听证在价格决策、地方立法、行政处罚、国家赔偿等诸多领域被广泛采用。[①] 听证制度,尤其是景区门票价格听证会是公众参与旅游事务管理的重要方式。

2012年,峨眉山风景名胜区门票价格调整听证会提交了二套方案供参加人研讨。方案一为"峨眉山风景名胜区门票价格拟由现行旺季150元/人次(淡季90元/人次)调为旺季187.5元/人次(淡季112.5元/人次),同时取消景区内黄湾收费站6元/车次的景区公路收费";方案二为"峨眉山风景名胜区门票价格拟由现行旺季150元/人次(淡季90元/人次)调为旺季185元/人次(淡季110元/人次),同时取消景区内黄湾收费站6元/车次的景区公路收费"。此次听证会聘请的正式听证会参加人共21人,包括消费者、人大代表、政协委员、专家学者、经营者、调价利益相关方代表,省、市相关部门工作人员等。听证会参加人普遍认为本次门票调整依据齐全,调价充分,有利于促进景区可持续发展,全面提升管理和服务水平等。经过认真研讨,21名听证代表中,其中6位听证会参加人支持方案一,14位听证会参加人支持方案二,1位听证会参加人认为景区门票调价应该,但建议暂缓调整,希望将日期推后。[②] 听证制度为相关利益主体参与旅游事务管理、旅游政策制定等提供了切实可行的参与方式。

四、网络自媒体

除了官方组织下的公众参与之外,公众自下而上参与旅游决策或者更确切地说是影响旅游决策的是基于网络的自媒体方式。截至2014年6月末我国互联网用户已达6.32亿,网民手机上网使用率达83.4%,首次超越传统PC使用率。2011年4月12日,总部位于纽约的"世界经济论坛"12日发布的《2010～2011全球信息技术(IT)报告》指出,调查显示,就网民每日或每周在互联网上发言频度而言,中国网民在全球是最勤奋的。报告称,在回答是否每日或每周都会在互联网上发言的问题时,45%的中国受调网民都选择肯定的回答,这个比例位居全球之首。[③]

随着Web2.0时代的到来,互联网上的每一个用户不再仅仅是互联网的读者,同时也成为互联网的作者;不再仅仅是在互联网上冲浪,同时也成为波浪制造者;在模式上由单纯的"读"向"写"以及"共同建设"发展;由被动地接收互联网信息向主动创造互联网信息发展,从而更加人性化。[④] 基于Web 2.0技术诞生的博客、微博、微信以及网络评价、社区互动等,为公众通过网络平台发出声音提供了参与平台和技术支持。公众对于旅游相关的事件通过网络发布带有价值判断的评价,为

---

① 参见百度百科"听证制度",http://baike.baidu.com/view/169372.htm。

② 参见旅游中国网:《四川举行峨眉山门票听证,普遍认为调价依据充分》,http://www.china.com.cn/travel/txt/2012-09/01/content_26398361.htm。

③ 参见百度百科"中国网民",http://baike.baidu.com/view/613849.htm? fr=aladdin。

④ 参见百度百科"Web 2.0",http://baike.baidu.com/view/733.htm? fr=aladdin。

政府和相关利益主体了解社会公众的态度提供了渠道。公众通过网络自媒体参与旅游公共政策的制定，将旅游福利纳入了公共福利的政策范畴。[①] 公众可以通过呼吁、倡导等推动公共政策的出台，进而影响旅游发展的外部政策环境。

比如，2013 年的假期安排曾遭到网友们的吐槽，网友直呼这种“坑爹假期”休不起。根据多年的放假时间安排表，元旦后连上 8 天班只是开始，因为春节假期后又要连上 7 天班，清明过后连上 6 天，连上 7 天班才能过“五一”，连上 7 天班才能过端午。到了月末还要连上 6 天，歇 1 天，再接着上 2 天班，才能盼来国庆假期。全年 29 天假期中，有 18 天假期是从周末“挪假”。面对这种假期安排，众多网友直呼“休不起”。[②] 对此，网友纷纷吐槽，质疑“假日办”的安排缺乏人性化、容易造成节前节后过度疲劳、扰乱正常的工作学习安排等。屡遭网友吐槽的“全国假日办”，在运行 14 年后，于 2014 年 9 月 15 日正式撤销，其全部职能并入新设机构国务院旅游工作部际联席会议。2013 年 10 月 1 日《旅游法》颁布实施，2014 年 10 月国务院公布《关于促进旅游业改革发展的若干意见》鼓励职工结合个人需要和工作实际分段灵活安排带薪年休假。在网友的呼吁下，我国休假制度不断改革，逐渐向着科学理性的方向前进，充分体现了公众参与旅游公共政策决策的力量。

再如，各地网友不断对高速公路收费的合法性以及收费期限提出质疑。2012 年 7 月 24 日，国务院国发[2012]37 号批转交通运输部等部门制定的《重大节假日免收小型客车通行费实施方案》。该《方案》规定，免费通行时间为春节、清明节、劳动节、国庆节等四个国家法定节假日，以及当年国务院办公厅文件确定的上述法定节假日连休日；免费通行车辆为行驶收费公路的 7 座以下（含 7 座）载客车辆。面对多年来公众对高速公路收费问题的质疑，配合假日制度国务院批准出台了《重大节假日免收小型客车通行费实施方案》，该方案的出台被视为减轻旅游者经济支出的一种“全民旅游福利”。

在旅游和旅游业发展中，公众参与虽然并不是什么新鲜事物，国内外相关的理论研究成果也形成了一定数量，但迄今为止我们最缺乏的还是参与制度、机制的科学设计，参与的方式和方法并不是最重要的，最重要的是否能够有常规化、制度化的参与机制，并保障参与的有效性。

---

① 参见刘锋：《让公众享有更多的旅游福利》，载《旅游学刊》2012 年第 12 期。

② 参见搜狐新闻，http://news.sohu.com/20130111/n363085000.shtml。

第十二章　边缘群体旅游利益

在旅游利益相关者中，边缘群体属于非主流的弱势群体，他们虽然同样也有利益诉求，但往往不被关注。

第一节　边缘群体的界定

在不同的利益相关者中，有不同的边缘群体，即边缘群体的构成，是与整个利益相关者群体的构成相关的。

一、边缘群体

"边缘群体"是一个抽象的概念，它可以分为形式意义上的边缘群体与实质意义上的边缘群体。但是，总体上，边缘群体是非主流的弱势群体。形式意义上的边缘群体指按照一定的规则与标准划分出来的特定人群，通常以身份和职业来区分，比如按照身份的边缘状态可以分为农民工；实质意义上的边缘群体指的是处于社会边缘状态，游离于主流文化、意识与体制之外的所有人群。① 尽管对边缘群体的学术定义仍然存有争议，但是对边缘群体的人本主义关怀已经达成共识。由于边缘群体通常会遭遇社会的不公平对待，有着严重的"相对剥夺感"，关注边缘群体旅游利益的诉求和实现有利于减少在旅游利益实现上的差距，有利于社会整体和谐稳定。世界旅游组织《马尼拉世界旅游宣言》中强调了旅游是人人都享有的基本权利，在旅游业蓬勃发展的现代社会，关注边缘群体旅游利益诉求和实现途径更是涉及旅游公平的伦理问题。

二、旅游边缘群体

在城市语境下讨论边缘群体，通常指"农民工"等游民社会群体或低收入群体。然而，在旅游语境下讨论边缘群体，除了定居语境下的弱势群体之外，儿童、女性、老年人、残疾人、智障人等由于性别、年龄和身体要素的局限和来自社会文化的制约，其在旅游活动中的能力低于其他人群，也被看作边缘群体。由于旅游活动具有

① 参见张义祯：《边缘阶层若干问题的探讨》，载《中共福建省委党校学报》2002 年第 3 期。

离开常住地的内在属性，因此外出旅行的安全性问题成为女性参与旅游的重要制约。在国内外旅游研究中，女性旅游成为一个专门的研究领域。在人群规模上和受到制约的程度上，相对于女性群体而言，低收入群体和身体障碍群体是更加弱势的人群，因此下文着重讨论低收入群体的旅游利益和无障碍旅游的发展问题。

第二节　低收入群体旅游利益

在国外，低收入群体旅游属于“社会旅游”(social tourism)的范畴，很早便引起了有关学者的关注。社会旅游是指低收入群体进行的旅游活动，它所提供的设施及服务与众不同，是一种特殊的旅游形式，又被称为“社会补贴性旅游”。① 2009年《中国旅游报》上的一则新闻以《低收入人群也能圆旅游梦》介绍了桐庐爱心旅游联盟。该联盟是浙江省桐庐县旅游企业和个人自发组织成立的专门资助旅游的社团，联盟组织单位的旅游企业按照年接待人次，每人次捐助1分钱；凡享受最低生活保障的家庭或家庭平均经济收入达不到最低保障线的人员、因自然灾害或意外事件残疾或家庭生活困难的人员等都有机会得到联盟的资助。②

胡卫伟和郑向敏在分析低收入阶层的旅游需求时，将我国低收入阶层进一步划分为农民群体、城镇低保居民和高校学生三个细分群体。③ 农民工作为一个特殊的社会群体，其旅游发展目前也处在无序的、自发的、零散的起步阶段(发端于20世纪90年代初)，近十几年来发展极其缓慢，总体上农民工的旅游频率比较低，参与旅游人次极少。④

一、农民旅游需求

1999年，宁士敏率先提出我国旅游消费在农村存在断层问题，认为农民旅游消费的巨大潜力在于农村城市化水平的不断提高，开创了国内农民旅游理论研究的先河。⑤ 邱洁威等基于农民旅游消费意愿的相关理论，采用浙江省780个农户的微观调查数据，分析了影响农民旅游的若干影响因素，研究发现农民旅游意愿受到教育程度、外出务工收入、家庭人均收入、是否参加养老保险和意外伤害保险以及电脑和互联网等因素的影响。受教育程度越高，会使用电脑和互联网的农户，旅游消费意愿越高；有家庭成员外出打工，人均收入较高的农民旅游消费意愿较高；参加了养老保险和意外伤害保险的农户，旅游消费意愿较高。⑥

---

① 参见范玉娟：《社会旅游：关注弱势群体的休闲权利》，载《旅游管理研究》2012年第1期。

② 参见徐文潇：《低收入人群也能圆旅游梦》，载2009年11月16日《中国旅游报》。

③ 参见胡卫伟、郑向敏：《低收入阶层旅游研究初探》，载《北京第二外国语学院学报》2014年第7期。

④ 参见邱玉华、陈幼琳：《农民工的旅游需求及其实现》，载《农村经济》2014年第1期。

⑤ 参见宁士敏：《影响中国旅游消费的经济和社会因素分析》，载《经济科学》1999年第6期。

⑥ 参见邱洁威、张跃华等：《农村居民旅游消费意愿影响因素的实证研究——基于浙江省780户农村居民的微观数据》，载《兰州学刊》2011年第3期。

吴国琴等研究发现城镇居民的个人可支配收入基本全是货币化收入，而农民收入中有相当一部分是实物收入，农民现金收入比例不高成为影响农民旅游消费需求的一个重要因素。[①] 另外，农民预期收入的不稳定，再加上较强的流动性约束以及传统文化等因素的影响，使得中国农民形成了特有的谨慎消费心理，进而出现消费行为的过度敏感性。[②]

当然，无论是在中国，还是在世界上其他国家和地区，农村的发展本身是不均衡的，农民的富裕程度也有很大差别，其中不乏已经走上了富裕阶层的农民，他们的旅游诉求早已能够实现，并与城市居民没有实际性差别。其中仍有大多数的农民富裕程度较低，甚至世界仍有数量巨大的贫困人口存在。据世界银行统计，到2015年，世界上仍然还存在着10亿左右的贫困人口。也就是说，目前世界上仍有1/6左右的人生活在贫困甚至是极度贫困之中，许多人每天的生活费用还达不到1美元，他们主要是生活在乡村地区的农民。贫困人口的分布也比较集中，主要集中在非洲和亚洲的印度、尼日利亚、孟加拉国、刚果、印度尼西亚、巴基斯坦、坦桑尼亚、埃塞俄比亚、肯尼亚等国家，而且，由于政治动乱、战争、自然灾害等人为和自然因素，也不断有新的难民和贫困人口出现，这些地区的贫困人口占到了世界贫困人口总量的80%左右。对于这些人而言，旅游只能是一种奢望，他们无法分享人类社会发展的成果，过上与其他人一样的富裕生活。即使是在中国，乡村地区的贫困人口也仍然存在，据联合国2015年7月6日发布的《千年发展目标2015年报告》，中国多年来坚持脱贫计划，为全世界的脱贫作出了巨大贡献，国际标准极端贫困人口比例大大下降，已经从1990年的60%降到了2015年的4%。[③] 但仍有4%的人口出在国际标准极端贫困人口的生活水准以下。另据中国政府公布的数据，截至2015年，中国的农村地区仍存在7000万的贫困人口（人均收入2300元/年以下），其中河南、湖南、四川、广西、贵州、云南留个省份的贫困人口都超过了500万。[④] 这些贫困人口旅游权利的保障，对政府和旅游行业来说，是一个非常艰巨的任务。

值得欣慰的是，一些地方政府主管部门和旅游企业，已经开始关注到贫困人口的旅游权利问题，并采取措施付诸实施。2012年2月1日，济南市旅游部门启动了“旅游希望工程”，首批来自商河县贫困家庭的38名小学生，在专业导游的带领下，游览了大明湖、泉城广场、省博物馆等景区（点），让他们以旅游的方式增长见识，丰富阅历，提高素质。这项活动由济南市旅游局倡导和组织、山东旅行社等有责任意识、热心公益事业的旅游企业主办。据济南市旅游局介绍，这项活动将逐步有更多的旅游企业参与，让更多贫困地区、贫困家庭的孩子有机会走出课堂、走向社会、参与旅游，通过旅游活动学习知识、增长见识、陶冶情操、丰富人生，分享社会发展的

---

① 参见吴国琴：《我国农村居民旅游消费需求的障碍及对策研究》，载《科技与经济》2006年第14期。

② 参见朱信凯：《流动性约束、不确定性与中国农户消费行为分析》，载《统计研究》2005年第2期。

③ 参见王德刚：《让旅游扶贫成为世界行动》，载2015年10月19日《中国旅游报》。

④ 参见黄晨：《数字说：中国有多少贫困人口》，财新网，http://china.caixin.com/2015-09-24/100855986.html，2015年9月24日。

成果。[①]

二、城镇低保群体旅游需求

近年来,“穷游”成为网络时尚新名词,实际上就是廉价自助旅游的意思,已经成为一种新的旅游方式。“穷游”虽然追求旅游成本控制,但是其价值内涵却与有钱和没钱无关。真正的低收入城镇居民群体的旅游需求仍然有待研究者的深入调查和实证研究。虽然对于低收入群体的测量标准仍然存有争议,随着社会经济发展水平不断提高,平均收入水平的贫困线也在不断变化。通常将领取城市低保的标准作为划分低收入群体的重要指标,因此很多针对低收入群体的研究聚焦在城镇低保群体上。

1997 年,国务院下发了《关于在全国建立城市居民最低生活保障制度的通知》(国发[1997]29 号),要求 1999 年年底前,县级以上城市和县政府所在地的镇都要建立城市居民最低生活保障制度。对于家庭人均收入低于当地最低生活保障标准的非农业户口的城市居民,均纳入城市居民最低生活保障范围,所需资金由地方各级人民政府列入财政预算。[②] 不同地区由于财政能力差异,城镇居民享受的最低生活保障金的额度也存在地区差异。虽然国务院要求各地科学制定最低生活保障标准,健全救助标准与物价上涨挂钩的联动机制,综合运用基本生活费用支出法、恩格尔系数法、消费支出比例法等测算方法,动态、适时调整最低生活保障标准;但是,最低生活保障标准应低于最低工资标准。

与上述政策制度设计相应的结果,领取低保的城镇居民可自由支配收入严重不足,低保金仅能满足其最低生活保障需求,无力支付旅游及其他休闲活动消费。与残障群体和老年人群体相比较,制约低收入群体外出旅游的核心障碍要素就是经济因素,所以市场对于满足低收入群体的旅游需求没有内在动力。高校学生群体虽然消费能力也非常有限,但是仍然被旅游企业看作是一个潜力巨大的未来市场。低收入群体的旅游需求问题,注定是需要政府和非商业组织去解决的问题。这也是国外低收入群体旅游被划分为“社会旅游”(social tourism)研究范畴之中的重要原因。社会旅游,就是社会补贴旅游,是指对于收入过低的社会阶层,国家采取通过由地方政府、工作单位工会或家庭户主所隶属的其他组织提供补贴或资助的办法,以帮助他们参加到旅游或度假活动中来。

我国的社会旅游尚处于起步阶段,无论是政府还是非政府组织对于低收入群体的旅游需求尚未充分重视。济南市旅游部门组织的“旅游希望工程”活动,给我们一个启示:“在全社会都在倡导以人文本、和谐发展理念的今天,旅游行业应该怎样去担当社会责任、让旅游的社会功能产生更大的社会效益?”[③]

---

① 参见王德刚:《“旅游希望工程”值得提倡》,载 2012 年 2 月 15 日《中国旅游报》。

② 参见百度百科“低保”,http://baike.baidu.com/view/168505.htm? fr=aladdin。

③ 参见王德刚:《“旅游希望工程”值得提倡》,载 2012 年 2 月 15 日《中国旅游报》。

三、大学生旅游需求

旅游活动具有教育功能，“读万卷书，行万里路”，书本知识的学习与实践知识的学习需要结合起来，校园内的教育也需要与校园外的旅行结合起来。欧洲修学旅游的高潮兴起于17世纪的“大游学”(Grand Tour)运动，起初是英国、德国的贵族子弟到法国和意大利求学的“漫游式修学旅游”。现在西方仍然流行休学旅游，叫作“间隔年”(Gap Year)，青年人在升学或者毕业之后工作之前，做一次长期的旅行，在步入社会之前体验与自己生活的社会环境不同的生活方式。虽然极少部分高校学生通过在外兼职的经历，或者因有过工作经历可能有一定经济上的自主性，但是绝大部分的高校学生群体在经济上并未实现独立，可以说，经济因素一直是阻碍高校学生出游最主要的因素。[①] 因此，高校学生群体也是低收入群体中的重要组成部分，大学生旅游需求与成长发展直接关系，而且市场规模和潜力巨大，需要政府和市场的高度关注。

青年旅社的发展，为满足大学生旅游需求提供了安全、经济的住宿设施支持。20世纪初，德国教师理查德·斯尔曼经常带领学生通过步行、骑自行车在乡间漫游。他说：“这才是真正的教育天堂。”1909年，他带领一班学生出游，途遇大雨，只能在一个乡间学校里，以稻草铺地当床，度过了艰难的一夜。彻夜未眠的教师，萌发了建立专门为青年提供住宿旅馆的想法，为所有的年轻人提供一个交流思想、了解大自然的场所。理查德·斯尔曼主张青年走出校门，亲近自然。他说：“所有的男孩女孩都应该走出校门，参加远足，留宿。”他带着这一想法四处游说，最终为人们所接受。后在政府的支持下，青年旅舍作为世界青年相互认识、接触自然的载体出现了。1912年，世界上第一个青年旅舍在德国一个废弃古堡 Altena 中诞生，并奠定了青年旅舍的基本结构，即以“安全、经济、卫生、隐私、环保”为特点，室内设备简朴，备有高架床、硬床垫和被褥、带锁的个人储藏柜、小桌椅、公共浴室和洗手间，有的还有自助餐厅、公共活动室。受到了青年人的广泛欢迎。仅一年后，青年旅舍即达到83家，共2.1万个床位。国际青年旅舍联盟(Hostelling International，简称 HI)，前身为 International Youth Hostel Federation (IYHF)，是一个超过90个青年旅舍协会的联盟，分布在80多个国家，此联盟还包括英格兰和威尔士的青年之家协会、苏格兰青年之家协会和美国青年之家。总体来说，此联盟的会员都使用“Hostelling International”商号在营运。是联合国教科文组织成员，总部现设在靠近伦敦的韦尔文市，并注册为一家非营利机构。[②]

国内外世界遗产地、著名旅游景区、博物馆、艺术馆等旅游景区对持学生证的游客实施门票价格优惠政策，也为降低学生旅游经济成本提供了支持。此外，一些国家对学生/青年人实施专门的旅游签证政策，鼓励青年人边打工边旅游。比如，

---

① 参见胡卫伟、郑向敏：《低收入阶层旅游研究初探》，载《北京第二外国语学院学报》2014年第7期。

② 参见百度百科“青年旅舍”，http://baike.baidu.com/view/874205.htm。

新西兰移民局每年都会允许1000名中国青年公民(30岁以下)来新西兰打工度假,所有申请者都必须通过在线提交的方式抢夺名额、进行申请。

与农民群体和城镇低保群体相比,大学生群体虽然可自由支配收入低,但是相对而言获取收入的机会和可能性更高;大学生群体的旅游需求受到社会和政府的关注和支持也更多。比如,全球最大旅行网站 TripAdvisor 正在就招募旅行翻译志愿者进行网络调查。要求志愿者将英文点评翻译成中文,为了感谢大家的帮助,TripAdvisor 会帮每个志愿者建立一个旅行基金;每翻译一条点评积累0.4美元旅行基金(举例来说,如果每天能翻译两条70个字左右的评论,一年可累计300美元),如果你是翻译达人,一周翻译100条,那么一年能获得超过2000美元的旅行基金。同时,全球大量的经济型酒店、主题客栈和青年旅社等机构也在线招募"义工",青年学生可以在假期以劳动付出换取免费居住的时段,从而降低旅游消费支出。

第三节　无障碍旅游的发展

"无障碍"是基于平等、公平理念,针对特殊人群而产生的公共服务理念。

一、无障碍旅游的产生

1959年,欧洲议会通过了"方便残疾人使用的公共建设的设计与建设的决议";20世纪60年代初,受美国民权运动的影响,促使残障人联合起来,为争取其基本权利而斗争,抗议社会对他们的歧视态度和不平等待遇,以及环境中的种种障碍给残障人造成通行上的困难。在国际社会团体、社会阶层的影响和推动下,"无障碍"概念开始形成。美国前总统肯尼迪曾就这一问题进行咨询,并在1961年制定了世界上第一个"无障碍标准"。目前,已有100多个国家和地区制定了有关残疾人的法律和无障碍技术法规与技术标准。[①]

无障碍旅游,是指具有机能性障碍的弱势群体(如残疾人、老人等)提供有别于大众旅游的专用设施、专门服务和专项产品来满足或提高其在旅游活动中的便利性。[②] 在老龄化加速的当今社会,无障碍旅游的受益者并非仅局限于残疾人或老年人,每个人都将从中获益。[③]《残疾人权利公约》第30条指出,残疾人应享有进出剧院、博物馆、电影院、图书馆、纪念馆以及在本国文化中具有重要意义的纪念地等场所的权利。2010年英国颁布《平等法》以来,英国著名的双层巴士均配备了方便轮椅进出的自动升降斜板。美国颁布的《美国残疾人法》(*Americans with Disabilities Act*)和《残障旅行者民事权利》(*The Civil Right of Travelers with Disabili-*

① 参见新华网:《"无障碍"概念的形成》,http://news.xinhuanet.com/newscenter/2002-04/23/content-369273.htm。

② 参见吕仁:《关注无障碍旅游的另一种含义》,载2006年11月10日《中国旅游报》。

③ 参见 Chin Mui Yoon、陈颖锋:《无障碍旅游有多远》,载《中国残疾人》2014年第1期。

ties)对残疾人的旅游权利给予了很大的保障，同时实施的《航空承运人准入法》(*Air Carrier Access Act*)条款促进了残疾人外出旅游。我国2001年最新实施的《城市道路和建筑物无障碍设计规范》(JGJ50-2001)，使国内无障碍设施的设计和建设进一步规范化，为景区无障碍设施的研制开发提供了理论基础。[①] 无障碍旅游的发展，受到了国际非政府组织和各国政府的推动；实际上，老年人、残疾人作为旅游细分市场已经不再是非主流的小众市场。随着全世界老龄化问题的加剧，老年人以及残障人士的人口规模已经越来越引起社会和商业机会的关注。

二、残疾人参与旅游的障碍要素

残疾人包括视力残疾、听力残疾、言语残疾、肢体残疾、智力残疾、精神残疾、多重残疾和其他残疾的人。残疾人参与旅游的核心障碍要素在于内外部两个方面。内部障碍因素主要来自残疾人自身的身体障碍(比如视力、听力障碍和身体行动不便等)和心理障碍(不愿意与他人交流、害怕遇到挫折、担心被嘲笑而不愿意走出家门等)。外部障碍因素主要来自物质设施条件供给不足(比如解说系统、交通系统、住宿条件等不能适应残疾人出行的需求)和社会公众对待残疾人的态度(比如将残疾人视为异类的歧视心态，认为残疾人不应该出门旅行等落后观念)。

内部障碍要素中的身体障碍是客观事实而难以改变，然而心理障碍是需要残疾人群自身和外部社会文化环境一起努力来改变的。而实际上，由于身体机能不完整，残疾人普遍存在自卑和孤独、敏感多疑、自尊心强、情绪不稳定、富有同情心等特征。[②] 英国NOP Consumer对英国肢体和知觉残疾人群的调查显示，残疾儿童旅游主要是为了感受家庭集体度假的愉悦和渴望获得新鲜的体验，而成年人主要是为了获得新鲜的旅游体验。[③] 旅游者特别是残障旅游者在休闲和旅游参与过程中会遇到一些障碍，这些障碍削弱了他们的自由感和自我控制感；残障人旅游研究者史密斯(Ralph W. Smith)首次对残障人在进行旅游过程中遇到的障碍进行系统分类，大体分为内在的、环境的和交互式的障碍三种类型。[④]

来自外部的障碍要素，最主要的依然是物质设施条件的匮乏。虽然无障碍运动和无障碍旅游已经发展了多年，但是整个世界的人工物质环境都是在健康人群的主导下规划、建设而成，是主要为健康人群服务的，在规划设计和建设时没有考虑残疾人群的使用问题。在近年来无障碍旅游的推动下，对很多人工物质环境进行了改造，比如道路系统增设盲道和无障碍坡道，解说系统增加盲文解说和语音解

---

① 参见梁玉、张海燕、杨牡丹、潘春燕：《景区无障碍设施对残疾人群体旅游的影响研究——以张家界国家森林公园为例》，载《现代商贸工业》2011年第24期。

② 参见瞿金国、赵靖平：《残疾人的心理不平静》，载2004年12月6日《健康报》。

③ NOP Consumer Holiday, *Taking and Planning Amongst People with a Disability*, London: NOP Consumer Press, 2003, p. 89.

④ Ralph W. Smith, "Leisure of Disabled Tourists: Barriers to Participation," *Annals of Tourism Research*, vol. 14, no. 3(1987), pp. 376-389.

说等。但是，改造工作并非一日之功，另一位残障人旅游研究者达西(S. Darcy)研究发现物质上缺乏可达性仍然是肢体残障人在旅游中遇到的主要阻碍。[①] 海因(J. Hine)和米切尔(F. Mitchell)的研究也证实许多残障人没能参与旅游或游憩活动最主要的原因仅仅是因为设施障碍。[②]

外部障碍要素中的社会文化要素更需要引发讨论和关注。近年来，中国在残疾人康复、教育、就业、救助、文化生活等方面都取得了令人瞩目的成绩，进一步弘扬人道主义，营造了理解、尊重、关心、帮助残疾人的舆论氛围和社会环境；但是，仍有少数人认为，残疾人能吃饱穿暖、能自食其力、不给国家增加负担就已经足够了，旅游对他们来说，似乎是太奢侈了。这些陈腐、世俗和落后的观念多少也妨碍了对残疾人旅游市场的拓展。[③] 施莱恩(S. J. Schleien)等认为消极态度是残疾人参与休闲的最强大障碍之一，包括旅游部门员工的消极态度，对残障人的言语或行为冒犯，以及对残障人明显和不明显的歧视等。[④]

所以，残疾人参与旅游的社会障碍，实际上是最关键的要素，首先需要健康人提高意识，改变观念，树立人人平等的社会发展理念。

三、无障碍旅游的系统构建

无障碍旅游系统的构建，不仅能够为残疾人群提供旅游服务，而且能够接待老年人群体。根据中国残联下发的《关于使用2010年末全国残疾人总数及各类、不同残疾等级人数的通知》，依据第六次全国人口普查我国总人口数及第二次全国残疾人抽样调查，我国残疾人占全国总人口的比例和各类残疾人占残疾人总人数的比例，推算了2010年末我国残疾人总人数及各类、不同等级的残疾人数，具体数据为：全国残疾人总数为8502万人；各类残疾人的人数分别为：视力残疾1263万人，听力残疾2054万人，言语残疾130万人，肢体残疾2472万人，智力残疾568万人，精神残疾629万人，多重残疾1386万人；各残疾等级人数分别为：重度残疾2518万人，中度和轻度残疾人5984万人。[⑤] 随着整个社会老龄化发展，老年人群体的规模更加巨大。截至2013年底，我国60周岁及以上人口20243万，占总人口的14.9%，65周岁及以上人口13161万，占总人口的9.7%。[⑥]

---

① S. Darcy, *Anxiety to Access: Tourism Patterns and Experiences of New South Wales People with a Physical Disability*, Sydney: Tourism New South Wales Press, 1998, p. 25.

② J. Hine and F. Mitchell, "Better for Everyone Travel Experiences and Transport Exclusion," *Urban Studies*, vol. 38, no. 2(2001), pp. 319-332.

③ 参见王立宪：《树立现代文明社会的残疾人观》，载2001年4月24日《人民日报》。

④ S. J. Schleien, M. T. Ray and F. P. Green, *Community Recreation and Persons with Disabilities: Strategies for Integration*, Baltimore :Paul H. Brookes Publisher, l997, p. 113.

⑤ 参见中国残联：《中国残联发布我国最新残疾人口数据，全国残疾人口逾8500万》，载《中国残疾人》2012年第4期。

⑥ 参见中国老年科学研究中心：《我国60周岁及以上人口达2亿零243万，占总人口的14.9%》，2014年1月21日。

事实上，残疾人旅游者的忠诚度很高，一旦确认环境友好无障碍，会重复光顾。[①] 研究表明，交通、景点、住宿、餐饮等旅游部门的可达性和服务人员的消极态度等都成为残疾人群体参与旅游的障碍因素。梅丽霞和张世益基于对残疾人游客的调查问卷，分析残疾人在旅游过程中的需求，提出了景区残疾人门票价格标准化、服务内容标准化、景区信息标识系统标准化、从业人员服务标准化和辅助设备及药品供应标准化五个方面的标准化建议。[②]

残疾人旅游设施的无障碍化任重而道远。由于早期人们对于残疾人旅游的需求没有足够关注，已经建设的旅游设施多数未考虑残疾人的需求，进行无障碍化改造工程量巨大。以酒店客房为例，按照国家对于残疾人住房及相关设施的标准设计的客房位置应便于到达，疏散和进出方便；客房门应采用自动门，也可采用推拉门、折叠门或平开门，不应采用力度大的弹簧门；客房内出口及床前过道的宽度不应小于1.5米，床间距离不应小于1.2米；卫生间门扇向外开启，净宽不应小于0.8米，轮椅回转直径不应小于1.5米；床、坐便器、浴盆高度应为0.45米；卫生间应设求助呼叫按钮等等。[③]

总体上，由于世界各国的努力和人们对于老龄化问题的关注和理解，残疾人需要的无障碍旅游设施建设得到了更快的推广。因为健康人群意识到“总有一天，我们终将老去”，随着年龄增长健康人群也会逐渐丧失部分身体机能（比如眼花、耳背、因行走障碍需乘坐轮椅等）。在将老龄化也考虑进来之后，无障碍旅游就不仅仅是面向残疾人群的旅游服务。无障碍旅游系统的构建已经纳入未来旅游地建设标准，成为旅游目的地文明的标志。

四、建立促进残疾人旅游的体制机制

残疾人虽然是一个特殊的社会群体，但他们与正常人一样拥有旅游的权利。

对于大多数残疾人而言，旅游仍然是一个“奢侈的梦”。“在残疾人里，有90%的人渴望旅游，却只有不到10%的人有能力出游。”[④]由于身体方面的缺陷，残疾人出行有很多困难，而在旅游消费中他们又属于低消费的目标市场，致使残疾人旅游市场的规模一直发展不起来；而对于旅行社等企业来说，经营残疾人旅游又是一个成本高、风险大、收益低的领域，所以许多旅游企业都不愿意开发和经营残疾人旅游产品，即使是政府部门也往往忽视了残疾人的旅游需求和愿望，到目前为止，国内很少有一个城市的旅游部门专门研究过残疾人旅游产品的开发问题——人们过于功利化的为发展经济而发展旅游，却普遍忽视了残疾人旅游的权利。成都一位

---

① J. J. Burnett and B. H. Baker, “Assessing the Travel-related Behavior of the Mobility-disabled Consumer,” *Journal of Travel Research*, vol. 40, no. 2(2001), pp. 4-11.

② 参见梅丽霞、张世益：《残疾人无障碍旅游服务标准化研究进展》，载《标准科学》2012年第11期。

③ 参见北京市建筑设计研究院：《城市道路和建筑物无障碍设计规范》，中国建筑工业出版社2001年版，第54页。

④ 参见邹瑞玥、季颖：《去北京看残奥会有点难》，载2008年8月25日《新民晚报》。

多次组织残疾人出游的盲人唐柯曾说过一句催人深思的话："虽然我们眼睛看不见东西，但我们可以用心灵去感受世界。"①

实际上，发展残疾人旅游是实现社会公平的重要标志。

《残疾人权利公约》第 17 条强调："保护人身完整性，每个残疾人的身心完整性有权在与其他人平等的基础上获得尊重。"发展残疾人旅游，一方面能够培养积极、乐观、进取的生活态度，塑造自尊、自信、自强的人格信念，平等、充分地享受社会发展所带来的成果，最终实现残疾人的全面发展；另一方面，通过旅游感知社会，了解社会，参与社会生活，增强社会归属感，有助于促进"残健融合"，建立平等、团结、互助的新型人际关系，促进残疾人的全面发展。

残疾人既是和谐社会的建设者和创造者，又是和谐社会幸福生活的拥有者和享受者；更重要的是，他们也是社会资源的拥有者，同样也有享用的权利，理应得到享用的机会，因此，发展残疾人旅游，切实尊重和保障残疾人享有的旅游权利和利益，才能真正体现社会公平，才是真正意义上的和谐社会。

我们需要从整个社会的体制机制方面，来构建社会化的旅游机制，这种机制应是建立在国家法律法规基础上的一种长效机制，涵盖多个层面、多种模式、多种途径的旅游促进体系，应包括以下几个基本领域：

——贯穿于全部教育过程的修学或游学旅游制度；

——政府、社区福利制度下的旅游资助机制；

——企业的奖励旅游、福利旅游、成长（培训）旅游制度；

——残疾人福利机构、慈善机构的制度化资助机制；

——政府与金融机构合作的低息或免息旅游借贷，等等。

旅游的原始属性告诉我们，旅游是人人享有的基本权利。在人类社会进入高度文明的 21 世纪的今天，人们倡导以人为本的发展理念，强调人文关怀，人类的旅游发展观也应逐步回归到旅游的本质，即把旅游真正作为人的基本权利来对待，功利化的经济目的固然是可作为发展旅游的目的之一，但不能作为唯一目的，我们在追求经济发展的同时，更应树立权利意识。而从今天整个世界经济发展水平来看，许多国家（包括中国在内）也都具备了广泛实现人类旅游权利，特别是为低收入者、残疾人等弱势群体提供出游机会和旅游保障的政策条件、物质条件的基础，关键的是全社会、特别是政府和企业是不是树立了正确的旅游观。

---

① 参见王德刚：《旅游权利论》，载《旅游科学》2009 年第 4 期。

结　论

旅游利益相关者涉及众多的社会群体和人群，而旅游作为人的基本权利则涉及全社会所有成员，无论是旅游者个体还是其他的旅游利益相关者，都有权利在旅游和旅游业中受益，关键在于如何建立一种有效的旅游权利实现的社会保障机制，使全社会所有成员的旅游权利都能够得到实现，特别是那些处在社会生活底层的特殊弱势群体，他们的旅游权利能否得到保障，实际是衡量一个国家或地区社会保障体系是否健全、社会是否和谐的标志性因素。

第四部分
旅游道德与利益分配

第十三章　旅游道德与立德机制

旅游道德是最近几年才进入公众关注视野和学者们的研究领域的。关注旅游道德问题是站在文明制高点上对旅游和旅游业的本质回归和哲学反思，以旅游道德、旅游权利、旅游利益为中心的旅游责权利问题也因此成为对旅游业可持续发展的深层拷问，更成为旅游本质研究的核心问题之一。

第一节　旅游道德与旅游行为准则

道德和伦理是人类文明构成的基本元素，是评价行为优劣的社会意识形态，在人类的日常生活中多表现为行为准则、行事规范、条件约束甚至风俗习惯。“德”被黑格尔称为“一种伦理上的造诣，即一个人做了这样或那样一件合乎伦理的事，还不能就说他是有德的；只有当这种行为方式成为他性格中的固定要素时，他才可以说是有德的”①。相比较而言，伦理更多的是对西方科学、理性、逻辑的体现，而道德更具有东方特色，自西学东渐到当今的全球化发展，伦理和道德的内涵互相交融。严格来讲，二者不能相互替代，但从二者的文化工具效应性上来讲，伦理与道德又相接相通，具有某种程度的同一性，因此这里统一使用“旅游道德”作为旅游和旅游业本体论研究的价值观指向。

一、道德溯源

道德作为人类的一种行为规范或准则，是与人类文明的发展分不开的，即是人类文明发展过程中形成的。

（一）道德的起源

关于道德的起源，一直以来都是一个颇具争议的话题，这也为道德标准的适用性范围和相应的体制建设埋下了难题。马克思主义伦理学认为道德起源于劳动或实践，强调经济关系对道德的决定作用；基督教认为道德起源于人与上帝订立契约；儒家认为道德起源于圣人，如荀子认为道德起源于圣人的“化性起伪”，孟子认为道德起源于圣人的内心；康德认为道德起源于纯粹理性；也有人认为道德起源于

① 参见[德]黑格尔著，范扬、张企泰译：《法哲学原理》，商务印书馆1961年版，第170页。

情感欲望，如卢梭认为，道德源于人心中的社会情感和利他之心，源于对公共利益的追求；还有人认为道德起源于图腾禁忌；而美国的伦理学家J. P. 蒂洛认为，道德的产生是由于人类的需要，由于认识到以合作的和有意义的方式共同生活的重要性。①

彭柏林、赖换初认为，要真正全面系统地考察人类道德的起源必须抓住生理前提、心理动因和社会基础三大视角：即动物的合群性本能是道德得以起源的生理前提——这基于达尔文"优胜劣汰"的环境选择；原始初民在与自然抗争过程中所产生的恐惧感，及在此基础上形成的对社会共同体的归属感和敬畏感是道德得以产生的心理动因——这基于"集体精神"既是对个人利益的肯定，又是对社会共同体根本利益的保障；生产劳动是道德得以起源的社会基础和决定因素——这基于人是道德的主体、人类所从事的生产劳动（社会关系）创造了道德产生和发展的必要性和动力。②

杜修望则从发生论的观点，用还原的方法探讨了道德的本源，从生物学、心理学、社会文化学和马克思主义人学理论四个依据找到了实证的理论基础：首先，认可了达尔文提出的"你们愿意人怎样待你们，你们也要怎样待人"这一"道德是动物本能的延续"的观点。其次，结合维柯"动物以人的方式来思维"、皮亚杰"儿童道德意识发展四个阶段"、柯尔伯格"三水平六阶段"道德推理阶段以及弗洛伊德"本我、自我、超我的人格划分"和荣格"个人无意识和集体原始意象"找到了道德起源的心理依据。再次，从文化的先验性、文化的先验价值判断能力及人对文化和道德价值的内在需求解释了道德起源的文化学依据。最后，明确指出，道德的起源不是什么人性假设，更不是什么天、道、神、理的先验规定和人们适应刺激的感觉、知觉、适应和反应，而是人的存在的内在需要。③

可见，道德在某种程度上是区分善恶好坏、评价是非曲直、衡量文明教化、塑造集体意识和考量利益诉求的标尺，但不可否认，虽然"确实存在一些共同的道德信念，但各国之间的社会和文化差异又是决定道德行为和不道德行为的重要因素"④。例如，一个墨西哥公司的管理者贿赂墨西哥城的几名高级政府官员，以确保获得一份利润丰厚的政府合同，虽然这种行为在墨西哥是可以接受的，但在美国是不道德的（也是违法的）。⑤ 这便也相应地促成了几种相关的道德观的理论与实践适应性的地理化分歧。

例如，功利主义道德观规定了"最大福利"和"有用性"，却没有对所得到的利益

---

① 参见伊雷：《道德的本质和起源》，载《苏州科技学院学报》（社会科学版）2005年第2期。

② 参见彭柏林、赖换初：《道德起源的三个视角》，载《哲学动态》2003年第11期。

③ 参见杜修望：《道德起源的四个依据》，载《道德研究》2006年第7期。

④ W. Bailey and A. Spicer, "When Does National Identity Matter Convergence and Divergence in International Business Ethics," *Academy of Management Journal*, December 2007, pp. 1462-1480.

⑤ 参见［美］斯蒂芬·P·罗宾斯、玛丽·库尔特著，李原等译：《管理学》，中国人民大学出版社2012年版，第130页。

如何分配作出规定，这便为利益分配不公的不道德行为的产生埋下了隐患；而作为功利主义道德观变种的社会契约的道德观也被鲜明地烙上了区域文化差异的烙印，某些社会契约甚至成为不道德行为的合理借口；又如公平公正的道德观虽然消弭了种族、性别、个性、户籍、个人喜好等的差别，但却遭遇了实践中无法逾越的难题，经常成为政治公正、经济公正和权利公正的悖论。所以，道德起源解释了集体意象的难题，也带来了多元事象的悖论与博弈，而博弈之后的必然结果就是道德体系和立德机制的建设和完善，这和道德的本质是相一致的。

（二）道德的本质

道德的发展史表明，道德一开始就是一种调整个人利益与社会集体利益的行为规范，道德原本的用意在于维护社会共同利益的尊严。实际上，道德的崇高和价值就在于它是共同利益的维护者。[①] 所以，道德是一种经过时间和实践检验的相对稳定的社会规范，正如传统儒家思想为代表的道德观一样，无论是“恭、宽、信、敏、惠”还是“仁、义、礼、智、信”，尽管已经传承了几千年，目前仍旧能够对人类的行为产生深远的影响。可见，道德本质上就是人类社会创造的一种社会制度，是“要求大家共同遵守的办事规程或行动准则”，或是“由来已久的风俗、习惯或团体”，用来规范人的思想和行为，是要求大家共同遵守的行动准则，而制度本身又可以被定义为一套稳定的社会规范，道德的独特之处在于这种制度主要依靠私权认同和维系。[②]

道德是一种社会意识形态，能够判断行为正当与否，能够改变人的素养品性，能够调整人与人之间以及人与社会之间的相互关系。道德和法律相似却不同。道德集中反映了社会经济关系和阶级利益的根本要求，更直接地依靠自我约束和舆论监督，而法律作为统治阶级意志的体现，则由国家强制力保证实施，二者最大的区别在于“权力”。但不可否认，有时候社会的权威之外建立道德准则也变成道德和法律的悖论，这也形成了“合情、合理和合法”的道德难题。可见，法律以公权为后盾，道德以私权为支撑，公权和私权本质上都是“权力”，从这个意义上来看，道德在本质上是一种依靠私权主体认同和维护的社会制度，这种制度是无数私权主体为了生存发展（生存得更好）长时间博弈的结果，由于长时间的作用，道德这种制度逐渐内化为个人的内心的品德和品评他人的习惯。[③] 这也是马克思主义道德观的代表性观点，马克思主义者认为：道德的本质是一种社会意识，它“既不是人主观自生的，也不是神的意志，道德的本质蕴藏于社会生活中，道德是一种特殊的社会意识形态，受着社会关系特别是经济关系的制约”[④]。

另外，对于道德的本质，历史上的哲学家们也多有述及。其中影响较大的有康

---

① 参见魏英敏：《新伦理学教程》，北京大学出版社 1993 年版，第 250～251 页。

② 参见伊雷：《道德的本质和起源》，载《苏州科技学院学报》（社会科学版）2005 年第 2 期。

③ 参见伊雷：《道德的本质和起源》，载《苏州科技学院学报》（社会科学版）2005 年第 2 期。

④ 参见罗国杰：《伦理学》，人民出版社 1989 年版，第 46 页。

德的义务论,边沁、穆勒等人的幸福主义以及摩尔的直觉主义等。康德认为道德的本质在于合乎责任,“只有出于责任的行为才具有道德价值”,“责任就是由于尊重规律而产生的行为必要性”。[①] 这一观点在当前的企业管理道德建设中运用得较多,将道德建设和社会责任履行结合起来塑造企业核心意识形态成为中外很多企业迅速成功和提升知名度的法宝。作为功利主义道德观的主要代表人物边沁首倡了“最大多数人的最大幸福”,这一观点认为增加社会幸福的趋向大于其任何减少社会幸福的趋向,这种行为是符合道德的,而另一代表人物穆勒则更推崇自我牺牲,他认为利益的获得离不开牺牲,将无外力胁迫的为追求最大多数人幸福的自愿牺牲视为人类的最高美德。而摩尔则把“善”归纳为不可定义的、只能直觉到的物质,认为道德判断不能从经验证实的命题中推导出来,而是将道德价值的判断依据归结为直觉。

(三)道德与利益

无论是从道德的起源来看,还是从道德的本质探究,道德与利益都有着千丝万缕的联系,道德既是集体精神对个人利益的认可,又是共同利益的维护者和保障者。正如日本资本主义之父涩泽荣一《论语讲义》中指出的,信是道德的核心,道德直接与利益相关,因为不讲信用、没有道德的经营活动不会持续下去,也就无利可图了。涩泽荣一没有否认追求财富利益,而是肯定了其不与道德相违背,资本家为了追求最大利润,的确需要一个良好的商业环境和诚实守信的经营活动,这就是涩泽荣一提倡的经济道德,他以自身的成功的例子来告诫世人道德在经济活动中的重要性。[②] 事实上,道德与利益是相互依存的,甚至可以认为是高度一致的,尽管遵守道德可能意味着要付出额外成本,但从长远的观点来看,追求利益实质上就是追求道德。在这一点上,古今中外几乎都秉承相同的观点。我国古代徽州有一个商人翁生,经商“巧儿不贼”,“人莫不以为诚而任之”,“虽不矜于利,而贾大进,家用益富”(《王遵岩文集·黄梅原传》)。同样,美国著名企业默克公司创始人的儿子、企业家乔治·W·默克说过:“我们努力记住药品是为人的,而不是为了利润。如果我们记住了这一点,利润也就来了,而且总是会来。我们记得越牢,利润就越大。”[③]这恰恰印证在二战之后默克公司帮助日本消灭了肺结核,继而成为日本最大的美国制药企业。可见,道德不是利益的绊脚石,而是利益的先头兵,是最终利益的基础和前提。

道德与利益的关系还表现在道德意识来源的终极目的,是通过公平意识的作用,来达到人们对于社会财富的共同享有,从而达到心理上的平衡感及相互尊重感。在现实中,社会财富、社会整体利益的分配不均,必然造成了部分人对这一形

① 参见王东:《道德本质及相关问题探讨》,载《昌吉学院学报》2002 年第 1 期。

② 参见贺志亮:《涩泽荣一的〈论语讲义〉的现代性》,首都师范大学硕士学位论文,2011 年。

③ Ronald M. Green, *The Ethical Manager*, New York: Macmillan College Publishing Co., 1994, p. 419.

势的不满，他们试图通过各种行为来取得对社会利益的公平分配。而这反映到他们的意识当中，必然会造成认为只有平均分配才是最正义、最道德的结果。这也正是无产阶级痛斥资产阶级，发动革命运动哄抢他们财产的根源所在。所以，综观各种所谓的道德的或说是善的行为，都是与利益紧密关联的。某种行为是道德的、是善的，原因就在于它能够给我们带来利益或减少损失。[①] 具体到旅游产业来说，具体化为各种规范的旅游道德是对旅游利益相关者之间关系的尊重和调整，旨在维护和保障不同利益相关者的利益尊严。

当然，道德与利益的关系，实际上存在着两个层次，一是道德与个人（或个人群体）的利益关系；二是道德与社会公众利益的关系。从长远利益的角度来看，两个层次最终是一致的。

二、旅游道德概念辨析

1999 年，世界旅游组织在智利首都圣地亚哥召开十三届旅游大会，会上通过了旨在倡导遵守伦理、道德规范的负责任旅游的纲领性文件——《全球旅游伦理规范》，该文件积极倡导在促进和发展旅游的过程中，要能够积极推动经济发展、国际间理解、和平和繁荣，要不分种族、性别、语言或宗教地尊重人权、基本自由和相关各种惯例。这也成为旅游活动是否符合伦理道德的主要评判章程，成为旅游道德发展阶段上的重要里程碑。但在此之前学术领域已经有了关于旅游伦理、旅游道德方面的相关研究，而且，由于视角和语境的不同，在不同场合和不同文献中，旅游伦理和旅游道德经常被替换使用。

（一）旅游伦理

旅游伦理的研究是随着旅游经济、社会、文化和生态发展关系的深化而出现的，对旅游经济的增长和环境恶化、文化断层和消失关系的反思也加速了对旅游伦理的关注和研究。“伦理”一词最早出现在旅游研究中是源于对酒店服务业宾主关系的伦理研究。[②] 20 世纪 90 年代中期，旅游伦理研究已在旅游的生态问题、营销问题、可持续发展问题、人文和社会问题、旅游教育问题等方面广泛展开。此后，在旅游伦理规范、旅游职业伦理、性旅游、旅游经营者伦理和旅游企业组织伦理文化建设等方面的研究，也极大地丰富了旅游伦理的内涵。[③] 进入 21 世纪的十年以来，关于旅游伦理的理论研究主要集中在旅游伦理主体的研究、旅游伦理原则的研究和旅游伦理规范的研究等方面，而实践研究也已渗透到各种形式的旅游活动，并从理论分析逐渐转向了实践应用。[④]

关于旅游伦理的定义，徐少锦、温克勤认为，旅游伦理是约束和调整旅游活动

---

① 参见王东：《道德本质及相关问题探讨》，载《昌吉学院学报》2002 年第 1 期。

② B. Wheeler, “Sustaining the Ego,” *Journal of Sustainable Tourism*, no. 2 (1993), p. 121-129.

③ 参见夏赞才：《旅游伦理概念及理论架构引论》，载《旅游学刊》2003 年第 2 期。

④ 参见付金朋、肖贵蓉、谢宇：《近十年国外旅游伦理研究评述》，载《旅游学刊》2010 年第 8 期。

中旅游业工作人员与游客、游客与游客、游客个人与社会关系的道德观念和行为规范，它主要包括旅游职业道德和旅游者道德两部分内容。[①] 李健指出，旅游伦理是人们在旅游活动中应遵循的道德规范的总和。[②] 许宗元认为，旅游伦理涵盖人们在旅游活动与旅游业中应遵循的道德规范；通过旅游活动调节人与人、人与社会、人与自然之间关系的意识和行为；指导、约束人们的旅游及与旅游相关的实践。他还认为应着重从个人伦理、社会伦理、政治伦理、职业伦理、生态伦理五方面构架旅游伦理体系。[③] 戴艳军、戚凤芝提出旅游伦理是指人们在旅游活动中形成的、用于调节这一领域中各种道德关系的道德观念、道德原则和道德规范的总和。[④] 夏赞才则把旅游伦理初步界定为伦理学的应用学科，是关于旅游者和旅游利益相关者的道德学说。旅游伦理研究应围绕旅游者和旅游利益相关者的旅游利益和旅游道德的关系问题，在旅游伦理意识、旅游伦理关系和旅游伦理实践的基本理论框架内，结合我国旅游发展的理论和实践需要而全面展开。[⑤] 韩玲认为，在旅游业迅速发展的时代，旅游伦理正成为旅游业发展所依赖的核心软件，她还把旅游伦理作了狭义和广义之分，狭义的旅游伦理是指为培养人们的旅游伦理品质、发挥旅游伦理教育及利益调节作用而必须遵循的各种伦理准则和规范；广义的旅游伦理是指围绕一切旅游活动所产生的伦理行为和所应遵循的伦理准则规范的总和，旅游伦理教育是其中的一个重要方面，目前对旅游伦理教育的研究仍是理论界的一个盲区。[⑥] 刘海鸥认为广义的旅游伦理应包括一切可以进行善恶评价的旅游行为和旅游活动，因为一切旅游行为和旅游活动都可以进行道德评价，而旅游道德功能都是通过旅游道德评价来实现的，旅游的伦理和伦理的旅游构成了旅游伦理的基本内涵，旅游的伦理是对人类旅游现象的伦理思索，它探讨和揭示的是旅游活动本身所具有的伦理意蕴；伦理的旅游所涵盖的是旅游活动中的道德关系和道德行为规范。[⑦]

综上所述，旅游伦理包含了三层含义：一是关于旅游伦理的主体，即从事旅游活动的人；二是关涉旅游伦理的内容，即道德规范；三是关乎旅游伦理的实践，即“应遵循”和“可评价”。[⑧] 可见，道德和利益是伦理的基本问题，旅游道德已经成为旅游伦理研究的核心。

（二）旅游道德

对于旅游道德内涵的理解要从三个方面展开，一是从道德行为的角度，二是从

---

① 参见徐少锦、温克勤：《伦理百科辞典》，中国广播电视出版社 1999 年版，第 35 页。

② 参见李健：《关于旅游伦理的思考》，载 2000 年 4 月 13 日《光明日报》。

③ 参见许宗元：《旅游伦理学引论》，载《旅游科学》2001 年第 2 期。

④ 参见戴艳军、戚凤芝：《论我国旅游伦理思想及其建设》，载《思想战线》2001 年第 4 期。

⑤ 参见夏赞才：《旅游伦理概念及理论架构引论》，载《旅游学刊》2003 年第 2 期。

⑥ 参见韩玲：《浅议旅游伦理教育》，载《道德与文明》2005 年第 4 期。

⑦ 参见刘海鸥：《旅游伦理论纲》，载《湖南师范大学学报》（社会科学版）2007 年第 2 期。

⑧ 参见亢雄、王芳：《国内旅游伦理研究的现状与前景》，载《宁波大学学报》（人文社科版）2009 年第 5 期。

道德认知的视角，三是从现象和关系的融合入手。

任艳指出：旅游道德认知，其实就是人们对旅游现象中的是非、善恶、美丑的道德观的认识，即旅游道德认知的主体对旅游中的道德现象的认知，认知的主体和客体都限定在旅游的范围内，主体即旅游利益相关者，客体即旅游者开展旅游活动，旅游经营商从事旅游管理、旅游业务经营活动，景区开发和景区管理商等从事旅游产业活动应遵循的基本的道德准则的认识。[①]

王正平、周治华认为："旅游道德是在一般道德意识的基础上形成的一种特殊道德，是人们把握、评价和指导旅游活动和行为的实践精神。"[②]

王华认为，旅游道德是一种特殊的道德现象，具有两方面的含义：其一是指在旅游活动产生的过程中正确处理旅游地、旅游企业、旅游者三者之间关系的规范和准则，它用诚信与欺诈、善良与丑恶、高尚与卑鄙等概念评价人们的行为，调整旅游道德关系；其二是指旅游者个人的品德，它是个人在社会实践的基础上，基于对社会和人生的理解，对于道德问题所形成的比较稳定的内在品质，这个意义上的旅游道德是所有公民道德中的基础道德，属于"道德底线"的范畴。[③]

田勇认为，旅游非道德行为指旅游者在旅游过程中，通过言行而表现出的不符合社会主义道德规范的行为。[④] 即"应该"和"不应该"，以及在此基础上的"善"与"恶""优"与"劣"。

张姝炜指出，旅游道德是指用来调整参加旅游活动的人们之间、个体和集体与社会之间的行为规范的总和，它涵盖了人们在旅游活动中应遵循的道德观念、道德规范和道德原则，它不仅是调节人与人、人与社会、人与自然之间的关系的意识和行为，而且还可以指导、约束人们的旅游及与旅游相关的实践，更给人们的旅游行为指示道德方向，并内化为人们旅游行为的习惯，从而使这些关系消除紧张对抗，实现和谐统一。[⑤]

而王德刚、张若阳经研究认为，旅游道德是"旅游过程中各个相关者之间的利益关系在道德层面的集中反映，旅游道德是指能够为参与旅游活动的利益相关者所接受、可用来调整各个利益相关者个体行为的意识和规范"[⑥]。

可见，旅游道德范围上涵盖了旅游的所有利益相关者，宗旨上遵从于社会一般道德规范，行为上延续了审美的道德判断，是一种特殊的道德意识，有利于协调多元化的关系，促进旅游产业的可持续发展，是旅游业共同的行为准则。

---

① 参见任艳：《旅游道德认知与旅游伦理教育研究》，湖南师范大学硕士学位论文，2007 年。

② 参见王正平、周治华：《当代环境伦理学对旅游道德的深层启示》，载《复旦学报》（社会科学版）2008 年第 4 期。

③ 参见王华：《论大众旅游时代如何加强旅游道德建设》，载《河北能源职业技术学院学报》2009 年第 4 期。

④ 参见田勇：《旅游非道德行为与旅游道德的塑造》，载《桂林旅游高等专科学校学报》1999 年第2 期。

⑤ 参见张姝炜：《浅谈旅游道德的推进与中国旅游业的可持续发展》，载《旅游管理研究》2014 年第 3 期。

⑥ 参见王德刚、张若阳：《旅游道德论》，载《旅游科学》2012 年第 1 期。

三、旅游道德与旅游发展的哲学反思

目前，整个世界的旅游业发展呈现出繁荣趋势，2012 年全年国际旅游人数达到 10.35 亿人次，同比增长率达到 3.9%。据(WTTC)统计，目前旅游业对 GDP 的直接贡献达到 2.8%，旅游经济总量占全球 GDP 的 9%，超过了石油、汽车工业，成为略低于银行业的全球第二大产业。旅游投资占全球投资总额的 12%以上，每年有超过 760 亿元的外资(FDI)直接投向交通设施、饭店以及会展设施。旅游直接就业人数达到 9900 万人，占全球就业总数的 3.4%，间接就业人数比重则高达 9%。特别是对于发展中国家，旅游业在创汇、带动就业方面发挥着更为重要的作用。2000～2010 年期间，旅游业对拉丁美洲和非洲的直接就业贡献超过 30%，对 GDP 的贡献超过 40%。全球旅游业对于世界经济的意义将进一步增强。预计到 2020 年，旅游业对 GDP、就业的直接贡献将分别达到 3%与 3.5%，2030 年贡献率有望提升到 3.2%与 3.7%。整个世界旅游区域重心将向以中国为代表的亚太地区转移，新兴经济体客源地功能将迅速崛起，市场需求更趋短距化与多元化。[①]

在这样的大背景下，我国完成了世界旅游资源大国向世界旅游大国的跨越，并正向建设世界旅游强国的目标迈进，中国旅游升级版的产业根基正在稳步夯实。2013 年，我国年出游量超 33 亿人次，入境旅游 1 亿多人次，实现旅游总收入 2.95 万亿元人民币，旅游业对于加速经济发展、提高生活质量、改善生活环境和培育社会主义核心价值观的影响作用更加明显。2014 年 8 月，《国务院关于促进旅游业改革发展的若干意见》正式发布，从树立科学旅游观、增强旅游发展动力、拓展旅游发展空间、优化旅游发展环境、完善旅游发展政策等方面提出了深化旅游改革的方法、步骤和目标，并从多个角度、多个方面、多种渠道以及多种层次强化了“旅游道德”对于旅游业发展的促进意义。

旅游道德是旅游利益获得和社会责任履行博弈之后的最终落脚点，游客与游客之间、游客与目的地居民之间、游客与目的地政府和企业之间、旅游地政府与居民之间、旅游地政府与企业之间、旅游地居民与企业之间的资源共享、空间共存、关系共建以及环境共护等成为旅游道德重要的外在表现，旅游道德是伴随旅游行为的产生而外现的，在旅游活动利益关系中，各个相关者的身份和关注的利益不同、付出的成本不同，他们寻求的旅游道德规范和表现出的道德行为也不相同。[②] 虽然利益的驱使引发了各利益主体之间关系的错综复杂，在一定程度上也划分了他们之间的责任分配，但目前来看，利益的分割、责任的履行、权利的优化并没有达到各方最大化和最优化的诉求，这便直接或间接地导致旅游环境中很多行为都是徘徊在“旅游道德底线”上。因此，从旅游业可持续发展的角度出发，长远来看应建立基于利益均衡原则的旅游立德机制，保障各旅游利益相关者的利益诉求都得到公

① 参见蒋艳霞：《世界旅游市场发展现状及趋势》，载 2013 年 11 月 8 日《中国旅游报》。

② 参见王德刚、张若阳：《旅游道德论》，载《旅游科学》2012 年第 1 期。

平对待，制定并维护旅游业共同的行为准则，实现旅游业飞速发展的道德回归。

关于道德的核心问题——利益与责任的关系，毫无疑问，大多数人都认为获得利益必须承担责任，甚至必须以承担责任为首要前提。放在旅游企业上更应该如此，因为企业不仅是一个经济实体，首先而且更重要的是一个责任实体、道德实体，旅游企业只有获得道德上的造诣，才有可能"取之有道，得之有理"。

(一)利益：外在追求的约束境界

利益，是一种对人或物有良性影响的事物，在佛教中指利生益世的功德，源出于《后汉书·循吏传·卫飒》："教民种植桑柘麻苎之属，劝令养蚕织履，民得利益焉。"又见宋朝吴曾《能改斋漫录·沿袭》中所述："汉与突厥……不如和好，国家必有重赉，币帛皆入可汗，坐受利益。"利益，通俗地说，就是"好处"，在本质上属于社会关系的范畴，也是利益主体通过社会关系表现出来的不同需要，因为利益主体的需要是多种多样的，所以利益的表现形式也是多种多样的，既包括物质利益，也包括精神利益。同时，利益还包括局部利益和整体利益、长远利益和眼前利益、个人利益和国家利益等。

通常情况下，利益对人类的活动具有支配作用，对利益的追求形成推动人类活动的动因，因此利益的追求是合乎发展规律的。例如，我国的荀子从人本性的角度认为"今之人性，生而有好利焉"(《荀子·性恶》)，意大利马基雅维利就认识到"物质利益"在历史发展中的作用，法国的爱尔维修认为利益能赋予人们快乐或消除人的痛苦的一切，指出"利益是社会的黏合剂，没有利益就没有社会"①，甚至霍尔巴赫把利益确定为"人的行动的唯一动力"②，后者虽然过分夸大了利益的驱使性和结果性，但不可否认这二者都看到了利益作为外在追求加速历史前进的动能力。这一点上，连马克思都不否认，马克思明确指出，"人们奋斗所争取的一切，都同他们的利益有关"③，即常说的"无利不起早"。

恩格斯说："每一既定社会的经济关系首先表现为利益。"④所以生产关系、社会关系中人们的地位决定了人们的利益指标及其满足程度，新的生产关系取代旧的生产关系事实上就是利益主体的转换以及利益的增长和再分配。这也正如列宁所说的那样："千百万群众走向社会主义和共产主义，不是直接依靠热情，而是借助于伟大革命所产生的热情，依靠个人兴趣、依靠从个人利益上的关心，依靠经济核算。"⑤这其实早在亚当·斯密研究经济现象的时候就意识到了，经济现象就是基于具有利己主义目的的人们的活动所产生的，人们在经济行为中，追求的完全是私人的利益，但是每个人的利益又为其他人的利益所限制，这就迫使每个人必须顾及其他人的利益。由此，就产生了相互的共同利益，进而产生和发展了社会利益，社

① 参见王登成：《论爱尔维修的社会政治观》，载《阴山学刊》(社科版)1994年第4期。

② 参见[法]霍尔巴赫：《自然的体系》上卷，商务印书馆1999年版，第260页。

③ 参见《马克思恩格斯全集》第1卷，人民出版社1960年版，第182页。

④ 参见《马克思恩格斯全集》第4卷，人民出版社1958年版，第250页。

⑤ 参见《列宁选集》第4卷，人民出版社1995年版，第572页。

会利益以个人利益为基础。[①]

由此看来，对利益的追求并不是、也不能随心所欲的，而是被诸多因素限制和规范的，其中"他人的利益"是首先要考虑和照顾到的，因为"人类几乎随时随地都需要同胞的协助，但只想依赖他人的恩惠，那是肯定不行的。他追求自己的利益，往往使他能比在真正出于本意的情况下更有效地促进社会的利益"[②]。所以，利益，更确切地说是外在追求的约束境界，这些约束因素更多源于"我"之外的"他"。

(二)责任：内在超越的自由境界

责任，是职责和任务的总称，责任产生于社会关系中的相互承诺，这种承诺的兑现与否是不受法律约束的，却会受到道德的谴责。《新唐书》列传第二十三："观太宗之责任也，谋斯从，言斯听，才斯奋，洞然不疑。"《元史·武宗纪一》云："是以责任股肱耳目大臣，思所以尽瘁赞襄嘉犹，朝夕入告，朕命惟允，庶事克谐。"《续资治通鉴·宋英宗治平三年》载："陛下能责任将帅，令疆埸无事，即天下幸甚。"[③]可见，责任依据不同的角色主体有不同的侧重，社会责任是企业追求有利于社会长远目标实现的一种义务。

责任意识在我国古已有之，"当仁不让"(《论语》)可以看作我国最早的责任表现和责任担当意识。最典型的还体现在历朝历代治国治生的过程中，如万里长城的修筑，筑城所用的砖都是按照统一规格由全国各地烧制后运送到工地的，为了监督检查制砖的责任和质量，每块砖头上都刻有制造州府县以及制造者的姓名，这是责任萌芽的最初要求，随着责任意识潜移默化到每个利益主体的内心层次的深化，责任就成为一种内在超越的自由境界，即不需要外部监督的内化境界，这一境界既不需要经济的促动，也不需要法律的约束，是道德发展层次的较高阶段。这和英国首相丘吉尔在哈佛大学演讲时所说的"高尚、伟大的代价就是责任"是同样的道理。

责任，严格来说属于形而上的理念，责任的真实存在是和利益合二为一的表达，责任首先是指一种生存状态，即责任人是经济人和社会人的统一体，这一统一体的生存原则是符合社会正常发展规律的。其次，责任本质上还是一个哲学概念，是指一种生存态度，或者生存哲学、生存境界。责任是具有超越性、主体性和日常性的，因此这一生存态度还要符合社会主导的道德基点。责任，在某种程度上可以将实践哲学展现为多元化的具体利益，并为利益的合理分配划定依据，旅游责任主体的划定是和利益主体相一致的。从哲学的角度来看，责任更倾向于是一种内在超越的自由境界。

(三)利益与责任：道德博弈的路径选择

明确了利益与责任各自蕴含的真正本因，便不难看出，利益与责任博弈的结果便是道德观、价值观的选择，更具体化一点来说，在旅游道德的建设过程中，确立弹

① 参见周三多等：《管理学》，复旦大学出版社 2009 年版，第 51 页。

② 参见[英]亚当·斯密著，郭大力、王亚南译：《国富论》，上海三联书店 2009 年版，第 35 页。

③ 百度百科"责任"，http://baike.baidu.com/subview/13792/8046077.htm#viewPageContent。

性多大的底线，选择什么样的道路，秉承什么样的原则，采用什么样的方法，都依赖于利益主体的责任意识。这和现代经济学之父亚当·斯密在《道德情操论》中指出的正相吻合："如果社会财富只集聚在少数人手里，那是不公平的，而且注定是不得人心的，必将造成社会的不稳定。"[①]所以，道德是平衡利益和责任关系的砝码，在道德价值的基础上、道德约束的监督中以及道德规范的影响下，道德将充分发挥其作为共同利益维护者的本质作用。

可见，旅游道德作为旅游业共同的行为准则，其建设的要求是旅游利益与责任道德博弈的必然结果，旅游道德共建与旅游利益相关者具有直接联系，需要旅游道德主体通过某种机制、途径和方式作用于旅游道德客体，在完善旅游道德体系的同时丰富旅游道德的内涵，提升旅游道德的正能量。

第二节 旅游道德行为

道德行为是受道德意识支配而表现出来的活动，与"非道德行为"相对，属于道德现象的范畴。道德现象，一般来说，可以分为三个方面，即道德活动现象、道德意识现象和道德规范现象。[②] 一个人的道德行为经常表现为其道德品质状况的现实反映，一个社会的主体或大多数成员认可或遵从的道德行为体现为社会的整体道德风尚，即社会公德。但是道德行为在一定程度上又具有独特的时空性，在某些特殊环境中的道德行为和非道德行为甚至可以互相转化，在转化过程中还存在道德过渡行为。如在注重人类繁衍、但人口存活率较低的年代，一夫多妻算不上是什么不道德的行为，但是在当今的情况下，这就被视为不可容忍的不道德行为。同样的问题也体现在浪费方面。总之，道德行为是有其适应性的，多半与利益、成本、政治、文化挂钩。一般来说，有利于他人和社会的都被认为是道德行为，反之则是不道德行为。

胡传东指出，旅游者道德弱化行为，是旅游者在旅游活动过程中表现的介于正常、适当行为与违法、犯罪行为之间的，对旅游地资源、环境、居民、其他游客，甚至自身造成不良影响的行为。[③] 可见，旅游者道德弱化行为从旅游者的角度提出了旅游的非道德行为，更强调了产生的不良影响。一般来说，旅游道德行为由于受到道德相关者地位及其寻求的道德规范的差异的影响，而表现得各不相同，但无损于自然、他人和社会的行为都被认为是有道德的。

一、旅游利益相关者与旅游道德相关者

旅游利益相关者和旅游道德相关者有着密切、直接的关系，二者在很大程度上

① 参见[英]斯密著，谢宗林译：《道德情操论》，中央编译出版社2008年版，第1页。

② 参见王东：《道德本质及相关问题讨论》，载《昌吉学院学报》2002年第1期。

③ 参见胡传东：《旅游者道德弱化行为的维拉因素与形成机制》，载《重庆师范大学学报》（哲学社会科学版）2008年第5期。

具有重合性。旅游活动是一项综合性的、多元化的、覆盖面广的行为，因此涉及众多的领域和利益相关主体，这些利益主体在旅游活动中处于不同的位置、扮演不同的角色、付出不同的成本、获得不同的利益，因此也担负着不同的道德责任，这些主体基于各自的利益、以不同的方式参与到旅游过程中来，形成了错综复杂的、相互影响的互动关系，也便形成了多元的道德准则。① 有研究者认为，基于可持续发展的角度，旅游利益相关者包含人类与非人类、现实与潜在的利益主体，根据这些不同利益主体的性质、相关程度和影响程度，可将旅游利益相关者分为核心层、支持层、边缘层三个层次。② 核心层是指在旅游活动过程中有着最直接的经济、社会等方面利益的主体，他们在旅游活动中直接以主动或被动的方式跟旅游活动发生联系，包括旅游者、社区居民、政府（国家政府和地方政府）、旅游企业等。支持层是指那些在某一特定的时间和空间能给旅游带来机会和威胁的利益相关者，主要包括社会公众、竞争或合作对手、非政府组织等。边缘层是指潜在的、非人类的、间接作用于旅游开发和旅游发展过程的利益主体，主要包括后代人、资源与环境等，他们是被动地参与旅游，在旅游活动和旅游业发展中不具备能动作用。③

但在结构的构成上，旅游道德相关者与旅游利益相关者又有明显的不同。“道德”是人类社会群体的行为规范，即“主体是人，客体是自然”。即“道德主体”是专指人类的某个特定群体，“道德客体”与之对应。因此，旅游道德相关者又可以划分为“旅游道德主体”和“旅游道德客体”。旅游道德主体是指那些能够用自己的方式主动参与或对旅游活动产生影响的旅游利益相关者，是旅游利益相关者中具有能动作用的现实人类主体，即核心层和支持层的一部分，包括旅游者、旅游企业、政府、媒体、社会公众等。④ 旅游道德客体则是指那些被动地受到旅游活动影响的旅游利益相关者，即旅游利益相关者的边缘层，包括接待地社区、自然环境与资源、文化传统等，它们往往以静态、沉默的方式存在，并常常因此而被忽略，但他们恰恰又是旅游可持续发展的组成部分，因此它们的利益是否被重视和尊重往往是衡量旅游道德的重要标准。⑤

旅游道德主体和客体之间的关系以及道德主体之间的互动关系在很大程度上也是受到利益的支配、围绕利益分配为核心的。旅游者通过旅游活动的实现，获得各种旅游经历，同时提高了目的地居民的旅游收入，增加了就业机会，但又不可避免地在一定范围内、一定程度上给他们的日常生活带来不便，甚至会增加他们的生活成本。例如交通成本、物价成本等。旅游接待地居民通过参与旅游经营、提供旅游产品和营造旅游环境获得相应的收入。旅游者通过支付旅游成本实现了旅游活

① 参见王德刚、张若阳:《旅游道德论》,载《旅游科学》2012 年第 1 期。

② 参见王德刚、贾衍菊:《成本共担与利益共享——旅游开发的利益相关者及其价值取向研究》,载《旅游科学》2008 年第 1 期。

③ 参见王德刚、张若阳:《旅游道德论》,载《旅游科学》2012 年第 1 期。

④ 参见王德刚、张若阳:《旅游道德论》,载《旅游科学》2012 年第 1 期。

⑤ 参见王德刚、张若阳:《旅游道德论》,载《旅游科学》2012 年第 1 期。

动的各种功能，给旅游企业带来了利润增长和利益获取，而旅游企业通过各种产品和服务的提供获得相应的利润，二者便形成了一种利益交互关系。同样，政府通过相应的政策措施引导、鼓励或是限制、约束旅游活动和旅游业的发展，平衡道德主体的利益关系。

旅游道德相关者往往通过利益缔结来产生关系。作为旅游道德主体和客体合一的社区，一来承受着旅游者、政府和旅游企业等主体施加的行为，二来还要通过自己的表态影响其他主体的行为。政府因为在不同阶段有不同的利益目标，所以会根据旅游战略转变实行不同的政策导向。其他主体则通过影响、表态和反馈作用于政府行为。社会公众和非政府组织往往作为道德客体的代言人，因此地位相对超脱，一般是通过舆论监督、公众影响等方式，监督和引导旅游者、企业、社区居民的活动，甚至对政府的决策行为产生影响。政府则会通过支持、限制或取缔等方式来回应社会公众和非政府组织的活动。[①]

二、旅游道德相关者的道德行为

旅游道德行为能够传达这种行为的道德价值并体现利益相关者的道德责任。旅游道德主体的利益诉求和责任意识是旅游道德行为的决定性因素，旅游道德主体的"道德"或"不道德"行为的判定以所有或大多数利益相关者共同认可（包括明令和默认）的道德评价（诚信经营是一种美德）、道德规范（维护人和自然的和谐是一种义务）和道德命令（禁止猎杀和买卖野生保护动物）为主要依据。

（一）旅游者道德

旅游者是旅游活动的主体，是一切旅游活动的中心，也是一切旅游现象产生的根源。[②] 旅游者参与旅游活动，是希望通过旅游过程实现旅游期望，获得旅游经历，即不同于日常生活的特殊体验；为了实现这些利益诉求，旅游者不得不支付金钱、时间等成本或其他机会成本，因此他们希望享受到高质量的产品和服务。旅游的异地性使得旅游者势必要在特定的环境中与目的地的旅游景观、旅游设施及相关服务等发生关系[③]，同时，与旅游接待地的居民、企业、政府等发生联系，产生特定的道德行为。旅游者在旅游活动过程中的道德行为主要表现为如何处理"与人的关系"和"与旅游环境的关系"。

在"与人的关系"处理上，主要体现在旅游者与所有有助于其实现旅游活动的相关人群的关系方面。在旅游活动的实现过程中，与旅游者有密切关系的人主要有四类，包括旅游接待地的居民、旅游过程中的同伴、旅游行业的服务人员和旅游目的地政府。

世界旅游组织颁布的《全球旅游伦理规范》中的第1条中就指出：旅游者要"抱

---

① 参见王德刚、张若阳：《旅游道德论》，载《旅游科学》2012年第1期。

② 参见夏赞才：《旅游者道德建设》，载2003年8月29日《中国旅游报》。

③ 参见刘海鸥：《旅游道德三论》，载《长沙大学学报》2001年第9期。

着对不同宗教信仰、哲学观点和伦理观念容忍和尊重的态度，了解并促进和人性一样的伦理标准，既是负责任旅游的基础，又是负责任旅游的归宿；旅游发展中的利益相关者和旅游者本身都应当遵守各个民族——包括那些少数民族和土著民族的社会文化传统和习俗，并承认其价值”[①]。一方面，旅游者与目的地居民由于文化意识形态、地缘种族、生活习惯、价值观等的不同非常容易出现矛盾和冲突；另一方面，旅游活动本身就是穿越他人生活空间的过程，是对他人生活秩序的打扰，因此势必对目的地社区居民的生活过程产生影响。这就要求旅游者必须以尊重、平等的态度对待旅游目的地的居民，并尊重当地的生活方式、文化传统、风俗习惯和宗教信仰，约束自己的行为，尽量不给当地居民带来过分的阻碍或困扰。我国古代，“入境而问禁，入国而问俗，入门而问讳”(《礼记·曲记》)就反映了对于当地居民生活尊重的要求。

旅游者与同行者，即旅游过程中同伴的关系处理也是旅游道德行为的重要组成部分。尤其是在团队旅游中，旅游者可以说来自不同的环境，有着不同的生活背景，但却对旅游行程怀着同样的期许，因此彼此之间便产生了伙伴关系。尽管这种关系和旅游活动一样具有暂时性特征，但仍然应该互相尊重，互相理解，共同营造一个良好的旅游环境。

旅游者与旅游行业服务人员的关系主要有两种类型：一是与出发地旅游行业服务人员(组团旅行社)的关系，二是与接待地旅游行业(地接旅行社、酒店、景区等)服务人员的关系。虽然旅游者与他们是一种购买与服务的关系，但旅游者不能以“顾客是上帝”为由而自我膨胀，“顾客总是对的”是旅游企业、员工对自己服务的定位与要求，并不能成为旅游者颐指气使的依据。[②] 旅游者在充分享受自己的旅游经历的同时，也要充分尊重为其提供产品和服务的旅游从业人员的人格和劳动。

另外，旅游者在出境旅游时，还会因办理签证、入境和离境手续等与目的地国的政府发生关系。这就要求旅游者能够自觉遵守目的地国政府的法律法规和相关规定，尊重相关工作人员的劳动。

在“与旅游环境的关系”的处理上，则主要是正确处理旅游者与目的地自然环境、社会环境和文化环境等密切接触的旅游环境之间的关系。

自然环境和自然旅游资源往往都具有不可再生性，敬重自然、爱护旅游环境应是旅游活动最基本的道德准则。2014 年“十一”黄金周期间，深圳锦绣中华 5 万陶瓷小人大部分被游客“顺手牵羊”；民俗村景区的“南峰塔”里里外外，只要人能够得着的地方都被“到此一游”的刻痕覆盖；还有很多游客无视景区的警示牌，进入隔离草坪，偷偷喂食野生动物，这些很简单、很基础的道德问题却一直成为旅游者道德检验的顽疾。美国旅行社协会提出的“生态旅游十戒律”就为旅游者敬重自然、爱护旅游环境提供了行为指南。不随意在景区丢弃垃圾，不破坏自然环境里的花草

① 参见张广瑞译：《全球旅游伦理规范》，载《旅游学刊》2000 年第 3 期。

② 参见夏赞才：《论旅游道德建设》，载《道德与文明》2005 年第 5 期。

树木，不惊扰野生动物[1]，这些看似平常的要求却恰恰是旅游者应该内化于心、始终坚持的行为准则。

从另一方面讲，旅游者还应该尊重目的地的文化风俗、历史传统、宗教习惯、生活方式，遵守东道主国家或地区的法律、道德习俗等，入境问俗，入乡随俗，尊重公共空间的基本礼貌。例如，在欧洲，一般10元、20元面值的欧元比较常用，100元面值的有的超市就不收，500元的基本上就没有人用。但中国游客常常买包烟都会用500欧元，这在欧洲人看来，是一种暴发户的行为。可是中国游客对此并不清楚，而且据了解，中国国内在兑换外币时很少有小面额的钞票。[2] 当然，在一些特殊的地区，旅游者也许会遇到在自己的常住地不能接受的道德行为，如色情服务和赌博等。旅游的异地性和暂时性经常会使日常的道德规范失去约束力，在陌生的、没有监督的环境面对新鲜的诱惑，极有可能出现"道德弱化"现象，此时就要看旅游者自身的道德约束力了。可见，道德行为的养成还是一个不断进化的过程。

（二）社区居民道德

对于社区来说，旅游开发有主动参与和被动参与两种：社区从发展社区经济、改善社区环境、提高社区生活质量等方面考虑会主动进行或参与到旅游开发中来；而政府、企业有时也会以其强势地位和对旅游发展的控制力直接主导社区的旅游业发展。虽然无论是主动参与还是被动参与都能给社区整体带来直接或间接的利益增加，但对于社区居民来说，他们的利益诉求则表现得相对复杂，包括获得合理的经济利益、合适的就业机会、社区文化延续和地方特色的保持等，还有对当地自然资源和环境的可持续利用，使生活习惯和意识形态不受冲击等。另外，大量旅游者的涌入，免不了与当地居民共用有限的资源，社区居民就会更加关心发展旅游会不会打乱他们的正常生活秩序。因此，在利益诉求的主导下，社区会以自己的方式对旅游的发展施加影响。表现在旅游道德领域主要包括：

一是以非正常途径"参与"旅游业。在某些情况下，社区内部居民会以一些不正当、不道德的方式来主动"参与"旅游业的经营并从中非法和不道德牟利，如"黑导""黑车""黑舍"、拉客、强卖、色情服务、出售假冒伪劣商品等。2011年随着西安世园会的开幕，西安周边很多旅游景点也出现了空前的"繁荣"，但由于公共交通运力不足，缺乏管理，导致大批出租车、面包车、摩的聚集景点附近争相拉客，甚至围堵游客，而且要价离谱，肆意超载，这不仅造成景区秩序混乱，而且还影响了游客心情。[3] 这种现象在很多社区型的旅游目的地都存在，甚至成为长期存在的顽疾。

二是对资源的破坏或过度开发。很多旅游地为追求利益最大化会掠夺性地开发和利用资源，竭泽而渔，使当地的自然和文化遗产受到破坏，旅游吸引力逐步下降，地区特色逐渐弱化。世界上许多地方原本吸引力很高，但随着过度的旅游开

① 参见张广瑞译：《全球旅游伦理规范》，载《旅游学刊》2000年第3期。

② 参见《中国游客被指最难伺候，爱用大钞像个暴发户》，载2006年12月27日《北京晨报》。

③ 参见赵波：《西安周边旅游景区运营秩序混乱，"黑车"猖獗》，载2011年6月16日《陕西日报》。

发,吸引力逐步减弱而沦为"旅游废都",就属于这种现象造成的后果。近几年,黄山实施景点轮休制、敦煌莫高窟实行门票预约限制游客进入量等都是负责任、讲道德的资源开发行为。

三是在外来文化的冲击下,毁坏或丧失本地的优良文化传统,使社区个性和特色逐渐消失。像小三峡湮没区有个明清古镇大昌镇,20 世纪 90 年代在考古专家们的呼吁下,国家动用数千万元将全镇移地重建,谁曾想,迁建后的大昌镇竟然成了当地招揽商户的房地产项目,原住居民则全部迁出——一个活生生的民风淳朴的古镇就这样成了一个没有文化生活气息的"死镇"。[①] 更为普遍的是,许多地方为发展旅游和地方经济,盲目媚外、媚洋,在传统社区大肆兴建不伦不类的"欧式"建筑,使社区的传统特色、地方特色损毁殆尽。更为痛心的是,广大的乡村地区,推行所谓的新农村建设,原本错落有致、田园气息浓郁的传统村落被统一规划成横平竖直、井字形格局的兵营式"新农村",房子大了,街道直了,路面也干净了,但地方特色、乡村面貌永远消失了。这种现象虽然往往并不是社区里普通居民直接决策的结果,但社区的这种变化,也是道德和价值取向的重要表现。

(三)旅游企业道德

旅游企业主要包括旅游开发商、旅游供应商和旅游代理商等。对企业来说,经济利益是其永恒不变的追求,获得经济收益最大化是其最主要和最核心的目标。同时,随着社会的发展和全面进步,企业的社会责任意识也在提高,在追求经济利益的同时也开始重视社会形象,很多企业开始设立企业道德官。旅游企业的利益诉求包括良好的投资发展环境、政府多元化优惠政策的支持、充足而稳定的旅游客源、良好的外部发展机遇和高素质高技能的专业人才等。企业通过对旅游资源的开发、为旅游者提供产品和服务来获得收益,是企业作为"经济实体"的一种正常的追求。但企业有时会存在对利益的过度渴望,这就会导致他们在道德领域有非道德的表现。主要表现在:

一是有意、无意地对资源过度利用,例如毁损资源和环境、过度排污造成污染、浪费能源尤其是很多不可再生性资源的消耗。

二是对利益的隐藏、过度占有甚至是独占,尤其是在很多处于弱势地位的社区来说,这种现象更为常见。企业通过硬性占有或强势主导左右利益分配机制,削弱社区对利益分配、对旅游发展的控制力,剥夺社区的话语权和参与权。

三是以非法的手段或经营非法项目获得利益,享受国家特殊优惠政策或霸占专项基金、扶持资金等获得非法收益。

四是毁坏社区习俗、特色文化和地方经济模式,使地方传统文化和社区特色逐步衰亡甚至消失。

五是缺乏社会责任感,逃避承担社区义务,攫取社区福利赚取商业利益等。

六是采用非正常的企业经营管理行为,如进行虚假宣传、生产劣质产品和服

① 参见李金桀:《文化旅游不能"攒故事"》,载 2010 年 9 月 1 日《光明日报》。

务、欺瞒旅游者等。通过上述手段旅游企业也许能够获得一时的、丰富的经济利益,但是从长远发展来看,必然影响到企业本身的长远利益,也终将损害旅游产业的可持续发展。

(四)政府道德

政府,包括国家政府和地方政府,在发展旅游的利益诉求上与其他利益主体则有较大差别。

从国家政府的角度来看,利益诉求包括对内和对外两方面,对内包括发展经济、改善国民生活、提高国民素质等;对外包括平衡国际收支、加强文化交流、提高国家声誉和软实力等。

对于地方政府来说,利益诉求体现为发展地方经济、改善居民生活品质、增加就业机会、提高地方知名度和美誉度等。

从我国政府对红色旅游开发的促进和鼓励上可以看出政府利益诉求的多元化。从红色旅游发展的实践来看,红色旅游已经成为革命老区经济发展的重要推动力。2013 年,我国全部红色旅游景区景点共接待游客 7.86 亿人次,同比增长 17.3%,在纪念场馆免费开放的前提下,红色旅游综合收入达 1985.6 亿元,红色旅游在旅游产业活动中的作用愈加凸显。[①] 红色旅游作为独特的旅游产品,在开发的过程中通过有机整合一、二、三产业的资源,能够通过改善农村经济结构、解放农村生产力、促进农业产业结构调整、实现农民增收等实现当地的经济社会协调发展。从红色旅游发展的教育价值来看,红色旅游还有利于旅游者了解革命历史、传承斗争精神、弘扬时代特色,有助于增强民族自豪感和凝聚力,能够加快社会主义核心价值观的形成和建设。

政府,尤其是地方政府,虽然有多种利益诉求,但有时会因为特定的利益取向而导致诉求指向的偏离,过于集中于某项诉求(如经济利益),而忽视诉求关系之间的平衡。表现在道德层面上,主要包括:(1)追求经济快速发展,忽视环境承载力的限制,掠夺性开发旅游资源;(2)利用政府的强权干预社区的发展,使社区丧失旅游发展的控制力;(3)决策失误、规划不当或投资失误,导致旅游资源的破坏性开发或浪费;(4)为谋求旅游业的高速发展,用投资商的优惠占有取代社区利益的关注,使社区居民被动地为旅游发展投入成本,却得不到相应的回报;(5)政策的不连续性导致旅游发展的短期行为,造成企业的投资损失等。[②]

(五)社会公众和非政府组织道德

社会公众既包括新闻媒体、学术机构、研究人员,也包括广泛的社会群众,非政府组织则是指与政府和企业的直接利益不相关的组织。社会公众和非政府组织往往能够站在整个社会和人类发展的高度来看问题,他们关注的是发展旅游除了能够带来经济利益之外,是否还有有利于社会和人类的长远意义,或者某一类型的组

① 参见兀婷、兀晶:《刍议红色旅游文化的社会功能》,载《山西财政税务专科学校学报》2014 年第2 期。

② 参见王德刚、张若阳:《旅游道德论》,载《旅游科学》2012 年第 1 期。

织集中关注某一特殊问题，如生态环境保护、文化遗产的传承、野生动植物的生存等，他们往往是环境、文化等缺少话语权的弱势群体的利益代言人。正是由于这种特殊的利益诉求，社会公众和非政府组织往往能够建立公正、公平的道德评价体系，并运用相应的评价标准来监督旅游开发和旅游活动，必要时利用公众舆论，影响旅游决策。

目前，国内外很多景区景点通过各种动物的各式表演来吸引游客的现象屡见不鲜，各种驯兽表演、与野生动物的亲密接触、动物娱乐性比赛确实给旅游者带来了很多乐趣。世界动物保护协会（World Animal Protection）开展的一项全球性调查结果显示，近50%的受访者（中国约有56%的受访者）表示是因为喜欢动物而花钱观看野生动物表演，85%的受访者也表示愿意在野生环境中观赏了解野生动物，但大多数游客并没有意识到动物表演背后所存在的动物虐待行为。因此，世界动物保护协会在全球范围内开展了“动物友好型”旅游项目推广，旨在向公众宣传文明正确的动物保护知识，并为公众提供更多切实可行的“动物友好型”生活建议。于是，世界动物保护协会在爱心企业的支持下，在北京首都机场T3航站楼发布了围绕“动物表演就是动物虐待”的公益主题广告。此外，世界动物保护协会中国代表处野生动物项目经理孙全辉博士指出：“人们总以为与野生动物进行互动是令人愉快、令人难忘的经历。但是他们并没有意识到，游客的‘一次’参与或观看动物表演，对野生动物而言却是‘一生’的痛苦。大自然才是野生动物真正的家园，我们呼吁公众在野生环境下了解野生动物才是最时尚、最有爱的假日旅行新风尚。”①

三、旅游道德体系

2014年9月，国内多家知名景区发布门票调价公告，宣布上调门票价格。其中，广东丹霞山门票由160元涨到200元（2014年9月1日起），丽江玉龙雪山门票由105元涨到130元（执行时间为2015年5月10日起），保定涞源十瀑峡景区调价方案获得通过，门票从35元上调至50元。事实上，这并不是今年的第一次门票涨价潮，早在六七月份时，就早有景区纷纷涨价或做好涨价听证。中国社会科学院旅游研究中心发布的《2013年中国4A、5A级旅游景区门票价格分析报告》指出，中国所有153家5A级景区的平均门票价格为109元，高于平均价格的有69家，低于平均价格的有84家，门票价格在100～200元之间的占多半（共有81家，占52.9%），门票价格在200元以上的有11家，占7.19%。将全国所有5A级景区门票平均价格与居民收入、消费相关数据进行比较后可见：2012年，我国5A级景区门票平均价格相当于2012年城镇居民月度人均可支配收入的5.32%，相当于农村居民人均纯收入的16.52%；相当于2012年我国居民人均年度旅游消费的14.19%，相当于城镇居民年度出游人均花费的11.92%，相当于农村居民年度出

① 参见世界动物保护协会：《动物表演就是动物虐待》，新华公益网，http://news.xinhuanet.com/gongyi/2014-09/30/c_127056249.htm。

游人均花费的22.2%。[①]

虽然2007年国家发改委曾下发通知规定"旅游景区门票价格调整频次不低于三年",但这似乎为景区门票三年涨频确定了依据,三年必涨成了很多景区新的门票定价策略。这到底是大众旅游时代门票经济的新策略,还是生态经济(通过高票价限制游客数量)的新方向?是旅游加速地方经济、提高地区福利的新趋势,还是借机借势涨价、获取最大利益的新手段?

但另外的事实又表明,涨价并不一定就保证能够获得利益最大化,涨价的背后带来的可能是产业链的断裂,高票价成为了阻挡普通旅游者的门槛。相反,西湖自2003年开始实行免费,数据显示,景区每年因此直接减少门票收入2530万元,但公园免费带动了景区商业网点经营价值的提升。通过拍卖、出租或承包景区商业网点经营权等市场化手段,不仅抵补了损失的门票收入,而且还使景区管理部门增收逾亿元,带动了杭州旅游产业新增经济效益上百亿元。[②] 如果认为门票的涨跌与旅游道德行为相关,似乎也并无不可,毕竟大众旅游时代的旅游道德内容是应该让包含低收入者、残疾人、失业者等诸多弱势群体在内的普通大众享受到公平旅游的机会,感受到真正的道德时代的旅游特色。这也和亚当·斯密在《道德情操论》里表述的观点相一致,"究竟透过什么机制,以及怎么运作,以至于我们的心灵会喜欢某一行为取向,而不喜欢另一行为取向;会把前者称为是对的,而把后者称为是错的;会认为前者是该受赞许、推崇与奖赏的对象,而后者则是该受责备、非难与惩罚的对象。"[③]

可见,道德性是旅游道德体系构建的核心,旅游道德保障机制及旅游道德体系运作是旅游经济作为"产业经济"和"道德行为"有机融合的关键。大众旅游时代,既是公平旅游时代,也是道德经济时代,旅游活动、旅游现象、旅游经营、旅游发展都应该是"负责任"的。

(一)旅游行为的道德性

旅游道德的善恶判断标准,往往是通过内在信念、传统习惯和社会舆论来反映和体现的,本质上是惩恶扬善的,但旅游道德在追求善的时候并不一定是同时求真的,有时假的也可以是善的,最典型的表现在各种大型的山水实景演出上,另外还表现在博物馆、美术馆内某些展品真品的复制品甚至赝品的展览上。这在一定程度上是可以允许的、是道德范围之内的行为。道德和法律不同,道德调整的是善与恶的关系,采用的是道德的方式,即社会舆论、风俗习惯、意志信念等非强制性的约束手段,既没有强制执行的组织,也没有强制性的措施。在旅游这一异地性明显、暂时性突出、生产和消费无比统一的活动开展过程中,非强制性是旅游行为道德性

① 参见中国社会科学院旅游研究中心:《2013年中国4A、5A级旅游景区门票价格分析报告》,http://www.seelvyou.com/html/news/2013/0512/1177_3.html。

② 参见李金磊:《多家景区门票涨价,专家称应摆脱"门票经济"依赖》,新华网(www.xinhuanet.com),2014年9月18日。

③ 参见[英]斯密著,谢宗林译:《道德情操论》,中央编译出版社2008年版,第340~341页。

最典型的特征。虽然很多文化类旅游景区都设有禁止拍照、禁止喧哗、禁止攀爬等道德约束宣传牌，但在现实情况中很多也都沦为摆设。在这种情况下，最多也是依靠社会舆论的引导和推动，通过形成优良的道德氛围提高旅游者的道德认识和道德要求，并最终养成良好的道德习惯。

旅游行为道德性的第二个表现是其普遍性。道德是随着人类社会的产生而产生的，旅游道德是随着旅游活动的大众化而日渐明显并发展的，而且随着旅游日常化、旅游生活化等趋势将成为和社会道德同样普遍的道德要求。人类的聚集性特征决定了社会道德是人际交往和关系建立的基本准则，只有遵守社会道德才能保持群体内应有的秩序，才能调整人与人、人与社会的关系。因此，不管是哪一种社会形态、哪一种阶级类型，道德永远不会消失，反而会更具有广泛性，道德规范是适应于群体内所有人的规范。所以，旅游道德主体首先是包含在社会大群体之内的，首先必须遵守普遍的社会公德和内化于心的个人私德；其次旅游道德主体作为旅游利益相关者，还必须遵守行业普遍的行为准则，即行业道德；最后旅游道德主体所具备的主观能动性决定了其还必须兼顾不会表达或难以表达的旅游道德客体的普遍需求，因为一旦这类难以表达的需求被表达出来，就一定是以一种毁灭性的表达方式，要么是环境的报复，要么是生态的难以再生，也或是文化传统的永远消逝。

灵活性或可调性是旅游行为道德性的第三个特征。一般来说，道德的内化也是道德优化、美化的过程，通过这一动态转化可以增强明辨是非的能力，树立为他人和社会履行义务的道德责任感，同时形成社会认可的整体的道德评价标准。因此，在不同的领域和不同的关系中，道德表现出的调节功能又是不一样的。旅游道德，通俗地说就是在旅游领域和旅游关系中“应该怎样”和“不应该怎样”，但与社会道德不同的是，这种“应该怎样”和“不应该怎样”有时是随着旅游环境的变化而互相转化的，或者说“应该怎样”和“不应该怎样”的道德标准强度的要求是不一的。在旅游业发展之初，我国国内旅游从业人员是被明令禁止收小费的，否则会被认为是不道德，但随着国际交流的日益频繁，收小费虽然不被明文鼓励，但也逐渐被接受，因为在国外付费的人和收费的人都做到了对人权的尊重，付费的人认为是付出劳动的人的合理劳动所得或奖赏，是对劳动成果的尊重，收费的人则付出劳动，付出时间，收获的是被尊重的感觉，因此与道德无关。但是，如果付小费的人是被迫的，那就与道德有关了。“十一”黄金周期间，广西桂林刘三姐故居逼游客捐款，不给钱不让走，这一土匪行径就引起了网友的热议，其中不乏道德谴责。相信在这一道德谴责之下，调节的将会是旅游市场的正常秩序、旅游主管部门的作为和更和谐的旅游环境。

（二）旅游道德体系构成

根据旅游活动中各个相关者的利益和责任，具有能动作用的五个道德主体之间及其与道德客体之间形成了一种互相影响、互相制约的关系，根据他们之间的关系，确立能够广泛被国际社会接受和认可的旅游道德体系才是保证旅游道德作为行业行为准则的非强制性、但约束力较强的旅游道德体系。

旅游道德体系是指旅游道德的各种表现形式，即各种旅游道德现象所构成的有机整体。就其主要内容来看，可以分为旅游道德活动现象、旅游道德意识现象以及和这两方面密切相关的旅游道德规范现象，这三者之间既互相区别，又互相渗透，还互相影响，互相转化，从而成为内在联系紧密的旅游道德体系。

一般来说，旅游道德活动是旅游道德意识的实践基础，并能够对已形成的道德意识产生影响，使之不断深化和提升。

旅游道德意识一旦形成，就能有效地对旅游道德活动产生指导意义，并促使其逐渐向旅游道德活动转化。

而旅游道德规范是在这二者的基础上形成的，既是对旅游道德活动"应该"与"不应该"的约束和概括，又是对旅游道德主体价值观的反映和体现。

因此，旅游道德规范作为道德体系的核心，以道德观、价值观和道德准则的形式影响和制约旅游道德行为的选择和旅游道德意识的转变。

除了旅游道德的内容体系之外，还有一种旅游道德的层析体系，即按照旅游各个相关者利益划分的层析体系，按照范围从小到大依次是旅游者、旅游企业、政府、媒体和社会公众，包括个人私德、家庭美德、职业道德、社会公德和国际道德。这几个层次的道德要求有机结合，互相约束，共同遵守和维护着旅游道德承诺。

值得一提的是，道德作为利益和责任的核心，也应该是与时俱进，随着利益和责任的变化而更新的。一方面，要对过时的旅游道德观念和道德规范进行重新审视，检验其时代性，选择并坚持符合旅游发展趋势的道德内容，改造或者摈弃不适应旅游发展实践的道德规范；另一方面，要时刻注意旅游经济新发展给旅游道德体系建设带来的新情况、新问题和新变化，同时采用国际化的视角提高旅游道德体系的国际适应性。

第三节　利益诉求与旅游立德机制

道德行为是受利益诉求驱使的，不同的利益相关者有不同的利益诉求，对不同利益诉求的全面关注有利于旅游立德机制的建立。目前，关于利益相关者的分类，国际上比较通用的是以多锥细分法和米切尔平分法对利益相关者进行分类。① 前者以弗尔曼和 Frederick 为代表，根据利益相关者所拥有资源和对企业产生影响的不同将其分为三类：包括所有权利益相关者、经济依赖性利益相关者和社会利益相关者。② Frederick 则从利益相关者对企业产生影响的方式来划分，将其分为直接

① 参见刘长喜：《企业社会责任与可持续发展研究》，上海财经大学出版社 2009 年版，第 29～33 页；[美]R. 爱德华·弗里曼：《战略管理：利益相关者方法》，上海译文出版社 2006 年版。

② 所有权利益相关者，即持有公司股票的一类人，如董事会成员、经理人员等；经济依赖性利益相关者，即与公司有经济往来的相关群体，如员工、债权人、内部服务机构、雇员、消费者、供应商、竞争者、地方社区、管理机构等；社会利益相关者，主要包括与公司在社会利益上有关系的政府机关、媒体以及特殊群体等。

的和间接的利益相关者。[①] 后者是由美国学者 Mitchell 和 Wood 将利益相关者的界定与分类结合起来于 1997 年提出的，主要包括确定型利益相关者、预期型利益相关者和潜在型利益相关者三种。将利益相关者理论扩大到作为国民经济体系重要组成部分的整个旅游产业来看，旅游利益相关者不仅包括直接参与旅游经营的个体或组织，而且还包括没有直接参与但其利益会受到旅游发展影响的个人或组织，他们的利益诉求存在异质性，对旅游产业发展有着积极或消极的影响，且影响程度是不相同的。所以，旅游产业发展、旅游利益分配事实上也是旅游利益相关者之间利益博弈、冲突、协调、转化和实现的过程。在这一过程中，相关部门、企业、机构和个人的旅游道德和责任意识起着重要的指导作用。

从旅游系统的角度分析[②]，具有能动作用的旅游利益相关者"人类利益"主体主要包括五个方面，即：旅游者、社区、旅游企业、政府、社会公众。[③] 只有明确了他们的利益诉求以及他们对旅游产业发展的期望程度和影响程度，才能建立兼顾各方的、合理的利益分配机制，发挥他们的主观能动性，进而保护他们自觉遵守旅游道德的积极性，建立并完善旅游立德机制。

一、旅游利益相关者的期望和影响

旅游系统是一个综合的运行系统，各个子系统之间互相联系，通过输入和输出关系，共同为旅游者提供高质量的产品和服务，企业负责产品生产，政府重在保障环境的稳定，以上三者在与社区居民的关系互动中实现当地经济的发展和文化的保护传承。可见，旅游利益相关者之间的关系形成是围绕旅游者这一核心要素，相互作用、相互影响、实现资源和成果共享的互动关系。由于他们所处地位和角色的差异，他们对旅游的期望利益和发展旅游产业的影响也不同（见表 13-1）。

表 13-1　　旅游利益相关者分析[④]

旅游利益相关者	对旅游的期望利益	对旅游产业发展的影响
旅游者	获取等值或超值的旅游产品和旅游体验。如亲近自然，满足好奇，实现交往，享受生活，挑战自我，满足购物、美食、娱乐、康体、运动、疗养、保健等需求。	支付给旅游企业和社区居民合理的价值，对旅游发展进行相关评价（包括扰乱旅游产业秩序）。

① 直接的利益相关者直接与企业发生市场交易关系，主要包括股东、企业员工、债权人、供应商、零售商、消费商、竞争者等；间接的利益相关者是与企业发生非市场关系的利益相关者，如中央政府、地方政府、外国政府、社会活动团体、媒体、一般公众等。

② 在旅游目的地系统中还包括资源、环境等，也是重要的利益相关者，但不属于具有能动作用的现实利益主体，其利益是潜在的，影响是滞后的。因此，这里只讨论旅游利益相关者中具有能动作用的人类利益主体。

③ 参见王德刚、邢鹤龄：《旅游利益论》，载《旅游科学》2011 年第 2 期。

④ 参见王德刚、邢鹤龄：《旅游利益论》，载《旅游科学》2011 年第 2 期。

续表

旅游利益相关者	对旅游的期望利益	对旅游产业发展的影响
社区	经济利益：租赁费、租金或出让金；多渠道多形式的收入（如当地社区居民工资）和其他经营性收入。 社会利益：社区基础设施和生活环境的改善，公共服务体系的完善，娱乐、休闲场所的增加，当地传统文化、民间习俗的保护和传承，对正常生活的干扰降到最低或没有，提高社区声誉和社区对发展的控制力。	社区既作为旅游环境也直接提供部分旅游产品，作为资源拥有者与旅游企业形成契约关系，与其进行利益分成。通过相关部门对社区内资源的等值或超值使用和生活常态进行维护。
旅游企业	经济利益是企业追求的核心利益。通过对旅游资源进行开发和经营，在自己获得经济收益的同时，处理好与社区、政府和公众之间的关系，吸引尽可能多的旅游者。	促进或阻碍旅游产业的健康快速可持续发展，在承担或逃避社会责任的同时对旅游环境的塑造产生积极或消极的影响。
政府	国家旅游利益：高于地方政府旅游利益，在一定程度上也高于社会公众所关注的利益。包括：拉动经济增长，提高国民素质，促进社会进步，增加就业机会，民间外交、提高国家软实力等。 地方政府旅游利益：发展地方经济，改善居民生活质量，增加就业机会，提高地方知名度和美誉度等。	国家和地方层面主要体现在对旅游产业地位的影响，但在某些特定条件下，会因为地方政府过度追求发展而牺牲某部分群体利益带来的消极影响。
社会公众	相比经济利益，更关注社会利益，如自然资源、生态环境、文化遗产、社区利益的保护和可持续发展问题等。	作为支持系统，社会公众能为旅游业发展创造良好的外部环境。通过舆论监督和特殊话语渠道来影响政府决策和企业行为进而影响旅游产业发展。

可以看出，不同的利益相关者，他们的利益期望与对旅游业发展的影响是对应的。而且，其对旅游业发展影响的大小、影响的正面与负面，是与其旅游利益的大小是正相关的。

二、旅游道德、利益与责任博弈

不同的利益诉求被赋予了不同的责任内容，这二者的博弈便是旅游道德共建的需求，利益诉求要靠旅游道德来实现和保障，旅游道德的遵守既是负责任的表现，又是负责任的结果。

（一）利益相关者的责任范围

旅游道德主体异质的利益诉求成为旅游道德行为的决定因素，在实践中，旅游道德主体和旅游利益相关者是合一的，其道德行为规范也就是其责任范围的内容，主要包括：

与资源、环境的关系：即旅游促进资源、环境可持续发展的必要性，这一点也是五种道德主体共同的行为要求。对于旅游者来说，应该自觉尊重和保护旅游活动开展的载体——资源和环境，处理好人与环境之间的关系；社区居民作为资源的拥有者或提供者，首先应该防止资源的超负荷使用，并在适当和适度的范围内监督和控制企业为片面追求经济利益而对资源进行的过度开发；政府层面，则主要是正确把握环境承载力，实现资源的永续利用；最后，社会公众和非政府组织可以利用其某一方面的宣传、舆论、影响或引导作用，实现资源的合理使用和生态环境的保护。

经济利益和社会利益的权衡：相比于其他三种，社区居民和企业对于经济利益的关注比重要稍微大一点，在这种利益诉求的主导下，社区在参与旅游业的经营过程中，难免会采用一些不正当的方式和手段，而企业也可能会通过非法途径和项目过度占有或独占利益。旅游者在处理与同伴、与当地居民和政府人员、与旅游服务人员、与为旅游提供辅助服务的人员关系的时候，也会产生特定的道德行为。政府和社会公众对于社会利益的关注所产生的道德行为，前者更多地体现在政策的连续性和社区的权力发挥方面，后者主要有与传统、与文化、与某一特殊问题有关的弱势群体的权益保护等。

维护文化的原真性与文化的产业化发展的协调：旅游经济效益的增长加速了文化意识的觉醒，也对旅游道德主体提出了新的发展要求。在旅游资源的开发利用过程中，在旅游者旅游活动的开展过程中，在旅游产业发展的政府干预和公众监督过程中，围绕文化要素的道德行为一般会体现在对文化原真性的关注、传统文化的保护和发展、文化产业化的范围和程度、本地文化个性的保存等方面。

（二）负责任的旅游与利益的获得

1999年，作为世界旅游利益相关者的“参照框架”和“游戏规则”的《全球旅游伦理规范》获得通过，成为世界旅游组织为促进负责任的和可持续的旅游发展给21世纪旅游者和旅游利益相关者的一份全面保障。但近年来的实践证明，《规范》没有得到应有的支持和响应，其中有多方面的原因。就《规范》本身而言，存在着两大问题：其一，旅游权利论不能为《规范》提供坚实的伦理基础；其二，支持市场经济的错误主张阻碍了《规范》的执行。[①] 事实上，要让所有的利益主体和道德主体都参与到旅游过程中来，并实现多元充分和谐确实不是一件容易的事，而这种和谐是

① 参见夏赞才：《〈全球旅游论规范〉的脆弱基础和错误主张》，载《伦理学研究》2007年第6期。

从旅游诞生以来一直追求的目标。因此，只有旅游利益相关者真正成为道德主体，才能主动追求责任的自觉化。

1."责任旅游"与"负责任旅游"

"责任旅游"与"负责任旅游"是一个问题的两种表述，两者都强调旅游过程的责任性和责任体现，目的都是为了促进旅游业的可持续发展。

"负责任旅游"的概念常常与可持续性旅游和生态旅游相互交换使用，有时又被认为是伦理旅游、人本旅游、真实旅游等等，甚至更抽象地理解成"负责任旅游是关爱地球，也就是说，不是剥夺，而是分享"[①]。可见，"负责任旅游"关注的重点包括生态环境、伦理道德、人本身(权利、公平、利益)以及体验性质量等方面。

国外对"负责任旅游"的研究是针对旅游的快速发展对生态环境、对文化传统的改变或破坏而提出来的。"负责任旅游"研究始于 1965 年，首次出现在 1987 年约斯特·克利鹏多夫的《度假者：理解休闲与旅行影响》一书中。他从旅游业对阿尔卑斯山的环境和社区所产生的破坏入手分析，呼吁旅游的发展要全盘考虑，他将这种旅游方式称为"负责任旅游"。同时他还重点指出，旅游营销也将包含环境和社会负责任的内容，具有生态观的旅游业将更具发展前景。约斯特·克利鹏多夫所倡导的生态观事实上就是生态道德。

另外，哈罗德·古德温把负责任旅游定义为：负责任旅游意味着旅游业和旅游者要考虑自身行为对经济、环境和社会的影响，努力采取使负面影响最小化的旅游行为方式。[②]

2002 年，在世界可持续发展首脑会议上，来自 20 多个国家和地区的与会成员共同签署了《旅游目的地负责任旅游的开普敦宣言》，这成为负责任旅游的首次国际性会议。《宣言》指出，负责任旅游就是任何一种旅游发展方式都要以减少旅游对当地经济、社会和环境产生的负面影响为前提，它具有改善就业条件、提高当地参与旅游的能力以及维护自然和文化多样性等特征。

可见，国外、特别是国际组织对"负责任旅游"的研究和倡导主要是从生态学、经济学、社会学和人类学的角度，以"伦理责任"为核心，以旅游活动行为主体为对象，形成了"生态责任""经济责任"和"社会责任"三条研究主线。[③] 这和旅游利益相关者的道德行为研究内容是相一致的。

国内对于"负责任旅游"的研究多集中在负责任旅游的定义界定、行为表现以及相关的政策研究等方面。其中，关于"负责任旅游"定义的界定，主要有规模说、方法说、伦理说、开发说和行为说五种[④]：规模说主张以小规模旅游来替代大众旅游，认为小规模旅游就是负责任旅游；方法说认为负责任旅游是制定旅游规划和政策的方法，在旅游规划和旅游政策制定过程中体现责任旅游的理念；伦理说认为旅

① 参见刘堂：《负责任旅游及其对未来旅游业的影响》，载《商场现代化》2007 年第 11 期。

② 参见张帆：《国外对"负责任旅游"的研究维度述评》，载《旅游论坛》2012 年第 5 期。

③ 参见张帆：《国外对"负责任旅游"的研究维度述评》，载《旅游论坛》2012 年第 5 期。

④ 参见杨秀翠：《国内"负责任旅游"研究综述》，载《浙江旅游职业学院学报》2014 年第 1 期。

游者在旅游目的地遵守恰当的行为准则、尊重目的地的文化、社会、环境的旅游就是负责任旅游;开发说认为负责任旅游是一种新的旅游开发方式;而行为说则认为负责任旅游是游客的一种旅行方式。

刘堂认为,旅游者是负责任旅游的主体,负责任旅游的目的是保护目的地的自然生态系统、尊重当地社区的社会文化、为当地人带来经济利益,在此基础上,他对"负责任旅游"下了定义:负责任旅游是指游客旅行的一种方式,游客始终以责任感为己任,通过游客经历中的各个阶段,旨在旅游系统区域,尤其是旅游目的地,在自然、社会、文化、经济和政治的范畴内,增加福祉,降低损毁的旅游活动。[①] 这一观点肯定了旅游者的责任意识,但却忽视了其他利益相关者的责任要求,负责任旅游应该是多元主体的全体责任。

另外,周秉根等指出,责任旅游即旅游企事业单位和民众中有关旅游责任性的综合表述,其核心是旅游责任心,面对全球旅游业的蓬勃发展,提高旅游责任心,是营造文明和谐的旅游环境的重要措施,目的是建立合理有序的旅游系统,促进经济发展,实现旅游转换时空,调节人们心理和生理机能的功能,达到陶冶当代人性情的目的,提高人生的乐趣;主要包括旅游目的地系统的旅游责任、旅游客源地系统的旅游责任和旅游媒介系统的旅游责任三方面。[②]

2."负责任旅游"利益辨析:谁的利益更重要

负责任旅游是遵守旅游道德的旅游方式,是讲究生态文明,人文传承,人与自然、与社会关系和谐的,是旨在促进旅游业可持续发展的,目的在于实现经济效益、社会效益和环境效益的统一。经济增长可以为可持续发展实现充足的资金保障,社会和谐可以为可持续发展营造和平的舆论氛围,环境文明能够提供可持续发展依赖的资源和环境条件。这三大效益的统一离不开利益相关者的共同努力,可是五大道德主体谁的利益更为重要呢?

下面几个典型案例值得我们深刻思考。

(1)坦桑尼亚的狩猎旅游[③]

狩猎运动常常被称为"道德上的矛盾统一体",但从伦理道德来讲,这一问题就远没那么简单。狩猎旅游到底是对野生动物的保护还是对野生动物的威胁和杀戮?毕竟那些纯粹从保护自然中获得净利的例子是少有的。

从游客的角度看,这些道德伦理问题是重要的,因为影响他们购买行为的是个人的价值观和世界观;从动物利益角度看,关键的问题不是死亡而是残忍,比如为了供游客观赏而把动物圈在既不卫生又不利于健康的地方;从自然保护的角度看,关键问题是有关野生物种的生存效果。如果狩猎运动可以带来资金或政治上的鼓

---

① 参见刘堂:《负责任旅游及其对未来旅游业的影响》,载《商场现代化》2007年第11期。

② 参见周秉根、张静等:《责任旅游的时代特征及适应对策分析》,载《国土资源科技管理》2011年第5期。

③ 参见[澳]Ralf Buckley著,杨桂华等译:《生态旅游案例研究》,南开大学出版社2006年版,第269~273页。

励，以提高野生物种长期的生存环境，那么相比而言，狩猎运动反倒比没有这项运动实际效果积极得多。

例如，如果野生动物对狩猎的人有价值，土地主人就会辟出一块保护地，并把它保护起来。而如果能从狩猎中获得收益，就可以减少当地居民猎杀动物的数量，当地居民就会成为巡逻警察以防偷猎者。那些以杀死矮丛中野生动物为生的当地人就会被雇用，那些因为庄稼或牲口被野生动物损害的损失就会得到补偿。另一方面，与自发的偷猎者不同的是，为了猎物的狩猎者会把目标选择在那些高大、成熟和健康的雄性动物身上，除非这些目标动物不是稀有的不可再生的雄性大动物，或其行为对许诺的数量平衡没有影响。否则，这种狩猎可能会有选择地对有关动物群的数量平衡形成压力。对于一个正挣扎着活在危险边缘的种群小群落而言，狩猎对它们是否能够继续存活意义重大。

在某种程度上，狩猎旅游在一定程度上是可以带来正面的环境促进作用。在坦桑尼亚，每年有 500 位狩猎旅游者，公司老板声称，游客并没留下多少垃圾，没损坏多少道路，没杀害几只野生动物，甚至还在偏远和无人巡视的保护区阻止了偷猎者的行径。从 1988 年到 1993 年间，坦桑尼亚的徒步狩猎旅游项目带来的净收入从 460 万美元增加到 1390 万美元。但是，还有一种场景是这样的。根据莫瓦特报道，阿拉斯加的一个旅行商为了取悦游客，租用了一架私人飞机，飞机盘旋于一群活动在冰冻的湖面上的驯鹿的上空，这本是一个非常美丽的景象，但游客竟然对整个鹿群进行射击，目的是获得最好的鹿角，而且认为这些鹿角才是这次旅行中最值得炫耀的东西。

如果旅游者有强烈的保护意识，即使他进行的是狩猎旅游，也会将自己的狩猎行为控制在许可的范围内，而不会对受保护的野生动物构成威胁；但如果是一个没有生态保护意识的旅游者，哪怕他进行的是动物观光旅游，但也可能会对野生动物的保护构成威胁。

(2)新西兰凯库拉鲸表演[①]

在旅游界，凯库拉鲸表演公司已经被称为是一个从野生动物旅游产品开发中取得经济利益的成功案例。1987 年，一个当地的毛利人社区成立了一个完全独资的鲸演出公司，即凯库拉公司，1988 年，公司买断了镇上的另一家经营商而成为独家垄断公司，是新西兰唯一一家鲸表演公司。公司得到新西兰旅游董事会的大力支持，凯库拉镇也成为全球绿色旅游目的地。如果忽略社会和环境的影响，公司也不会取得经济上的成功，而公司是否满足了生态旅游所要求的影响最小化的标准尚无定论。

凯库拉在国际旅游界一直享有盛誉，据记载，在凯库拉海岸线附近有大群的海鲸活动，其中最著名的就是抹香鲸，抹香鲸被喂养在离海岸线不远处的深海之中，

---

① 参见[澳]Ralf Buckley 著，杨桂华等译：《生态旅游案例研究》，南开大学出版社 2006 年版，第 277～279 页。

是世界上为数不多的观赏圣地。20世纪80年代初期,一帮地方船主就开始经营低档次的观鲸旅游项目,其中也有鲸和海豚共同表演的节目。根据亚太经合组织的报道,在凯库拉公司出现之前,镇上的毛利人失业率很高,孩子们接受不到教育并存在大量的吸毒问题,事实证明,鲸表演旅游项目的开发可以解决或减少以上问题。

1987～1996年的10年间,到凯库拉旅游的人数从3400人增加到20万人,带动了30个新游客接待点的建立和45个新旅游服务中心的建立,不可否认,这在很大程度上要归功于凯库拉鲸表演旅游项目的开发。凯库拉观鲸游船数量是受到严格控制的,而且凯库拉鲸表演公司2002年透露,游船是由内置柴油发动机发动的,船壳是经过特别设计的,以减小水下噪音。但海洋动物没被打扰的说法是不准确的,除了游船,直升机公司也经营低水面俯看抹香鲸的飞行游项目,在直升机的干扰下,鲸可能会在水面上停留大约10分钟,但这并不意味着鲸没被打扰,因为这是它们在海洋深处潜水之后再给氧的必需时间。实际上,当直升机出现时,鲸在水面上停留的时间不会很久,而且会比平时更急、幅度更大地潜入水中。

总之,凯库拉鲸表演公司是一个依托自然资源经营的公司,它也采取了很多措施来减少旅游的负面影响,为当地社区和毛利人的繁荣做了很多工作。但是由于新西兰政府政策上的原因,对新西兰鲸的保护并没有作出直接的贡献。另外,因为公司的垄断性经营,无论对社会还是对环境以及鲸都会产生一定的负面影响。

(3)泰国人妖表演和色情旅游

人妖是泰国独一无二的产物,也是泰国文化的一种体现,人妖表演是泰国旅游业的一大亮点,是游客到泰国的必看节目,有“没看过人妖表演等于没到过泰国”之说。泰国是一个比较注重传统道德和礼仪的国家,大部分儿童从小学起就开始接受各种宗教知识和礼仪,但就是在这样一个传统的国家内,泰国政府是“禁赌不禁黄”的,泰国人妖的产生原因之一就是因为泰国的色情旅游业很发达,在泰国色情业是公开的,这也充分带动了当地的旅游收入。

泰国的人妖表演主要集中在曼谷和芭堤雅,表演的内容涵盖了各个国家的舞艺节目,不仅吸引了络绎不绝的观光旅游者,而且就连当地人也经常光临。芭堤雅是泰国的花城,也是著名的海滩度假天堂,享有“东方夏威夷”之称,每年有二三百次上百人参加的国际会议在此召开,每年接待游客1200多万人次,收入外汇折合泰铢70多亿,是泰国旅游业的重要支柱。芭堤雅直到20世纪70年代仍是默默无闻、人烟稀少的小渔村,当地人靠种植番薯谋生。美国大兵的到来打开了芭堤雅的午夜市场,巨大的色情消费刺激了芭堤雅的情色旅游,每年有300多万旅游者云集芭堤雅,在散布于这座城市的几百家酒店和几万间客房内享受他们的“新奇夜生活”和所谓的“性自由”,芭堤雅给自己也给国家带来了兴旺发达。

在芭堤雅,除可以游览优美的自然风光之外,更重要的节目是观看具有最高水准的人妖艺术表演。20世纪90年代,泰国人妖已达2万人,主要集中在芭堤雅的人妖歌舞团及酒吧、夜总会。芭堤雅有两个人妖歌舞艺术团,剧场能容纳六七百人，平时都是座无虚席，观看者大都是各国的旅游者，还有些欧美人专程坐飞机来看人妖表演。据调查很多欧洲人到泰国旅游，都是冲着"人妖"而去的。而且，芭堤雅的人妖表演会根据客人来源变换节目风格，这也是人妖表演长盛不衰的原因。在泰国，人妖一般都来自生计艰难的贫苦家庭，在泰国还有专门培养人妖的学校。据称，剧团老板开出的赎身价格高达千万泰铢，优秀的每月有1万泰铢，差的只有1000泰铢左右，每天平均要演出3场以上，演出收入归剧团老板，人妖基本上是老板发财致富的工具。人妖在泰国是受歧视的，人妖的生命一般都不长，40岁左右为正常死亡年龄，他们的生命往往从艰难中开始，又在艰难中结束。

事实上，芭堤雅很重视宗教和风俗习惯，人们在公共场合的言行举止都非常谨慎，乘坐巴士时都井然有序，这似乎和它午夜的灯红酒绿有些格格不入。

在上述三个案例中，不同的道德主体都获得了或多或少的利益，地方经济因为旅游发展而迅速提升，旅游企业因为旅游发展而更加繁荣，当地居民因为旅游发展生活状况明显改善，旅游者也因为旅游发展而经历更加丰富，甚至连动物族群也因为旅游发展而生存更加容易。但是，不难看出，旅游道德也会因为时空的差异而要求不一，也会因为政府政策、企业倾向、居民指向和旅游者偏向而程度有所不同，所以旅游道德并不是放之四海而皆准的，而是按照道德行为的三个层次而有所差别的。

一般来说，不同的社会道德主体会有自己秉承的道德评价体系，并运用体系内的评价标准进行道德评判，来决定、影响、监督和反馈旅游开发和旅游活动。因此，建立一种"责权利"为核心的旅游立德机制是维护和保障旅游权利以及旅游利益的现实选择。要建立的旅游立德机制首先是涵盖所有利益相关者的，而不仅仅是针对旅游者行为的。其次，是让所有利益相关者都能够自觉遵守而不是依赖法律、制度约束的某种道德作用系统和公认系统，是具有倡导意义的。最后，这种机制是能够接受旅游实践检验和舆论监督的。

三、旅游立德机制的建立

在旅游权利意识强化的大前提下，旅游道德主体的道德行为是受其利益诉求驱使的，所以围绕"责权利"问题，需要在一种利益均衡的原则下建立一种旅游活动和旅游发展的"旅游立德"机制，使各个旅游相关者都能够以共同的道德准则规范自己的行为，以保障其利益诉求都能得到公平对待，真正做到权利共有、成本共担、利益共享和道德共建。

(一)提高旅游道德意识，建立旅游道德体系

道德是人内化于心的意识形态，只有真正成为人内心承认并接纳的思想，才能通过潜移默化的影响实现对人行为的指导。因此，建立旅游立德机制最根本的就是提高人的道德修养，加强旅游道德意识。旅游道德意识也包括三种形态，一是内在的，即天生的，是发自内心的，比如对弱小群体的同情和怜悯；二是外在的，是表现在旅游过程中的旅游行为，比如旅行过程中对环境的保护，不攀折古树名木，不

在庄严肃穆的景区内大声喧哗等;还有一种是超越的,是类似于信仰的,这明显表现在很多宗教旅游形式上。第一种是天生的,而后两种是可以通过各种教育方式得来或改变的。所以,旅游道德意识应是建立在自我道德意识基础上更为恰当的反思。目前,全球化发展的大背景也给道德建设提出了很多新的问题,作为经济基础的经济发展水平是不一的,因此建立在不一的经济基础之上的上层建筑也是不一样的,而且每个社会成员的道德意识也是参差不齐的,全球道德重建不仅要攻克道德缺失的难题,而且还要克服道德滑坡的阻力。在这一前提下,旅游道德建设就需要全社会的共同努力,就需要依靠相关的国际组织以及各国政府,通过引导、倡议、宣传等多种方式来提高人们的旅游道德意识,建立能够广泛被国际社会认可的旅游道德体系。[①]

(二)建立健全旅游法规体系,保障旅游利益均衡实现

法律和道德分属两个不同的领域,法律是由国家制定和认可的,并由国家强制力保证实施的行为规范,对人的行为具有很强的约束力,旅游相关法律的遵循效果是由国家机器来保证的。虽然道德体系并不属于法律范畴,但同样需要通过法律手段和途径来保证其基本的原则和底线,为旅游道德弘扬提供刚性保障。[②] 据不完全统计,世界上有 60 多个国家和地区都制定了旅游法律。2013 年 10 月 1 日,《中华人民共和国旅游法》开始实施,成为调整旅游活动领域中各种社会关系的法律规范的总纲。从法律体系的角度将,旅游法规既包括国家的法律法规,也包括地方的法规;既包括本国制定的法律法规,也包括经我国政府签署、全国人民代表大会批准的国际条约、国际协定等。其中,《中华人民共和国旅游法》在"旅游者"一章中,明确指出旅游者在旅游活动中应当遵守社会公共秩序和社会公德,尊重当地的风俗习惯、文化传统和宗教信仰,爱护旅游资源,保护生态环境,遵守旅游文明行为规范。《中华人民共和国旅游法》既充分保障了旅游者、旅游企业、旅游社区居民等利益主体的权益,更从法律的角度设定了旅游道德的基本准则。

(三)完善行业标准体系,规范旅游开发和经营行为

旅游行业的规范化发展很大程度上要依赖于行业标准的制定和执行,因此要进一步完善国际的、国家的和地方三级行业标准体系。另外,旅游业是一个综合性产业,确切地说,具有行业集群的明显特征,包含餐饮业、住宿业、交通业、旅游景区、旅游购物行业等多类型的产业和企业,因此,必须结合他们在旅游产业链中位置和功能以及各自不同的行业特点,根据具体的行业特色和行业实际建立标准的行业规范,使行业发展和企业行为都有规可循、有范可遵。[③] 标志着我国旅游业标准化建设开始的 1987 年我国首次出台星级饭店评估标准之后,我国已经颁布了 16 项旅游标准(国家标准 11 项,行业标准 5 项),成为世界上颁布旅游业标准最多的

① 参见王德刚、张若阳:《旅游道德论》,载《旅游科学》2012 年第 1 期。

② 参见王德刚、张若阳:《旅游道德论》,载《旅游科学》2012 年第 1 期。

③ 参见王德刚、张若阳:《旅游道德论》,载《旅游科学》2012 年第 1 期。

国家。其中，旅游区(点)标准等为我国首创的旅游标准。[①] 事实上，我国的旅游标准化工作发展在某些方面也是走在世界前列的，标准制定速度加快，标准实施效果明显。有了这些与国际接轨的行业规范的约束，旅游开发和经营行为就有了国际保障，旅游道德建设也将更具有国际视野。

(四)充分发挥公众和非政府组织作用，建立有效的公共监督机制

社会公众和非政府组织既是旅游利益主体也是旅游道德主体，因此他们在旅游发展中既能代表旅游道德客体的利益，又能影响其他旅游利益相关者的行为。旅游道德是旅游活动主体的指导和规范，但在很多情况下有可能出现个别主体的“道德缺失”或“道德弱化”，比如利益的驱使、尤其是金钱的诱惑，比如在无人监督的侥幸环境影响下。因此，还需要加强旅游道德的个体自律来保证他们对道德的恪守。[②] 行之有效的方法是在加强道德自律的同时，通过建立有效的公共监督机制，利用社会舆论的压力和公众的正义感，发挥社会公众和非政府组织的作用，加强道德监督，完善道德机制。在《2013 年国内旅游景区热点舆情事件应对排行榜》中，张家界景区错峰优惠事件、香格里拉导游强制消费事件、九寨沟游客滞留事件、庐山通票成摆设事件、凤凰古城收取门票事件、黄山禁售泡面事件等都榜上有名，这些舆情危机发生后，一些旅游管理部门的应对办法在面对公众时却屡屡犯错，这也从另一个角度说明了公众以及非政府组织、尤其是媒体方面的强大监督力，当然其中也不乏混淆视听的反面舆论，如果公共监督机制能够再公开、再透明、再完善些的话，旅游道德建设的步伐将变得更加迅速和有力。

① 参见国家旅游局政策法规司：《走向世界的中国旅游标准化工作》，http://www.cnta.gov.cn/html/2008-6/2008-6-2-21-16-31-45.html。

② 参见王德刚、张若阳：《旅游道德论》，载《旅游科学》2012 年第 1 期。

第十四章　均衡利益原则与利益分配机制

众所周知，旅游既是一种经济现象，又是一种社会文化现象。旅游投资的经济回报是显而易见的，旅游业发展可以直接带动旅游目的地的经济收入增长，可以增加外汇和税收，可以迅速缩小地区的经济差别，还可以通过带动相关行业的发展实现乘数效应。相较于此，旅游的社会文化影响则相对长期和隐蔽，从短时期和局部区域来看，甚至消极影响会更大一些，例如旅游可能会带来环境的拥挤、社会秩序恶化和文化的畸形，使当地居民正常生活受到干扰等；但从长远看来，“世界旅游可以成为世界和平的关键力量，并能为国际理解和相互依赖提供道义和理智的基础”[①]，因此，建立在旅游道德基础之上、通过旅游带来的人的自身价值的实现在很大程度上可以加快整个人类素质和修养的提高，进而促进国际交往与世界和平，增进文化交流与相互了解。所以，除了要树立和推广科学的旅游发展观之外，从更本质的意义上来讲，还要明确并认可人人参与的“大众旅游”时代到来之际旅游利益主体及其利益诉求，并按照旅游道德的规范和原则，将潜在的权利转化为现实的利益，从而实现多层次、多元化的价值回报，说到底，就是建立一种均衡利益原则下的公平公正的利益分配机制。

第一节　利益均衡与旅游利益观

利益分配机制和旅游道德构建息息相关。旅游道德是对旅游利益相关者的约束和保障，更是对其利益诉求的尊重和促进。因此，对于旅游利益的追求首先要符合道德规范，也只有在共同遵守旅游道德体系基础上建立的利益分配机制才是最合理、最公平的。但是，利益的合理和公平分配在旅游实践中会因为利益相关者所处位置和判断标准不同而有不同结果，所以，“利益均衡”就成为协调合理、公平和最优的有效原则。要探讨利益的均衡，首先必须明确旅游利益的内容和本质。

一、利益与利益观

所有的人都与利益有关。人在不同的事物中会获得不同的利益。

---

① 参见徐京等译：《马尼拉世界旅游宣言》(1980 年)，http://www.lixinjian.com/Article/ShowArticle.asp? ArticleID=712。

（一）利益的分类

利益在本质上属于社会关系范畴，是人们通过社会关系表现出来的不同需要，由于人的需要是多方面的，所以利益的类型也是多种多样的。

张文显按照不同的分类标准，进行了如下利益分类：一是从利益存在的不同领域来划分，利益可以分为物质利益和精神利益，物质利益又可称之为“经济利益”。二是从利益范围来划分，根据利益的时间范围，可以分为长远利益、短期利益和当下利益；根据利益的空间范围，利益可以分为长远利益、局部利益和个别利益；根据利益的主体范围，可以分为多数人的利益和少数人的利益；根据国家结构的标准可以分为中央利益和地方利益。三是从利益主体的角度来划分，可以将利益分为个人利益、集体利益、国家利益和社会利益。四是从利益内容的实现角度来划分，可以分为既得利益和将来利益；从利益内容的合法性角度，可以分为合法利益和非法利益；从其对主体生存的重要性来说，可以分为基本利益和非基本利益，基本利益是指维持生命，保持生存主体的利益，非基本利益是指基本利益的补充和发展；从利益是否具有现实性来看，利益可以分为现实利益和非现实利益。①

从旅游利益的角度来看，因为旅游和旅游业涉及到社会众多的领域和利益群体，这些领域和利益群体构成了一个相互影响的旅游系统，系统中的各利益群体都希望在旅游中获得不同的利益——包括国家利益、地方政府利益、企业利益、社区和居民利益、旅游者个体利益、社会公众利益等，也包括经济利益和精神利益、长远利益和眼前利益、现实利益和潜在利益等，甚至还会包括一些非法利益（这要靠法律和道德的共同约束），有时候，他们的利益还是由他们承担的责任和义务来确定的。

（二）利益观

利益观是在一定的世界观、人生观统领下，在一定的利益理论和利益原则指导下，看待、处理利益问题的价值取向、功利态度，以及思维方式、行为方式的准则、标准和观念。在人类思想史上，具有代表性的利益观念有：唯利主义利益观、非利主义利益观、实用主义利益观、个人主义利益观、利己主义利益观、小团体主义利益观、享乐主义利益观、拜金主义利益观、功利主义利益观、集体主义利益观、利他主义利益观。大体上可以分为三类：唯利主义利益观、非利主义利益观和功利主义利益观。②

在旅游和旅游业发展实践中，拥有正确的利益观是实现利益均衡分配的前提条件，既不能唯利是图，一切向钱看、单纯最求功利性的利益，也不能完全否定经济利益的作用，否认经济利益追求对旅游发展的推动性，忽视旅游利益的追求和满足。同时，对于功利主义的利益观要一分为二地看，“唯物主义并不一般地反对功利主义，但是反对封建阶级的、资产阶级的、小资产阶级的功利主义，反对那种口头

① 参见张文显：《法理学》，高等教育出版社、北京大学出版社 2011 年版，第 13～18 页。

② 参见王伟光：《利益论》，中国社会科学出版社 2010 年版，第 270～272 页。

上反对功利主义、实际上抱着最自私、最短视的功利主义的伪善者。所以我们是以最广和最远为目标的革命的功利主义者，而不是只看到局部和目前的狭隘的功利主义者”[①]。所以，树立科学合理的利益观是建立公平公正的利益分配机制的首要条件。

（三）马克思主义利益理论

马克思主义利益理论包括这样几个主要观点：[②]

——追求利益是人类社会一切活动的动因。马克思认为：“人们奋斗所争取的一切，都同他们的利益有关。”[③]

——利益是思想的基础，利益决定思想，利益推动生产和生活发展。“思想一旦离开利益，就一定会使自己出丑”[④]，利益成为“生产的推动因素”，列宁肯定了马克思的思想，认为“利益‘推动着民族的生活’”[⑤]。

——利益纠纷是阶级斗争产生的物质根源。他们认为，阶级斗争是“基于物质利益的根本冲突”[⑥]。

——利益冲突具有推动社会发展的动力作用。恩格斯针对英法两国封建贵族、资产阶级和无产阶级的斗争情况，指出：“这三大阶级的斗争和它们的利益冲突是现代历史的动力，至少是这两个最先进国家的现代历史的动力。”[⑦]

——利益的社会本质和社会基础是生产关系。他们认为，“每一既定社会的经济关系首先表现为利益”[⑧]，认为经济利益是生产关系的具体体现，只有从生产关系出发，才能说明利益的本质和历史作用。

——物质利益决定政治利益。他们认为：“只要资产阶级社会的最重要的物质利益（即商业和工业）和他拿破仑的政治利益发生冲突，他也同样毫不珍惜它们。”[⑨]

——利益决定、支配政治权力、政治活动。他们认为，阶级斗争“首先是为了经济利益而进行的，政治权力不过是用来实现经济利益的手段”[⑩]。

——分工是引起利益矛盾的原因。“一个民族内部的分工，首先引起工商业劳动同农业劳动的分离，从而也引起城乡的分离和城乡利益的对立”[⑪]，“随着分工的发展也产生了单个人的利益或单个家庭的利益与所有互相交往的个人的共同利益

---

① 《毛泽东选集》第3卷，人民出版社1991年版，第864页。

② 参见王伟光：《利益论》，中国社会科学出版社2010年版，第35～37页。

③ 《马克思恩格斯全集》第1卷，人民出版社1960年版，第82页。

④ 参见《马克思恩格斯全集》第2卷，人民出版社1957年版，第103页。

⑤ 参见《列宁全集》第55卷，人民出版社1990年版，第75页。

⑥ 参见《马克思恩格斯全集》第3卷，人民出版社1995年版，第365页。

⑦ 参见《马克思恩格斯全集》第4卷，人民出版社1958年版，第250页。

⑧ 参见《马克思恩格斯全集》第3卷，人民出版社1995年版，第209页。

⑨ 参见《马克思恩格斯全集》第2卷，人民出版社1957年版，第158页。

⑩ 参见《马克思恩格斯全集》第4卷，人民出版社1958年版，第250页。

⑪ 参见《马克思恩格斯全集》第1卷，人民出版社1960年版，第68页。

之间的矛盾”[①]。

——在阶级社会中，共同利益实际上是特殊的阶级利益。马克思说：“每一个企图代替旧统治阶级的地位的新阶级，就是为了达到自己的目的而不得不把自己的利益说成是社会全体成员的共同利益。”[②]这种标榜为共同利益的利益就是资产阶级自己特殊的阶级利益。

总之，马克思主义利益理论认为，利益是历史唯物主义的基本范畴，利益是社会发展的基础、前提和动力因素，任何一个社会首先必须满足人们的物质生活需要，满足人们的物质要求，即满足人们的物质利益要求。生产力是社会发展的根本动力，而需要和利益是社会生产不断向前发展的内在动因。任何社会变革归根结底都必须重新调整人们的利益关系，以促进和推动社会生产的发展，以满足人们的物质文化的利益需要。

长期以来，旅游开发过程中的所有参与者、相关者也都希望通过发展旅游来促进变化，来调整主客体之间的关系，但对于以何种方式和途径进行变化则存在着较大分歧，甚至直接参与者和间接参与者（如自然环境、非人类物种）之间也存在着矛盾，这就需要在不同的愿望之间达成权衡和妥协。从这一角度上讲，旅游开发和旅游业发展的过程，实际上也是不同利益群体之间的利益再分配和相互妥协的过程，在这一过程中，各利益相关者之间的成本分摊和利益分配机制就显得尤为重要。[③]可见，按照马克思主义利益理论，旅游利益的满足是协调主客体关系的重要手段，也是推动旅游产业发展和旅游生活和谐的主要动因。

二、利益相关者的责任思维

从利益的本质看，利益相关者实际上可分为相互对应的两大类，即利益主体和利益客体。利益主体是在一定社会关系下从事生产活动或其他社会活动，以便直接或间接地追求自身社会需要满足的人（个体或群体），即利益的追求者、承担者、生产者、实现者、消费者和归属者；利益客体则是利益主体认识、追求、需要、创造的对象，即利益主体指向的对象，利益客体是利益主体追求并实现满足的客观对象。二者是互相依存、互为存在前提的。[④]

许多利益相关者研究者关注于利益相关者利益之间存在的内在冲突，但忽视了利益相关者利益也可以兼容。所有的利益相关者不是在所有的时间点上、所有的具体事项上都是同等重要的，但是他们都有平等的权利来讨价还价他们的任何利益，而所有利益相关者的利益会随着时间的推移趋向大同。否则，在一个相对自

---

① 参见《马克思恩格斯全集》第1卷，人民出版社1960年版，第84页。

② 参见《马克思恩格斯全集》第3卷，人民出版社1995年版，第54页。

③ 参见王德刚、贾衍菊：《成本共担与利益共享——旅游开发的利益相关者及其价值取向研究》，载《旅游科学》2008年第1期。

④ 参见王伟光：《利益论》，中国社会科学出版社2010年版，第98～109页。

由的社会里,利益相关者将会重新回到原点。[①] 所以,为利益相关者创造价值并建立维持和支撑该价值的体系是减少他们之间摩擦、保证旅游业持续发展的主要任务。

从一个企业为利益相关者创造价值的角度来讲,企业可以被理解成投身企业活动利害相关团体间一系列关系的集合,企业是关于消费者、供应商、员工、投资者(股东、债券持有者、银行等)、社区和管理者如何互动和创造价值的平台。拥有者或投资者在企业中明显有一种以股票、债券等形式存在的财务上的利害关系,而且他们期待一些财务回报;员工的工作和生计与企业存在利害关系,他们期望安全、工资、利益和有意义的工作;顾客和供应商用资源与企业交换产品和服务,以获得产品和服务带来的利益作为回报;最后,当地社区赋予了企业建造设施的权利,社区转而从课税基数和企业的经济和社会贡献中获益。[②]

扩大到整个旅游业的角度,旅游利益相关者可以被认定为旅游业目标实现过程中能够影响或被影响的任何团体、个人和环境。而且,利益相关者并不是孤立的,他们之间的利益关系是多元、多层且关系密切的,加之利益需求和利益关系是会随着时空变化而改变的,所以利益相关者关系重构也是经常要考虑的问题。说到底,无论按照哪一种利益相关者分类方式,旅游者、旅游企业、政府、社区、环境等都对旅游业发展起着关键性的作用,也只有遵从"责任思维",才能真正实现利益均衡。

责任思维是现代管理学中的一个理论,强调的是担当意识,要为自己的行为负责,即利益与责任的对等。对于旅游利益相关者而言,你有什么样的利益诉求,就要担当什么样的责任。

三、旅游利益相关者的成本与利益关系

从旅游可持续发展的角度,旅游的利益相关者既包括了人类的与非人类的,也包括现实的和潜在的利益主体,根据旅游开发所涉及的多元领域、不同领域利益主体的利益性质、相关程度和影响方式,旅游利益相关者可分为核心层、支持层和边缘层三个层次。不同层次的利益主体之间,价值观、期望和影响也会有所不同,他们在旅游和旅游业的不同领域中投入成本并获得利益,并能够对决策施加不同程度的影响。而且,不同的利益主体,不同的成本构成与收益状况又构成了错综复杂的利益关系。在这个繁杂的网络体系中,其成本和利益关系如下[③]:

旅游者:旅游者是旅游业服务的主要对象,他们与其他利益相关者的核心利益

---

① 参见[美]爱德华·弗里曼、杰弗里·哈里森、安德鲁·威克斯等著,盛亚、李靖华译:《利益相关者理论现状与展望》,知识产权出版社 2013 年版,第 19 页。

② 参见[美]爱德华·弗里曼、杰弗里·哈里森、安德鲁·威克斯等著,盛亚、李靖华译:《利益相关者理论现状与展望》,知识产权出版社 2013 年版,第 20～21 页。

③ 参见王德刚、贾衍菊:《成本共担与利益共享——旅游开发的利益相关者及其价值取向研究》,载《旅游科学》2008 年第 1 期。

是异质的。旅游者的利益虽然也表现为经济利益，关注价格，尤其是在旅游活动开始之初，但这并非旅游者利益追求的核心。旅游者追求的是一种“高质量”和“特色化”的旅游体验，目的是为了获得文化、审美、娱乐和教育的经历。在这一过程中，旅游者的“合法权益”、生活习惯、宗教信仰、文化传统等都应受到尊重，事实上，这些利益则更为重要。为实现上述利益，旅游者要为此付出必需的成本——时间、金钱及离开常住地后许多的生活不便及其他机会成本等，同时也给旅游业者、旅游接待地带来直接与间接的成本，如与接待地的文化冲突或者“示范效应”及对当地人生活过程的打扰。

旅游企业：包括旅游开发商、旅游供应商、旅游代理商和旅游企业内的人力资源。旅游企业对于旅游目的地的自然、人文环境、经济模式、生活方式等都必须切实尊重，维持它们的秩序正常运转。但在现实中，他们往往会因为受到利益的驱动而选择与此相悖的行为和价值取向。对于开发商来说，投资的高收益回报率是他们最为关注的问题，在很多情况下，甚至凌驾于其他收益之上；旅游供应商与代理商主要包括旅游景区、旅行社、旅游交通、饭店、旅游商店等，他们的利益核心是由其所提供产品的特点决定的，如旅游景区提供的包括有形产品部分、无形服务内容和一些无法控制的因素（如天气情况、突发问题等），他们之间的关系非常复杂。在旅游企业中，员工的服务行为本身也是产品的一部分，这也就构成了员工与企业、与旅游者之间特殊的利益关系，因此，员工在旅游企业中获得的利益就不仅仅是工资、奖金、福利等，还包括法律和道德上的利益，这样一来，便会引发员工与企业成本的多元化和复杂化。

当地社区：旅游业发展能够为当地社区带来基础设施、接待设施、文化交流、资金滚动、就业机会等多方面的改善、完善和提升，例如能够促进土地升值、优化生态环境、提高教育水平等。同时，他们不仅关注社区经济的可持续发展，而且，还对于社区社会和文化（传统、风俗、宗教等）的发展有着可持续要求，也只有这样，才能保持对旅游者具有持续吸引力。这其中一个非常重要的问题就是主客之间的接触，当地居民与旅游者不管是以直接人际交往的形式还是以更微妙、更复杂的间接接触的形式，双方的文化差异和社会差异都会显露出来，并引发社区价值观体系的冲击、外来文化的侵入、当地控制力的下降等问题，给社区发展带来有深远影响的社会成本。甚至在某些极端的情况下，当地居民和旅游者使用某些设施、享用某种资源的权利还会被有意地加以限定和区别，形成对某一利益群体的消费歧视。① 例如尽管圣诞节、情人节看起来更像是商人们的节日，但是这些与物质生产无关的人文节日之所以能够抢占市场，并不是仅仅是因为营销手段，而在于其背后依靠的某种与传统文化完全不同的精神价值。② 因此，旅游接待地要保护和维持固有文化的精神价值就不得不付出更多的宣传营销、传统保障等“加固措施”。

---

① 参见王德刚、贾衍菊：《成本共担与利益共享——旅游开发的利益相关者及其价值取向研究》，载《旅游科学》2008年第1期。

② 参见赵阳：《旅游遭遇文化冲突》，载《旅游时代》2007年第7期。

各级政府:包括国家、地方政府、旅游管理部门和其他相关部门。与其他利益相关者相比,他们所期望的利益并不表现得那么直接,因此,在西方国家通常会将其归入支持层甚至边缘层。在我国,因实施政府主导型的旅游发展战略——政府制定旅游业发展政策、编制旅游规划、协调关系和监督检查,其管理职能是强力的。[①] 在利益追求方面,政府一是通过直接投资或引导投资获得经济收益,二是通过出台相关的产业政策来促进和推动旅游产业的发展。但有时会因为信息不对称、政策不连续、体制不顺畅等问题而导致成本增加。

社会公众和非政府组织:对生态、对环境、对文化的理性要求旅游可持续发展,这是社会公众和很多非政府组织的永恒目标。社会公众包括新闻媒体、学术机构、社会公民等,他们对旅游开发的关注和监督能够促进旅游开发者在选择经营模式和效果评估的时候,必须要考虑三大效益的统一,必须要考虑公共利益、长远利益和保护与开发的和谐。舆论的监督在于能够公正、客观地报道事件真相和揭露有关问题,并以曝光的形式来满足公众的知情权,媒体监督的力度和反应的速度往往超过监管部门,从而具有良好的社会公信力。[②] 非政府组织作为公益性组织,与营利无关,与公益联系密切,他们的存在往往是为了实现某一有价值的社会目的,如濒临灭绝的野生动植物保护、文化遗产的拯救与保护、传统文化的保护与传承等,这才是他们的利益核心所在。很多非政府组织在影响政府决策和社会公众态度等方面有很强的作用。由于非政府组织的非营利性价值取向,他们通常成为一些弱势群体的利益代言人。

作为边缘层利益相关者的主要代表——人类后代、非人类物种和环境,他们因为各种原因无法为自己代言,所以在没有合适的途径和方式表达的情况下,他们的利益和要求常常被忽视和遗漏。而它们又是旅游可持续发展不可忽视的重要内容,因此,它们也应该是代际平等、环境优化和生态可持续性原则的受益者。但是,过度的旅游开发会导致旅游地的资源存量减少和自然环境不可修复性毁坏,不当的规划也有可能带来不可再生资源的彻底灭绝。在某些旅游区开发过程中,野生动物会受到严重干扰,外来物种的引入还有可能影响本地的生态系统循环等,这都是旅游开发造成的环境成本。最近,美国 20 世纪 70 年代为清理淡水中的有害藻类从亚洲国家引进的亚洲鲤鱼逃离限定区域,并大量繁殖,给美国十多个州的河流、湖泊生态带来毁灭性灾难,美国农业部已耗资 180 多亿美元来试图拦截亚洲鲤鱼进一步入侵五大湖区。[③] 在旅游业发展的过程中,一旦生态系统平衡遭到破坏,产生的将是一系列高成本的连锁反应,而且带来的将是巨大的负面影响甚至是毁灭性的结果,所以他们的利益有时比能即时表达的还应该受到关注和保护。

在旅游发展实践中,边缘层利益相关者的利益通常由其代言人——政府(环境

---

① 参见匡林:《旅游业政府主导型发展战略研究》,中国旅游出版社 2001 年版,第 183 页。

② 参见王春生:《发挥新闻媒体作用助力旅游业大发展》,载 2012 年 6 月 22 日《中国旅游报》。

③ 参见《亚洲鲤鱼入侵美国疯狂繁殖,美欲花费 180 亿修巨坝》,http://news.hsw.cn/s/2014/1007/161013.shtml。

保护、文化文物、水利森林等部门）和非政府组织（民间的环境与文化保护者）来代言，由旅游者和旅游企业共同实施和维护，并接受社会公众的监督。

利益相关确实是一个平衡问题。[①] 如果利益相关者的利益不平衡的话，那么最直接的问题就是旅游业的秩序混乱，例如投资者利益膨胀或不足，导致决策和规划轻率执行，社区利益回报太少或过于强势，则有可能导致政府、开发商的亦步亦趋。如果某一方面利益过快地最大化，旅游业将在盲目井喷之下过度虚化，形成外强中干之势。所谓均衡，从法律经济学的观点来看，是指每一方都同时达到最大目标，而趋于持久存在的相互作用方式。[②] 毫无疑问，均衡绝不是"平均分配"的大锅饭，而是成本和利益的一致性，直观来讲，就是利益相关者的投入和产出成正比，利益平衡体现，也就是利益相关者各方对旅游开发的控制力没有很明显的强弱之分，而是权衡之后的抗衡和平衡带来的必然的均衡，这种均衡能够反映各方的利益最大化和最优化，确保旅游业的可持续发展。

从旅游业发展的本质上说，社区利益是应该考虑的首要因素。当地居民参与决策和管理、获得利益，提高其对旅游业的控制力，才能根除居民、发展商、游客的潜在冲突，消除旅游业发展的潜在阻碍[③]，确保当代人的利益、后代人的利益以及环境的利益都得到公平对待。实际上，各利益相关者的利益不是零和竞争，而是合作共赢的相互促进关系。

利益是旅游业发展回避不了的问题，利益不仅是促进旅游生产和旅游生活的动因，也是连接各利益相关者之间关系的纽带，对利益的合理追求能够加速旅游业的发展和崛起。同时，对利益诉求的异质性也带来了利益分配的相关问题，是利益主体的必然责任还是利益客体的自觉选择？是旅游者的利益更重要还是社区居民的需求更应该受到关注，哪一方的利益更具有影响力？当利益相关者某一类型的利益受到侵害时，其他类型是继续还是应该放弃？以一方利益的牺牲换来另一方的既得利益是不是更有价值？这一切问题的解决归根结底都依赖于采用什么样的利益观，是唯利的、非利的，还是功利的。所以，结合旅游利益相关者的成本与利益对比及其价值取向，"均衡利益"是一种最优化、最满意的原则。但是必须要明确以下两点：均衡利益首先不是现有、现实利益的平均分配，不是大锅饭，而是如何在做大做强现有利益蛋糕基础之上的利益最优化共享。其次，均衡利益不是局部利益最大化，即不是某一利益相关者的利益最大化，而是利益相关者整体的利益最优化。所以，利益多元化和利益异质性决定了利益分配必须建立在选择最优和多方满意的均衡原则基础上，旅游利益均衡既是旅游道德的内容，也是实现旅游业可持续发展的本质要求。

---

① 参见 David Wheeler & Maria Sillanpaa 著，张丽华译：《利益相关者公司》，经济管理出版社 2002 年版，第 13 页。

② 参见冯晓青：《试论以利益平衡理论为基础的知识产权制度》，载《江苏社会科学》2004 年第1 期。

③ 参见保继刚、孙九霞：《旅游规划的社区参与研究——以阳朔遇龙河风景区为例》，载《规划师》2003 年第 7 期。

第二节　均衡利益原则的实现途径

均衡利益原则的核心是"均",保障是"衡",即通过各种权衡之后的路径选择来保障利益相关者的整体利益最优化,同时通过确立各种制衡手段维持这种均衡的合理性和长久性。均衡利益原则要达到的目标是实现利益的均衡分配,利益均衡是能够体现旅游利益公平和公正的最佳利益配置状态,无法通过自然调节来实现,而是依赖于社会动员之上的调节和规制。归根结底,均衡利益的实现关键在于不同环境、不同模式的利益应对上。

一、由理念到行为的均衡利益

均衡利益原则的目标是利益均衡。

在每一种社会状态下,追求利益分配的均衡都是人们为之奋斗的理想和目标,而只有真正实现了利益的均衡,才能维持社会的稳步前进,旅游业的发展亦是如此。利益协调作为旅游业发展过程中的关键环节,能够影响利益矛盾的解决和利益冲突的克服,目的在于使旅游利益相关者的利益能够按照一定的程序和规则得到相对均衡的分配,经济、政治、法律和道德手段都是利益协调的主要手段。均衡利益既是利益协调的要求和原则,又是利益协调的最优结果,均衡利益是在一定的利益格局和体系下出现的利益体系相对和平共处、相对均势的状态,离不开双方或多方之间的制约与平衡。

(一)美国的利益分配方式

毫无疑问,西方发达国家在其经济社会发展的进程中探索出来的利益均衡分配方法和制度在很大程度上有效解决了其社会矛盾、阶层冲突等社会问题,这又迅速推动了其社会的全面发展。这在很大程度上都要归功于其立法的完善。在利益分配领域,就立法理念而言,总的来说,西方发达国家走过了一条由经济利益至上到兼顾政治、经济和社会性利益的道路。①

以立法的角度为例,美国在均衡利益方面的法律法规相对比较完善,可以成为有效的借鉴。在美国,作为行政首脑的总统与作为立法机关的国会之间的政治利益关系非常重要,两者之间的斗争向来也比较激烈,为了均衡两者之间的政治利益,主要是从"立法提议权"和"立法否定权"两个方面实现了二者的平衡,这很多都体现在《美国宪法》的具体条例中。另外,三权分立的宪政制度也有效地解决了政治利益的失衡问题。在经济利益的均衡方面,《谢尔曼反托拉斯法》《克莱顿法》《鲁滨孙—帕特曼法》《塞勒—凯弗威尔法》以及 1974 年的《反托拉斯诉讼程序和处罚法》都有效规范了各经济主体的行为。在社会性利益方面,《人权法法案》《社会保障法》《医疗保险法案》《社会保障独立和项目改进法案》《工作激励改进法》《老年公

① 参见姚文胜:《利益均衡——推进社会公平的路径建议》,法律出版社 2013 年版,第 79 页。

民自由工作法案》等结合失业者、社会弱者、孤苦伶仃者，从就业、医疗、教育、住房、环境保护、反贫困和民权等角度建立了高标准、覆盖范围较广的保障体系。[①]

在具体的行为层面上，虽然美国阶层间的利益矛盾也较为激烈，但其均衡利益的做法还是比较成功的，通过采用有效的均衡利益措施，有效地解决了利益失衡的问题，维持了经济的繁荣和社会的稳定。美国的经验至少包括以下几点：重构社会福利体系，完善了公共救助、社会保险和其他社会服务的内容，实现了福利的重大变革；创造就业，提出大规模的就业刺激方案，完善就业培训制度，调整产业结构，以研发和创新带动就业，缩小了阶层间经济利益差距；弥补弱势阶层利益不足——社会服务由不同类型的专业组织提供，针对不同的困难群体实施不同的内容，政府是社会服务资金的主要提供者；畅通利益诉求表达渠道，主要是通过多元化的社会公众利益表达渠道来化解不同的利益诉求，例如诉诸正式的社会组织，通过自己的代表对议员进行游说或者是通过对特定的候选人的支持来实现目的。[②]

（二）新加坡的利益分配路径

新加坡作为一个发达国家，其社会贫富分化程度之低着实令人惊叹，其政治的廉洁程度、政府的运作效率也被公认为世界各国政府的典范，更不用提新加坡极高的国民素质、和谐的社会环境。新加坡的成功在于创造了一种渐进式的利益均衡模式：一是开放政党均衡政治利益——人民行动党能够适应时代的转变，实现执政思维方式的转型，在保持社会整体利益范围内，通过国家这个载体，将社会资源尽可能公平地输送给每个公民，以提供他们以平等的机会；二是制造和谐的流动性均衡经济利益——按照“各尽其经济所能，各取其经济所值”的原则，特别强调让普通民众公平地分享由经济增长带来的利益；三是以民生需求为导向均衡社会性利益——积极贯彻“居者有其屋”的政策，实行长期培训，完善酬赏制度，缓解了收入差距拉大、利益分化严重的问题，持续推动了新加坡社会的稳定繁荣。[③]

（三）我国的利益分配实践

道义论和功利论可以看作是我国利益观的雏形，而关于“义”和“利”的辩论也一直持续了几千年，是遵从“义，利也”（《墨子》），还是主张“怀义去利”（《孟子》）也因此形成了义利争辩的核心问题。而恰恰是在这一争辩过程中，确立了义利的“对立统一”。姚文胜从我国古代和现代两个方面论述了我国政治利益、经济利益以及社会性利益均衡的具体举措。主要内容如下：我国古代均衡政治利益的举措主要有分封和放权、精简和裁员、改革人才选拔机制和鼓励乡村自治；在经济和社会性利益的均衡方面，除了轻徭薄赋和劝课农桑、多次改革赋税制度、“以农为本”抑制商业发展、创新兵制之外，还特别注重对弱势群体的救助，例如国家设立仓储制度救荒济困，底层民众互助，国家设立福田院、普育堂等收养抚恤孤寡流民。新中国

① 参见姚文胜：《利益均衡——推进社会公平的路径建议》，法律出版社2013年版，第78～84页。

② 参见姚文胜：《利益均衡——推进社会公平的路径建议》，法律出版社2013年版，第88～94页。

③ 参见姚文胜：《利益均衡——推进社会公平的路径建议》，法律出版社2013年版，第85～88页。

时期则通过加强基本民主制度建设、深入开展反腐败、主动放权—政务公开—权利让渡等均衡国家、政府和党内党外的政治利益；在经济利益的均衡方面，首先是完善和改革收入分配制度，改变城乡二元结构、提供住房、教育、医疗等公共服务；在均衡社会性利益的努力方面，则重点强调提高就业容量、提倡同工同酬、发挥创业带动就业等措施保障公民的劳动权，通过建设社会救助体系、扩大社会保险覆盖面以及进一步完善社会福利事业等积极提供社会保障，通过加强道德建设、发展文化事业和文化产业等塑造良好的文化环境，重视文化传承与发展，保障公民文化权利的公平享有。[①]

可见，古今中外对于均衡利益的追求一直都十分关注，这不仅是影响社会进步和稳定发展的关键问题，而且还是尊重公民平等权利实现的重要体现，而且“均衡利益”已经上升为一种理念。从美国建国之初，亚历山大·汉密尔顿说过的“每个政府最安全的靠山就是人民的利益”[②]到马克思提出的“人们奋斗所争取的一切，都同他们的利益有关”[③]，从司马迁的“天下熙熙，皆为利来；天下攘攘，皆为利往”(《史记·货殖列传》)到“天下之事，惟义利而已”(张伯行《二程语录》)，都非常明确地肯定了利益对于家事、国事、天下事的重要性，所以“均衡利益”便成为平衡家事、国事、天下事的法宝。而作为理念层面上的均衡利益，则是指均衡利益已经成为渗透到各个表象、各个维度、各个层次里的观念和法则。无论是从治国还是治生方面，“均衡利益”都表现出了其深远的积极意义。

二、均衡利益的实现平台

均衡利益的理念重新构建了利益相关者之间的相互关系，并从政治、法律、经济和社会性等方面保障了其权利实现，具体来说，其主要通过以下平台来实现。

(一)法律平台

在法律层面上，均衡利益是指“通过法律的权威来协调各方面的冲突因素，使相关各方的利益在共存和相容的基础上达到合理的优化状态”[④]。法律，是由国家制定或认可的，以国家强制力保证实施的行为规则的总和。广义来讲，法律平台既包含国家颁布的正式的法律，也包含各级政府机构和管理机关制定的具有法律效力的规章、制度和条例，同时还包括相应的司法工作和仲裁工作。

我国已经颁布实施了《中华人民共和国旅游法》，《旅游法》对旅游者、旅游规划和促进、旅游经营、旅游服务合同、旅游安全、旅游监督管理、旅游纠纷处理、法律责任等方面作了详细的规定，来保障旅游者和旅游经营者的合法权益，规范市场秩序，保护和合理利用旅游资源，促进旅游业的持续快速健康发展。《旅游法》的颁布

---

① 参见姚文胜：《利益均衡——推进社会公平的路径建议》，法律出版社 2013 年版，目录。

② 参见郑永年：《寻求利益协调的创新方式》，载 2012 年 11 月 16 日《深圳特区报》。

③ 参见《马克思恩格斯全集》第 1 卷，人民出版社 1960 年版，第 182 页。

④ 参见陶鑫良、袁真富：《知识产权法总论》，知识产权出版社 2005 年版，第 17～18 页。

和实施，对旅游业存在的旅游市场不规范、恶性竞争、旅游资源破坏、旅游景区和活动管理混乱等问题，以及为利益均衡的实现提供了立法的约束。因为我国《旅游法》的出台要远远晚于旅游产业发展的实践，所以相对而言其贯彻和落实就变得更为重要。同时，地方各级政府还要根据《旅游法》的相关条例和地方旅游产业发展的实际，修改和完善地方旅游法规体系，建立健全完整的管理条例和规章制度。而且，旅游业是综合性产业，涉及的产业门类比较多，所以像《中华人民共和国环境保护法》《中华人民共和国森林法》《中华人民共和国文物保护法》《中华人民共和国城乡规划法》等也是保证均衡利益实现的重要组成。除此之外，像《绿色旅游饭店评定标准》《环境空气质量标准》《地面水质量环境标准》等行业标准作为促进行业规范化的重要依据也是协调旅游利益主体和客体利益关系的行业参考。

在健全和完善、贯彻和执行相应法律法规的基础上，还必须正确处理利益相关者之间的各种纠纷和矛盾，有效做好司法和仲裁工作，既要反映利益主体的利益，又要反映客观事物的必然规律，即利益客体的需求，调动旅游利益相关者的积极性和创造性，维护他们的利益，保障旅游业发展的可持续性。

（二）体制平台

法律的平台虽然能够解决绝大多数有法律依据的问题，但不可否认，有些也只是在有限的范围内发生作用，在旅游利益相关者的关系处理上，还有大量的经济关系、社会关系需要用其他的平台来管理和调整。体制的平台在一定程度上可以依靠行政组织的权威性，运用决定、意见、命令、规定、指示等，即时、有效地解决问题。因此，要切实实现旅游利益的均衡分配，还必须根据旅游和旅游业的发展规律、旅游利益相关者的利益需求特征等，来建立科学的旅游管理体系，明确划分各自的职责范围，达到管理决策和管理过程的科学化，即首先在管理层面上进行顶层设计。

建立科学、完善的旅游管理体系是旅游业向纵深发展、也是实现旅游利益均衡分配的重要前提。要遵循两条主要原则：一是政府主导原则，二是市场调节原则。政府要适时掌握好对旅游和旅游业发展的宏观调控，旅游管理部门的主要职能要侧重于决策、指导、管理协调、规划立法和宣传促销。当然，在我国现行的政府体制下，旅游管理的综合协调机制还难以一蹴而就，绝大部分地区的旅游管理体系仍然沿袭着传统行业管理的体制机制，尚无法真正达到“综合协调”的要求。即使是有部分地区讲旅游主管部门的名称由原来的“旅游局”改成了“旅游委”(具体名称包括“旅游产业管理委员会”“旅游委员会”“旅游发展委员会”等)，但实际的职能并没有发生变化，即原来的行政授权并没有因为由“局”变“委”而发生改变，这种换汤不换药的所谓旅游管理体制改革没有任何实际意义。

随着国家政治体制改革的不断深入，行政主体与市场主体之间的界限越来越分明，各主体自身的定位越来越清晰，政府和旅游主管部门、旅游行业协会等非政府组织、旅游投资和开发企业、社区组织和社区居民等旅游利益相关者之间，也越来越能够达成基于共同目标的互动关系。

(三)道德平台

我国历史悠久,文化积淀深厚,一直以来又受到传统儒家思想的影响,形成了“仁者爱人”(《孟子·离娄下》)、“礼之用,和为贵”(《论语·学而》)、“万物之于人也,无私近也,无私远也”(《管子·形势》)、“己所不欲,勿施于人”(《论语·卫灵公》)等道德标准,而且随着社会的发展,延续了与时俱进的道德标准并予以深化和升华。道德作为一开始就是一种调整个人利益与社会集体利益的行为规范,千百年来其意义一直备受重视。树立正确的道德观,建立和遵守道德守则,是维持道德社会的首要条件。近几年,我国注重完善道德建设的内容,国务院通过设立“公民道德宣传日”,进行全国道德模范评选活动,营造道德发扬和传承的氛围和舆论,塑造社会主义核心价值观等发扬中华民族的优良传统。

就旅游业本身来说,可以充分发挥产业优势,结合旅游产品开发进行有效的道德宣传,例如结合红色旅游产品进行相应的道德教育,利用户外公益广告的形式进行道德宣传,促进公益旅游进行道德阐扬等。另外,针对不同的旅游利益相关者进行有针对性的道德教育,针对旅游者,则重在环保、生态、人地关系等方面的道德教育;针对旅游企业,则需要加强职业道德教育,增强服务意识等;针对社区居民则重点加强好客度和包容性道德教育等。同时,一定要采用多种教育方式相结合,如专业教育、情境教育、互动教育等强化教育效果。

近年来,国家旅游局已经多次发出通知和倡议,号召公民文明旅游,提出不在文物古迹上涂刻、不攀爬触摸文物、排队遵守秩序、遵守交通规则等。事实上,这其中有很多都是从小学甚至幼儿园就开始接受的常识性道德教育的内容,但为什么一到公共空间,这种道德教育的结果却经不起检验了呢?归根结底,是缺乏应有的责任意识,缺乏对自己、对他人、对环境的责任感。

在建立道德平台的相关研究中,一个非常重要的领域被人们忽视了,即政府的道德缺失和应树立的道德准则问题。每当社会上发生道德问题,人们首先指责的是作为行为主体的个人,但忽视了在许多领域首先应作为道德楷模的实际上是政府自身。在旅游和旅游业发展领域,政府的相关政策导向——如旅游发展目的的功利化追求、以牺牲社区利益换取对投资商的优惠来完成招商引资指标、为追求政绩的大拆大建、野蛮拆迁等等,恰恰是这些难以经得起道德考量的政府行为、甚至是违法的行为才导致了旅游发展中一系列问题。因此,建立利益均衡分配的道德平台,政府首先应成为表率。

(四)责任平台

责任意识,从长远角度来说,是有利于社会多重目标的实现的,在一定程度上甚至超越了法律和经济所要求的义务。同时,责任也是道德的内在要求,在很多情况下还是自愿的义务行为。王明亮在分析旅游景区多元主体利益冲突时,指出这种冲突的实质是利益相关主体之间的社会责任冲突,引起冲突的关键是各主体在追求各自利益诉求过程中的社会责任失衡和价值博弈失衡,博弈资源的差异以及信息传递的障碍，导致利益相关者之间形成了力量不对等博弈格局。[①] 可见，将博弈资源、利益主体、信息获得一同摆到责任的平台上，公开、透明地进行博弈，明确、合理地划分责任，是促使利益均衡分配的无形监督者和监管者。

有学者结合社会责任提出了利益相关者的冲突协调机制：

一是设立利益冲突管理组织，统一冲突的协调渠道；

二是建立社会责任沟通机制，培养负责任的利益主体；

三是创新社会责任承担激励机制，破除价值博弈中的"囚徒困境"。[②]

从旅游和旅游业发展的现实来看，具有操作意义的是建立利益冲突管理组织，但这个组织的具体组织架构和运作程序尚需进行专门研究和实践。能够确定的是，县级以上的旅游主管部门、乡镇政府或村级组织、行业协会等应成为旅游利益冲突管理组织的主导者，即以政府主管部门和旅游领域的非政府组织作为旅游利益冲突管理组织的召集人，具有现实的可操作性。

(五)技术平台

要在复杂多变的旅游环境中实现各种资源的有效配置，保证均衡利益的实现，还必须借助于各种行之有效的技术手段。在技术平台的运作上，旅游管理机构或管理者要根据利益均衡的需要，自觉运用各类技术，提高利益均衡实现过程中各类问题和矛盾的解决速度和效果，包括信息技术、决策技术、控制技术等。其中，信息技术的运用、发展和创新可以在一定程度上超越人的主观意识，使结果更加客观和精确。

可以尝试建立利益均衡成效检验机制，并分三步实施：一是设立切合实际的综合评估指数；二是明确评估主体；三是做好基本数据的收集。所谓"利益均衡综合评估指数"指的是以量化、动态的数据对一个地区以三大利益为主体各种利益的配置状况的反映，通过前后时间段内数值变化可以直观显示出该地区利益流动及优化配置的状况，从而为考核地方官员施政效果提供一个有效的数据参考。[③]

具体到旅游和旅游业的利益均衡来说，政治上的指标包括公众参与旅游决策的程度和比例、旅游管理机关民主化程度、旅游专家参与决策的程度以及特殊人士、弱势群体参与度；经济上，一定不能唯 GDP 至上，包括的主要衡量和评估指标有人均旅游收入、人均旅游增长率、带薪休假工资制度、旅游扶贫等；在社会性利益方面，利益均衡指标主要包括环境保护发展指标、旅游安全和事故指标、社区影响指标、旅游文化及教育发展指标等。

在技术平台上，信息技术的采用有助于以上指标的搜集和分析，并把结果量化，因此在均衡利益的信息技术使用过程中，首先要提高旅游统计的准确度和公开

---

① 参见王明亮：《基于博弈论的企业社会责任形成机理研究》，载《工业技术经济》2013 年第 2 期。

② 参见易开刚、厉飞芹：《社会责任视阈下旅游景区多元主体的利益冲突及协调机制》，载《天津商业大学学报》2014 年第 2 期。

③ 参见姚文胜：《利益均衡——推进社会公平的路径建议》，法律出版社 2013 年版，第 396 页。

性，充分发挥社会监督的功能。其次聘请权威中立的社会调查统计机构参与重要信息的调查，还要及时准确地把民意调查的结果公布、反馈出来。最后，新媒体时代很多新兴的小众传媒如微博、微信等更容易在年轻人中传播，要充分发挥新兴传媒的力量，使之成为民意表达的快速渠道。

综上所述，在均衡利益实现的平台上，每一种平台都有自身独特的优势和劣势，比如信息技术虽然客观，但难免教条，法律条文虽然公正，但又难免僵化，因此，要充分发挥平台之间的联系和沟通，多管齐下，有的放矢。

三、均衡利益的实现路径

均衡利益作为旅游业可持续发展的一个基本原则，关键是要在旅游开发实践中找到合适的实现路径，使利益相关者各方的期望得到实现、利益得以兑现。其中最关键的主要表现在以下三个方面。①

（一）在规划阶段预设利益分配模式

通过合理、科学的规划来协调各利益相关者之间的关系、实现成本共担与利益共享是一条具有前置性的有效途径，即在规划阶段预设利益分配的原则和方案，并多途径保障这一原则和方案的执行。

无论旅游地的发展处在哪一个阶段上，都必须通过规划来约束和落实可持续发展的相关内容。而均衡利益作为旅游业可持续发展的重要前提，在旅游规划编制中首先要体现这一原则，而不能仅仅是注重经济利益，这就要求规划编制者和决策者必须从不同的立场、不同的角度进行综合衡量，自觉兼顾各利益相关者的利益诉求，重点关注利益相关者中弱势群体如环境利益、居民利益和非人类物种的利益等。同时，积极主动地吸收各利益相关者（或其利益代言人）或其他社会公众广泛地参与到旅游规划过程中来，提供建议意见，以实现兼顾各方主张、均衡各方利益的目的。

（二）在开发过程中加强管理协调

旅游开发不仅涉及多种类型的利益相关者，而且还涉及多个环节、多种要素、多类部门，因此，要实现均衡利益离不开多方的合作和支持，也需要站在更高的高度上协调不同群体之间的关系，避免单个或部门利益相关者控制旅游开发的所有要素，否则将会导致利益的失衡。因此，通过管理实现协调，也就是实现“资源”和“目标”之间的均衡。在旅游开发的实践过程中，旅游管理机构及其他相关的政府组织是管理协调的具体实施者。首先，通过法律法规和制度标准等来实施对旅游规划和旅游经营的管理和协调，尤其是在树立“成本共担、利益共享”的均衡利益的思想和原则的基础上，建立相应的有效机制。其次，围绕利益均衡的目的，设计旅游开发和经营中的利益分配模式，并为之建立强有力的管理保障体系。

---

① 参见王德刚、贾衍菊：《成本共担与利益共享——旅游开发的利益相关者及其价值取向研究》，载《旅游科学》2008 年第 1 期。

（三）在利益获取和分配中强调社区参与

当地社区是旅游开发的参与者和受益者，旅游开发对他们的生活有着较大甚至是翻天覆地的影响。同时他们也是旅游开发的风险分担者，因此他们有权利也有义务参与到当地的旅游开发过程中来。社区参与的范围越广、程度越深，就表明社区居民参与决策的机会就越多，就越能理解具有地方特色的旅游业的重要性，从而对旅游业发展持积极、支持的态度。

在旅游开发的过程中，当地社区在资源、环境、社会、文化等方面都要承担一定的风险，比如环境的拥挤、资源的浪费、文化的破坏等，也只有让他们从旅游开发中得到的利益越多，他们才会更有意识和精力去积极地将风险降到最低或者消灭风险。因此，应积极推动和倡导社区居民参与旅游开发的全过程——参与旅游规划的编制、提供关于社区旅游建设的相关意见、参与实际的旅游开发和经营、参与利益分配模式的制定等，提高社区对旅游开发的支持率。

在旅游开发和经营的过程中，社区参与主要体现在对旅游经营活动的优先权和广泛的参与空间，尤其是他们在旅游业及相关领域有优先的投资机会和充足的从业、就业机会。这种“优先权”和“优先发展机会”有时需要用量化的指标，如本土业户占经营业户总量的比重、外来投资企业雇用本地居民的数量比重等来进行要求和强化。但社区参与并不等同于“全民参与，平均分配”，社区参与仍要坚持公平的原则，仍要遵循市场竞争，还必须要提高当地居民的经营能力和市场意识，在提升自身能力的基础上，改变和改善经营模式，进而提高其对旅游开发的社区控制力和旅游业的参与能力，在保证其参与空间和经营优先权的基础上，增强他们的市场竞争意识和商品经营能力。

四、均衡利益的实现模式

姚文胜在论述利益均衡的基本要素时指出：利益均衡需以社会公平为出发点和归宿；利益均衡需以公权力为主导；利益均衡需以社会协同和全民参与为基础；利益均衡需以宏观调控和微观调节相结合为手段；利益均衡需以广泛的良性利益输送为载体；利益均衡需坚持法治原则和统筹协调的原则。[①] 可见，利益均衡的实现离不开政治、经济、社会等多方面因素的保障，也离不开政府、企业、社区的共同努力。目前，旅游业发展的资金来源呈现出多元化的趋势，除地方旅游发展专项基金、针对特殊旅游产品的支持资金以及年度特有资金之外，大部分资金都要靠招商引资。一般来说，政府的财政支持往往用于基础设施以及接待设施建设、宣传促销、环境保护以及其他非营利性设施方面，同时给企业投资创造良好的环境。事实上，旅游业的发展很大程度上还要依靠各种筹资和融资，行业投资、企业投资、个人投资都是常见的资金筹措渠道。投资主体的不同便会带来利益相关者在旅游产业发展中的角色、地位和重要性的认识有所不同，但利益的博弈又使其不得不兼顾除

① 参见姚文胜：《利益均衡——推进社会公平的路径建议》，法律出版社 2013 年版，第 2 页。

投资主体之外的利益相关者的各项利益，这便促使了均衡利益的实现。从投资主体、价值取向、业态结构的角度，均衡利益的实现主要有以下几种模式。

(一)利益均衡之政府主导模式——彭州市磁峰镇鹿坪村

彭州市磁峰镇是四川省的边塞重镇，建于明代，因镇区内唐、宋金城窑建于此地，而且四周群峰环绕，故名"磁峰镇"。磁峰镇属典型的山村小镇，旅游资源丰富，民风淳朴，风景秀美，有"千古奇镇"之称。磁峰镇鹿坪村由原鹿角湾、坪阳两村合并简称而得名，主要是规模化种植食用菌、莲藕和猕猴桃等，每亩地收入3000～5000元。在2008年发生的"5·12"汶川地震中，鹿坪村70%的房屋遭到不同程度的损坏，满目疮痍，百废待兴。如何在灾后重建过程中迅速恢复生产、理顺经济结构、选择合适的业态、促进经济发展成为许多受灾地区面临的首要问题。在灾后重建的过程中，鹿坪村遵循"安全、经济、适用、省地"的重建原则，实现了"三化联动"(新型工业化、新型城镇化和农业现代化的联动推进)和"三个集中"(工业向集中发展区集中、土地向适度规模经营集中、农民向集中居住区集中)，在充分发挥鹿坪村良好的交通区位和自然景观优势前提下，结合专项政策和现有条件，在"统一规划，统一建设"模式下开始了"鹿鸣荷畔"的建设，"鹿鸣荷畔"从规划到设计，再到建设，然后到产业发展、经济增长，都充分体现了彭州市城乡统筹、一体化发展思路的成功。而且，在增加农民非农业收入、创造就业机会、保证农民多元收入的持续稳定增长、实现农村可持续发展方面的探索中，鹿坪村走出了一条特色独具的道路。

首先，土地银行助推增产增收。在鹿坪村灾后重建的过程中，特别注重了农村产权制度改革的施行，同时确立了乡村旅游(以乡村酒店、农家休闲为主)和生态农业(以魔芋种植、藕鱼共生、脱毒马铃薯种植为主)的产业发展目标。从2008年12月起，彭州市磁峰镇全镇就先后引导成立了农业资源经营专业合作社(土地银行)5家，农户以土地作为存入资本，土地银行再进行整合后贷给龙头企业和种植大户，按固定时间对农户实行保底分红。农户存入土地银行获得的土地租金不是一成不变的，而是按照合同约定(合同签订的最短期限是10年)，根据市场行情动态变化的，这在很大程度上保证了农户收入的公平性和持久性。2009年，鹿坪村土地银行支付给农户的土地租金为240元/亩，加上政府补贴耕地保护金400元/年和土地收入(地差分红)，一个拥有一亩地的农户一年单纯从土地上获得的收入就有1000余元，而这完全不需要付出任何劳动，这甚至比单纯种地获得的收入还要高。同时，农户把土地存入土地银行之后，还可以优先到镇上企业工作，赚取工资收入，目前鹿坪村有100多人在村里的建材厂工作，每月的工资收入在4000～5000元之间。土地银行的成立还增加了鹿坪村农民的空余时间，鹿坪村现在有40%左右的人都在外面打工。另外，还有很多村民借助结构调整和产业恢复发展的契机，开办了乡村茶馆、乡村小卖以及农家旅(餐)馆等，自己当起了老板。这对于迅速实现灾后重建的预期目标、稳定农民的生产生活和建设社会主义新农村具有重要的推动作用和示范效应。

其次，乡村旅游打开生态、经济双赢局面。鹿坪村所在的彭州市曾经是煤炭产出大市，在发展的鼎盛时期，仅磁峰镇就有煤矿108处。虽然这些煤矿曾经为当地百姓脱贫致富、提供就业岗位等作出过卓越贡献，但是长年的过度开采也给当地生态环境带来了严重破坏，矿山的山体已经变形，水源严重渗漏，附近的住房地基下沉、墙壁出现裂缝。在灾后重建伊始，鹿坪村就采用了“131N”灾后村级治理模式，在产业恢复发展上，全镇规划制定“3＋N”的产业发展模式，以“万亩竹海、万亩林果、万亩中药材”种植为主导，引导各村结合自身实际，发展食用菌、食用藕、猕猴桃、金银花种植等辅助产业，力争形成特色区域经济带，为把磁峰镇建设成特色旅游小镇、发展乡村旅游打下基础。在发展乡村旅游的过程中，就充分考虑了耕地保护、因地制宜以及依山就势、顺应地形的布局宗旨，科学利用农村原来耕地，合理间隔农房，形成了三个聚落和一个公共配套及商业组团，在聚落间、建筑单体间结合产业规划形成了两个千亩荷塘等生态景观带、经济作物带，体现了乡村建设的景观效果，昔日的挖煤山村已经成为灾后重建的旅游新村样本。现在鹿坪村的农民收入已经远远超过了当时攫取“黑金”的时代，收入结构也逐渐多元化，已经实现了生态和经济的双赢。

(二)利益均衡之企业主导模式——蓬莱君顶酒庄和北京挂甲峪

1. 外来企业主导——蓬莱南王山谷君顶酒庄①

蓬莱市地处北纬37.5°左右，拥有“阳光(Sun)、沙砾(Sand)、海洋(Sea)”这一非常适合酿酒葡萄生产的“3S”特质，是“世界七大葡萄海岸”中唯一位于亚洲地区的。1999年，中粮长城入驻蓬莱，建设葡萄生产基地探索发展、试验改革的基础上，“南王山谷君顶酒庄”顺势而生。酒庄遵循一边建厂房、一边建基地的原则，是一处集葡萄种植、苗木研发、葡萄酒酿造生产、观光旅游、休闲度假和文化推广于一体的大型葡萄酒庄园。在酒庄建设的过程中，中粮长城葡萄酒有限公司为从源头上保证酿酒葡萄的质量和产量，充分发挥了合作社和农户的优势，确立了“公司＋合作社＋农户”的生产模式，即公司为合作社统一提供必需的生产资料，合作社则按照合同约定组织农民进行标准化生产，农民转变成为葡萄产业链上的工人。

蓬莱市南王街道磕刘村是企业主导模式影响下的一个缩影，村里的土地全部流转到企业手中。1983年小麦、玉米每亩地的收入在200元左右；1999年开始，人均大约2亩地，每亩地收入为420元(含20元农业税)，每三年增加30元。土地流转出去之后，农民的收入来源主要包含四部分内容：入股农民土地定息分红——农民可获得每亩地约500元的分红金，考虑到物价上涨等因素，农民入股资金会每3年平均进行增值0.17个百分点，约等于每三年加息40元；葡萄地租——公司在前两年每年预付给农户每亩200元作为生产费用，700元作为管理费用；葡萄园土地承包者的利益收入——土地承包者可获得纯收入1359元，加上超产超质奖，共计可获得纯收入1549元；工资收入——合作社社员可优先到公司工作，享受工人待遇，获取每月1000元左右的工资收入。这样，农民加入合作社、参与葡萄基地建设

① 参见王德刚：《土地整合战略》，山东大学出版社2010年版，第167～178页。

之后每亩地的纯收入在2500元左右，是种粮食的3～5倍(原来1200元毛收入，实际收入600元左右)。

此外，合作社社员还享有充分的福利(扣除入股农民、入股企业与土地承包者的收入外，剩下的作为公益金)，社员享有"养老金、农村合作医疗补助、在校学生补助、社员劳保福利支出"等社会福利。如凡年满65周岁的男性和年满60周岁的女性，每人每年由合作社发给1200元的养老金；中粮公司设立奖助学金，对社员子女升学予以奖励，对大学生每年支付5000元奖学金，对高中以及职业中专在校生每年奖励1000元，并享受优先招工的待遇；享受农村合作医疗待遇，费用全部由合作社承担，每人20元/年。公司在招收、招聘职工和工作人员时，优先录用符合条件的本社社员，由用人单位与社员本人签订劳动合同，并报劳动人事部门备案。剩余的公益金作为发展再生产之用。

在这种模式下，农户获得了与之前相比的更多利益，而企业并不与农户直接接触，而是通过合作社进行接洽，这在很大程度上避免了很多零散问题带来的纠纷，有利于企业生产的顺利开展。同时，企业得到了理想的高品质原料，具备了打造高端葡萄酒的条件，使葡萄酒生产档次不断提高，这便直接带来了企业效益的提高和地方财政收入的增加。

2. 本土企业(集体经济)主导——北京挂甲峪村[①]

本土企业(集体经济)主导是保持旅游本真特色的最佳选择，本土企业本身就承载着当地文化，所以往往能够使当地的文化、民俗在旅游发展的过程中得到充分的利用、保护和传承。北京市平谷区大华山镇挂甲峪村，三面环山，以其生产绿色、有机果品和风光秀丽、优美，而成为京郊有名的水果之乡和旅游胜地。由于地处偏僻，这里曾是远近闻名的穷山沟。但2008年挂甲峪村全村集体收入达2000万元，村民人均纯收入达2万元，村集体经济总资产达2亿元左右。山乡巨变，来自于村集体审时度势，对国家土地政策的充分利用。

挂甲峪村有13座形态各异的山峰，因宋代抗辽名将杨延昭曾在此挂甲休息而得名，至今尚有"六郎挂甲""古井洞天""太监牧马"等千古传奇。挂甲峪风景区生态环境良好，植被覆盖率达到95%，是国家命名的生态示范村之一。这里林果资源丰富，顶坡沟一体开发，宜林宜果地垦殖面积广阔，有果园1500亩，各种果树30万株，果品产量1000万斤，品种有苹果、桃子、柿子、梨等十余个品种。各种林地2000亩，松柏及其他杂木20多种50多万株，还有各种中草药及其他草本植物40多种，遍布在谷岗沟壑之内。挂甲峪还十分重视环境保护，可以为游人提供大量的无公害水源、水果和蔬菜。挂甲峪景区的建设顺应山间谷地展开，结合地形地貌和旅游功能，制定出挂甲峪村一轴两带三区的功能分区与空间发展结构。截至2008年，已初步建成了集餐饮、住宿、娱乐、休闲、观光为一体的挂甲峪山庄度假村。

为统一旅游开发和接待管理，挂甲峪村成立了北京天甲旅游有限公司，把旅游

① 参见王德刚:《土地整合战略》，山东大学出版社2010年版，第237～251页。

业作为全村的支柱产业来经营，公司运营以来，实现了良好的经济效益，2008年，接待游客8万多人次，实现收入350多万元。景区的开发进一步带动了农家乐、民俗院的发展，老百姓通过搞民俗旅游很快实现了产业转移和致富，现已有民俗户60余户，户均收入达2万元。目前，村集体的收入有40%来自旅游业，曾经为村庄改变作出很大贡献的林果业只占收入的30%，旅游业的的确确已发展成为挂甲峪村的支柱产业。而这一切，得益于国家社会主义新农村建设的好政策，也与挂甲峪有一个"好当家"有直接的关系。村党支部书记张朝起就是是改革开放大潮中涌现出的一员"干将"，他带领挂甲峪400多名村民勇于开拓，锐意创新，艰苦奋斗，组建起了工业、农林、畜牧、旅游、物业管理五个公司，形成了统一管理的企业集团，为全村的发展不断作出新的贡献。挂甲峪的旅游发展，是把承包到农民手中的土地经营权重新收归集体，并通过规模化经营来提高效益，最终目的是为了实现农民的增收致富。因此，在收益分配上，保障农民的利益是第一位的。村里与入股的农民签订了土地入股协议，建立了紧密的利益联结机制。

在分配方式上，主要是按股分红。一是按照一人一股保底分红的方式，由村集体每年为入股的村民支付土地保底金，每人1000～1200元。二是每年村集体将企业经营的利润拿出70%按一定的比例进行年终分红。这也是最重要的利润分配方式，每年的人均分红在5000元左右。挂甲峪创新性地把土地流转和村集体产权制度改革结合在一起，把集体资产量化，分配给股民，并且把分配股份的项目分为户籍股、劳龄股、土地股、计划生育股、精神文明建设股和发展经济贡献股六项，使村民成为村集体资产的管理者，实现了村民变股民。这种分配方式，不仅保障了农民的利益和分配的合理性，而且在很大程度上还提高了农民的生产积极性，推动了社会主义精神文明建设和新农村建设的进程。这样一来，挂甲峪村民的收入主要包括股金、分红、工资、打工收入和旅游经营收入。

在绝大多数情况下，在企业与社区、个体的关系中，企业总是处于强势地位，能够以其资金、信息、知识、社会关系等方面的优势而对发展具有主导权、话语权，相比之下，社区、农户、乡村组织等则处于弱势地位，发展方向、经营模式、利益分配原则等的决策权均不在乡村组织和农户手中，这就需要政府和其他社会组织的主导、引导和规范，也需要企业的良心和修养。

（三）利益均衡之农户自主模式——青州市清风寨

清风寨位于山东省青州市王坟镇东部的青山之上，距离市中心约15公里，是山水景观和古代建筑与军事防御相结合的古城堡，据传是宋代水浒名将花荣的驻军处。清风寨背山靠水，风光秀丽，地貌类型各种各样，景观地带层次分明。为进一步挖掘清风寨的资源优势，王坟镇政府邀请有关专家编制了《清风寨生态旅游规划》，决定发展乡村生态旅游。在一无资金、二无物资、三没有基础的情况下进行旅游开发，首先是由青州清风寨生态旅游发展有限公司提出方案，许家庄村委落实解决，同时双方有义务对许家庄村进行保护性开发。同时约定，双方合作开发清风寨旅游项目，旅游公司以现金投入100万元，许家庄村民以三种方式投入：一是以清风寨旅游规划区旅游资源(山体、果树等)作为合作投入,该部分投入不承担风险,只享受盈利年度的分红,分红比例为扣除资本公积金和公益金后税后利润的2.8%;二是许家庄村委组织部分村民以现金方式出资投入,现金投入不低于2万元;三是组织部分村民以劳动力出资投入(劳动力投入价值以双方认可的价值为准),劳动力投入不低于6万元。两种投入金额总值作为项目享受投资收益和承担风险依据,但上述投入应不低于8万元。

2007年7月1日,《中华人民共和国农民专业合作社法》正式实施。同日,山东省青州市一家名为"青州清风寨山楂发展合作社"的农民专业合作社通过了工商局的注册,正式挂牌成立。这种乡村旅游合作社,农民是主体,农民可以土地、房屋等多种形式入股,实现经营者、投资者等多方利益共享,从而实现旅游真正富民的目的。合作社将所有入社的土地集中起来统一规划管理,并规定经成员大会讨论通过,合作社可投资兴办与本社业务内容相关的经济实体,也可接受与本社业务有关的单位委托,办理代购代销等中介服务。还可以向政府有关部门申请或者接受政府有关部位委托,组织实施国家支持发展农业和农村经济的建设项目以及按决定的数额和方式参加社会公益捐赠。

农民入股土地收益分两部分:一是固定股利,入股土地每年按1元/平方米固定分红;二是经营利润分红,即每年土地经营利润的85%按股份进行分红。其余利润的分配为:合作社从当年盈余中提取10%的公积金,用于扩大生产经营,弥补亏损或者转为成员出资;从当年盈余中提取5%的公益金,用于成员的技术培训、合作社知识教育以及文化、福利事业和生活上的互助互济。其中,用于成员技术培训与合作社知识教育的比例不少于公益金数额的50%。

按照合作社章程的规定,合作社每年提取的公积金,按照成员入股股份依比例量化为每个成员所有的份额。由国家财政直接补助和他人捐赠形成的财产平均量化为每个成员的份额,作为可分配盈余分配的依据之一。对于合作社接受的国家财政直接补助和他人捐赠,作为合作社的资金(产),按照规定用途和捐赠者意愿用于本社的发展。当年扣除生产经营和管理服务成本,弥补亏损、提取公积金和公益金后的可分配盈余,经成员大会决议,按照下列顺序分配:首先按成员与本社的土地流转面积返还,返还总额不低于可分配盈余的60%;然后按前项规定返还后的剩余部分,以成员账户中记载的股份数额,以及本社接受国家财政直接补助和他人捐赠形成的财产平均量化到成员的份额,按比例分配给本社成员,并记载在成员个人账户中。

"青州清风寨山楂发展合作社"是我国《农民专业合作社法》实施之后第一个领到工商执照的农民专业合作社,在此基础上又走上了通过土地流转发展旅游的道路,这是新形势下的一种自觉,这种自觉自始至终都伴随着两个关键词——"制度"和"规范",即一开始就通过建立具有法律地位的制度(《合作社章程》)来规范入股、合作、经营、管理、分配等方面,使得利益均衡有了法律保障。①

① 参见王德刚:《土地整合战略》,山东大学出版社2010年版,第189~206页。

五、均衡利益的探索与发展

如前所述，利益均衡是旅游业可持续发展的基本原则，利益均衡发展模式已经在山东威海荣成市的河口村“落地践行”。

该村位于胶东半岛的最东端，离威海市40余公里。“三面环山，一面临海”的自然优势和勤劳朴实的胶东百姓共同造就了一个如诗如画的小渔村：村庄陆地面积2.27万平方千米，滩涂海域长约1万米。全村共有280余户，800多人，世代以捕鱼为生，传统渔业是河口村的支柱产业。浩瀚的蓝色海洋、细腻的白色沙滩、茂密的松树林以及海草房顶的渔家民居等元素构成了一幅美丽、恬静、和谐的画卷。

(一)“均衡利益”原则指导下的管理模式设计

河口村自2000年开始筹备发展乡村旅游。2001年，山东大学旅游系为其编制了《河口“胶东渔村”乡村旅游开发规划》。[①] 在《规划》中，明确提出了以“均衡利益”为原则的旅游经营和利益分配模式，即“社区＋公司＋业户”的模式。在具体的操作中，由本土公司(村办渔业公司)投资成立河口村旅游开发公司，负责河口村旅游经营管理和商业运作，包括基础设施建设、招徕客源，分配游客到业户家、制定服务标准、对参加经营业户进行定额投资与定期结算、为游客出具票据等；由河口村村民扮演“业户”角色，鼓励和支持村民依托自家庭院按照公司规定的标准接待游客，提供餐饮、住宿服务；由全村旅游经营业户组成乡村旅游协会，充当“社区”的角色，其职权相当于旅游公司董事会，决定村内一切与旅游有关的重要事件，任命考核、监督旅游开发公司管理人员，审查财务状况等。社区、公司、业户三者职责明确(见图14-1)，形成了相互制约的“成本共担、利益共享”关系。在项目启动时期，旅游开发公司为自愿参与经营的业户每家6000元补助进行装修、改造等。

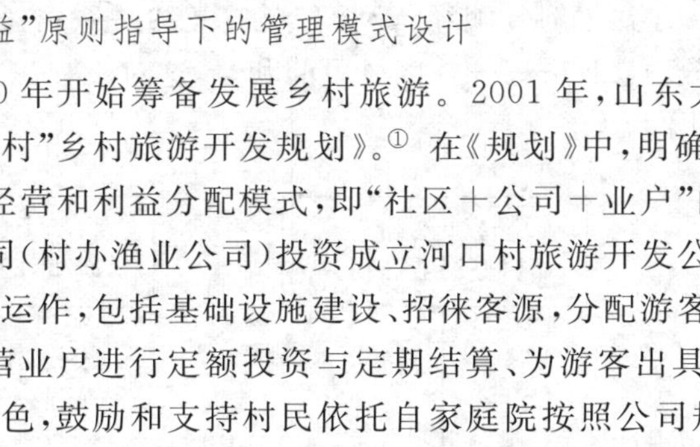

图14-1　“胶东渔村”经营模式结构

① 作为“均衡利益”模式的实践基地，笔者对本案例的威海市河口“胶东渔村”乡村旅游旅游项目从规划设计到管理经营，已经进行了长达13年的持续跟踪研究，并分别于2006年、2013年进行专项调研，本部分内容主要依据初期设想以及两次调研的资料整理而成。“胶东渔村”是在河口村渔家民俗旅游基础上提升形成的乡村旅游品牌。

同时为了避免恶性竞争，实行经营管理的规范化、标准化，即统一管理、统一采购、统一菜单、统一结账。业户需要按照公司制定的标准对自家院落进行装修和改造，通过验收后，旅游开发公司向其发放《接待业户守则》《接待登记簿》和《游客意见簿》。旅游公司全权负责团队、会议、散客的预定、接待。在接到预定要求后，由公司统一安排游客，由公司轮流安排在各经营业户家。公司统一采购原材料，根据业户接待游客数量，进行配备。公司统一制定菜单，统一定价，并将每户的接待状况统一记录，每月结清一次。①

在利益分配机制方面(见图 14-2)，本土公司依靠自身积累的经济实力，同时在上级政府拨款的激励下，积极投资于旅游开发公司；旅游开发公司负责管理和营销，与经营业户按照五五比例分配经营利润，形成契约关系；村民业户是服务和盈利主体，充分保障了经营业户——社区村民的利益，这对于"胶东渔村"的可持续发展起到了决定性作用。

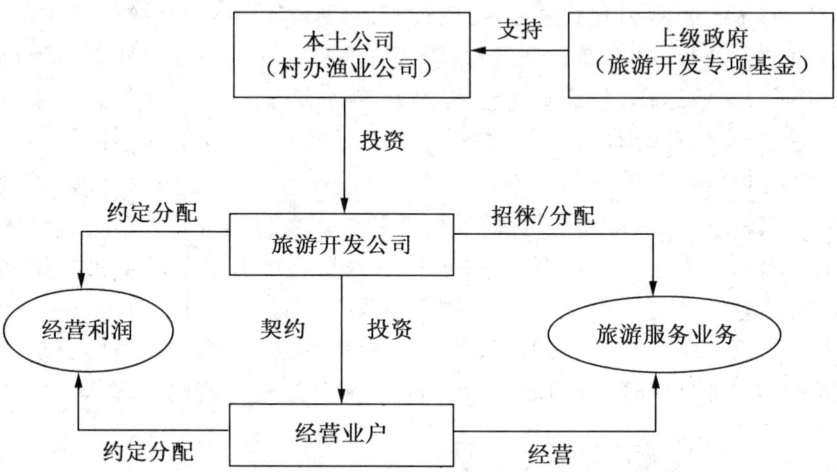

图 14-2 "胶东渔村"利益分配结构

2002 年 5 月 1 日，河口"胶东渔村"正式营业，接待了第一批来自济南的团队游客。在旅游发展初期，遇到的最大阻力是村民参与热情不高。这主要是因为在发展旅游之前，渔业是河口村的主要经济支柱，绝大多数村民对旅游业一无所知，而且在当地的传统观念中，多数人认为服务业是"伺候人的行业"而不愿参与。为了消除村民的顾虑和传统观念的负面影响，河口村村委会组织村民前往发展乡村旅游业的前沿地区长岛县、日照、青岛等地实地考察，倾听当地居民参与乡村旅游开发的体会、与当地居民交流情感、感受发展乡村旅游之后的巨大变化。除了以实地

① 参见王德刚、葛培贤:《田园季风——乡村旅游开发与管理》，天津教育出版社 2007 年版，第 313～315 页。

考察的方式向社区居民灌输旅游知识外，在后期的旅游开发和经营过程中，从业的村民们通过观摩授课的方式不断完善自身，授课员多为先期参与旅游经营的村民，由于他们具有实地考察的经历，先期投入到旅游开发中，积累了经营经验，通过他们的现身说法，教育和示范意义成果显著。据统计，从业人员中通过实地考察以及观摩授课的方式得到岗前培训的人数占到总从业人数的97.5%。除此之外，河口村村委会还专门召开村民动员大会，介绍全国各地发展乡村旅游的成功案例以及旅游对促进地方经济发展的影响。实践证明，这种不间断的旅游教育和专业培训是行之有效的。河口村参与旅游接待的业户逐年增加。[①]

（二）2002～2006年"胶东渔村"旅游发展状况

2006年7月的专项调研结果显示，自2002年开业以来，"胶东渔村"旅游发展呈持续上涨态势。河口村已经接待了来自北京、天津、河北、江苏、济南等全国各地的游客6万人次左右，形成了以周围景区为市场依托，以住宿、餐饮和海滨休闲、娱乐为主要服务内容的"胶东渔村"旅游产品体系，旅游经营的直接收入达500多万元。[②] 河口村业户参与旅游发展的热情持续高涨，接待业户数量由2002年的19家增加到2006年的58家，这主要得益于早期参与业户的带动示范效应。

旅游业发展促进了村民收入的显著增加。在调查中发现，河口村未参与旅游经营的居民经济收入的主要来源是渔业（53.5%）和养殖业（9.3%），年收入低于1万元的家庭数量占35%；而旅游业户家庭收入的主要来源分别为渔业（51.3%）、养殖业（16.3%）、旅游业（8.8%），即除了传统的渔业和养殖业外，旅游业已成为参与旅游经营业户家庭的三大收入来源之一，这些旅游业户在未从事旅游业之前的家庭年收入低于1万元的占72.5%，在从事旅游业之后收入低于1万元的家庭仅占30%（低于非旅游业户5个百分点）。[③] 根据对经营业户的调查统计，河口村从事乡村旅游的业户，在参与旅游接待之前家庭年平均收入主要集中在1万～2万元，占47.5%；在从事旅游业之后年平均收入主要集中在2万～3万元，占40%；从事旅游业前后业户年平均收入提升了1万～2万元（见图14-3）。在对"平均每年为业户所带来的收入"调查分析中得知，从事旅游业平均每年获得收入在1万～1.5万元业户的占16%，1.5万～2万元的占64%，1.5万～2万元的占64%，2万元以上占10%。

① 参见王德刚、于静静：《旅游开发与居民感知态度影响因素实证研究》，载《旅游科学》2007年第4期。

② 参见王德刚、于静静：《旅游开发与居民感知态度影响因素实证研究》，载《旅游科学》2007年第4期。

③ 参见王德刚、于静静：《旅游开发与居民感知态度影响因素实证研究》，载《旅游科学》2007年第4期。

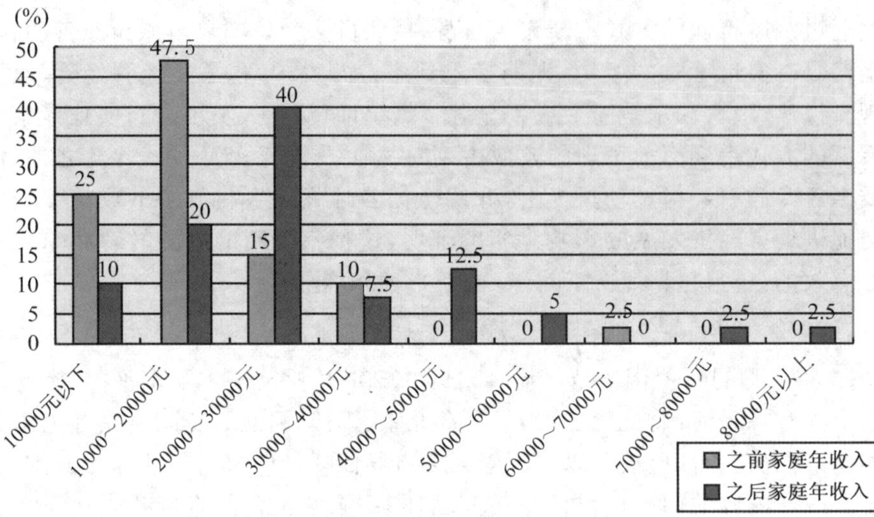

图 14-3 河口村旅游业户从事旅游业之前和之后的家庭年收入对比

旅游业发展为当地居民民特别是农村未就业妇女创造了更多就业机会，实现了农村闲置和剩余劳动力的就地转移。河口村旅游业从业人员 82.5%为女性，她们文化程度普遍偏低，其中最高学历为小学及小学以下的人数占总人数的 12.5%，初中文化程度的占 65%，高中文化程度的占 22.5%。大部分农村妇女在经营旅游业之前都是在家待业，从事简单的家务劳作，开展乡村旅游业充分发挥了她们家庭妇女的专长，为这些妇女提供了更多的就业机会。[①]

(三)2007～2013 年"胶东渔村"旅游发展状况

均衡利益模最大限度地保证了社区居民的利益。根据 2013 年 11 月份的专项调研结果，参与旅游经营的业户年均收入在 2 万～3 万元、3 万～4 万元、4 万～5 万元的，分别占到 36%、18%、15%。与 2006 年数据对比发现，当时接待业户年均收入主要集中在 2 万～3 万元，占到 40%(见图 14-4)。这主要是因为大多数旅游接待业户的从业经验越来越丰富，对客服务技能越来越娴熟，已经培养了一批稳定的客源，接待收入也在逐年增加。很多回头客在旅游公司预定时都会自行指定接待业户，原因就是对这家业户以前的服务非常满意。业户经过多年的努力经营，已经形成良好的口碑效应。在这次调研中发现，尽管进入旅游淡季，休闲度假游客少了很多，但是很多业户家的餐饮生意依然很红火，几乎每天都有来就餐的客人。

---

① 参见王德刚、于静静:《旅游开发与居民感知态度影响因素实证研究》，载《旅游科学》2007 年第4 期。

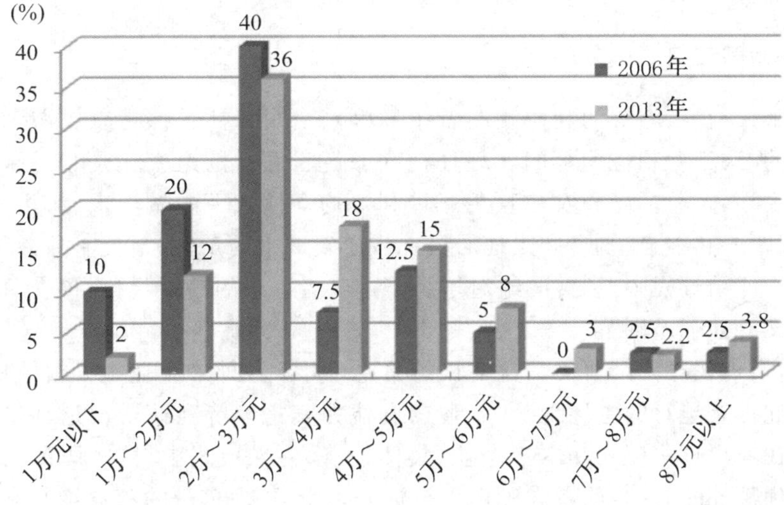

图 14-4　河口村旅游接待业户 2006 年和 2013 年家庭年收入对比

调查结果显示，无论是否参与旅游接待，社区居民都支持旅游业的发展，认为旅游开发改善了渔村的面貌和环境保护意识，对旅游业的发展前景保持乐观态度。在河口村旅游发展过程中，居民的态度并没有出现明显的消极、抵抗的状态，这主要是得益于先前基于社区居民利益为核心的制度设计和经营过程中始终如一的实施。很多接待业户普遍认为，与来自不同地区、国家的游客交流是一件非常有趣的事情。特别是在平日里看来再普通不过的渔民生活、海草房民居吸引着来自世界各地的游客到来时，他们开始重新审视自身文化，并为自己独有的文化感到荣耀和自豪。值得关注的是，利益分配的问题一直是业户关注的焦点，当前大多数居民已经不满于原先约定的分配比例，认为业户付出了更多的劳动应该分享更多的经营利润，这也影响到了一部分业户的参与热情。因此，需要撬动分配杠杆，调整利益格局，建立各方都能接受的新均衡点。

第三节　均衡利益原则下的利益分配机制构建

旅游业是一项综合性的产业，涉及的利益相关者几乎可以包含所有有生命和非生命的人类、种群和物质，各利益相关者之间的多方博弈就是他们在考虑各自的付出和所得之后如何实现自身利益最大化的过程，他们之间既有利益冲突，又有利益依赖，还有利益交互。旅游者要获得高品质的旅游经历和体验，社区居民要获得合理的回报、健康的生产、居住和生活环境，旅游企业要获得有序的经营环境和合理的投资回馈，经济要求得到发展，社会要求得到稳定，资源要求得到持续，环境要求得到保护，文化要求得到传承，每一个利益相关者都有自身的利益诉求和价值取向，而如何在这诸多“异”中求得共同发展的“同”，使各方的多元利益都得以兑现、愿望得到尊重,“均衡利益”始终是一项重要原则。

一、均衡利益与公平分配

一般来说,在核心层的利益相关者中,政府、企业和社区都是以旅游者为主要服务对象的,这三者利益均衡的实现往往和旅游者利益的最大化是相一致的。从以上政府主导、企业主导和农户自主三种利益均衡模式下的做法来看,虽然政府、企业(外来企业和本土企业)和当地居民在旅游发展中的角色、地位有所差异,但在利益关系的缔结过程中,利益的绝对增长是这三者追求的共同目标,但在具体的操作过程中又有如下差别[①]:

首先,表现在对社区居民利益增长的关注差异。在外来企业主导模式中,企业对利益分配占有绝对的主导地位,企业的利益尤其是经济利益增长是其最主要的目标。而在农户自主模式和本土企业(集体经济)主导模式中,社区居民(农民)的利益将受到额外的关注:前者农民作为投资人和受益人,自身的利益增长是基本出发点;而后者集体组织的全部收益、捐赠等基本上都会以各种形式返还给农户。在政府主导模式中,政府不仅要关注社区居民利益的增长,而且还要关注农村经济体制改革的成败,关注城乡统筹发展的成果,关注政企关系、民企关系、社会发展等一系列内容。

其次,表现在源于话语权的控制决定的利益增长差异。在外来企业主导模式下,企业占有相对强势的话语权,相对而言社区居民(农民)处于被动和弱势地位,因此利益增减是企业经营者决定是否继续经营下去的衡量标准;而在农户自主模式和本土企业主导模式影响下,农民是主体,集体是农民利益的集中代表者,基本能够实现土地增值和效益最大化。而在政府主导模式下,占有主导和控制地位的政府关注的领域和视角更为广泛,关注的效益更为多元化。

最后,利益决定者对各利益主体的保障措施的制定水平参差不齐导致的差异。其中,保障措施最为完善、全面的是政府主导模式。政府主导模式是一种自上而下的形式,政府的力量对于模式的推行具有不可阻挡的促进作用。例如在成都,政府在财政扶持、税收优惠、金融支持、环境营造等方面形成了全面的政策体系。而这是其他模式欠缺的先天优势。虽然中粮南王山谷君顶酒庄会给社区居民提供诸如养老、子女入学、就业等的保障,但这种保障的范围和程度还是相对有限的,而且还主要依赖企业自身的素质是否达到较高的境界。相对而言,农户自主模式和本土企业主导模式的保障是有缺失的,这种模式对利益的关注最重要的是经营利润的直接分配。总而言之,由于对利益追求侧重点的不同导致了保障措施的差异,对保障措施的差异又不可避免地会带来利益增长的相关问题。

可见,无论哪种模式都是建立在相对均衡且持续稳定的利益链条基础之上的,采用利益相关者各方都认同的利益分配机制,可以充分发挥多元优势,形成推动利

---

① 参见王德刚:《土地整合战略》,山东大学出版社 2010 年版,第 313～324 页。

益增长的合力。但不可避免的是，由于每种模式的适应性和关注重点、程度的不同，绝对的公平分配是不存在的，也不可能有放之四海而皆准的利益分配机制。因此，只能在相对公平的基础上，具体问题具体分析，尽可能找到实现利益平衡的支点，并进行完善、优化，最终实现整体效益的持续增长。虽然这几种模式都是力图实现利益均衡原则的分配机制，但在公平性上还是有差异的，以“社区居民”为例，具体表现在：

第一，在旅游开发中的地位和话语权决定了其在利益分配机制中的公平性程度。在这几种模式中，利益最大化是利益相关者追求的共同目标，也因此实现了诸多关于土地、地上资源、工资、利息等的创新，但是真正能做到公平公正和社区受益原则的应是农户自主模式。在这一模式下，农户处于主导地位，拥有完全的话语权，是最大的受益者，任何成立的组织机构都是围绕农户这一核心服务的，是以农户的利益为根本出发点的。例如在青州市清风寨，农民的收益能随着合作社的经济效益有一定浮动，这也是“持久公平”的具体体现。而在政府主导模式下，农户在利益分配机制中的权益保障更为多元化，从养老、医疗、入学等方面甚至能够享受和城市居民一样的待遇，但其他权益难免弱化，如对社区发展的决策权、控制权等，基本是由政府（乡镇政府、村“两委”）越俎代庖。

第二，宏观调控和价值规律在利益分配机制中的影响作用。在政府主导模式下，宏观调控得到了充分发挥，尤其是在农民的后续保障问题上更为细致全面，例如成都市耕地保护基金的设立。而在其他模式下，政府一般来说只是承担指引和服务功能，并不直接参与具体投资、分配制度等内容的制定。而且，无论哪种模式，都会受到市场上价值规律的作用影响，包括旅游需求的转变、地上物的市场价格变动以及经济发展环境的变化等。市场上看不见的手偶尔也会为这些模式带来一定的负面影响，例如会直接影响到农民的利益分成。因此，充分发挥宏观调控和市场规律的各自优势，确立一种宏观调控指导下、又能与市场经济发展密切结合的利益分配机制才是保障均衡利益实现的重点。

最后，对社区居民（农民）旅游开发的后续保障领域的不均衡性。显而易见，政府主导模式下农民的后续保障范围是最全面的，而很多外来企业在聘用当地农民工作时，保障内容相对单一，大部分只有意外伤害保险，其余的保障几乎为零。因此，政府主导下的保障制度具有其他模式不可比拟的优势。在外来企业主导模式下，企业常常将精力放在改善有利于企业效益提高的相关设施上，而对基础设施和公共设施的关注度相对较低。而农户自主模式下剩余的资金多用于合作社成员的技术培训、合作社知识教育以及文化、福利事业和生活上的互助互济等方面，在其他方面的保障相对缺乏。但外来投资企业一般都是经济实力雄厚的大公司，投资能力强，能够通过大投入迅速将资源转化为产品，并且产品质量和服务水平高，依托企业的人才优势在经营管理上迅速走上正规化，是旅游开发速度最快、见效最快的模式。

综上所述，大多数情况下，当地政府会以社区居民（农户）的合法权益保障为首要关注点，会积极鼓励农户参与到旅游发展行列中来，共享旅游开发和城乡统筹的成果，并确保其无后顾之忧。而农户自主模式和本土企业主导模式的利益分配机制使当地农民获得了相应的回报、持续高质的生产、居住和生活环境，使旅游业发展能够维持在有序的经营环境中，能够最大化地获得投资回报。企业主导模式则是通过企业和社区联合，在充分发挥企业的资金、品牌、管理、技术以及当地社区的资源、政策、人力等优势的基础上，形成企社优势互补，加速当地经济发展和社会稳定。毫无疑问，以上几种模式都不同程度地实现了企业增效、农民增收和集体增量，很多还是旅游业发展的重要创新。

但是，也由此也看出，没有哪一种模式在利益分配上是绝对公平的。因此在模式选择的过程中，实现优势互补，并将事前预测、事中控制和事后监督结合起来，建立政府主导下的利益分配保障机制，充分调动企业的积极性，切实维护社区居民的利益，才能维持旅游开发和运营的持久活力，从而加快旅游促进当地发展的进程，也才能真正实现利益的均衡。

虽然上述案例主要以乡村旅游为主，但其利益分配的原则、分配模式探索的经验是具有普适性的，城市历史街区旅游、古城古镇旅游等涉及到"社区"的所有类型，理论上都具有共同性。

二、均衡利益与资源博弈

相关研究表明，旅游利益相关者之间的矛盾主要有以下表现：社区居民与旅游企业的矛盾主要集中在利益分配上；社区居民与旅游者的矛盾、社区集体组织与政府之间的矛盾主要围绕着土地征用与资源保护两个方面产生；旅游企业与乡村旅游者之间的矛盾主要来自于产品质量和价格的矛盾；旅游企业与社区集体组织这两者之间的矛盾主要来自经济利益分配和资源经营权的转让两个方面。① 可见，除了相对直接的利益分配之外，旅游资源的配置以及如何使用也是均衡利益能否实现的焦点。

张彤、张军在分析利益相关者如何进行利益博弈的时候指出，旅游者是时空资源的掠夺者，资本大鳄们用旅游业官方意识形态作手段，抢先获得行动的道德优势，然后用金钱和政权的力量，劝诱和强迫原住民廉价出让祖先资源，并在获得这些资源时，把原主人同时转变成他们的职业好客者，也就是说，当地人在廉价出卖祖先遗产时，把自己也一起卖了出去。不过就像没有"绝对的自由"一样，世上也没有不可颠覆的"绝对的权力"。② 事实上，利益均衡很大程度上是受制于资源的稀缺性的，稀缺性作为资源的永恒特性，除利益主体对其的争夺、分配和使用外，资源本身的机会成本归根结底还要由其代言人去评估，是用在农业种植、工业发展还是

① 参见刘涛、徐福英：《乡村旅游社区参与旅游中的利益矛盾及协调对策》，载《社会科学家》2010年第5期。

② 参见张彤、张军：《旅游业中掠夺者、文化捐客和好客从业者的利益博弈》，载《中南民族大学学报》(人文社会科学版)2007年第5期。

旅游业开发上机会成本更高，既是一种长远的判断，也是一种道德和责任的评估。

因此，提高道德水平高、责任意识强的公众的参与度、充分发挥其舆论监督作用可以让资源的话语权即时兑现，可以尽可能维持旅游业发展中资源博弈的优化结果，首先实现资源开发和保护的均衡，其次实现资源代际之间的均衡，最后促成旅游利益相关者三个层次间的利益均衡。王京传、李天元在谈到国外公众参与旅游目的地公共事务时指出，公众参与旅游目的地公共事务是与参与旅游私人事务相并列的公众参与旅游业发展的两大主题之一，公众可以参与旅游政策的制定、旅游规划、旅游目的地营销、旅游基础设施管理及其他目的地公共事务。[①] 同时，公众以企业管理者的身份、社区居民以业主的身份参与旅游业的经营，对于资源的保护与永续利用，也具有积极意义，由于他们自身的身份与外来企业具有异质性，更具有尊重和保护资源的意识。

三、均衡利益原则下利益分配机制的构建

可持续发展是旅游发展模式的必然选择。而要实现旅游的可持续发展，建立公平的利益分配机制是必要的前提，即真正意义上实现各利益相关者的成本共担与利益共享。[②] 公平的利益分配机制离不开所有利益相关者的共同努力，离不开多方的合作、支持与妥协。在旅游开发过程中围绕多种利益的矛盾、冲突、变革的解决，也就是利益博弈的公认结果：旅游者得到丰富的旅游体验和旅游经历，旅游企业通过旅游投入获得旅游回报，社区知名度和美誉度提升，社区居民生活质量提高，政府则实现了财政收入的增加和地方品牌的树立，非政府组织也能看到因为旅游开发对非人类物种的妥善安置等，这些都需要建立在均衡各利益相关者成本与利益、权利与责任的基础之上，通过有效协调，消除矛盾冲突，达成对旅游可持续发展的共识，并最终建立均衡利益原则指导下的利益分配机制。因此，需要共同建立和维护旅游利益公平、均衡分配的宏观和微观环境，推动和保障均衡利益的实现。[③]

（一）构建旅游道德体系，提高道德约束力

道德的作用首先表现在对各利益相关者的自我约束，一是“慎独”，二是“慎对”。利益追求者们要想从旅游发展中获利，必须遵循一定的道德规范，即使是在没有他人监督或代价不明显的情况之下。在参与旅游活动和旅游经营中，在与其他关系的构建中，必须按照特定的道德标准进行自觉约束。只有当这些道德规范真正内化于心成为一种思想和理念的时候，才能真正做到“慎独”和“慎对”。因此，最首要、最根本的任务就是提高整个社会的道德水平，增强旅游道德意识。旅游业是涉及多地、多国、多行业的产业集群，因此在提高和强化道德意识的基础上，还必须要确立能够被广泛接受的旅游道德体系。

① 参见王京传、李天元：《国外公众参与旅游目的地公共事务研究综述》，载《旅游学刊》2014 年第3 期。

② 参见王德刚、邢鹤龄：《旅游利益论》，载《旅游科学》2011 年第 2 期。

③ 参见王德刚、邢鹤龄：《旅游利益论》，载《旅游科学》2011 年第 2 期。

例如，旅游企业通过建立组织文化或企业的伦理精神来降低道德风险，充分协调好经济的最强动力和道德的最好动力，透过伦理道德的有效合理运作，实现道德对“市场失灵”的补偿，同时通过积极承担社会责任，一方面赢得社会公众的尊敬，创造有利于企业发展的外部环境，另一方面由此激发员工的道德力量，增强职业道德，并形成管理者倡导、全体成员一致认可的道德观。在旅游者的道德教育方面，形式和手段则相对灵活，既可以通过专门的道德教育提高其道德认识，也可以通过讲授道德问题的解决方案改变其不道德行为，还可以通过公益广告、旅游宣传、道德楷模等多元化的方式影响和提高其道德发展阶段和层次，增强其道德约束力。

（二）健全旅游法律体系，贯彻提高法律执行力

道德的非强制性有时并不能完全使利益分配按照预期的方向进行，甚至有时会因为缺乏严格的惩罚方式和权威，在旅游业发展过程中难以独立发挥作用，这就需要相关法律法规的支持和保障。在旅游开发过程中，开发商由于握有资金和话语权常常处于强势地位，对旅游发展随心所欲，这样旅游开发往往以企业的经济利益为导向，便会弱化甚至牺牲社区利益、忽视资源与环境的可持续要求。目前，我国关于利益相关者利益分配的法规少之又少，针对性不强，政府作为旅游可持续发展的主导力量，应重在建立健全法律法规体系，有效规范旅游企业的开发行为，指导旅游者的旅游活动，同时也适当约束政府在资源出让、招商引资和直接建设中的行为，用法律的强制手段限制居于强势地位、对旅游发展有过度控制力的利益相关者，保障均衡利益制度的建立和实现。①

法律法规一经制定就要贯彻执行，各个企业、各种组织以及每个公民都必须毫无例外地遵守，一旦违犯，就要受到国家强制力的惩处。以旅游开发商为例，作为法人实体，一方面其权利地位受到法律保护，另一方面其义务和责任也被强化。旅游企业除了要掌握“企业法”以及与企业生产经营活动相关的经济法律和民法赋予权利义务的之外，还要根据国家、政府的法律法规尤其是旅游行业的法律法规，制定相应的管理规范，避免与法律、法规相悖而带来的不必要的损失。另外，还可以树立新的立法思维，制定《均衡利益法》，并探索相应的程序法。

（三）完善旅游政策和制度体系，提高政策持续性

旅游业作为国民经济中的一个产业，作为靠社会资源支撑的新型产业群，是离不开政府的作用的。在旅游开发和经营管理方面，政府都起着主导作用，政府主导，主要是通过政府的政策倾斜、财政支持、业务指导、管理规范等政府行为来推动旅游业的发展②，而不是“全部包揽”。而政府本身又是特殊的利益相关者，政府既有获得直接经济利益、财政收入的期望，又有提高地方旅游品牌和形象的愿望，同时政府还能够超越其他的利益相关者成为规则的制定者，既是裁判员，又是运动员。这样的双重身份使得政府更需要协调包括自身在内的利益相关群体的关系，

① 参见王德刚、邢鹤龄：《旅游利益论》，载《旅游科学》2011年第2期。

② 参见王德刚：《乡村生态旅游开发与管理》，山东大学出版社2010年版，第245页。

并通过政策、制度等方式，建立利益均衡分配的长效机制。具体来说，主要包括以下几个方面[①]：

完善社区参与的体制和机制，提高社区对旅游开发的控制能力：在政府的主导和引导下，建立社区参与的多种渠道，在资源出让、招商引资、土地利用、开发建设等方面赋予和保障社区应有的权利，同时通过问卷、座谈、公示等形式广泛征求社区意见，并确保他们的意见能够得到充分的尊重。

确立合理的旅游经营形式和公平的利益分配模式："均衡利益"原则指导下的分配机制，直接体现在旅游经营和利益分配模式的设计上。在旅游业发展中，有政府主导模式、企业（包括外来企业和本土企业）主导模式（整体租赁、购买、参股等形式）、社区自主经营等模式，各利益相关者在其中居于不同的地位（领导或从属甚至附属），也因此会衍生出不同的利益分配模式；但不管哪种模式，"成本共担、利益共享"是最基本的分配原则。同时，对于资源出让方（一般情况下为社区居民）还应该建立公平的增权机制，即使他们获得的利益能够与资源的增值（如土地增值）同步增长。

充分发挥旅游规划在利益分配中的前置作用：从本质上说，利益均衡是旅游业可持续发展的重要前提，这就要求规划编制者和决策者必须从不同的立场、不同的视角着手，主动兼顾各利益相关者的利益诉求，有时特别需要跳出政府利益、投资主体利益对规划过程和规划内容的主导，更多地去关心利益相关者中弱势群体的利益，如居民利益、后代人利益、环境利益等。同时，把"开放的规划过程"作为编制旅游规划的必然要求，吸收各利益相关者（或其利益代言人）和其他相关领域以不同的方式参与规划过程，提供规划意见，以实现兼顾各方主张、均衡各方利益的目的。[②]

在旅游业的发展过程中，由于理论和实践的长期脱节的历史导致新旧政策不一致的现象非常常见，很多矛盾和纠纷的产生也多来源于此，这便给利益相关者的权益保障制造了阻碍。例如，在旧的政策环境下形成的利益分配机制随着新政策的颁布反而会成为利益纠结的矛盾主体。因此，还要明确大政策和小细节的关系，拓宽政策实施渠道，保障政策的顺畅推行，维持政策的连续性，避免法律漏洞和政策断层引起的纠纷。

（四）优化多元保障体系，重点强化监督机制

从利益均衡的基本要素入手进行保障体系的建设能够从根本上确保保障体系的完善。张玉磊在谈到构建均衡利益的制度保障体系时指出，主要应从以下几个方面：完善收入分配政策，形成公平合理的分配秩序；促进社会阶层间的自由流动，形成自由开放的社会流动机制；协调不同利益群体之间的关系，构建公平合理的利益协调机制；设立广泛顺畅的利益表达渠道，构建完善的利益表达及反应机制；培

① 参见王德刚、邢鹤龄：《旅游利益论》，载《旅游科学》2011年第2期。

② 参见王德刚、邢鹤龄：《旅游利益论》，载《旅游科学》2011年第2期。

育弱势群体的利益集团，建立良性的利益集团博弈机制；实现基本公共服务均等化，形成惠及全民的公共服务体系。[①] 也就是说，保障体系的建设要秉承"以服务成员为宗旨，谋求全体成员共同利益"的原则，囊括如法律、财政、税收、规划、信息、医疗等在内的多个方面、多个层次，同时还要配合完善的监督机制，发挥技术在监督机制中的作用，如利用微博、微信等短平快的信息平台即时解决利益分配中的矛盾和问题。

旅游是一种重要的社会现象和经济产业，能够给人类带来丰厚的利益回报，不同的利益相关者在旅游业中的角色和地位的不同使他们获得不同的利益。在旅游业发展越来越理性的情况下，"公平持续""取之有道""推己及人"地去获得利益，普遍成为社会的共识。但理论上的均衡利益往往又会受到实践中很多条件的限制和约束，其实现就需要在多个层面上建立相应的保障体系，包括道德约束、法律强制、政策指导、制度保障和全员监督等，保障旅游活动和旅游经营都能在自觉、规范和约束的环境下开展，从而构建起公平、和谐、可持续的利益分配机制和持续发展模式。

① 参见张玉磊：《构建均衡利益格局的制度保障体系》，载《桂海论丛》2009年第5期。

第十五章　公益、公平与旅游权利实现

当今社会，随着旅游对国际经济发展贡献的稳定性和持续性的巩固，旅游业在国际事务和社会发展中的综合作用越来越大、作用面也越来越广，已经由最初的较为单一的经济作用逐步扩大到成为维护世界和平、沟通国际合作、尊重人权平等、保护文化传承、消除贫困、促进社会公平、促进经济增长等政治、经济、文化多业融合的综合产业和综合社会现象。作为纯经济活动的旅游业发展已经不是各国的主要责任，基于公正、公平、持久基础上的旅游业的内涵化发展成为旅游发展的真正本质的体现。这也就是说：首先，旅游已经从原来有限的富人的活动转变为一种广泛与社会、经济生活相联系的普遍性、大众性的对国家生活至关重要的活动。其次，旅游已经成为每个社会义务赋予其公民的最为实际的、有效的、毫无歧视性的权利，尤其应有积极的政策给青年、老年人及残疾人旅游以鼓励和重视。再次，促使每个人以度假和旅行等方式参与国内和国际旅游已经成为公民了解国民性、增强凝聚力以及提高文化和民族归属感的重要途径。最后，旅游需求的满足决不能损害旅游区居民的社会和经济利益、环境以及最重要的自然、文化资源，同样，各国、各族人民的特性和基本利益必须得到尊重。[①] 简言之，旅游是每个公民平等享有的权利，旅游业的发展以这一权利的公平实现为主旨，应在遵守旅游道德的基础上促进利益均衡。尤其是在当今强调和谐、环境友好和可持续发展理念的前提下，更要防止旅游发展过程中过于追求经济利益的功利化导向所带来的负面影响。

第一节　公益意识与旅游业的权利觉醒

现阶段，旅游发展还没有完全摆脱过度强调或单一追求经济利益的功利化导向，在一定程度上仍未对旅游的社会功能、旅游公平性和旅游的负面影响给予足够的重视。例如一些地方政府过度重视经济利益而忽视社区利益，企业为追逐经济利益在产品开发上“嫌贫爱富”，低级趣味的旅游产品大行其道，弱势群体（低收入者、残疾人等）旅游权利无人关注或关注甚微，风景名胜、文物资源被过度开发使

① 参见徐京等译：《马尼拉世界旅游宣言》（1980 年），http://www.lixinjian.com/Article/ShowArticle.asp? ArticleID=712。

用，导致资源、环境恶化，文物遭到破坏，游客量无序增长使社区环境质量下降等。这些问题的出现归根结底还是源于"旅游作为纯经济活动"的遗留。但是，随着可持续发展理念越来越成为社会发展的主导性思想，与之相随的是人文关怀和社会公平思想等逐步成为社会的主流意识，在我国，自中央提出构建和谐社会的发展理念之后，各项社会事业都向更加关注民生、关注普通人生活质量等方面倾斜。这种和谐理念、社会公平思想和民生宗旨，正在向所有的社会领域延伸，也理应成为旅游业发展的基本理念和指导思想。[①] 在此基础上，旅游业的公益性被逐渐发掘并深化，旅游业参与社会公益事业的类型和方式也越来越多，公益旅游成为我国旅游产品开发的新动向，也代表着旅游业在权利方面的意识觉醒。

一、公益、公益组织与公益事业

"公益""公益组织""公益事业"是相互关联的三个概念。厘清这些概念，有助于我们进一步加深对旅游权利的认识。

(一)公益与公益组织

"公益"是"公共利益事业"的简称，这是为人民服务、为社会服务的一种通俗讲法，指有关社会公众的福祉和利益。"公益"为后来有的词，在我国是五四运动后方才出现的，意指"公共利益"，最早见于鲁迅《准风月谈·外国也有》："只有外国人说我们不问公益，只知自利，爱金钱，却还是没法辩解。"[②]从现代意义上讲，公益是个人或组织自觉自愿通过做好事、行善举而提供给社会公众公共产品。公益活动，是现代社会条件下的产物，是公民参与精神的表征，公益活动要生产出有利于提升公共安全、有利于增加社会福利的公共产品，在组织公益活动时，要遵循公德、符合公意，努力形成参与者多赢共益的良好氛围，因而，公益活动至少应包含公民、公共、公德、公意和共益等五个要素。[③]

社会公益组织，一般是指那些非政府的、不把利润最大化当作首要目标，且以社会公益事业为主要追求目标的社会组织。早先的公益组织主要是从事人道主义救援和贫民救济活动，很多公益组织起源于慈善机构，往往以基金会、协会、慈善信托、社团等机构或组织出现。西方一些学者把公益组织统归于非政府组织，我国一些学者则把它称作"第三部门"或"非营利机构"，以区别于政府组织和企业组织等。[④] 非政府组织和非营利组织是公益组织的主要代表。

非政府组织(Non-governmental organization，NGO)是一个不属于政府、不由国家建立的组织，通常独立于政府组织之外，是指在特定法律系统下，不被视为政府部门的协会、社团、基金会、慈善信托、非营利机构或其他法人，不以营利为目的

---

① 参见王德刚：《旅游公平论》，载《中大管理研究》2012 年第 1 期。

② 参见百度百科"公益"，http://baike.baidu.com/view/1450.htm? fr=aladdin。《外国也有》最早发表于 1933 年 10 月 23 日《申报自由谈》。

③ 参见钟一彪：《大学生公益活动事务》，中山大学出版社 2013 年版，第 4 页。

④ 参见百度百科"公益"，http://baike.baidu.com/view/1450.htm? fr=aladdin。

的社会机构。非营利组织或非营利机构(Non-Profit Organization，NPO)是指不是以营利为目的的组织，它的目标通常是支持或处理个人关心或者公众关注的议题或事件，所涉及的领域非常广，包括艺术、慈善、教育、政治、宗教、学术、环保等等。非营利组织的运作并不是为了产生利益，这一点通常被视为这类组织的主要特性。然而，也有专家认为将非营利组织和企业区分开来的最主要差异是：非营利组织受到法律或道德约束，不能将盈余分配给拥有者或股东。[①]

(二)国外的公益组织和公益事业

非营利组织是社会组织的基本形式之一，20世纪末期在全球范围内广泛发展，形成一场“全球结社革命”，被誉为“20世纪最伟大的创新”。但是，作为其存在历史至少和近代资本主义一样悠久。早期出现的非营利组织带有两种倾向[②]：一是与权利斗争相关。随着16～17世纪圈地运动的扩展，资产阶级和自由产业工人队伍逐渐形成，资产阶级新贵族寻求独立自主的经济自由和个人自主空间，要求结盟，反对专制统治；失去土地的农民和产业工人，受到剥削压迫，也频频掀起社会运动，并逐渐建立起各种自发的组织，这些与政治权益相关的非营利组织雏形也是资本主义的个人权利、自由、民主、自治等价值取向的反映。另一种倾向是慈善和民间公益的发展。英国在1601年就颁布了《慈善法》和《济贫法》，鼓励开展慈善救济等社会公益活动的非营利组织的发展，美国在独立战争前便有非营利组织的传统。可见，非营利组织的出现和发展在一定程度上代表了权利意识的真正觉醒。

目前，美国现代公益基金会已有100多年的历史，有较强的社会影响力，发展势头依然强劲，投资项目主要集中在健康、教育、公共事业、艺术文化等领域。在美国，基金会分公共的慈善机构性质的基金会和私人基金会两种，对于前者的红利、利息、中间收入、无关宗旨商业活动等不需要缴纳所得税，私人基金会则不需要交无关宗旨商业所得税，但是要交相当于净投资收益2%的消费税，而且前五年的平均慈善支出超过一定数目，这个比例可以减少至1%。英国民间公益组织的主要活动领域包括：扶贫救济、教育援助、宗教慈善、卫生健康、社会及社区福利、历史文化艺术遗产的保护、环境保护和生态改善、动物保护及福利、业余体育运动、促进人权与和解、针对无家可归者提供住处、科学研究及普及。英国政府每年提供给民间公益组织的财政资源共约33亿英镑，其中大约一半来自英国政府的博彩收益，分配方式主要是通过分设在全国各地的基金分支机构，以公开招标的形式进行竞争性基金分配。而德国和法国的非营利组织代表了以强有力的政府支持为特征的非营利类型，法国公众每年向慈善机构捐款的数额高达数十亿欧元。而在波兰，公益组织的活动十分活跃，所涉及的范围和服务对象非常广泛和多样化，这得益于波兰政府为公益组织的生存和发展提供了在资金、政策、税收、房租等方面的支持。波

① 参见百度百科“公益”，http://baike.baidu.com/view/1450.htm? fr=aladdin。

② 参见贾西津：《国外非营利组织与公益事业》，《公益时报网》“学者”专栏，http://www.gongyishibao.com/，2011年1月8日。

兰的非政府组织分为基金会和协会，有4.5万个协会和超过7000个基金会登记在册，大部分的非政府组织都从事“运动、旅游、娱乐”活动(占38.6%)，其次是“文学与艺术”(占11.6%)，再次是“教育和抚养”(占10.3%)，排第四和第五的分别是“社会服务和社会帮助”(占10%)和“保护健康”(占8.2%)，第六是“当地在社会和物质领域的发展”(占6.5%)，第七是“环境保护”(占3.6%)，第八是“职业者、工人和商业事务”(占2.9%)，第九是“法律及其保护、人权和政治领域”(占2.6%)，第十是“科学研究”(占1.8%)，第十一是“支持组织、非政府组织和国内项目”(占1.4%)，第十二是“国际行动”(占0.7%)，第十三是“宗教”(占0.3%)，最后是“其他活动”(占1.6%)。[①] 与其他国家不同，波兰非政府组织有1/3多的都在从事运动、旅游、娱乐，这与国家的经济发展水平、政治体制和社会文化是息息相关的。再如日本，作为强政府型的社会，非营利组织长期以来与政府控制有着甚为密切的关系。

由此可见，非营利组织的明显特征主要有四个方面：第一，非营利组织构成区域中的重要经济力量；第二，非营利组织在多数发达国家和地区规模较大；第三，非营利组织活动领域的分布特点在各地区不同；第四，非营利组织的收入来源，以经营收入和政府的支持为绝对主导。[②]

(三)我国的公益组织和公益事业

我国公益组织和公益事业的发展基本是从改革开放之后开始的，起源于民政工作体制建设和保障儿童受教育权利等事务和活动。

在1978～1989年公益发展的10年间，政府从重启民政机构——执掌公益工作的政府机构——国家民政部及地方部门开始，陆续建立了如中国儿童少年基金会(成立于1981年，中国首家公益基金会)、中国妇女发展基金会、中国青少年发展基金会等公益组织。1987年，第一张公益彩票谨慎登场，自此之后，这种形式不仅成为全民公益的最普及形式，而且还成为当代公益最大最稳定的经费来源。1989～1999年间，公益事业走上有序而繁盛的发展之道。这十年间，也是我国经济大发展的10年，大小基金会开始行动，内容活动延伸至各个领域。1991年，中国社会工作者协会诞生；1994年中华慈善总会成立，这已是我国迄今为止最大的综合性公益慈善组织；同年，中国第一家民间环保团体“自然之友”成立，也是我国草根NGO的鼻祖；也是在1994年，中国青年志愿者协会成立，开启了公益活动的新时代。1999～2010年，中国公益开始走向公益中国。1999年，《中华人民共和国公益事业捐赠法》颁布并实施，公益捐赠开始步入有法可依的阶段；2005年中华慈善大会的召开显示慈善事业开始上升至国家行为，印度洋海啸开启了我国民间向海外

① 参见《国外公益事业概况》，http://wenku.baidu.com。

② 参见贾西津：《国外非营利组织与公益事业》，《公益时报》网“学者”专栏，http://www.gongyishibao.com/，2011年1月8日。

慈善捐赠的先河。[①] 在这10年间，我国公民的公益参与意识逐渐增强，公益领域涉及的范围也越来越广，公益捐赠数额也有了较大的突破，而且公益活动的制度保障也更为完善。2010年以后，随着公益意识、公益组织和公益宣传的发展，公益事业在我国国家经济、政治、文化发展的轨道上继续深化，但也表现出诸多发展的问题。

据统计，目前我国国内公益慈善机构仅有100多家，而且绝大多数属于"官办"；全国每年募集到的慈善资源不足全国GDP的0.2%（美国慈善公益团体掌控的资源高达美国GDP的8%～9%），慈善事业的经费仍有相当比例依赖海外捐赠，如中华慈善总会的捐赠物资中有近80%来自海外，只有20%多一点来自内地。另据一家全国性慈善组织的公益行为调查显示，国内工商注册登记的企业超过1000万家，但有过捐赠记录的不超过10万家，这意味着国内有99%的企业从未参与过公益捐赠。[②] 这说明，本应该作为公益慈善捐赠主体的企业的力量还没有充分发挥出来，还没有形成企业整体的"公益意识"，政府在公益事业发展中的地位过于主观和主导，一直以来公益事业的发展历史和遗留问题也在一定程度上制约了公益慈善的进步。加之近年来出现的诸如捐赠资金去向不明、基金分配纠纷以及个别公益组织成员的自身问题也使得很多企业持"保留态度"和"观望态度"。而且，目前很多捐赠和救济行为因为制度设计不合理，往往造成的结果是养懒而非济困。比如，不加限制地捐给贫困家庭一笔钱，有可能很快就被吃光花净，回到贫困；但如果限制了这笔钱的使用项目，甚至交给第三方去代理使用，却可以让这笔钱从一只"肉鸡"变成连续生蛋的"金鸡"，从而实现从"被救"到"自救"的转化。[③] 这在一定程度上能够体现我国很多慈善活动轰轰烈烈的开头、无声无息的结尾和无人问津的后续所显示的制度保障方面的弊端，这种重开始、轻过程、虎头蛇尾式的慈善活动也因为缺少有效的监管而使整个公益事业发展进入瓶颈。

崔子研结合我国公益事业发展的现状，指出了我国公益事业发展的十大瓶颈：主管瓶颈——公益组织双管制弊端明显；领域瓶颈——体制系统干预、实施运作领域太窄；理论瓶颈——公益理论照搬与我国现行体制的脱节；理事瓶颈——理事权责不对等；项目瓶颈——品牌趋同、内容重复、覆盖性不足；资源瓶颈——企业、法人、大户为主，个人参与度低；官位瓶颈——公益组织官僚化、行政化；人才瓶颈——专业人才缺乏、实践少、发展慢；操作瓶颈——实施程序多、技术手段落后；媒体瓶颈——缺乏监管、缺少问责和约束。[④] 只有结合我国现有的体制，突破这十大瓶颈，我国的公益组织才能真正发挥作用，由济困变为提升，并在与世界接轨的

---

① 参见张弦、魏宇：《从"中国公益"走向"公益中国"——改革开放三十二年公益慈善发展史大扫描》，http://www.360doc.cn/article/77317_121647708.html。

② 参见张弦、魏宇：《从"中国公益"走向"公益中国"——改革开放三十二年公益慈善发展史大扫描》，http://www.360doc.cn/article/77317_121647708.html。

③ 参见张弦、魏宇：《从"中国公益"走向"公益中国"——改革开放三十二年公益慈善发展史大扫描》，http://www.360doc.cn/article/77317_121647708.html。

④ 参见崔子研：《我国公益事业发展的十个瓶颈》，腾讯公益，http://gongyi.qq.com/a/20140312/010271.htm，2014年3月12日。

过程中塑造新的公益理念，实现全人类生活品质的提升。

二、公益旅游

现代意义的公益旅游出现的时间并不长，在各地区、各国之间发展更不平衡，推进机制也各不相同。

(一)西方志愿者休闲与志愿者旅游

1. 志愿者休闲与志愿者旅游

以志愿者的形式休闲度假在西方国家很流行，且有很长的历史，在19世纪时已形成相当的规模，成为一种重要的社会现象。①

以美国为例，人们自愿地组成各式各样的社团组织，为的是开展社区服务活动，对弱势群体进行帮助、募捐、做义工、筹办节庆活动、助学、为教堂做服务生、参加环保、动物救治等等。志愿者和志愿者活动在调节人与人之间的关系、国家与公民之间的关系上都发挥着重要的作用，成为社会的黏合剂、文明的助推器，是美国社会政策不可或缺的组成部分，亦是美国人休闲生活方式之一。

根据1994年出版的美国志愿者教科书中的数字，美国有52%以上的人都是志愿者，最小的志愿者7～8岁，年长者甚至80～90岁。统计资料表明，参加志愿者组织的人群与其文化程度、收入状况以及年龄有很大关系，1996年的一项民意测验显示：参加志愿者活动的人员与其学历成正比，大学及以上学历的志愿者比例高达70.7%；收入越高，参加志愿者活动的几率也越高。他们不仅对慈善福利活动给予财力上的支持，而且还花费许多时间从事义务工作。志愿者活动涵盖了从社会服务到保健、教育、研究、艺术、宗教等广泛的领域。许多美国人自愿为各种环境保护出力，包括资源再生和环境保护计划、反污染运动、动物保护等。最常见的方式是在各种产品的包装袋上以及自制的木牌上印制公益广告。他们广泛散发宣传品，号召居民为保护自然环境的环境事业贡献自己的“力量和智慧”。美国的媒体对志愿者组织活动的展开起着巨大的促进作用，他们一方面大力宣传鼓动，另一方面又能行使一定的监督职能。②

事实上，这除了有法律的约束外，更重要的是美国社会有崇尚慈善捐助的文化传统，使整个社会有了良好的互动循环——没有成就卓著的志愿者活动，就不会形成捐助善款的风气；没有大量的善款的捐赠，就没有绝大多数人受高等教育的机会；没有受过高等教育，就没有欣赏艺术的能力；没有欣赏艺术的能力，就没有高素质的劳动生产力；没有高素质的劳动生产力，就没有发达的科学创新能力。大量的资金虽然没有进入物质生产领域，但形成了大量的社会资本和文化资本，尤其在维护社会生态关系方面发挥了绝不可替代的作用。

---

① 参见马惠娣：《走向人文关怀的休闲经济》，中国经济出版社2004年版，第136～151页。本书只选取了七种趋势中的两种。

② 参见杨恕、续建宜：《美国志愿者运动述评》，载《社会学》2002年第4期。

志愿者旅游在西方许多国家已形成惯例。

据英国《泰晤士报》报道，受经济衰退的影响，2009 年夏天毕业的近 30 万英国大学生中，预计 8 万人既无法就业也无法继续深造。英国政府拨款资助这些"失业"毕业生参加由英国"罗利国际"青年组织发起的海外（旅行目的地包括马来西亚、哥斯达黎加、尼加拉瓜、印度、加纳和斐济等）旅行活动。在为期数月的旅行中，参与者以志愿者的身份，帮助当地民众建造学校和卫生设施等。"罗利国际"旅行项目人均花费 3000 英镑（约合 5007 美元）。政府首批计划赞助 500 名毕业生，赞助总金额 50 万英镑（约合 83.45 万美元）。[①]

2. 图书馆、博物馆休闲

不惜重金修建博物馆、图书馆、艺术馆、音乐厅等也是西方国家倡导文化休闲的一大特色。此举一为文化传统所致，二为提供休闲消费场所，三为提升人的休闲生活质量，四为从根本上提高劳动者的素质。美国国家历史只有近 300 年的时间，而大学、图书馆、博物馆、艺术馆数量之多、规模之大乃堪称世界之最。在英国，耗巨资修建的不列颠博物馆，作为一座无可争议的宏伟建筑——完全可以称得上是个国家，如同梵蒂冈一样，它几乎是个小小的国度，可以让人们一次就领略到世界上最了不起的一些景观和成就，每年吸引参观者多达 550 多万人。[②]

在博物馆、图书馆、艺术馆、音乐厅等文化场所进行休闲活动，是一种有利于提高国民身心健康的、最积极的休闲举措，是国家、政府价值观和公益政策的直接体现。

（二）公益旅游的概念和发展

不同于传统的旅游形式，公益旅游是"公益"和"旅游"的结合，因此，公益旅游的发展和志愿者的义务服务有着千丝万缕的联系，这从公益旅游的发展和概念上就能看得出来。

国外学者 Stephen Wearing 认为，公益旅游是生态旅游的一个分支，更多地考虑到旅游目的地弱势群体的相关利益，是旅游者因为各种原因，以一种被组织的方式去度假，并在旅游过程中作出一些志愿服务，其中包括援助贫困者、保护环境、支援当地建设等行为，是旅游者对旅游目的地作出积极贡献的行为，是一种有价值的旅游形式。[③] Stebhins 认为公益旅游是一种生态旅游要素、志愿者要素和热衷休闲要素互相作用前后联系的平台。Moskowitz 把公益旅游看作为强调可持续性、负责性和教育性的可替代性旅游和生态旅游的一种形式。"公益旅游"网（Voluntourism. org）认为，公益旅游从广义上讲是为了实现服务意向而前往目的地从事服务所获得的体验，从狭义上讲是在目的地将志愿服务与涉及文化、地理、历史、娱

① 参见人民网·海南视窗，http://news.0898.net，2009 年 8 月 3 日。

② 参见马惠娣：《走向人文关怀的休闲经济》，中国经济出版社 2004 年版，第 136～151 页。

③ Stephen Wearing, *Volunteer Tourism: Experiences that Make a Difference*, , Wallingford: CABI Publishing, 2001, p. 224.

乐等内容的传统旅游有机整合在一起的体验。"全球志愿者"网(Globalvolunteer.com)认为公益旅游是从传统的冒险旅游和文化旅游中分离出来的一种旅游形式,其目的在于服务,进而亲自了解目的地文化。[①] 可见,西方对于"公益旅游"的概念并没有太大分歧,其概念的核心是旅游者在目的地的"服务"。

我国关于公益旅游的定义和内涵主要有以下几种提法:一是认为公益旅游是结合公益服务与旅行,除了旅行者的休闲活动外还多了与当地社会的深层互动,获得心灵的满足并自我学习与成长;二是认为旅游是以享乐为目的的旅程,让旅行者跳脱原本的生活环境、文化习惯与步调,能够从另外的角度看世界,为生命增添一些不同于平常的经验,进而从中获得心灵的满足,将这一心灵满足扩大成对别人有直接帮助的力量就是公益旅行;三是旅游者离开常住地到外地旅行,自愿利用旅行的部分时间不计报酬地为当地社区、自然资源及社会提供能产生价值的劳动或其他行为,但不作为固定职业的行为;四是旅游者以参与公益活动为主要目的,离开自己的常住地,前往异国他乡的旅行和逗留活动,以及由此引起的现象和关系的总和。[②]

还有学者认为,公益旅游是一种特殊的志愿服务,是具备了旅游基本属性的志愿服务,是一种将旅游者的旅游活动与志愿服务有机结合的一种现象,关键要素有以下几个:以利他主义为主要旅游动机;旅游过程中包含志愿服务的内容或项目;以帮助目的地更好发展为目的,保证目的地积极参与旅游活动;维持和促进自然、社会和文化多样性;强调旅游的可持续性,包括环境的可持续性、社会的可持续性和经济的可持续性。[③]

另外,黄子燕认为公益旅游是一种"边旅游边行善"的新兴旅游方式。[④] 高科认为公益旅游是人们基于自我发展、服务他人、保护自然生态和传统文化等目的,有组织地前往异地并无偿为目的地社会、经济、环境提供能产生价值的劳动的短暂经历。赖勤认为公益旅游是旅游者自发组织或在旅游中介的组织下,离开惯常居住地到旅游目的地旅行或短暂停留,将旅游活动与公益活动有机结合起来的一种活动现象。[⑤] 熊剑峰、明庆忠提出,所谓"公益旅游",从狭义上讲就是指通过参加带有公益元素或以公益为主的旅游活动,使旅游者在得到旅游体验的同时,增长见识,丰富阅历,接受教育,提高综合素质,是一种特殊的、充满人文关怀的旅游形式,整个旅游活动在满足游客需求的同时,也为目的地周边的贫困落后地区带来积极的改善,是一种具有强大民生价值与功能的、特殊的时尚旅游活动类型。[⑥] 宗圆圆

① 参见戴玉秀:《公益旅游的概念探讨》,载《中国商界》2008年第10期。

② 参见高艳利、雷春:《国内公益旅游发展研究综述》,载《新乡学院学报》(社科版)2011年第4期。

③ 参见戴玉秀:《公益旅游的概念探讨》,载《中国商界》2008年第10期。

④ 参见黄子燕:《公益旅游在我国的兴起和发展探究》,载《商场现代化》2010年第1期。

⑤ 参见高艳利、雷春:《国内公益旅游发展研究综述》,载《新乡学院学报》(社科版)2011年第4期。

⑥ 参见熊剑峰、明庆忠:《公益旅游:内涵、价值及体验本质》,载《旅游论坛》2011年第4期。

认为，公益旅游是一种将志工服务行为与旅游相结合的新型休闲度假活动。①

可见，公益旅游是一种特殊的旅游类型，主要目的在于通过以服务作为主要参与形式，来实现文化、教育、经济、体验等旅游功能，重在通过旅游过程中对弱势群体（人与自然）的帮助和关注实现旅游业的可持续发展，是对旅游目的地多种形式的回馈。

最早的公益旅游源于西方传教士的朝圣布道旅行，现代意义上的公益旅游开始于20世纪70年代，许多旅游者反感福特消费主义，开始追求非大众性旅游消费形式，并将可持续发展、背包自助和志工服务等新旅游理念融入跨国旅游活动中，使公益旅游得以迅速发展。② 在世界范围内，公益旅游的模式最早起源于美国，1991年，美国田纳西州范德比尔特大学（Vanderbilt University）的校友们发起了一个非营利性的组织，专门组织学生在假期到不同地点参与一些公益性的社会服务活动。2005年前后，“公益旅游”（Voluntourism）作为一个全新的词汇见诸于美国各大媒体，它由“志愿者”（Volunteer）和“旅游”（Tourism）组合而成，此后日渐成为众多旅游活动方式中的时尚语言。③ 目前，公益旅游已经风行于美国和其他发达国家。人们利用假期前往需要帮助的地方充当志愿者，去非洲和动物嬉戏、去雨林保护树木、去印度当社区义工、去海滨教孩子们冲浪，这些旅游项目虽然收费较高，但报名者依然相当踊跃。④ 在美国，非洲是美国人最喜欢的海外公益旅游目的地。最受欢迎的一个旅游项目是去南非做幼狮的保护工作，前往厄瓜多尔雨林的公益旅游也是热门线路之一。在法国，每年有超过1%的出国旅游者选择参加这种公益旅游，尽管数量不多，但是每年都呈现上升趋势。⑤ 目前，随着信息技术的发展，很多世界性公益旅游目的地和相关旅行社都建有自己的门户网站或专栏，例如“动手假日旅行社”（www. handsupholidays. com）网站上就专门有一部分内容是“假日志愿者方案”，提供到哥斯达黎加、摩洛哥和新西兰的旅行。另外还有，海湾沿岸地区网（www. gulfshores. com/voluntourism/）和西雅图旅游网（www. visitseattle. org/voluntourism/）等。

公益旅游在我国的兴起源于首条公益旅游线路的推出。2007年12月9日，上海假期旅行社推出国内首条公益旅游线路“黄果树瀑布、天龙屯堡、红枫湖双飞五日游”，旅游者在游览贵州著名的黄果树瀑布、红枫湖等景点，感受浓郁的民族风情的同时，还可以去周边的大山坝村小学和孩子们互动交流。让旅行社始料不及的是，该公益游线路刚一推出就一售而空。同年该社又组织了以“红苹果公益”为主

① 参见宗圆圆：《公益旅游的动机、体验与影响研究》，载《重庆工商大学学报》（社会科学版）2011年第6期。

② 参见宗圆圆：《公益旅游的动机、体验与影响研究》，载《重庆工商大学学报》（社会科学版）2011年第6期。

③ 参见熊剑峰、明庆忠：《公益旅游：内涵、价值及体验本质》，载《旅游论坛》2011年第4期。

④ 参见李慧：《公益旅游为何成时尚》，载2008年4月25日《光明日报》。

⑤ 参见马晓煊、张亚维、黄春宇：《国内外公益旅游理论与实践发展综述》，载《旅游论坛》2011年第3期。

题的一系列公益旅游项目，其中包括九寨沟公益之旅。即由游客为距离九寨沟两公里处的残疾孤儿院的孩子们送去文具和生活用品。此外，“亲子游戏”项目组织上海、成都的十对家庭和孤儿院的孩子一起生活两天，进行交流。2008 年 4 月 12 日，拯救民勤志愿者协会、甘肃省职工国际旅行社龙之旅、《鑫报》共同倡议的公益旅游，志愿者不仅可以品美食、览风景，而且还要在民勤县夹河乡国栋村志愿者生态林基地植树，把希望和绿色留给民勤。[①]

而民间一些志愿者也开展了相应的公益旅游活动。如广州志愿者组织的“多背一公斤”——出行时多背 1 公斤，把文具或书籍等带给沿途贫困落后地区的学校或孩子，旅途中与孩子们进行面对面的交流，归来后通过“1kg. CFI 网站”分享学校信息和活动经验，以发动更多朋友参与。目前，已有近万人次参与了该活动，间接影响人群保守估计已超过百万。还有如“格桑花西部助学网”(www. gesanghua. org)、“贵州人公益行动网”(www. guizhouren. org)、“山那边网”(www. shannabian. net)、“分享快乐网”(www. donatehour. org)及“微笑图书室网”(www. smilinglibrary. org)等。[②]

三、旅游业的公益觉醒

旅游，是人们离开自己的常住地，到异地做暂时停留或访问所经历的特殊生活过程。旅游源于人们对审美、对生活质量、对自我价值实现的追求，从旅游动机上看，旅游实际上是一种属于精神层面的消费行为。从当今社会发展趋势和人文关怀理念出发，旅游更上升为人类生活质量诉求和人自身的发展与完善的高度，因此，旅游不单纯是市场效益的来源，更是实现人的发展的重要途径。[③]

旅游活动的出现是人类社会发展到一定阶段的产物，旅游者产生的条件是多方面的，但是在所有条件中，个人可自由支配收入和闲暇时间是两个必要的条件，也就是常说的“有钱有闲”。随着旅游业的转型提升和旅游文化的发展，“有心”逐渐开始成为旅游活动的第三个条件，这也延伸出旅游六要素之外的第七大要素——“思”，也是旅游作为实现人的全面发展的重要途径的深层次要求。“有心”既可以看作是潜在旅游者向现实旅游者转化的桥梁，又可以看成为是和谐处理旅游过程中人与人之间、人与社会之间以及人与自然之间关系的纽带，更重要的是，“有心”是推动旅游业进行自我反省、反哺社会的本质推动力，最典型的表现在旅游业的公益意识觉醒和公益活动行为上。

一开始整个社会就把旅游业作为一种能够产生大量经济效益的产业来对待，旅游的经济意义备受关注，旅游业的六大要素“吃、住、行、游、购、娱”中每一项要素都蕴含着丰富的赚钱机会，世界各国都把旅游业作为重要的支柱产业或优先发展的产业来对待，看重的是旅游给接待地带来的巨大的经济贡献，在我国，几乎所有

---

① 参见李慧:《公益旅游为何成时尚》，载 2008 年 4 月 25 日《光明日报》。

② 参见黄子燕:《公益旅游在我国的兴起和发展探究》，载《商场现代化》2010 年第 1 期。

③ 参见王德刚:《旅游学概论》，清华大学出版社 2012 年版，第 27 页。

省份都提出建设旅游大省、旅游强省的要求，并将旅游发展纳入地方国民经济、社会发展的总体规划中。事实上，旅游业也的确是不负众望，不仅帮助经济欠发达地区实现了脱贫致富，还在很多地区成为经济增长的主力，但是不可否认旅游业也带了诸多负面影响，例如不良的示范效应、被过度商品化的地方文化、社会矛盾和环境的破坏、资源的浪费等等，也正是在这样的觉醒和反思中，旅游业的"公益意识"开始萌生并逐渐增强。

目前，我国旅游业公益意识的觉醒主要表现在两个方面：

一是表现在旅游企业对公益活动的支持和参与。主要包括：旅游企业积极参与当地社区或行业号召、组织的各项公益活动，捐资、捐物、资助等；旅游企业专门开发、提供公益性旅游产品，为当地的低收入群体、老人、贫困家庭的儿童、残疾人等提供免费或无利润旅游产品等等。

二是表现在专门开发针对普通游客的公益旅游产品，即在旅游的过程中专门设计了公益性活动环节，号召游客以为旅游目的地提供某种特定服务的形式参与公益活动。

总之，旅游企业、旅游者、非营利性组织等对公益行为的拥护和践行，也引导了整个社会依托旅游业发展公益事业的大氛围、大导向，公益已经成为旅游业权利意识提高和旅游公益理念提高的重要表现。

但总体来看，公益旅游在我国起步较晚，政府主管部门关注度不高，旅游企业的参与意识不强、参与数量不多，因此开发的公益旅游产品数量、类型非常有限，参与的企业也屈指可数。

第二节　公平理念与旅游业的权利尊重

在全社会都在倡导以人为本、人文关怀、和谐发展、共享发展的今天，旅游业作为健康生活、享受生活的倡导者，对社会上的各个群体是否真正做到了公平对待？那些特殊弱势群体——老年人、低收入者、失业者、残疾人、智障人等这样一些市场规模有限、消费能力低、服务要求高的特殊群体，是否能够共享旅游权利？政府、企业及社会公众应该如何去对待他们的权力？[①] 让所有人都能够过上有质量、有尊严的生活，都能够充分享有旅游权利，不仅是政府民生工作的重要内容，而且还是旅游业所有利益相关者对权利公平的认可和尊重。

一、旅游权利的平等与共享

权利是公民依法享有的权利和利益，是法律关系主体在法律规定的范围内，为满足其特定的利益而自主享有的权能和利益。权能并不要求权利的绝对实现，只表明权利具有实现的现实可能，而利益是权能现实化的结果，亦即权利就是人在相

① 参见王德刚：《旅游公平论》，载《中大管理研究》，经济科学出版社2012年版，第1～12页。

应的社会关系中应该得到的价值回报。[①] 换句话说，不同社会关系约束下所包含的权利的范围是不同的，公民享有的权利种属越多，内容越丰富，就越能够代表社会关系的完善和社会进步的程度。同时，这个定义也体现了权利的两个特性：一是权利是神圣不可侵犯的，二是权利的完全实现需要一定的保障支持。

（一）旅游是人人共享的权利

明确将旅游作为公民基本权利的国际文件是世界旅游组织颁布的《马尼拉世界旅游宣言》。根据中国的现行宪法，我国公民的基本权利包括宗教信仰自由、人身自由不受侵犯、劳动者休息权、平等权、政治权利和自由、社会经济权、教育、科学文化权利和自由等九个方面。虽然宪法中并没有明确的文字指出旅游作为公民的基本权利，但源于旅游活动内容的广泛性以及公民旅游者的普遍性等权利特征，特别是从我国现行社会发展理念——公平发展、和谐发展、共享发展等来看，恰恰使得公民的某些基本权利分散容纳和包含于"旅游是公民的基本权利之一"的命题之中。除此之外，随着全球政治形势的转变、经济重心的转移和文化理念的转化，在全球化和一体化的态势要求之下，旅游已经成为促进世界和国家、地区发展的重要力量，并在彻底实现人的自身价值等方面发挥了积极作用。所以，无论从原始定性的角度还是从旅游权利实现和旅游发展功利化等方面，旅游也能够、并实际正在成为公民的基本权利。这也恰恰和《马尼拉世界旅游宣言》中对于旅游权利的描述相吻合，即"旅游是人类社会的基本需要之一"，"人人有享受休息和闲暇的权利，包括工作时间有合理限制和定期给薪休假的权利"，即"旅游应是人人享有的权利"。[②]

在西方很多发达国家，权利理念更多地体现在福利和公平上。例如，巴塞罗那老年人专门的活动场地、残疾人一年三次的旅游机会等。而在我国，还有很多同样有旅游权利的大量老百姓都从来没有享受过这些。所以，《旅游法》的颁布在很大程度上是为公民旅游权利的保障提供了法律依据，这可以看成是平等理念的旅游体现。今后，普通老百姓的旅游需求和权利将更加得到尊重，平民旅游将成为很长一段时间的追求。一个国家再强大、一个产业再强大，如果普通老百姓、员工、从业人员都不能够从中感到尊严和价值，那么这个产业发展的理由何在！[③] 可见，旅游强国的发展不仅表现在设施、环境、品牌、产品、服务、企业等方面，而且还表现在对平等的旅游价值的追求上。旅游业作为服务行业，如果不能把平等理念放在重要的位置上，不仅不能获得国际同行的尊重，而且还不能够让历史记住我们这代人的努力，因此，旅游业追求的不仅仅是95%的人群满足5%人的需要，而是要让99%的人群得到满意，让99%的人都感受到平等理念，实现旅游权利。[④] 就像2009年《国务院关于加快发展旅游业的意见》中所强调的那样，在现代社会发展阶段，旅游

① 参见 http://baike.baidu.com/view/64422.htm。

② 参见徐京等译：《马尼拉世界旅游宣言》，http://www.lixinjian.com/Article/ShowArticle.asp?ArticleID=712。

③ 参见戴斌：《保障公民旅游权利，让大众旅游成为现实》，搜狐旅游，http://travel.sohu.com。

④ 参见戴斌：《保障公民旅游权利，让大众旅游成为现实》，搜狐旅游，http://travel.sohu.com。

业理应成为“广大人民群众更加满意的现代服务业”。

旅游原本是少数人的奢侈消费活动，但自19世纪中叶现代旅游产生开始，旅游就成为一种广泛与社会、经济生活相联系的社会现象，成为人人享有的基本权利。从国家层面来讲，旅游在实现人的权利、提高人类素质、发展地方经济、增进文化交流、促进国际交往与世界和平等方面，发挥着巨大作用；从个人层面来讲，旅游也成为提高个人综合素质、实现自我价值最重要的途径。

旅游是促进世界和国家发展的力量。从人类旅游发展历程来看，自19世纪中叶现代旅游产生开始，旅游就不再是少数人的活动，而是已经由“有限富人的活动”转化为一种“广泛与社会、经济生活相联系”的社会现象，它对世界经济、文化、甚至在政治等领域都发挥着重要影响，在促进国际交往与世界和平、增进文化交流与相互了解、发展国家和地方经济等方面，都发挥着不可替代的作用，成为世界范围内的一种不可忽视的重要力量。正如《马尼拉世界旅游宣言》指出的，旅游是“维护世界和平的一支重要力量”，是“对国家生活至关重要的活动”，是一个“有利于社会稳定、提高社会劳动力素质、促进个人和集体富裕的因素”。[①]

旅游能够促进个人的成长。首先，旅游是人积极选择的一种休闲方式，这种选择是人的本性的体现。《世界人权宣言》中强调：“人人有享受休息和闲暇的权利，包括工作时间有合理限制和定期给薪休假的权利。”[②]而《马尼拉世界旅游宣言》则更进一步强调：“旅游是人们的一种积极休息，能够强烈而深刻地表达人的本性。”[③]其次，旅游对于旅游者在个人养成和成长方面有着不可替代的作用。虽然发展旅游能够获得经济收益，国家和地方政府、相关企业也应该把发展旅游作为增加收入、发展经济的一个手段，但不能功利化地把追求经济利益作为发展旅游的唯一目的。尤其是在更加注重以人为本、全面发展的今天，旅游业也应该回归本质——由单纯的产业导向走向社会导向，即更加注重旅游对于提高人民生活质量和人类综合素质、实现人类个体的自我养成上来。古人都已经认识到“行万里路”的重要性，常常把“行万里路”和“读万卷书”相提并论，现代人更是把旅游作为提高个人综合素质、实现自我价值的最重要途径。正是因为旅游对于人类个体在精神领域的重要作用，《马尼拉世界旅游宣言》特别强调旅游的社会作用——“在旅游实践中，精神因素比技术和物质因素占有更重要的地位”，因为旅游能够“彻底实现人的自身价值”。[④] 随着人们对旅游的参与，这种影响会逐步由个体到群体、由群体到国家、由国家到世界，这是一种必然的前因后果。所以旅游能够成为人的基本权

---

① 参见徐京译：《马尼拉世界旅游宣言》，http://www.lixinjian.com/Article/ShowArticle.asp? ArticleID—712。

② 《世界人权宣言》，百度百科，http://baike.baidu.com/view/22902.htm? fr=aladdin。

③ 参见徐京译：《马尼拉世界旅游宣言》(世界旅游组织1980年)，旅游研究空间站，http://www.lixinjian.com/Article/ShowArticle.asp? ArticleID=712。

④ 参见徐京译：《马尼拉世界旅游宣言》(世界旅游组织1980年)，旅游研究空间站，http://www.lixinjian.com/Article/ShowArticle.asp? ArticleID=712。

利之一也就得到了世界范围的认可。

旅游是积极的休息。20 世纪 30 年代，带薪休假作为一项法定权利在欧洲大陆获得认可。20 世纪中叶起，诸多重要的国际文件中都有把旅游视为一项人权的观点或表达。例如，《世界人权宣言》(1948 年)第 24 条明确规定："人人有享有休息和闲暇的权利，包括工作时间有合理限制和定期带薪休假的权利"，这部国际基本法律文件正式把旅行和旅游认定为人权的一部分。① 世界旅游组织在《马尼拉世界旅游宣言》(1980 年)中进一步提出："休息权，特别是获得度假、自由旅行和旅游的权利，是工作权的一个自然结果，它是世界人权宣言和许多国家法律所确认的人类自我实现的一个重要方面"，强调"旅游是人人享有的权利"，"旅游是人类社会的基本需要之一"。② 从这个角度讲，旅游、休闲也是生产力再生产和推动社会发展的重要条件。

(二)社会需要逐步树立权利意识

根据《旅游权利法案》的界定，"旅游权利"主要指的是："休息娱乐的权利，合理限定工时的权利，定期带薪休假的权利，并在法律范围内不加限制地自由往来的权利，这已在全世界得到承认。"③由此可知，国际上认定的旅游权利至少包含四个方面的内容：闲暇权、娱乐权、带薪休假权和自由旅行权。④ 可见，旅游权利具有普遍性、平等性、非功利性和利益多元性等特征。⑤ 权利是应该得到的价值回报，而社会关系的所有成员能够享受真正意义的、尽可能多的旅游内容则是旅游权利全面维护的首要体现。同时，旅游所体现的对个体、对群体、对社会的价值回报将是广泛和深远的。

近几年所发生的社会公众对旅游景区门票价格的争论，直接表现的是旅游消费者和景区经营管理者之间的局部的、具体利益关系，实际上更加广泛地体现了人民群众对于参与旅游的新期待。⑥ 事实上，这体现的既是公民对自身多元权利的关注，更是旅游意识的觉醒和社会文明程度的进步。从整个世界范围来看，许多国家(包括中国在内)已经实际具备了为所有人参与旅游创造必要条件的物质基础，但相关部门和机构相对滞后的旅游发展观在一定程度上使得旅游权利仅仅停留在权能层面，归根结底是因为对价值回报的不可预期和不可估量的担心上。

旅游是人的基本权利，这在世界范围内已经得到认可，在《马尼拉世界旅游宣

---

① F. Higgins-Desbiolles, "More than an 'Industry': The Forgotten Power of Tourism as a Social Force," *Tourism Management*, no. 27(2006), pp. 1192-1208.

② 参见王德刚：《旅游权利论》，载《旅游科学》2009 年第 4 期。

③ 《旅游权利法案》，1985 年在保加利亚首都索菲亚举行的第一届世界旅游组织大会上通过。

④ 闲暇权：合理限制工作时间，使人能够有"持续增长"的"自由时间"；娱乐权，娱乐是旅游的重要内容，鼓励采取措施，更好地分配工作和娱乐时间；带薪休假权，通过合理地安排工作时间和休息时间，使人能够周期性地享受带薪假期和"错开休假日期"；自由旅行权，在法律范围内不加限制地在国内和国际上自由往来。

⑤ 参见王德刚：《再论旅游权利》，载《北京第二外国语学院学报》2011 年第 7 期。

⑥ 参见窦群：《呼唤新的旅游发展观》，载 2012 年 5 月 25 日《中国旅游报》。

言》《旅游权利法案》及其他一些相关文件中都能找到依据。在我国，由于受到经济环境的影响，旅游的经济效益成为长期关注的焦点，甚至在某种程度上过分夸大旅游的经济作用，而忽视旅游对社会发展、文化传承、价值培育等方面的功能。不可否认，这是与我国社会发展的阶段性特征相适应的，也是旅游产业发展的必经阶段。

当旅游发展走过了初期只有少数或部分富裕阶层的"奢侈消费"阶段之后，旅游开始与更多的普通人发生联系，人们便开始用更宽的视角来对旅游进行的全面的审视，人们对旅游认识的理性回归——由初期的功利化追求走向权利和公平意识阶段，反映了我国旅游发展理念的进步，"公平"的旅游发展观，实际上是基于对旅游最重要的本体论命题——"旅游权利"及其实现问题的关注。[①]

二、旅游参与的普遍化与大众化

在"旅游是人的基本权利"的理念前提下，"公平"成为现代旅游和旅游业发展的基本准则，参与旅游活动，共享人类文明和旅游业发展成果是每个公民都享有的权利。

（一）越来越普遍化、大众化的旅游参与

一直以来，"旅游是有钱、有闲、健康人的专属"的观念深入人心，虽然很多旅游景区景点在建设之初就都建有无障碍旅游设施，但这部分设施的利用度相对较低，甚至在景区的各种检查和评估之后被永久忽视。但这种状态随着旅游理念的转变、越来越多的人尤其是相对弱势的旅游群体的广泛、频繁参与而被逐渐改变。

例如，国际残疾人旅游研究中一般使用"无障碍旅游"一词，认为旅游是残疾人享有的权利，社会各界应该消除残疾人在旅游中的种种障碍，使他们能够享受到旅游的乐趣，目前在我国，言语残疾人和听力残疾人出行比例最高。[②]

每年阳春三月，我国成都就会有一个盲人旅游团出发到各地旅游，用心灵去感受世界，这个旅游团的始作俑者是成都市牛口市盲人按摩医院的院长唐柯。该院1974年成立后，每年院庆都会组织全体员工外出旅游，最开始是省内，最近几年扩大到省外，2004年还首次出国去了越南。三十多年来，他们几乎走遍了省内的各个知名景点，还游遍了北京、云南、青岛、哈尔滨、桂林等国内著名景区。[③] 早在1990年，盲人按摩医院就曾组织200多人去青城山旅游，其中大部分都是盲人，规模之大、残疾人参与之广史无前例。2004年开始组织省外旅游时，很多旅行社一听参与者大多是盲人，都因为较高的安全问题而直接拒绝。2006年起，四川省中国国际旅行社开始与按摩院接洽，每年都会承接盲人团队，还专门把不适合盲人的

---

① 参见王德刚：《旅游公平论》，载《中大管理研究》，经济科学出版社2012年版，第1～12页。

② 参见刘思敏、朱洪端：《残疾人旅游的现状与未来》，载2012年4月11日《中国旅游报》。

③ 参见陶颖、房欣：《盲人旅游团，用"心"赏风景》，载2008年3月12日《华西都市报》。

景点去掉,方便盲人旅游者摸风景、感受风景。[①]

2005年,中国康复研究中心成立了非营利性机构——中康残疾人旅游俱乐部,这是国内第一家专门从事残疾人旅游服务的组织。2007年,中国残奥管理中心和中国旅行社总社共同合作开发了“灿奥旅游”项目,专为残疾人和老年等行动有障碍者提供专业的接待服务工作。该项目设计出全程无障碍的旅游线路和符合国际标准的接待服务规范,配备了无障碍旅游车以及经过专业培训的多语种导游、国际手语导游、伴游志愿者、医护人员等。同时,在全国各地如重庆、昆明、广州、海南、绍兴等地也有旅行社在当地残联的帮助下组织了残疾人旅行团,提供哑语导游、肢残人士旅游景点背负等服务。[②] 2012年2月26日,中华残疾人旅游服务联盟在河南省洛阳市成立,成为我国第一个专门为残疾人提供旅游服务的非营利性旅游服务平台,残疾人旅游有望得到专业机构的全方位服务。事实上,国外中等及以上的发达国家残疾人旅游已经发展多年,并且积累了大量的成功经验和案例,以美国为例,2010年美国残疾人旅游直接的经济效益就达到135亿美元。更为重要的是,残疾人在出游的过程中,扩大了自己的交际面,开阔了自己的视野,对自信心的重建起到了积极的推动作用,对构建和谐社会更是意义深远。此外,“联盟”还将携手海外一些多年从事残疾人旅游服务的机构,共同推动中国残疾人旅游服务健康有序发展。[③]

2014年,中青旅控股股份有限公司在京正式发布《视障人士公益旅游设计及服务指引》,这是中国旅游行业第一份关于视障人士旅游的专业指引,或将帮助更多盲人朋友实现旅游的愿望,享受旅游的快乐。据调查,中国有将近1700万视障人士,其中大多数都有出游愿望,而现阶段国内缺乏面向他们的旅游服务,视障人士出游因此存在不少困难。中青旅发布的《视障人士公益旅游设计及服务指引》,除规范了视障人士常规旅游所涉及的吃、住、行、游等环节,还对陪同志愿者的招募、管理、培训工作给出了具体的指导意见,以便为视障出游者提供周到细致的个性化服务。据了解,中青旅自2012年起先后组织了面向盲人的“听海”“听风”“听城”系列公益旅行团,开创了中国公益助盲旅游的先河,并已经形成了成熟的项目策划体系和专业的标准化操作流程。这将会发动更多的企业与个人参与到旅游助盲的公益事业中来。[④]

国外很早就有专门针对盲人旅游的旅游景区景点、接待设施等。1970年,西雅图的女商人、慈善家EthelDupar在当地政府的支持下建设了西雅图芳香园,起初,芳香园仅种植了牧草与竹子,但在三十年后,一支来自西雅图盲人灯塔之家(西雅图盲人灯塔之家建成于1918年,是一个私人的非营利性机构,专为全盲、半盲及

---

① 参见袁玥:《成都有个盲人旅行团,用耳朵听风景》,载2011年12月2日《天府早报》。

② 参见刘思敏、朱洪端:《残疾人旅游的现状与未来》,载2012年4月11日《中国旅游报》。

③ 参见刘湘伟:《残疾人旅游有望得到专业机构全方位服务》,中国残疾人网站,http://www.chinadp.net.cn/,2012年2月28日。

④ 参见葛磊:《盲人旅游有了服务指引》,载2014年10月16日《人民日报》海外版。

视力障碍者提供就业、帮助和培训机会)的园艺师志愿者队伍对它进行了重修,增添了大量的芳香花卉。芳香园不仅为当地的视觉障碍者提供了一个接近自然感受植物的场所,而且还是一个散发着强烈人文关怀、慈善爱心的地方,它的意义已经远远超过了公园的游憩功能。另外,德国的不来梅盲人植物园是第一个通过民间倡议建设起来的,并只依赖于地方企业捐款和公益服务。盲人园周围被植物所包围,园路整体被降低,并使用了多种不同的材料,用于提示盲人行进的变化;设置有园区的指示牌,供盲人通过触摸获取相关信息;园中种植了超过500种不同种的植物,几乎所有植物的名字都标示了盲文和德文。整个盲人园设计的宗旨就是让盲人能够自由地探索与感知。[①] 在美国,最早的专门为残疾人提供旅游服务的机构是1961年由贝蒂·霍夫曼在华盛顿Lynn Wood建立的常青旅行公司(Evergreen Travel),它为残疾人提供“飞轮之旅”(Wings on Wheels Tour,针对行动不便者)和“白藤之旅”(White Cane Tour,针对有视力障碍者)这两项旅游产品。此后出现了不少擅长为残疾人提供旅游服务的旅行社和众多专门为残疾游客服务的自助团体或非营利性组织。他们或者专门组织残疾人进行旅游,或者提供一些适合残疾游客的旅游方案,如专长为肢体残疾游客提供个性化旅游服务的飞轮旅行公司,擅长为有成长障碍残疾游客服务的如指导旅游公司和专门为有视力障碍游客提供旅游方案的如Campannian Society有限公司。[②]

可见,在借鉴国外对弱势群体参与旅游的诸多成功经验的基础上,在我国旅游服务、设施的日渐完善下,在相关法律、规范、文件的指引、约束和保障下,我国旅游参与的范围会越来越广,尤其是普通大众和弱势群体的参与度会更高,旅游是人的基本权利的理念将会得到切实践行。

(二)普遍享有和公平参与是旅游权利实现的主要特征

旅游权利主要包括闲暇权、娱乐权、带薪休假权、自由旅行权和资源共享权等五个方面的内容,普遍享有和公平参与是其最明显的两个特征。[③]

普遍享有,指旅游权利是一种“人人享有”的权利,全部社会成员都平等地拥有开展旅游活动的权利。每一个社会个体都能自由、自愿、自主地参与到旅游活动中来,政府、企业、社区等机构和组织要本着促成所有人旅游权利实现的宗旨为其创造条件和环境,尤其是那些包括低收入者和失业者、老年人、残疾人和智障者等在内的弱势群体。从政府的角度,主要是“制定和实施旨在促进国内和国际旅游和谐发展并促进能为参加旅游的所有人带来益处的娱乐活动的政策”,包括“通过更好地分配工作和娱乐时间,建立和完善年度带薪假期制度和错开休假日期,以及特别注意青年、老年和残疾人等旅游手段,使每个人都能参加国内和国际旅游”,将“旅

---

① 参见顾筝:《国外的盲人植物园》,载2011年12月8日《解放日报》。

② 参见黎健斌、杨晓霞:《美国发展残疾人旅游的成功经验与启示》,载《桂林旅游高等专科学校学报》2008年第1期。

③ 参见王德刚:《旅游公平论》,载《中大管理研究》,经济科学出版社2012年版,第1～12页。

游政策纳入他们各级的全盘发展政策，包括地方、地区、国家和国际的，并扩大双边和多边，包括同世界旅游组织在内的旅游合作”(《旅游权利法案》第3条)等；并且把“社会旅游”作为每个社会为那些没有能力实现旅游权利的公民“所设立的目标”(《马尼拉世界旅游宣言》第10条)，所有社会都应该“在公共机构的支持下”大力发展“社会旅游”(《全球旅游伦理规范》第7条)，以实现所有人都能参与的平民旅游。

公平参与，是指全体社会成员都有权参与到旅游中来，不应该因为其他外在因素而受到歧视或其他不公平的对待。旅游，最初是“有钱有闲”的特权阶层才能享有的权利，并非人人都能参与。因此，旅游权利所强调的是建立在“人人生而自由，在尊严和权利上一律平等”(《世界人权宣言》第1条)理念上的、人人参与的大众旅游，将“人人平等”的理念在旅游活动领域进行贯彻和发扬；《马尼拉世界旅游宣言》第2条中强调：“考虑到人类面临的问题……将旅游同工人享有带薪休假的权利一样看待，使得旅游从原来有限富人的活动转变为一种与社会、经济生活广泛联系的活动，是非常及时和必要的”；而《全球旅游伦理规范》则进一步指出：“能够个人直接地拥有发现与享受地球资源的愿望是人世间所有人都平等享有的权利”，而且，鉴于某些特定群体、特别是弱势群体的特殊情况，要“鼓励和促进家庭、学生和老年旅游以及为残疾人组织的旅游活动”(《全球旅游伦理规范》第7条)。

从一般意义上说，健康人、有钱人旅游权利的实现是不成为问题的，因此，那些特殊弱势群体——低收入者、老年人、失业者、残疾人、智障人等，他们是否有机会、有条件参与旅游，就成为衡量整个社会旅游权利能否实现的主要特征。

三、旅游利益分配的均衡与公平

旅游业发展追求的是经济效益、社会效益和环境效益的统一，任何效益的缺失都会带来旅游业发展的偏废，同样，旅游利益的分配也只有建立在平等、均衡的基础上，构建公平的利益分配机制，才能真正促进三大效益的统一。让所有的旅游利益相关者都能获得合理的旅游发展回报，也是实现旅游真正公平的源头支撑。

(一)旅游利益的多元诉求

在旅游理性和可持续发展的要求下，旅游权利更注重旅游的非经济属性，即更加注重旅游在实现旅游者自我价值、精神修养提升、加速人的“精神解放”等方面的积极作用，这本身就是旅游利益多元化诉求的体现。“不论旅游业的经济效益多么现实、重要，都不会也不可能是各国作出鼓励发展旅游业之决策的唯一标准。度假的权利，公民熟悉自己周围环境的机会，更深刻了解其国民性及把每个人与其同胞联系在一起的凝聚力，文化和民族归属感，这些都是促使每个人通过度假和旅行等方式参加国内和国际旅游的主要原因。”(《马尼拉世界旅游宣言》第8条)“在旅游实践中，精神因素比技术和物质因素占有更重要的地位，精神因素主要为以下几点：彻底实现人的自身价值；不断推动教育的发展；各国命运的平等；本着尊重他人人格和尊严的精神解放人；承认文化属性并尊重各国人民的精神遗产。”(《马尼拉

世界旅游宣言》第 21 条)①

因此,任何一个旅游地,政府、企业、社区等都不能把经济诉求作为发展旅游业的唯一目的,经济、环境和社会三大领域必须得到同等对待。同时,各个旅游利益相关者的利益诉求也应该得到公平、平等对待,特别是那些特殊弱势群体的旅游诉求更应该得到尊重和重视,并为他们旅游诉求的实现创造必要条件。

(二)均衡利益和公平分配

所有的旅游利益相关者都应该、也能够通过旅游获得利益,并在旅游利益的分配中享有公平、平等的机会。包括国家政府、地方政府、社区居民、非政府组织、旅游企业、旅游者、社会公众等在内的所有旅游利益相关者,都能够"平等地分享这些活动的经济、社会和文化利益"(《全球旅游伦理规范》第 5 条)。而要使每一个利益相关者都能为发展旅游承担一定的成本,并同时共享旅游收益,就需要建立一种均衡的利益分配机制,来防止利益相关者中的强势群体过多或过于容易地占有利益,同时保障利益相关者中的弱势群体(往往是社区居民、没有话语权的资源和环境等)能够均等地获得应有的利益,即让所有的利益相关者都能够平等、公平地在旅游发展中真正实现成本共担和利益共享。②

在利益均衡理念指导下,最为重要的是建立能够真正实现旅游利益均衡分配的机制,这既包括旅游开发利益相关者的利益分配,也包括旅游利益相关者的利益分配。

四、资源共享与旅游的公益性

从世界旅游和旅游业的发展历程来看,人类对旅游的认识随着发展也在发生转变,其基本的方向是由最初关注旅游的经济意义逐步向更加关注旅游的社会意义转变,学术领域对旅游和旅游业的研究也越来越贴近社会学和人类学的核心,比如旅游权利意识、旅游公益思想以及旅游业的"平民、平等"等。旅游公平,实际上是对旅游发展社会影响的深化。

(一)资源共享的公平性原则

公平性原则包含两方面的内容:代内公平和代际公平,它兼顾了横向和纵向发展,涵盖了最大多数人的根本利益。③

1. 代内公平

所谓代内公平,就是同代人之间的公平问题,它包含了生活在同一时代,不同人种、不同国家、不同民族、不同群体和集团、不同人际之间的公平。它既体现在一般意义上的社会权利与义务的公平分配,也体现在政治、经济、文化等社会生活的

① 参见王德刚:《旅游公平论》,载《中大管理研究》,经济科学出版社 2012 年版,第 1～12 页。

② 参见王德刚:《旅游公平论》,载《中大管理研究》,经济科学出版社 2012 年版,第 1～12 页。

③ 参见王德刚:《旅游学概论》,清华大学出版社 2012 年版,第 314～316 页。

各个领域，还体现在人与自然、人与环境的关系当中。①

在现实生活中，由于经济关系的不平衡和由此带来的各种社会制度、市场规律的客观存在，社会上的各类人群其实是处于一个严重不公平的社会关系中。这种不公平的社会关系又反过来导致了人与人之间、人与自然之间关系的恶化，造成生态环境的破坏、资源的过度消耗、资源分配的不公等后果。即使是在旅游和旅游业发展领域，其实也是“具有帝国主义的侵略特点”，以至于有学者超越了对具体的旅游过程的研究，而把旅游活动看作是一种文化接触和交往的方式，认为旅游对接触双方都有很大的影响，但这种影响在旅游者和当地居民之间是及其不平等关系。②“旅游者像商人、雇主、征服者、教育者、统治者或传教士，像文化间的代理人，直接或间接地导致当地文化改变，尤其是在世界上不发达的地区。”③

而在旅游开发领域，则往往存在“涸泽而渔，焚林而猎”的现象，对旅游资源过度开发，为了满足游客的猎奇心理，对本地区本民族的文化进行扭曲和“舞台真实”，这都给旅游的持续发展提出了严峻的挑战。弱势族群的文化传统所面临的生存危机，是历史、政治、经济、社会、生态等多重外力综合作用的必然结果。④ 可持续发展的目标只有在“人类整体意识”的指引下，通过公平的途径才能实现。

因此，旅游的公平，体现在代内公平原则上，就是要在同时代的不同人种、不同国家、不同民族、不同群体和集团、不同人际之间建立完全公平的地位、责任和义务，体现在旅游者与目的地之间，要以完全平等的身份互相尊重，尊重对方的传统、文化、习俗、信仰、法律、制度和经济模式；体现在旅游开发领域，则要求在各个利益相关者之间建立基于均衡利益原则的利益分配机制，做到真正的成本共担与利益共享。

2. 代际公平

权利和利益的分配不仅存在于同代人之间，还涉及到不同时代的人群，因为，代际公平所涉及的权益流向，由于受时间的限制是单向度的。由于权益流向的单向性，一方面，后人无法报答前人的恩惠；另一方面，当权益受损的时候，后人可能无法进行有效的法律诉求。但这并不就代表代际之间毫无道德和约束可言。特别是当我们把人类历史看成是人类世世代代进行合作的历史，每一代人都必须关心下一代人，人类历史才能延续的时候，代际公平就显得尤为重要。⑤

“可持续发展要求的公平性原则，既指代内公平，又指代际公平，前者是空间上的公平，当代人之间的横向公平，后者是时间上的公平，人们世代间的纵向公平，这两者紧密相关，互为前提，统一共存。”⑥根据这一要求，在权益的分配上，必须作出

① 参见王德刚：《旅游学概论》，清华大学出版社 2012 年版，第 314～316 页。

② 参见王德刚：《旅游学概论》，清华大学出版社 2012 年版，第 314～316 页。

③ 宗晓莲：《西方旅游人类学两大研究流派浅析》，载《思想战线》2001 年第 6 期。

④ 参见王丽霞、吕晓燕：《基于可持续发展的旅游伦理问题研究》，载《经济研究导向》2009 年第19 期。

⑤ 参见王德刚：《旅游学概论》，清华大学出版社 2012 年版，第 314～316 页。

⑥ 参见陈昌曙：《哲学视野中的可持续发展》，中国社会科学出版社 2000 年版，第 154～155 页。

一种符合历史发展阶段的合理安排，即强调既能满足当代人的需要，又不危及后代人的需要。发达国家的旅游发展已经为处理旅游开发与环境保护的关系问题提供了丰富的经验，在旅游发展伊始，许多地区，尤其是经济不发达地区都是以牺牲部分环境效益和社会效益为代价，来换取经济效益最大化的。正是在旅游可持续发展理念的指导下，才要求人们尽可能全面地权衡在旅游经济效益与社会综合效益之间取舍的利弊关系，使人们在谋求当下旅游利益的同时，最大限度地保护好旅游业赖以生存的资源与环境，促使它在为当代人谋福利之余，也能满足后代人旅游、审美和获利的需求。[①]

（二）资源共享的公益性要求

在国家标准 GB/T18972-2003《旅游资源分类、调查与评价》中指出，旅游资源是构成旅游业发展的基础。旅游资源是自然界和人类社会凡能对旅游者产生吸引力，可以为旅游业开发利用，并可产生经济效益、社会效益和环境效益的各种事物和因素。一般可以分为自然旅游资源和人文旅游资源两大类，前者如阳光、空气、水、森林、草原、动物等，后者包括遗址遗迹、建筑设施、人文活动等。按照《中华人民共和国物权法》的规定，很多旅游资源属于国家所有，如："矿藏、水流、海域属于国家所有"（第 46 条）；"森林、山岭、草原、荒地、滩涂等自然资源，属于国家所有"（第 48 条）；"法律规定属于国家所有的野生动植物资源，属于国家所有"（第 49 条）；"法律规定属于国家所有的文物，属于国家所有"（第 46 条）。而"法律规定属于国家所有的财产，属于国家所有即全民所有"（第 45 条）。可见，很多旅游资源都属于我国全民共同所有，是公共资源，是共享资源，而不是垄断资源和私人资源。因此，公平地享有这些旅游资源开发的成果也是我国公民基本权利的体现。

1. 公共性旅游资源要承担公益和道德责任

公共性旅游资源就是指具有公共资源特性的旅游资源，公共资源是指自然形成或人类社会创造的资源，它能为人类提供生存、发展、享受的自然物质与社会基础，这些资源的所有权归全体社会成员共同所有，如风景名胜资源、森林资源、文化文物资源等旅游资源的开发，不仅要获取经济价值，而且还要谋求社会价值和体现公益性，尤其要强调开发或利用者必须承担起惠及全体国民的社会公益责任。另外，公共性旅游资源的负外部性——公共资源的拥挤效应和过度使用、公共资源周边环境的污染——会使整个资源系统面临退化或毁灭，[②]因此，还必须时刻以可持续发展思想为指导，在旅游资源开发、利用的过程中遵守相应的道德原则和规范。

在我国的旅游发展实践中，社会公众特别关注的是这些公共资源用于旅游开发之后的价格问题。由于许多公共资源是属地管理，地方政府作为公共资源的管理者、使用者，又是利用公民缴纳的税收对其进行维护、开发和管理，但却以很高的门票价格对外开放，又以"事业单位"收益的借口将这些门票收入纳入地方政府的

---

① 参见王德刚：《旅游学概论》，清华大学出版社 2012 年版，第 314～316 页。

② 参见梁明珠、王伟：《公共性旅游资源开发与保护的政府规制研究》，载《人文地理》2010 年第6 期。

小金库，以使这些公共资源的经营收入变成了地方政府的可自有支配的钱袋子。这就完全丧失了公共资源的公益特征，也把地方政府自己归入了失德行列。美国夏威夷州政府在20世纪六七十年代进行了土地分区制规划，将最优质的海滨地区留作公共休闲、游憩区域，让全体公民免费享用，而将那些沙滩质量较差、甚至乱石滩的海滨地区划分为度假开发区域，供开发商进行私属度假酒店建设。这一做法为公共资源的旅游开发理念树立了榜样。

2. 资源开发要以人与经济、社会的全面、和谐发展为宗旨

马克思指出，在自由人联合体中，每个人都实现了他作为人的价值和在世界中的主体地位，通过能动的自觉活动，充分发挥了自由自觉活动的人类本性，达到了自我实现，而每个人的自由、全面发展也必然与他人和人类社会发展相一致，也就是说只有经济、社会等方面持续而协调的发展，才能使人的物质条件日趋改善，精神生活日趋丰富，人的素质与能力不断提高，人的全面发展才会最终实现。

因此，在旅游和旅游业发展实践中，不仅要重视旅游经济的数量增长，而且还要追求旅游经济发展的质量；要通过转变发展模式，来从源头上根本性地解决旅游发展与资源、环境保护的矛盾。同时，强调旅游业发展的社会公平，尤其是在改善人类生活质量、提高人类健康水平和个人修养等方面的作用，为人类参与旅游享受优美景观创造一个平等、自由和可实现的社会环境。①

掌握公平、遵守公平、实现公平是旅游业对人的旅游权利最本质的尊重；强调资源利用的代内平等、代际平等，是实现人与经济、人与社会全面、和谐和可持续发展的基本前提。

第三节　旅游权利的最终实现与持续保障

众所周知，自19世纪中叶现代旅游产生开始，旅游就不再是“很私人”的活动，它已经由“有限富人的活动”转化为一种“广泛与社会、经济生活相联系”的社会现象，在实现人的权利、提高人类素质、发展地方经济、增进文化交流、促进国际交往与世界和平等方面发挥着巨大作用。而对于人类个体而言，旅游成为提高个人综合素质、实现自我价值的最重要的途径。作为现代社会人的基本权利之一，旅游应为全社会成员所共享，国家、政府、企业、社区及其他社会机构应本着以人为本的理念，从人文精神出发，为人们实现旅游的权利创造条件和便利，这是政府、企业和社会机构的责任和义务。②

从本质上说，“旅游权利”实际属于“公民权利”序列中的“社会权利”范畴，是“社会权利”中“休息与休闲权利”的延伸结果。旅游权利主张全部社会成员对旅游活动的普遍参与性；是“人人平等”理念在旅游活动领域的贯彻和发扬；是非功利性

① 参见李三强：《论旅游资源开发道德的基本原则和规范》，载《云南师范大学学报》2002年第1期。

② 参见王德刚：《旅游权利论》，载《旅游科学》2009年第4期。

的，重在实现旅游者的自我提升和全人类的“精神解放”；同时主张所有的旅游利益相关者都能够、也应该通过旅游获得利益。[①] 旅游是人人享有的权利，而不是政府发给公民的福利，应该得到尊重和保障。

一、权利平等——人人参与的“大众旅游”时代的到来

2014 年，我国国民人均出游率已经达到 2.6 次/年，旅游消费真正实现了国民化，大众旅游时代正在到来。中国作为发展中国家的代表和人口数量占据全球人口约 1/6 的大国，旅游和旅游业的发展基本代表了整个世界的平均水平。预计 2020 年左右中国旅游业将全面进入“大众化旅游”的发展阶段。这对旅游业来说，既是极大鼓励，也是全新要求。[②] 满足大众旅游时代旅游者的多元化旅游需求，不仅是旅游促进权利公平的表现，而且还是旅游权利实现的必然要求。

（一）旅游权利实现与旅游发展的功利化

旅游活动的实现需要一定的条件：一是要具备一定的经济基础，既包括国家、地方的经济基础，也包括个人和家庭的经济基础。二是要有政策、制度的保障。因此，要特别关注两个问题[③]：一是如何处理“权利意识”与“功利化”的关系。旅游作为现代社会人的基本权利，绝不是政府赐予的福利，政府、企业和社会机构不能功利化地把发展经济作为促进旅游的唯一目的。二是低收入群体和特殊弱势群体的旅游权利如何实现。既然旅游是人的基本权利，就应该人人共享，包括低收入群体和其他的弱势群体，这部分人旅游权利的实现考验着一个国家、社会的发展水平和文明程度。

因此，旅游发展的社会诉求与经济诉求之间实际上存在在一定的矛盾，如何处理好这对矛盾，使旅游和旅游业的发展摈弃旅游业发展初期完全功利性的追求，使衡量国家、地方社会发展理念和社会文明程度的重要标志。

（二）人人参与的旅游权利

旅游已经成为人类生活的基本需求之一，是人类长存而重要的生活方式，是人类实现全面发展所不可或缺的权利。古往今来，旅游一直是人们增长知识、丰富阅历、强健体魄的美好追求。在古代，中国先哲们就提出了“观国之光”的思想，倡导“读万卷书，行万里路”。当前，我国已进入大众旅游发展的新阶段，普通大众到境内外走一走、看一看的愿望日渐强烈，旅游消费已经成为普通大众日常生活的重要组成部分，也是公民的基本权利之一。[④]《马尼拉世界旅游宣言》则更进一步强调：“旅游是人们的一种积极休息，能够强烈而深刻地表达人的本性。”旅游对于旅游者

---

① 参见王德刚：《再论旅游权利》，载《北京第二外国语学院学报》2011 年第 7 期。

② 参见《迎接大众旅游时代的到来》，《中国日报》网，www.chinadaily.com.cn，2012-12-2。

③ 参见王德刚：《旅游权利论》，载《旅游科学》2009 年第 4 期。

④ 参见戴斌、李仲广、战冬梅：《论旅游权利应是旅游立法的宗旨和目标》，载《旅游学刊》2011 年第 3 期。

在个人养成和成长方面有着不可替代的作用。

1872 年 3 月，美国国会颁布了一项关于建立黄石国家公园的法令，建立了世界上第一个国家公园。该法令强调，这个公共的公园，是为公众的利益、供大众欣赏使用而设立的，“服务于所有的美国人民”，其成立的最初目的是避免国家资源受到砍伐、开矿、畜牧业等的破坏，保持国家公园的自然状态，让美国人民世代拥有；另一个目的是服务于美国人民的观赏娱乐需要。[①] 1964 年美国又通过了《荒野法》(*Wilderness Act*)，指出：“荒野有其独立存在的价值，而人类则是她的守护神。今天，荒野是美国的骄傲，是美国人自豪与欧洲人精致山林旅游最大的区别。因为他们懂得尊重自然，保留世界上与人间心中的净土；而不是花十块欧元搭乘缆车来一趟精致的法国阿尔卑斯山之旅一样快速、便利，但肤浅。”[②]事实上，《荒野法》从另一个角度上进一步明确了美国公民参与旅游的权利。

在英国，旅游权利还表现在对“毕业即失业”的大学毕业生的旅游资助上。据英国《泰晤士报》报道，英国政府计划拨款资助 2009 年夏天毕业生中的“失业者”参加由英国“罗利国际”青年组织发起的海外(旅行目的地包括马来西亚、哥斯达黎加、尼加拉瓜、印度、加纳和斐济等)旅行活动，在为期数月的旅行中，参与者除观光外，还充当志愿者，帮助当地民众建造学校和卫生设施等。[③]

另外，对上学的学生来说，假期里，英国的多数家庭会带孩子一起去欧洲各国旅游，欧盟国之间不需要护照，所以出国游很简单。日本学生假期则喜欢去修学旅行。修学旅行或研学旅游，是以学习为目的，学生更容易从旅行中学到知识，日本的修学旅行因学习的内容不同被细分成若干类别，比如历史学习，主要通过参观历史遗迹，学习历史知识，还有体验大自然的森林修学旅行和农业修学旅行等。而在泰国，学生放假期间，往往成为泰国民众出游的一个高峰期，还有不少社会团体会组织学生们利用假期前往海滨、国家森林保护区、文物保护单位等地参观学习。因为泰国的旅游业比较发达，家长普遍重视让孩子们通过外出旅游增长见识，家境条件一般的家庭在国内旅游，而家境殷实的则往往会选择出国旅游。在法国，旅游是学生假期生活的一个重要项目。[④]

旅游的原始属性表明，旅游是人人享有的基本权利，在追求旅游经济效益的同时，更要树立旅游权利意识。目前，许多国家(包括中国在内)也都具备了广泛实现人类旅游权利、特别是为低收入者、残疾人等弱势群体提供出游机会和旅游保障的政策条件、物质条件的基础，关键是全社会、特别是政府和企业是不是树立了正确的旅游观，旅游不再是少数富人的奢侈行为，而是全社会大众普遍享有的权利。[⑤]

---

① 参见邹统钎：《遗产旅游发展与管理》，中国旅游出版社 2010 年版，第 183 页。

② 参见叶平：《论荒野的概念和保护》，http://wenku. baidu. com。

③ 参见《英国学生毕业即失业政府资助去旅游》，http://yxk. cn. yahoo. com/articles/20090804/irv. html。

④ 参见《打工、旅游、聚会，各国学生欢乐度寒假》，载 2013 年 1 月 20 日《城市晚报》。

⑤ 参见王德刚：《旅游权利论》，载《旅游科学》2009 年第 4 期。

人人参与不仅表现在《国民休闲纲要》的颁布和落实上，而且还要成为旅游业发展内化于心的准则，让旅游真正能够成为人人平等地享有的一项基本权利。

二、权利保障——建立均衡的旅游利益分配机制

公平的旅游参与权和平等的旅游利益分配权，是现代社会旅游权利理念的根本性诉求，在这一理念下，均衡分配成为旅游和旅游业发展中利益分配的基本原则。但关键是在旅游发展过程中建立一种怎样的机制，使利益相关各方的愿望都能够受到尊重，各方的诉求都能够得到保障、各方的利益都能够得到兑现。

（一）对权利、利益、道德的正确认知是建构利益分配机制的前提

无论是旅游利益相关者，还是旅游开发利益相关者，正确认识旅游权利、利益和道德的内涵，是建构科学的旅游利益分配机制的基本前提。如果没有这个前期的基本认知前提，均衡的利益分配机制是不可能建立并得到很好实施的。

国家 4A 级旅游景区云南西双版纳傣族园坐落在西双版纳州景洪市勐罕（俗称“橄榄坝”），是依托五个传统文化保存较完好的傣族自然村寨开发出来的，村民长期以来以种植水稻、玉米、水果和蔬菜为生，20 世纪 80 年代以后橡胶逐渐成为村民的主要经济来源，1999 年正式开发发展旅游业。傣族园公司采取的是“公司＋农户”模式，公司对此模式的书面解释是：“村民提供村寨资源，以其时代所居的干栏式竹楼建筑群落、自然生态环境、田园风光以及古老的佛教文化、长期生活劳作中所形成的丰富多彩的民族文化构成景区的主背景，公司以资金形式投入对景区设施、接待环境进行改造。公司投资开发利用，统一策划，统一包装，统一宣传，二者共同参与，走向市场、互惠互利、共同发展，走旅游致富之路。”①但是，从 1999 年正式开发到 2004 年，开发者和村民的经济利益分配矛盾日益显露，公平受益已经成为村民和社会关注的共同问题。

傣族园的各项收益及分配如表 15-1 所示：

① 参见王四代、罗平：《西双版纳傣族园旅游文化开发中利益分配问题个案研究》，载国际行动援助中国办公室编：《保障弱势群体的公平受益》，知识产权出版社 2009 年版，第 35～54 页。

表 15-1　西双版纳傣族园旅游项目、傣族从业人员、资源提供者与收益表①

<table>
<tr><th>旅游项目</th><th>资源提供者</th><th>村民收益</th><th>公司收益</th></tr>
<tr><td>傣族村寨参观:傣家干栏式建筑、亚热带傣家庭院风情</td><td>村民原有资源</td><td>无</td><td rowspan="6">门票
2002 年,531 万元
2003 年,601 万元
2004 年,1216 万元
2005 年,1400 万元</td></tr>
<tr><td>傣族民间音乐及手工艺演示区:榨糖机、米线机、傣族银饰制作、纺线、刻写贝叶经、织布工艺、葫芦丝演奏、赞哈表演(从业人员 18 人)</td><td>村民原有资源,公司组织村民表演</td><td>表演者工资(1800～4800 元/年)</td></tr>
<tr><td>傣家民居参观、傣家做客:参观民居、体验傣族待客方式、喝茶、吃水果、买卖银饰(从业人员 112 人)</td><td>村民发起并经营</td><td>卖水果、茶叶和银饰(3600 元/年)</td></tr>
<tr><td>曼春满古佛寺参观</td><td>村民原有资源</td><td>曼春满村 5 万元/年</td></tr>
<tr><td>参观塔包树、千年古树和公主井</td><td>村民原有资源</td><td>曼听村 3 万元/年</td></tr>
<tr><td>歌舞表演:在歌舞剧场表演傣族歌舞</td><td>公司修建歌舞剧场</td><td>表演者工资(4800 元/年)</td></tr>
<tr><td>天天泼水节:每天下午 4 点半开展(与歌舞表演者两项活动从业人员约 180 人)</td><td>公司修建泼水广场</td><td>表演者工资(4800 元/年)</td><td>项目承包费(10 万元/年)(公司付给村民 0.15 万元/年)</td></tr>
<tr><td>傣楼招亲(3 户)</td><td>选择村民楼下作为活动场地</td><td>租房户收取租金(4800 元/年)</td><td>项目承包费(10 万/年)</td></tr>
<tr><td>各种门面(占地面积约 2 亩)</td><td>村民土地出租给公司</td><td></td><td>门面租金(公司以 500 元/亩从村民手中租来,以约 10 万/年出租)</td></tr>
<tr><td>村民楼下工艺品摊点、水果摊、傣味烧烤摊(35 人)</td><td>村民经营</td><td>卖工艺品和水果、烧烤(3600 元/年)</td><td></td></tr>
<tr><td>傣家乐,即在傣族村民家里吃住(本项目不在公司经营范围,由村民自己接待散客)(166 人)</td><td>村民经营</td><td>接待游客食宿(3 万～10 万元/年)</td><td></td></tr>
</table>

① 参见王四代、罗平:《西双版纳傣族园旅游文化开发中利益分配问题个案研究》,载国际行动援助中国办公室编:《保障弱势群体的公平受益》,知识产权出版社 2009 年版,第 35～54 页。

对于以上的收益分配，各方人士又有不同的看法和意见[①]：

村民、四柱[②]、寺庙主持认为矛盾主要集中在两点：第一是土地出租吃了大亏。在政府的引导下，公司以极其低廉的价格租到了村民的林地19.25亩，田地452.4亩，每年公司付给村民的土地补偿金是23.1万元，但公司的电瓶车承包费、泼水广场租赁费和允许外地人来园内搞"傣族婚俗展示"这几个项目一年的收入就是30万元。土地一租就是50年，承包费太过便宜。第二是资源投入与收益不成正比，要求参与门票分成。在农户收益方面，村民最大的收入是"傣家乐"，据公司统计，做得最好的一家每年有8万元左右的收入，但像这样规模的农户整个景区只有4户，而且是多家联合经营。但是，一般的团队游客只安排两三个小时的园中游览，不会在园中食宿，散客们除黄金周外也很少在园中食宿，而当地想来吃饭的又往往会因为要有门票而改变主意。

公司和镇政府官员二者的看法基本一致：认为是傣族园公司的运作、宣传有方，才使傣族园有了比如国家4A级景区的地位和知名度；没有傣族园公司的开发经营，村民不可能有现在这样好的经济条件；没有傣族园公司对文化的保护和开发，村民就没有现在的意识，竹楼、饮食、生态环境等傣族文化可能早就遭到破坏了。公司在整个傣族园的发展过程中所投入的"智力资源"是不可衡量的，对民族文化保护所做的贡献也是不可估量的。[③]

事实上，各利益相关者之间矛盾和问题产生的根源主要存在于：文化资源拥有者的利益受到了损害，资源投入与经济利益的分配不成正比；政府、公司和村民对利益分配的公平意识不强，如土地租赁一签50年；村民对自己拥有的文化在产业化的过程中具有的经济价值估价过低，如田地每亩500元(因为当时村民承包甘蔗林每亩每年向集体交纳250元，村领导认为翻一番差不多了)；公司与村民签订的开发协议阻碍了利益公平性问题的解决；政府在整个开发过程中没有扮演好维护利益公平的角色，如在协议签订时镇领导权村干部带头支持建设等；公司两大股东(橄榄坝农场和昆明南洋公司)"庄家轮流坐"的形式必然带来短视化经营，文化保护前景堪忧。

从云南西双版纳傣族园旅游开发及利益分配的过程可以看出，政府、企业以及当地村民的正确认知在利益分配中占据重要地位，前期合理规划和居民参与、中期有效管理和全民监督，是实现利益均衡和旅游可持续发展的保障。

(二)旅游权利的保障

建立科学、合理的旅游权利实现的保障体系，需要从以下四个方面来进行。

---

① 参见王四代、罗平：《西双版纳傣族园旅游文化开发中利益分配问题个案研究》，载国际行动援助中国办公室编：《保障弱势群体的公平受益》，知识产权出版社2009年版，第35～54页。

② 傣族的每一个村寨都有由四个德高望重的老人组成的团体，称为"四柱"，负责按照傣族传统道德习俗协调、处理村寨的大小事务，原作者注。

③ 参见王四代、罗平：《西双版纳傣族园旅游文化开发中利益分配问题个案研究》，载国际行动援助中国办公室编：《保障弱势群体的公平受益》，知识产权出版社2009年版，第35～54页。

1. 管理协调

管理协调是实现权利保障的首要条件。《马尼拉世界旅游宣言》一再强调政府在旅游发展中的主导性作用，要求国家和地方政府通过管理协调来构建均衡的利益分配机制，促进旅游权利的实现。但政府在旅游开发中的地位往往会受制于经济发展阶段、发展经济功利化的影响，对经济利益的过度追求有可能带来均衡利益天平的倾斜，或者偏向投资主体，或者损害社区居民，更有甚者，付出无法弥补的环境代价。因此，政府必须超越一般利益相关者的身份，站在客观、公正的立场上，成为公平的管理协调主体。①

2. 开放规划

在旅游规划的编制过程中，实际上就已经预设了旅游开发和利益分配方案的过程，规划在一定程度上担当着协调各利益相关者关系的角色，这也是均衡分配成本与利益的一条具有前置性的有效途径。在现实中，旅游规划开放的方式一般采用问卷、访谈、入户调查、意见征询会、座谈会、专家论证、部门会签、公示等形式，但目前在旅游规划过程的开放还主要是政府和规划编制者的自觉行为，并没有形成法律化、制度化的规定程序，应通过法律、法规和制度建设，逐步完善旅游规划开放的机制和程序。②

3. 社区参与

社区参与，是指在旅游开发的过程中，当地居民拥有旅游决策的话语权、旅游经营的优先权和各项活动的广泛参与权，他们在旅游业及旅游相关领域有充分的投资和就业机会。斯切文思认为，对当地社区来说，要真正对旅游发展实施控制，需要将当地各种宗教团体、相关机构、普通群众组织包括妇女和年轻人也都应该选派代表参与到旅游发展决策过程中，这些不同的声音和主张应当指引着每一个旅游项目的开发，从初始的可行性评估阶段直至实施完成阶段；此外，由于社区并非是一个持有共同目的的、同质的、平等的群体，为了杜绝社区中的权力经纪人(power broker)或地方精英(focdelites)操纵和主导社区旅游的发展方向，垄断旅游发展的经济利益，有必要成立类似于董事会或地方旅游组织之类的机构。③

4. 全民监督

除了法律监督之外，建立在全体社会成员参与意识基础之上的全民监督是保障权利实现的重要舆论武器。全民监督，有利于避免监督盲点，有助于从整体的、宏观的角度上保障资源和环境的利益。正如新加坡前总理李光耀所说："从 1959 年 6 月执政第一天起，我们就确保税收的每一块钱怎么花都要有适当的交代，到达基层受益人手上的时候，一块钱照旧是一块钱，中途没有被抽调一部分。"④这在很大程度上依赖于全民监督的公开和透明。因此，关于旅游地的相关开发，"重大举

① 参见王德刚：《旅游公平论》，载《中大管理研究》，经济科学出版社 2012 年版，第 1～12 页。

② 参见王德刚：《旅游公平论》，载《中大管理研究》，经济科学出版社 2012 年版，第 1～12 页。

③ 参见左冰、保继刚：《从"社区参与"走向"社区增权"》，载《旅游学刊》2008 年第 4 期。

④ 参见陈铁源：《新加坡如何反腐败》，载 2000 年 11 月 15 日《中国青年报》。

措必须向公众征询意见乃至进行一定范围的全民公决，这使主管部门的决策都不得不考虑多数人的利益最大化而非部门利益最大化，也使管理机构本身几乎没有以权谋私的空间”①。全民监督最重要的是制定监督机制，细化监督措施，加强监督反馈，保证监督效果。

管理协调、开放规划、社区参与和全民监督，分别从体制、机制和行动层面保障旅游利益的均衡分配，其中，管理协调是体制保障，开发规划是预设分配方案，社区参与是实施分配行动，全民监督是维持环境持续，它们之间密切相关，环环相扣。

总之，随着人类旅游的理性发展，旅游业已经实现传统经济效益导向向综合效益导向的转变，更加注重所有的利益相关者的平等参与和公平受益。

三、权利持续——构建平等的旅游权利保障机制

旅游是全社会人人享有的基本权利，公平和平等是其本质特征。旅游权利的兑现不是一项即时性的工作，而是一个长期持续的过程。旅游权利的实现有许多条件：既包括法律、政策、经济发展水平、旅游产品供给等直接制约因素，又受到旅游者本身的兴趣、爱好、消费观念和可支付能力等的影响。因此，旅游权利的实现，需要多维度构建一个推动和促进旅游发展的保障机制。②

（一）在国家层面上构建政策、制度保障体系

国家政府要将“旅游政策纳入到他们各级的全盘发展政策，包括地方、地区、国家和国际的，并扩大双边和多边，包括同世界旅游组织在内的旅游合作”，“通过更好地分配工作和娱乐时间，建立和完善年度带薪假期制度和错开休假日期，以及特别注意青年、老年和残疾人等旅游手段，使每个人都能参加国内和国际旅游”，同时，“为了当前和后代人的利益，保护包括人文、自然、社会和文化在内的旅游环境”（《旅游权利法案》第3条）。内容主要有③：

——保障公民在国内和国际上自由旅行的法律、法规和政策体系；

——鼓励和促进旅游业健康与可持续发展的政策体系；

——建立合理分配劳动时间与休闲娱乐时间的劳动制度，保障公民定期或周期性享受带薪假期的政策体系；

——完善和促进相关福利制度，保障弱势群体旅游权利实现的政策机制。

其中，带薪假期是国家或地方政府通过法律、法规确定劳动者的基本权利，世界上绝大多数国家的《劳动法》都在《世界人权宣言》的框架下规定了就业人员享受休假的权利。有资料显示，世界上许多国家都实行了带薪假期制度，如法国、西班牙每年30天，比利时24天，英国20～27天，德国、意大利5～6周，韩国20天，泰国10～20天，澳大利亚30天以上；日本出勤率在80％以上或连续工作6个月以上

① 参见邹统钎：《遗产旅游发展与管理》，中国旅游出版社2010年版，第196页。

② 参见王德刚：《旅游公平论》，载《中大管理研究》，经济科学出版社2012年版，第1～12页。

③ 参见王德刚：《旅游公平论》，载《中大管理研究》，经济科学出版社2012年版，第1～12页。

者每年可享受10天的带薪休假,6年工龄以上者每年可以有20天的带薪假期,日本公务员带薪休假时间一般在30天以内。瑞典提倡在职人员自愿脱离工作岗位休假,2002年开始试行自愿休长假制度,自愿脱离工作岗位休假12个月的员工可以在休假期间领取85%的失业保险金。[①]

我国也非常重视劳动者的休假权,带薪休假在我国早已是法定制度。1991年,中共中央、国务院下发了《关于职工休假问题的通知》,规定可以安排职工的年休假,年休假的天数要根据具体情况有所区别,最多不得超过两周。1994年公布、1995年开始实施的《中华人民共和国劳动法》中除规定用人单位在法定元旦、春节、国际劳动节、国庆节等节日期间要依法安排劳动者休假外,还专门规定:"国家实行带薪年休假制度。劳动者连续工作一年以上的,享受带薪年休假。"[②]2008年,我国又公布实施了更具指导性的政策文件《职工带薪年休假条例》,第2条中规定:"机关、团体、企业、事业单位、民办非企业单位、有雇工的个体工商户等单位的职工连续工作1年以上的,享受带薪年休假(以下简称年休假)。单位应当保证职工享受年休假。职工在年休假期间享受与正常工作期间相同的工资收入";同时,第3条明确指出,"职工累计工作已满1年不满10年的,年休假5天;已满10年不满20年的,年休假10天;已满20年的,年休假15天。国家法定休假日、休息日不计入年休假的假期"[③]。这样,我国基本上形成了"周末+法定节假日+带薪休假"的多元化休假制度。

2013年,国务院正式发布了《国民旅游休闲纲要》,提出了"到2020年,职工带薪年休假制度基本得到落实"这一目标,为全方位推进国民带薪休假的真正落实提出了指导性意见。

(二)在社会层面上建立"社会化旅游"机制

社会旅游(social tourism)是一种借助第三方力量,旨在帮助社会民众,尤其是各类社会弱势群体(包括低收入者及其家庭、残疾人、老年人、青少年等)实现参与旅游/度假活动,并使各方利益相关者在此过程中获得道德提升的一种特殊旅游形式。[④] 目前,社会旅游、社会化旅游已经上升为一种重要的机制。为能够让所有人都参与旅游、实现旅游权利,《马尼拉世界旅游宣言》中把建立"社会化旅游"机制作为"每个社会为那些最没有机会行使其休息权利的公民所设立的目标"(《马尼拉世界旅游宣言》第10条);《全球旅游伦理规范》也强调:"社会旅游,特别是社团性的旅游,有助于广泛参加休闲、旅行和度假活动,应当在公共机构的支持下予以发展。"(《全球旅游伦理规范》第7条)

社会旅游,又称为"社会补贴性旅游",是国家和地方政府、工会或家庭户主所

---

① 参见王德刚:《旅游权利论》,载《旅游科学》2009年第4期。

② 《中华人民共和国劳动法》,百度百科,http://baike.baidu.com/view/7300.htm? fr=aladdin。

③ 《职工带薪年休假条例》,百度百科,http://baike.baidu.com/view/1313650.htm? fr=aladdin。

④ 参见邱洁威、查爱萍、盛蕾:《国外社会旅游研究回顾与述评》,载《人文地理》2014年第2期。

隶属的其他组织通过对低收入社会阶层提供补贴或资助，帮助其参与到旅游活动中来，享受旅游权利。“社会化旅游”机制的建立，需要在以下几个方面建立常规的政策导向机制[①]：

1. 政府、社区积极鼓励制度下的旅游资助机制

政府、社区的福利制度不仅限于公民物质生活的帮助，而且还要关注对他们精神生活的提升和文化素质的培养，因此，我们的政府或者社区的福利制度也应该充分考虑公民尤其是低收入者的旅游需求，通过建立一种长效的旅游资助机制，使他们能够公平地享有旅游的权利，并通过旅游获得尊重和成长。例如，瑞士国家社会福利保障好，很早就开始了福利旅游。20 世纪 30 年代设立了旨在为低收入群体提供旅游机会的瑞士旅行金库(REKA)。REKA 的服务内容主要包括通过发行旅行支票降低旅行费用、提供各种旅游信息、提供专营的住宿设施并给予 10%～15%的折扣优惠以及邀请特困家庭免费利用 REKA 的各种设施。迄今为止，REKA 已发展成为全世界开展福利旅游的典范，其本身也成为福利旅游的实践机构。[②]

2. 企业奖励旅游、福利旅游、成长培训旅游制度

企业应该通过建立严格的奖励旅游、福利旅游、成长(培训)旅游制度，通过对员工(尤其是优秀员工)的工作和生活平衡的关注，来提高员工对企业的归属感，同时，员工也在旅游活动中获得提升和成长。这种制度正逐渐成为很多企业留人的新福利，据调查，这种旅游制度也成为最受员工欢迎的奖励。目前，在我国，外企与合资企业仍然是奖励旅游等各种非经济性政策的忠实推行者，国企与私企也处上升态势。在法国，从 1982 年开始实施了由政府主导、企业积极参与的旅游券制度，旨在为弱势群体提供旅行机会。旅游券受惠对象为低收入劳动者及普通市民等。旅游券受惠人以公积金形式将工资的 2%～20%存入旅游券公积金账户内，存期至少为 4 个月以上。旅游券受惠人可使用的旅游券金额取决于其所交公积金的多少，同时雇主要负担使用旅游券的 20%～80%的费用。[③] 这种旅游券制度主要依靠企业的积极参与，旅游券受惠人只需负担少量费用，与大多数企业的福利旅游制度相比，其最大特点就是它的普遍性，而不只是针对部分优秀员工，其做法值得借鉴。

3. 残疾人福利机构、慈善机构的制度化资助机制及非政府组织旅游保护促进机制

通过残疾人福利机构、慈善机构的资助，让低收入者获得旅游的机会，这不是一种暂时的“怜悯和同情”，而是一种来自全社会的尊重和支持。因此，应该使这种制度常态化，通过建立制度化的旅游资助机制，使低收入者平等地获得旅游权利，有尊严地享受旅游生活。

---

① 参见王德刚:《旅游公平论》，载《中大管理研究》，经济科学出版社 2012 年版，第 1～12 页。

② 参见李祇辉:《福利旅游概念内涵与研究述评》，载《江苏商论》2009 年第 3 期。

③ 参见李祇辉:《福利旅游概念内涵与研究述评》，载《江苏商论》2009 年第 3 期。

4. 政府与金融机构合作的低息或免息旅游借贷

政府与金融机构合作，向旅游者提供低息或者免息的旅游借贷，实际上也是一种旅游优惠措施，是地方政府和企业对公民旅游权利的一种兑现方式。例如，2009年1月杭州市政府出台政策，宣布自2009年2月到4月启动“杭州人游杭州”优惠季活动，使用杭州市民卡到杭州所属旅游景点旅游可以享受五折优惠。3月开始，当地旅游部门通过广场促销和邮政直邮投递，向上海、江苏等地市民发放总金额4000万元的杭州旅游券，游客可以持券在指定的旅游景区、游船公司、餐馆、茶楼、足浴和旅游演艺场所抵价使用。[①] 2009年2月25日，杭州旅游券在上海发放引起哄抢，仅从物质角度，哄抢的原因是匮乏。而由权力造成的社会公平的匮乏，最易使社会情绪失衡，因为免费赠送是他们唯一够得着的利益。《东方早报》说，旅游券是下午2点开始派发的，排在首位的男子凌晨4点就在排队了，足足等了9个小时，领到150元旅游券。[②] 在经济、文化都发达的上海都能如是，旅游权利的匮乏可见一斑。因此，政府和旅游企业发放的旅游免费券、折扣券和旅游一卡通，绝不能异化为某一个特定时段的促销或救市计划，而应该成为其承担责任、义务对公民旅游权利的一种永久性兑现。

（三）重点关注弱势群体，完善旅游服务体系

旅游公共服务是以旅游管理部门为主的相关公共部门为满足旅游公共需求，向国内外旅游者提供的基础性、公益性的公共产品与服务，世界各国旅游公共服务的内容不尽相同，一般主要包括旅游公共信息服务、旅游公共服务设施、旅游安全保障、旅游公益惠民产品、旅游行政服务等内容。[③] 不管在哪种社会制度下，社会财富都不可能是完全平均分配的，必然会有部分低收入群体存在，也都会存在一定的弱势群体，如老年人、儿童和失业者、残疾人、智障者等，其中残疾人又是弱势群体中的“特殊弱势群体”。根据联合国公布的数据显示，全球约有6.5亿残疾人，约占世界总人口的10%，残疾人在发展中国家贫困人口中的比例高达20%，因为他们在参与社区活动时面临障碍，有些甚至被送入收容机构，这直接侵犯了他们的行动自由权以及在社区生活的权利。[④] 在我国，据第二次全国残疾人抽样调查数据测算，中国有各类残疾人8000多万，占全国人口总数的6.34%。旅游公共服务对他们来说尤其重要。

残疾人是指肢体、精神、智力或感官有长期损伤的人。《残疾人权利公约》第17条强调：“保护人身完整性，每个残疾人的身心完整性有权在与其他人平等的基础上获得尊重。”因此，旅游特殊的服务和特殊的设施的提供是对他们旅游权利的尊重。发展残疾人旅游，一方面能够培养和塑造他们积极、乐观的生活态度，共享

① 参见《杭州拿出4000万向外地旅客发放旅游券》，http://www.cnta.gov.cn，2009年月日。

② 参见戎国强：《旅游券劫因》，载《当代工人》2010年第8期。

③ 参见李军鹏：《加快完善旅游公共服务体系》，载《中国旅游发展笔谈》2012年第1期。

④ 参见《全球共有6.5亿残疾人，约占世界总人口的10%》，http://news.qq.com/a/20091202/002756.htm。

社会发展的成果；另一方面通过旅游感知可以参与社会生活，增强归属感，有利于促进“残健融合”和残疾人的全面发展。因此，在旅游开发的过程中，要首先突破残疾人旅游服务的“盲点”，为其旅游权利的实现创造必要的物质条件、政策优惠和服务标准，例如健全和完善残疾人旅游和服务设施（如盲人公园/植物园建设、盲文导游/解说系统、残疾人游览专用线路、景区背负服务等）、践行残疾人福利旅游政策等。[①]

1. 西方国家发展残疾人旅游的经验——以美国为例

西方发达国家很早就开始重视残疾人社会保障问题的研究和实践，在残疾人旅游方面，开展得比较好的主要是北美、北欧的一些国家。这些国家在残疾人社会保障方面取得了很大的成就，也在发展残疾人旅游中积累了丰富的经验。

(1)美国残疾人旅游概况

根据美国人口普查局2002年的调查数据显示，美国大约有5000万残疾人，约占美国人口的18.1%。据户外组织在2005年进行的一项关于美国成年残疾人旅游与接待市场的调研，发现在2003年和2004年这两年中，美国成年残疾人平均每年用于旅游的花费近140亿美元，其中他们有69%（超过2100万人）至少进行过1次休闲或商务旅游；他们中有20%（超过600万人）出游较为频繁，在两年中平均进行过6次旅游。此外，他们中有7%（超过200万人）进行过国际旅游。[②] 这些数据表明，美国残疾人对旅游有着强烈的需求，美国残疾人旅游已形成较大的规模。

(2)美国发展残疾人旅游的成功经验

人性的公平与对人格的尊重是社会文明和进步的重要表现。美国当代社会为残疾人生活所创造的环境，已经超出了“便利”范畴，更多的是基于尊重之上的帮助和支持。而美国残疾人旅游的发展，也是归功于美国在政策和制度上对残疾人旅游的支持。

第一，完善的立法和社会保障制度是残疾人旅游发展的有力保障。美国是世界上在保障残疾人权利方面立法、社会保障制度比较完善的国家，但其对于残疾人的保护也是经历了一个不断发展、不断改进的过程。20世纪60～80年代，美国先后颁布了一系列的相关法案，如1968年颁布的《建筑障碍法案》、1970年通过的《城市公共交通法案》、1973年颁布的《康复法案》、1986年颁布的《乘坐航班法案》等，在法案中写明了环境无障碍、信息无障碍和交通无障碍等具体规定，还规定所有的设施和服务都必须能够为残疾人所享用，从法律上保障残疾人的权益，也促使旅游设施不断改善以实现对残疾游客的无障碍。1990年，美国专门通过了《美国残疾人法》，明确禁止公共设施如酒店、餐馆、电影院、博物馆、游乐园和州/国家公园等对任何残疾人的歧视，从而保证了每个残疾人都能享有均等的参与休闲和旅游的机会。美国各州还制定了自己的精神卫生法，强调要保护精神残疾患者的财

① 参见王德刚：《旅游公平论》，载《中大管理研究》，经济科学出版社2012年版，第1～12页。

② 参见黎健斌、杨晓霞：《美国发展残疾人旅游的成功经验与启示》，载《桂林旅游高等专科学校学报》2008年第1期。

产和合法权益。1975年,美国颁布了《向所有残疾儿童提供教育的法案》,规定对全部11类残疾儿童(5～17岁,有条件的州为3～21岁)提供免费义务教育。此后,这个法案几经修订和补充,成为《残疾人教育法案》,为特殊学习者提供平等接受自由而合适的公共教育的机会。同时,为保证有关残疾人权益的法律能够顺利实施,美国多个政府部门都可以接受残疾人的申诉,并实施检查。

第二,无障碍旅游设施和信息是残疾人旅游发展的重要基础。旅游设施是开展旅游活动的关键,在美国,无障碍设施的建设十分普及。对残疾人来说,交通、住宿和景区等旅游设施对他们是否无障碍直接决定了他们的旅游活动能否顺利开展。

交通设施的无障碍。残疾人拥有专门的带有蓝色标记的汽车牌照,停车场设有带有蓝色标记的残疾人专用车位,可在出行时享受各种便利。根据法律规定,健全人如占用残疾人车位,将受到数百美元的重罚。另外,所有的公共交通通道基本上都为残疾人士的通行留有专门的路径或方式。火车站有专用月台、公交车上有电动踏板,方便轮椅上下;火车、公共汽车、轮船上都有专用的车厢,便于轮椅通行;火车车厢还有提供残疾人轮椅停靠的空间,并有固定轮椅的安全装置;机场为残疾人提供服务是全方位的,从通行、购物、通信、信息显示、餐饮到卫生间,贯穿旅客在机场活动的全过程。

住宿、购物、餐饮、卫生等服务设施的无障碍。在宾馆、饭店和大型商店都为参加人提供特殊的设施和服务,如这些设施的门里门外,都分别在较低位置装有为残疾人而设的专用按钮,只要具备一定规模的商场都会设置电动购物车便于残疾人购物。美国法律对一切公用厕所的使用面积有严格规定,必须保证残疾人的轮椅在内能周转行驶。即便是只有两个位置的卫生间,也必须有一个是残疾人专用的。

无障碍的旅游景区。美国许多旅游景区努力为残疾游客提供无障碍的环境和服务。如在景区入口区设有残疾人专用的停车位,入口处设有轮椅通道,景区内部设有残疾人专用的洗手间等,就连景区内的道路设计也充分考虑到残疾人的需求。

贴心的无障碍服务。美国对残疾游客实行了多种照顾,如乘飞机可以享受优先办理出入境手续、优先搭乘、代送行李等。许多服务机构都对员工开展了针对残疾人的服务培训,以保证为参加游客提供更贴心的服务。据说美国的盲人在出行前只需打个电话到附近的残障人士服务机构,就可以在最短时间内享受到免费的接送服务,而接送的成本只有修建盲道费用的1/20。

丰富的无障碍信息。美国提供有丰富的无障碍旅游信息出版物和网络资源,这些信息成为残疾游客在旅游决策中的重要参考,在某种程度上大大降低了他们出游的风险预期,增强了他们出游的信心。

第三,专业的残疾人服务机构是残疾人旅游发展的推动器。除了政府外,非政府的社会机构和组织在美国为残疾人提供服务方面也颇为系统,从教育到就业、从提供福利为主到在日常生活、经济和社会等各个方面提供便利,美国的各种社会公共服务组织一直致力于为残疾人创造与健全人享有同等机会的条件。美国有专门为残疾人服务的旅游机构，如1961年由贝蒂·霍夫曼在华盛顿成立的常青旅行公司是最早的残疾人旅游机构，它为残疾游客提供“飞轮之旅”(针对行动不便者)和“白藤之旅”(针对有视力障碍者)这两项旅游产品。此后出现了不少擅长为残疾人提供旅游服务的旅行社和众多专门为残疾游客服务的自助团体或非营利性组织，他们或者专门组织残疾人进行旅游，或者提供一些适合残疾游客的旅游方案。[①]

2. 我国残疾人旅游的发展

虽然西方发达国家的残疾人旅游已经比较发达，但在我国由于特殊的国情，残疾人旅游还处于初级发展阶段，表现为：中国在保障残疾人旅游权利方面的法律还有所欠缺，无障碍旅游设施和无障碍旅游信息十分缺乏，缺少专门为残疾人服务的旅游机构，社会对残疾人旅游的宣传严重不足等。总之，与普通游客的旅游相比，当前我国残疾人的旅游还有很多缺失。

(1)在保障残疾人旅游权利方面的法律还有所欠缺：虽然我国《宪法》第45条第3款规定，国家和社会应该帮助安排盲、聋、哑及其他残疾人的劳动、生活和教育。而《残疾人保障法》第52条也规定，国家和社会应当采取措施，逐步完善无障碍设施，推进信息交流无障碍，为残疾人平等参与社会生活创造无障碍环境。但迄今为止，还没有像美国一样，制定一部专门的法律，为残疾人的旅游权利提供保障和支持。

(2)无障碍旅游设施还不完善：畅通的无障碍设施是残疾人旅游活动得以顺利实现的前提条件，反映了一个城市的文明程度和人文意识，也是体现社会公平的重要指标。当旅游活动越来越成为人们的普遍权利时，残疾人却往往由于旅游设施障碍的原因，无法与健全人一样平等地获得旅游机会。

多年来，随着经济发展和社会进步，我国的城市虽然建了一定的交通无障碍设施，又因各种因素而难以正常使用，导致残疾人的出行障碍重重。公共街路缺少方便残疾人行走的坡道、盲道、交通音响信号、防滑路面、栏杆，公共停车场缺乏残疾人专用的车位和标志，交通路口上没有设置交通音响信号、防滑路面和栏杆等；铁路方面还没有适用于残疾人专用的月台和车厢服务设施；机场无障碍设施的发展水平也参差不齐，很不均衡，只有少数新建的机场才配备了较为完善的无障碍设施，如垂直升降电梯、通行坡道、残疾人轮椅、卫生间内的残疾人专用厕位等。

饭店、宾馆等公共设施内只有适合健全人群使用的设施。大部分宾馆内没有设置便于残疾人出入的专用电梯、个性化的专门客房、卫浴设施和餐厅入口的坡道、低位餐台和摆放轮椅的空间，有关各酒店的宣传中也几乎没有提及无障碍设施；剧院、博物馆、体育场等场所没有残疾人使用的轮椅席、洗手间、停车场及视听设备等。

在旅游景区中，专门针对残疾人的配套设施和服务往往成为“盲点”。近年来

① 参见黎健斌、杨晓霞：《美国发展残疾人旅游的成功经验与启示》，载《桂林旅游高等专科学校学报》2008年第1期。

一些知名的主要旅游区的无障碍设施建设在逐步地开展中，但一些地处偏远地区的旅游景点的无障碍建设仍然是任重而道远。虽然旅游景区内要求要有无障碍通道，但常常被占用；没有专为残疾人使用的卫生间厕位；没有为残疾人准备基本的助行器具——轮椅、拐杖等；没有通往景区的无障碍客车；对于聋哑人和视力有缺陷的残疾人，景区内没有配备专门经过培训的服务生进行服务。

(3)无障碍旅游信息十分缺乏：残疾人出门旅游，比正常人更需要多方面的交通及各旅游景点的资讯，如印有无障碍交通、饭店、购物等重要资料的小册子以及训练有素的服务人员等。但目前我国普遍缺少残疾游客服务中心。① 即使有，也缺少规范的服务人员及针对残疾人服务的信息手段，如旅游区基本没有盲文解说系统(包括标记语言、字幕、触觉交流、大字本、无障碍多媒体以及书面语言、辅助或替代性交流方式等)。另外我国一些主要旅游网站中也几乎没有针对残疾人旅游的信息，残疾人往往由于缺乏无障碍旅游信息而放弃外出旅游的机会。

(4)缺少专门为残疾人服务的旅游机构和服务项目，主要表现为：经营残疾人旅游的旅行社少，由于残疾人较高的出行成本和服务难度，我国旅行社很少有单独为残疾人提供的旅游项目，即便是有，也只是偶尔为之，根本谈不上专门的考察和设计；缺乏针对残疾人群体进行个性化服务的专业人员，如朗读员、手语译员等；缺乏相应的旅行保障机制，保险公司不负担残疾人的意外险，残疾人的人身安全得不到切实保障，旅行社承担的潜在风险级别相应提高，从而抑制了残疾人旅游市场的开发。②

(四)加快旅游景区低费、免费的步伐

国外很多国家对于旅游消费公平环境的塑造首先表现在门票的低费甚至免费上。国外很多文物古迹、博物馆、公园等公益性文化场所，在提高国民素质方面负有重要职责，并向国民提供各种便利。具体分三类：第一类是免费开放，有长年免费的，有实行免费开放日的。第二类是优惠开放，有对儿童免费开放的，有对学生、青年票价优惠的。第三类是低票价，如法国罗浮宫票价 8.5 欧元，折算成人民币不到 90 元，占法国人均收入的 0.6%；俄罗斯克里姆林宫票价 100 卢布，折算成人民币不足 4 元，占俄罗斯人均收入的 1%；埃及金字塔票价 20 埃镑，折算成人民币 26 元，占埃及人均收入的 2%。克里姆林宫和金字塔的票价不仅比故宫和八达岭票价便宜，而且比中国许多参观游览场所票价都便宜。有数据显示，博物馆和名胜古迹的票价，法国占普通人月收入的 0.4%，俄罗斯占 0.75%，菲律宾占 1.7%，日本占 0.1%。我们国家景区景点门票价格相当于月均可支配收入的 9%，按照同比收入水平，中国景点门票是欧美发达国家 10 倍以上。③ 在韩国，无论是世界文化遗产

① 参见于冬梅：《上海残疾人旅游发展对策研究》，上海师范大学硕士学位论文，2008 年。

② 参见王德刚：《旅游权利论》，载《旅游科学》2009 年第 4 期。

③ 参见牛翠珍：《从景点门票看我国旅游的公益性》，载《山西大同大学学报》(社会科学版)2009 年第 3 期。

景区还是博物馆，门票都很便宜，如佛国寺是 3000 韩元，约合人民币 15 元，比长城、故宫、颐和园的门票都要低，反映新罗国古都历史的庆州国立博物馆的硬件设备堪称一流，门票仅 400 韩元。[①] 可见，从世界范围来看，旅游景区景点的免费开放已经成为一种主流趋势，已经成为实现人类资源共享和旅游权利公平的有效途径，但在我国，还有很长的路要走。

2008 年，我国几个相关部门联合下发的《关于全国博物馆、纪念馆免费开放的通知》中提出，全国各级文化文物部门归口管理的公用博物馆、纪念馆、爱国主义教育示范基地等全部实现免费开放，这成为旅游公益化、权利化发展迈出的关键第一步。在旅游景区领域，杭州西溪国家湿地公园是我国第一个设立免费日（周一）的经营性旅游景区，但三年之后宣布终止，这一设立和取消的过程，体现了旅游功利与公益的博弈挣扎，在现阶段，这种博弈和挣扎仍将持续很长一段时间。公共资源、公共性旅游景区由收费到设立免费日、到完全免费，不仅仅代表着经济水平的提高和公共财政的富裕，更重要的是，这是人类公平思想得以认同和实现的象征——让所有的人都能够享受到人类的自然遗产和文化财富，让所有的人都能够参与旅游、并在旅游中受益，虽然功利与公益的博弈还在继续，但公平的脚步已经势不可挡。[②]

2010 年 7 月 30 日山东省新修订的《山东省旅游条例》第 44 条中规定："政府投资的旅游景区应当按照有关规定，对老年人、残疾人、现役军人、军队离休退休干部、未成年人、宗教人士及学生等特定对象免费或者优惠开放；城市公园、科技馆等公共文化休闲场所应当逐步免费开放。"

2011 年 5 月 20 日国家林业局颁布的《国家森林公园管理办法》（2011 年 8 月 1 日开始实施）第 20 条中规定了国家级森林公园"可以采取减免门票或者设立免费日等方式，为老年人、儿童、学生、现役军人、残疾人等特殊群体游览提供便利"。

2011 年 12 月 20 日～2012 年 1 月 20 日（春节期间），江西全省包括庐山在内的 71 个主要景区免票一个月。

虽然相关法规中并没有明确免费、低费的强制执行，很多景区仍然在持观望状态，但这也已经在一定程度上点燃了公益、公平的星星之火，随着旅游业的纵深发展，人类资源人类共享必成燎原之势。

让全社会所有人"都生活得更加幸福、更有尊严"[③]，是政府民生工作的重要内容，也是建设和谐社会的基本诉求，以平等参与为标志的旅游权利的实现是其重要体现。让全体社会成员都能通过旅游享受生活，提高生活品质，能够通过参与旅游而受益，这应该成为旅游业的科学发展观。为此，各级政府应该树立正确的旅游发展观，各类旅游企业应该树立科学的旅游责任观，当地社区应该树立恰当的旅游价

---

① 参见邹统钎：《遗产旅游发展与管理》，中国旅游出版社 2010 年版，第 215 页。

② 参见王德刚：《旅游公平论》，载《中大管理研究》，经济科学出版社 2012 年版，第 1～12 页。

③ 参见温家宝在 2010 年春节团拜会上的讲话，http://news.xinhuanet.com/politics/2010－02/12/content_12977072.htm。

值观，旅游者应该树立和谐的旅游道德观，构建坚固的“平民旅游”“大众旅游”保障体系，同时为相关的弱势群体旅游权利的实现创造条件。英国作家狄更斯说过：“不要把善良从心灵深处挤走，更得严防丑恶偷偷潜入你心底，给道德以应有的地位，给每一件好事以恰当的鼓励。”[①]我们期待一个真正公平的、一个人人参与的、一个利益均衡的和谐的“大众旅游”时代的到来。[②]

---

① 参见[英]狄更斯：《别挤啦》，载《小学教材全解六年级语文》上，北京师范大学2013年版，第96页。

② 参见王德刚：《旅游公平论》，载《中大管理研究》，经济科学出版社2012年版，第1～12页。

结　论

在旅游和旅游业发展实践中，旅游道德遵守、旅游利益均衡和旅游权利公平既是旅游本质的集中体现，又是实现旅游供需平衡、持续发展和促进生活品质提升的内在要求，是每一位旅游人都必须牢记于心的努力目标。旅游道德通过意识的明确和规范的树立保障旅游利益的均衡实现，同时加速旅游权利的公平获得；旅游利益则通过在主体之间的均衡分配，消弭不道德的行为，巩固旅游道德的已有成果，并兼顾各方、尤其是弱势群体的旅游权利公平，实现利益和责任、公益的有机结合；旅游是人的基本权利之一，旅游权利的公平实现离不开全社会旅游道德水平的提高和旅游利益主体的支持和促进，反之，旅游权利的公平也能够对旅游道德建设和旅游利益均衡实现有效反哺。正如钱穆先生所说的“乡里人终需走进都市，城市人终需回归乡村”[①]一样，旅游和旅游业的发展也终将回归到其本原上去——人类旅游活动产生的根本原因究竟是什么，人类究竟要从旅游中获得什么利益，人类的旅游权利究竟怎样才算真正实现，人类和非人类物种在旅游发展中的关系究竟如何协调——这既是对旅游本质的深层拷问，也是对旅游道德、旅游利益和旅游权利的切实尊重。

① 参见钱穆：《湖上闲思录》，http://www.lixinjian.com/Article/ShowArticle.asp?ArticleID=708。

结束语:当旅游成为一种信仰

“权利”“利益”“道德”,对于旅游和旅游业而言,这三个关键词基本上概括了旅游的本质属性和旅游利益相关者之间的关系内涵。正像本项研究前言中所强调的那样,在旅游和旅游业发展的今天,我们对旅游和旅游业的本体论进行研究,本身带有反思、反省的意义。或许业内部分人、特别是在旅游产业发展实践领域的政府部门、企业和社区组织等,对本项研究中对旅游权利和旅游道德的关注、对旅游利益分配中的非均衡化现象的批评,特别是对社区利益的强调和对弱势群体旅游权利的实现等问题的观点,会持有不同的看法,甚至会对研究中对地方政府、对旅游企业的一些批评感到委屈和不解,认为本项研究的观点过于强调旅游的社会属性,矮化旅游的经济功能,贬低、甚至排斥地方政府、旅游企业对经济利益的功利化追求。因此,这里特别需要说明,本项研究的结果表明,人类旅游和旅游业产生、发展的历程,已经十分明确地向我们展示了人类旅游利益关注重点变化的逻辑轨迹,即:

原始时期人类旅游萌芽阶段,以休闲、娱乐与社交等为主要表现的旅游利益诉求,主要体现的是旅游的社会性功能。

现代旅游和旅游业产生之后至大众旅游产生之前,以产业化发展为主要特征的现代旅游业,主要反映了人类通过开发旅游来促进经济发展的功利化诉求。

以当下人类旅游进入具有普遍参与基础的大众旅游阶段开始,旅游权利的普遍实现、旅游利益的均衡分配、旅游道德的共同遵守将成为社会的共识,可持续发展理念成为旅游和旅游业发展必然选择,人类旅游和旅游业的发展将重新回归旅游的本质。

基于前期的研究,本项研究认为:

旅游的本质:精神愉悦。

人类旅游的萌芽:距今2.5万～3万年前原始部落时期,在人类原始的审美和休闲娱乐诉求驱使下所进行的部落间相互邀请的宴饮聚会、公共祭祀、丰收庆典、献身仪式以及部落间其他诉求的外交和友好往来等。

旅游权利:旅游是人的基本权利,国家、地方政府、旅游企业、社区组织等有义务和责任为所有社会成员旅游权利的实现创造条件和便利。

旅游利益:所有的旅游利益相关者都可以从旅游和旅游业中获得利益,既包括经济利益,也包括非经济性的社会利益、环境利益、文化利益等。

旅游道德:所有的旅游利益相关者都必须通过符合道德规范的手段和途径去获得旅游利益,社会需要为此而建构旅游立德机制。

当然,在众多的旅游利益相关者中,大家对旅游和旅游业的关心、关注程度会有所不同:

对于普通人而言,旅游是一种生活。

而对于我们这些执着地从事旅游工作的人来说,旅游已经成为一种信仰。我们把旅游作为终生的职业。

值得欣慰的是,整个世界对旅游和旅游业的认知程度已越来越高,旅游已经成为整个社会广泛参与、普遍重视的大事了。2015 年 12 月 4 日,联合国大会正式通过决议,将 2017 年确定为“国际可持续旅游发展年”。这是自现代旅游和旅游业产生以来,世界上首次以联合国名义确定的主题旅游年,而将旅游与可持续发展联系起来,也标志着旅游和旅游业已经成为世界经济、社会、环境可持续发展战略的重要组成部分。

2016 年 3 月 5 日,在全国两会上,李克强总理在政府工作报告中指出,我们要全面落实带薪休假制度,加强公共服务设施建设,“迎接正在兴起的大众旅游时代”。这是我国国家领导人首次提出,并正式写入政府文件中的关于旅游和旅游业发展阶段的定性判断。这标志着公民旅游权利的保障问题已经在国家层面上成为关注重点,旅游已经成为社会发展和文明进步的重要组成部分。6 月 27 日,在夏季达沃斯论坛上,李克强总理在讲话中又将旅游业定位为五个幸福产业之首。国家领导人把旅游业进行这种的“高规格”定位,说明旅游的确已经成为广大人民群众日常生活的重要组成部分,旅游已成为衡量社会文明程度和人民生活质量的重要标志。

因此,对于我们这些旅游从业者而言:

旅游,值得作为终生的职业。

旅游,值得作为一种信仰。

主要参考文献

一、著作

1. 北京市建筑设计研究院:《城市道路和建筑物无障碍设计规范》,中国建筑工业出版社 2001 年版。

2. 曹诗图:《旅游哲学引论》,南开大学出版社 2008 年版。

3. 陈昌曙:《哲学视野中的可持续发展》,中国社会科学出版社 2000 年版。

4. 马克思:《资本论》第 3 卷,人民出版社 2004 年版。

5. 马克思:《资本论》第 1 卷,人民出版社 2004 年版。

6. 方立天:《中国古代哲学问题发展史》,中华书局 1990 年版。

7. 高振荣、陈以新:《信息论系统论控制论》,解放军出版社 1987 年版。

8. 龚鹏程:《游的精神文化史论》,河北教育出版社 2001 年版。

9. 国家旅游局政策法规司:《2013 旅游抽样调查资料》,中国旅游出版社 2013 年版。

10. 江绍原:《中国古代旅行之研究》,商务印书馆 1937 年版。

11. John Swarbrooke, *The Development and Management of Visitor Attractions* (2nd Edition), 东北财经大学出版社。

12. 匡林:《集权还是分权:政府发展旅游业的两难境地》,载《旅游学刊》2001 年第 2 期。

13. 匡林:《旅游业政府主导型发展战略研究》,中国旅游出版社 2001 年版。

14. 李泽厚:《美的历程》,安徽文艺出版社 1999 年版。

15. 李智:《文化外交——一种传播学的解读》,北京大学出版社 2005 年版。

16.《列宁全集》第 55 卷,人民出版社 1990 年版。

17.《列宁选集》第 4 卷,人民出版社 1995 年版。

18. 刘继南:《大众传播和国际关系》,北京广播学院出版社 1999 年版。

19. 刘长喜:《企业社会责任与可持续发展研究》,上海财经大学出版社 2009 年版。

20. 罗国杰:《伦理学》,人民出版社 1989 年版。

21. [美]罗纳德·科斯:《企业的性质》,载[美]奥利弗·威廉姆森、西德尼·温特主编,姚海鑫、邢源源译:《企业的性质:起源、演变和发展》,商务印书馆 2007 年版。

22.《马克思恩格斯全集》第 1 卷,人民出版社 1960 年版。

23.《马克思恩格斯全集》第 2 卷,人民出版社 1957 年版。

24.《马克思恩格斯全集》第 3 卷,人民出版社 1995 年版。

25.《马克思恩格斯全集》第 4 卷,人民出版社 1958 年版。

26. 马惠娣:《走向人文关怀的休闲经济》,中国经济出版社 2004 年版。

27. 马勇、李玺:《旅游规划与开发》,科学出版社 2004 年版。

28. 马勇、周霄:《旅游学概论》,旅游教育出版社 2008 年版。

29.《毛泽东选集》第 3 卷,人民出版社 1991 年版。

30. 宁骚等:《现代化与政府科学决策》,经济科学出版社 2001 年版。

31. 沈祖祥:《观乎人文以化天下——旅游与中国文化史纲》,旅游教育出版社 1996 年版。

32. 斯蒂芬·P·罗宾斯、玛丽·库尔特著,李原等译:《管理学》,中国人民大学出版社 2012 年版。

33. 陶鑫良、袁真富:《知识产权法总论》,知识产权出版社 2005 年版。

34. 王德刚、葛培贤:《田园季风——乡村旅游开发与管理》,天津教育出版社 2007 年版。

35. 王德刚:《旅游学概论》第 3 版,清华大学出版社 2012 年版。

36. 王德刚:《土地整合战略》,山东大学出版社 2010 年版。

37. 王德刚:《乡村生态旅游开发与管理》,山东大学出版社 2010 年版。

38. 王洪滨:《旅游学概论》,中国旅游出版社 2004 年版。

39. 王京安:《企业规模决定论》,中国经济出版社 2006 年版。

40. 王立:《波澜起伏———中美关系演变的曲折历程》,世界知识出版社 1998 年版。

41. 王四代、罗平:《西双版纳傣族园旅游文化开发中利益分配问题个案研究》,载国际行动援助中国办公室编《保障弱势群体的公平受益》,知识产权出版社 2009 年版。

42. 王素洁:《社会网络视角下的乡村旅游决策研究》,山东大学出版社 2011 年版。

43. 王伟光:《利益论》,中国社会科学出版社 2010 年版。

44. 魏英敏:《新伦理学教程》,北京大学出版社 1993 年版。

45. 吴必虎、宋子千:《旅游学概论》,中国人民大学出版社 2009 年版。

46. 吴必虎:《区域旅游规划原理》,中国教育出版社 2001 年版。

47. 吴铎:《社会学》,高等教育出版社 1992 年版。

48. 谢茹:《国家风景名胜区经营权研究》,人民出版社 2006 年版。

49. 谢维营:《本体论批判》,人民出版社 2009 年版。

50. 谢彦君:《基础旅游学》,中国旅游出版社 1999 年版。

51. 谢彦君:《旅游体验研究——一种现象学的视角》,南开大学出版社 2005 年版。

52.《新华汉语词典》编委会:《新华汉语词典》,商务印书馆国际有限公司 2004 年版。

53. 徐红罡:《旅游系统分析》,南开大学出版社 2009 年版。

54. 徐京译:《马尼拉世界旅游宣言》(世界旅游组织 1980),旅游研究空间站,http://www. lixinjian. com。

55. 徐少锦、温克勤:《伦理百科辞典》,中国广播电视出版社 1999 年版。

56. 许苏民:《人文精神论》,湖北人民出版社 2000 年版。

57. 阎学通:《中国国家利益分析》,天津人民出版社 1996 年版。

58. 杨富斌、王天星:《西方国家旅游法律法规汇编》,社会科学文献出版社 2005 年版。

59. 杨冠琼:《政府治理体系创新》,经济管理出版社 2000 年版。

60. 姚文胜:《利益均衡——推进社会公平的路径建议》,法律出版社 2013 年版。

61. 俞宣孟:《本体论研究》,上海人民出版社 2012 年版。

62. 俞宣孟:《本体论正义》,载《上海社会科学院学术季刊》2000 年第 1 期。

63. 袁美昌:《旅游通论》,南开大学出版社 2011 年版。

64. 约翰·克莱顿·托马斯著,孙柏瑛译:《公共决策中的公民参与:公共管理者的新技能与新策略》,中国人民大学出版社 2005 年版。

65. 张文显:《法理学》,高等教育出版社、北京大学出版社 2011 年版。

66. 张岩:《文明起源——从原始群到部落社会》,科学出版社 2012 年版。

67.《中国并购报告 2004》(旅游篇),人民邮电出版社 2004 年版。

68. 钟一彪:《大学生公益活动事务》,中山大学出版社 2013 年版。

69. 周三多等:《管理学》,复旦大学出版社 2009 年版。

70. 邹统钎:《遗产旅游发展与管理》,中国旅游出版社 2010 年版。

71.[英]阿尔弗雷德·马歇尔著,朱志泰译:《经济学原理》上卷,商务印书馆 1964 年版。

72.[英]A. J. 伯卡特、S. 梅特利克:《西方旅游业》,同济大学出版社 1990 年版。

73.[澳]Ralf Buckley 著,杨桂华等译:《生态旅游案例研究》,南开大学出版社 2006 年版。

74. [英]C. Cooper, J. Fletcher, A. Fyall, et al. 著,张俐俐、蔡利平译:《旅游学》,高等教育出版 2007 年版。

75.[美]查尔斯·R·格德纳(Charles R. Goeldner)等著,李天元等译:《旅游学》,中国人民大学出版社 2008 年版。

76. [英]David Wheeler& Maria Sillanpaa 著，张丽华译：《利益相关者公司》，经济管理出版社 2002 年版。

77. [德]黑格尔著，范扬、张企泰译：《法哲学原理》，商务印书馆 1961 年版。

78. Dick Howard and A. E. Magna, *Carta*: *Text and Commentary*, University of Virginia Press, Rev Sub edition, 1997.

79. [法]霍尔巴赫：《自然的体系》上卷，商务印书馆 1999 年版。

80. [美]爱德华·弗里曼、杰弗里·哈里森、安德鲁·威克斯等著，盛亚、李靖华译：《利益相关者理论现状与展望》，知识产权出版社 2013 年版。

81. [美]Edward Inskeeper 著，张凌云译：《旅游规划——一种综合性的可持续的开发方法》，旅游教育出版社 2004 年版。

82. [美]冯·贝塔朗菲著，林康义等译：《一般系统论——基础、发展和应用》，清华大学出版社 1987 年版。

83. [苏]C. A. 托卡列夫、C. П. 托尔斯托主编，陈观胜、周为铮译：《澳大利亚和大洋洲各族人民》，三联书店 1980 年版。

84. [美]威廉·瑟厄波德：《全球旅游新论》，张广瑞等译，中国旅游出版社 2001 年版。

85. [英]阿利斯特·马斯逊、费济阿利·华尔著，郑利平、邓善译：《旅游业效益学——旅游地经济、自然和社会影响研究》，广东旅游出版社 1991 年版。

86. [英]狄更斯：《别挤啦》，《小学教材全解六年级语文上》，北京师范大学 2013 年版。

87. [英]马丁·琼斯(Martin Jones)著，陈雪香、方辉译：《宴飨的故事》，山东人民出版社 2009 年版。

88. [英]斯密著，谢宗林译：《道德情操论》，中央编译出版社 2008 年版。

89. [英]亚当·斯密著，郭大力、王亚南译：《国富论》，上海三联书店 2009 年版。

二、期刊文章

1. 保继刚、孙九霞：《旅游规划的社区参与研究——以阳朔遇龙河风景区为例》，载《规划师》2003 年第 7 期。

2. 仓理新：《社会学视角下的旅游文化现象》，载《旅游学刊》2008 年第 12 期。

3. 曹诗图、郑宇飞、黄其新：《基于旅游属性与本质的中国旅游起源探析》，载《地理与地理信息科学》2013 年第 6 期。

4. 陈愉秉：《从西方经济史看旅游起源若干问题》，载《旅游学刊》2000 年第 1 期。

5. 曹国新：《旅游商品的本体存在——一种基于本体论的考察》，载《桂林旅游高等专科学校学报》2004 年第 5 期。

6. Chin Mui Yoon、陈颖锋：《无障碍旅游有多远》，载《中国残疾人》2014 年第

1 期。

7. 蔡莉:《企业经营管理者的绩效评价研究》,载《管理评论》2003 年第 2 期。

8. 柴寿升、龙春凤、常会丽:《基于社区居民感知的景区旅游开发与社区利益冲突研究——以崂山风景区为例》,载《中国海洋大学学报》(社会科学版)2012 年第 2 期。

9. 陈佳娜、李伟:《不同旅游发展阶段民族社区居民参与旅游开发方式探讨——以曼春满村寨为例》,载《湖北经济学院学报》(人文社会科学版)2012 年第 1 期。

10. 陈秀琼、林雅恋:《旅游开发对社区居民生活质量影响分析——同安野山谷生态乐园案例》,载《中国农学通报》2010 年第 21 期。

11. 陈秀琼:《公共资源类旅游景区门票涨价的理性思考》,载《价格理论与实践》2006 年第 8 期。

12. 曹国新、汪忠烈、刘蕾:《论旅游学的定义:一种基于本体论的考察》,载《江西财经大学学报》2005 年第 3 期。

13. 陈昕:《国内外旅游利益相关者研究综述》,载《西南边疆民族研究》2013 年第 11 期。

14. 程绍文、张捷、徐菲菲、梁玥琳:《自然旅游地社区居民旅游发展期望与旅游影响感知对其旅游态度的影响——对中国九寨沟和英国国家公园的比较研究》,载《地理研究》2010 年第 12 期。

15. 戴斌、李仲广、战冬梅:《论旅游权利应是旅游立法的宗旨和目标》,载《旅游学刊》2011 年第 3 期。

16. 段太香:《社区居民对文化空间旅游化的认同与选择——以兴文大坝苗族乡小寨村踩山节田野调查为例》,载《黑河学院学报》2013 年第 6 期。

17. 段正梁、毕汝麦、危湘衡:《多元化类型与旅游企业价值关系研究》,载《旅游学刊》2014 年第 2 期。

18. 戴斌:《我国旅游业"十三五"发展思路探讨》,载《旅游学刊》2014 年第 10 期。

19. 杜一力:《谈旅游权利和旅游者权利—献给第一个中国旅游日》,载《北京第二外国语学院学报》2011 年第 5 期。

20. 戴玉秀:《公益旅游的概念探讨》,载《中国商界》2008 年第 10 期。

21. 杜修望:《道德起源的四个依据》,载《道德研究》2006 年第 7 期。

22. 戴艳军、戚凤芝:《论我国旅游伦理思想及其建设》,载《思想战线》2001 年第 4 期。

23. 戴凡:《旅游持续发展行动战略》,载《旅游学刊》1994 年第 4 期。

24. 付金朋、肖贵蓉、谢宇:《近十年国外旅游伦理研究评述》,载《旅游学刊》2010 年第 8 期。

25. 冯晓青:《试论以利益平衡理论为基础的知识产权制度》,载《江苏社会科学》2004 年第 1 期。

26. 傅林放:《论旅游权利的内涵》,载《旅游学刊》2012 年第 12 期。

27. 范玉娟:《社会旅游:关注弱势群体的休闲权利》,载《旅游管理研究》2012 年第 1 期。

28. 郭华:《国外旅游利益相关者研究综述与启示》,载《人文地理》2008 年第 2 期。

29. 郭华、甘巧林:《乡村旅游社区居民社会排斥的多维度感知——江西婺源李坑村案例的质化研究》,载《旅游学刊》2011 年第 8 期。

30. 郭志平:《试论公民旅游权利的法律确认与保障》,载《集美大学学报》2011 年第 3 期。

31. 高艳利、雷春:《国内公益旅游发展研究综述》,载《新乡学院学报》(社科版)2011 年第 4 期。

32. 高玲,郑向敏:《国外旅游安全研究综述》,载《旅游论坛》2008 年第 3 期。

33. 郭长江等:《国内外旅游系统研究综述》,载《中国人口·资源与环境》2007 年第 4 期。

34. 韩玲:《浅议旅游伦理教育》,载《道德与文明》2005 年第 4 期。

35. 黄子燕:《公益旅游在我国的兴起和发展探究》,载《商场现代化》2010 年第 1 期。

36. 何彪、马勇:《基于关系营销的旅游目的地利益相关者管理策略研究》,载《桂林旅游高等专科学校学报》2004 年第 3 期。

37. 何小怡:《从利益相关者理论探讨贵州乡村旅游的发展》,载《中国农学通报》2010 年第 14 期。

38. 贺小荣:《旅游企业利益相关者管理理论研究进展》,载《旅游学刊》2008 年第 8 期。

39. 贺小荣、徐少阳:《国外旅游企业战略联盟的现状及对我国的启示》,载《旅游学刊》2007 年第 1 期。

40. 黄颂杰:《本体论在当代:结构与重建》,载《学术月刊》2002 年第 4 期。

41. 韩国圣、张捷、黄跃雯、尹立杰:《天堂寨景区农村社区居民旅游影响感知的差异分析》,载《地理科学》2011 年第 12 期。

42. 胡卫伟、郑向敏:《低收入阶层旅游研究初探》,载《北京第二外国语学院学报》2014 年第 7 期。

43. 黄潇婷、马修军:《虚拟世界平台作为城市规划模型的应用探析——以美国纽约社区公园规划为例》,载《国际城市规划》2011 年第 6 期。

44. 贾跃千、何佳梅、崔凤军:《零团费与我国出境游发展阶段的互动关系分析》,载《旅游学刊》2006 年第 1 期。

45. 晋艺波:《中国旅游文化源流探析》,载《旅游研究》(季刊)2010 年第 3 期。

46. 景秀艳、Timothy J. Tyrrell:《旅游发展与社区居民幸福之关联——基于泰宁县三个旅游社区的实证研究》，载《吉林师范大学学报》(人文社会科学版)2012年第1期。

47. 李文亮等:《旅游系统模型比较研究》，载《旅游学刊》2005年第2期。

48. 李正欢、郑向敏:《国外旅游研究领域利益相关者的研究综述》，载《旅游学刊》2006年第10期。

49. 李祇辉:《福利旅游概念内涵与研究述评》，载《江苏商论》2009年第3期。

50. 李燕琴、蔡运龙:《北京市生态旅游者的行为特征调查与分析》，载《地理研究》2004年第11期。

51. 李燕琴:《旅游扶贫中社区居民态度的分异与主要矛盾——以中俄边境村落室韦为例》，载《地理研究》2011年第11期。

52. 李军鹏:《加快完善旅游公共服务体系》，载《中国旅游发展笔谈》2012年第1期。

53. 李三强:《论旅游资源开发道德的基本原则和规范》，载《云南师范大学学报》2002年第1期。

54. 李爽、甘巧林、刘望保:《旅游公共服务体系:一个理论框架的构建》，载《北京第二外国语学院学报》2010年第5期。

55. 粟路军、何学欢:《国内旅游利益相关者研究进展及展望》，载《湖南财政经济学院学报》2011年第2期。

56. 粟路军、黄福才:《旅游地社会责任、声誉、认同与旅游者忠诚关系》，载《旅游学刊》2012年第10期。

57. 黎健斌、杨晓霞:《美国发展残疾人旅游的成功经验与启示》，载《桂林旅游高等专科学校学报》2008年第1期。

58. 李善民、周小春:《公司特征、行业特征和并购战略类型的实证研究》，载《管理世界》2007年第3期。

59. 梁玉、张海燕、杨牡丹、潘春燕:《景区无障碍设施对残疾人群体旅游的影响研究——以张家界国家森林公园为例》，载《现代商贸工业》2011年第24期。

60. 刘堂:《负责任旅游及其对未来旅游业的影响》，载《商场现代化》2007年第11期。

61. 刘红婴:《旅游权的法理释义》，载《旅游学刊》2006年第9期。

62. 刘涛、徐福英:《乡村旅游社区参与旅游中的利益矛盾及协调对策》，载《社会科学家》2010年第5期。

63. 刘菲:《以如家便捷酒店为例探讨经济型酒店如何实现规模经济》，载《经营管理者》2008年第7期。

64. 刘峰:《旅游系统规划:一种旅游规划新思路》，载《地理学与国土研究》1999年第1期。

65. 刘锋:《让公众享有更多的旅游福利》，载《旅游学刊》2012年第12期。

66. 刘海林:《旅游企业成本控制研究》，载《经营管理者》2013年第1期。

67. 刘好强:《旅游公平对旅游社区居民社会排斥感与组织报复行为的影响》，载《商业时代》2014 年第 13 期。

68. 刘静艳、王雅君、施琼:《旅游经济收益及旅游影响感知对社区居民环保意向的影响研究》，载《旅游科学》2014 年第 3 期。

69. 刘益:《旅游开发对社区居民经济影响的时空分异特征研究——以丹霞山、世外桃源景区为例》，载《经济地理》2006 年第 4 期。

70. 刘玉鹏、苏勤:《基于人本原理的旅游社区居民激励机制的构建》，载《云南地理环境研究》2008 第 3 期。

71. 刘中山、代合治:《国内旅游利益相关者研究进展及启示》，载《经济发展研究》2011 年第 11 期。

72. 卢明强、徐舒、王秀梅:《基于数据包络分析(EA)的我国旅行社行业经营效率研究》，载《旅游论坛》2010 年第 6 期。

73. 卢松、张捷:《古村落旅游社区居民生活满意度及社区建设研究——以世界文化遗产皖南古村落为例》，载《旅游科学》2009 年第 3 期。

74. 梁明珠、王伟:《公共性旅游资源开发与保护的政府规制研究》，载《人文地理》2010 年第 6 期。

75. 马晓煊、张亚维、黄春宇:《国内外公益旅游理论与实践发展综述》，载《旅游论坛》2011 年第 3 期。

76. 梅毅:《旅游外交——我国旅游产业发展新取向》，载《南昌大学学报》(人文社会科学版)2006 年第 5 期。

77. 梅丽霞、张世益:《残疾人无障碍旅游服务标准化研究进展》，载《标准科学》2012 年第 11 期。

78. 孟威、苏勤:《旅游主客交往对社区居民影响的分析模型——以周庄为例》，载《旅游论坛》2010 年第 3 期。

79. 孟晓红:《社区居民对旅游生态补偿的认知与期望调查研究——以九寨沟自然保护区为例》，载《旅游纵览》2014 年第 8 期(下半月)。

80. 宁士敏:《影响中国旅游消费的经济和社会因素分析》，载《经济科学》1999 年第 6 期。

81. 牛翠珍:《从景点门票看我国旅游的公益性》，载《山西大同大学学报》(社会科学版)2009 年第 3 期。

82. 欧阳康、张明仓:《马克思本体论批判的价值取向及其当代意义》，载《中国社会科学》2002 年第 6 期。

83. 彭惠军、黄翅勤:《利益相关者视角下宗教名山旅游景区可持续发展研究——以南岳衡山为例》，载《市场论坛》2011 年第 6 期。

84. 彭姝:《政府行为的目标——对政府行为的利益取向分析》，载《内蒙古农业大学学报》(社会科学版)2005 年第 4 期。

85. 彭柏林、赖换初:《道德起源的三个视角》，载《哲学动态》2003 年第 11 期。

86. 齐飞:《旅游消费者行为:后现代主义下的趋同与分化》,载《旅游学刊》2014 年第 7 期。

87. 齐善鸿、吕波:《旅游企业信用危机与道德治理》,载《理论探讨》2006 年第 5 期。

88. 邱洁威、张跃华等:《农村居民旅游消费意愿影响因素的实证研究——基于浙江省 780 户农村居民的微观数据》,载《兰州学报》2011 年第 3 期。

89. 邱洁威、查爱萍、盛蕾:《国外社会旅游研究回顾与述评》,载《人文地理》2014 年第 2 期。

90. 邱玉华、陈幼琳:《农民工的旅游需求及其实现》,载《农村经济》2014 年第 1 期。

91. 戎国强:《旅游券劫因》,载《当代工人》2010 年第 8 期。

92. 时少华:《权力视角下社区居民在当地旅游发展中的参与困境与破解路径——基于京郊村旅游拆迁征地事件的分析》,载《理论导刊》2012 年第 12 期。

93. 石美玉:《旅游规划失灵与利益主体分析》,载《思想战线》2004 年第 2 期。

94. 申葆嘉:《国外旅游研究进展》,载《旅游学刊》1996 年第 2 期。

95. 孙翠芳:《旅游景区的环境保护与可持续发展》,载《经济视角》2009 年第 7 期(下)。

96. 孙有中:《国家形象的内涵及其功能》,载《国际论坛》2002 年第 3 期。

97. 桑颖:《论国际旅游于国家形象的塑造》,载《东南亚纵横》2009 年第 9 期。

98. 唐顺铁:《旅游目的地的社区化及社区旅游研究》,载《地理研究》1998 年第 2 期。

99. 田勇:《旅游非道德行为与旅游道德的塑造》,载《桂林旅游高等专科学校学报》1999 年第 2 期。

100. 汤静:《论〈旅游权利法案〉的国际法性质及在我国的适用》,载《时代法学》2008 年第 3 期。

101. 汤静:《以〈旅游权利法案〉为导向构建我国旅游基本法》,载《文史博览》2005 年第 18 期。

102. 王纯阳、屈海林:《村落遗产地社区居民旅游发展态度的影响因素》,载《地理学报》2014 年第 2 期。

103. 王剑、赵媛:《风景名胜区旅游发展与农村社区居民权益受损分析——以樟江风景名胜区为例》,载《人文地理》2009 年第 2 期。

104. 王洁、杨桂华:《影响生态旅游景区社区居民心理承载力的因素探析——以碧塔海生态旅游景区为例》,载《思想战线》2002 年第 5 期。

105. 王京传、李天元:《国外公众参与旅游目的地公共事务研究综述》,载《旅游学刊》2014 年第 3 期。

106. 王林:《乡村旅游社区文化遗产的精英治理——以广西龙脊梯田平安寨村委会选举为例》,载《旅游学刊》2009 年第 5 期。

107. 王琼、张军民、汪锦、冯迎、李茹茹:《禾木景区社区居民旅游影响感知实证研究》,载《资源开发与市场》2014 年第 9 期。

108. 王亚娟:《地方国有旅游企业的公共利益目标》,载《经济研究导刊》2012 年第 7 期。

109. 韦复生:《旅游社区居民与利益相关者博弈关系分析——以大型桂林山水实景演出“印象·刘三姐”为例》,载《广西民族研究》2007 年第 3 期。

110. 吴国琴:《我国农村居民旅游消费需求的障碍及对策研究》,载《科技与经济》2006 年第 14 期。

111. 吴向明、徐晓丽:《基于 DEA-Malmquist 指数的我国旅游上市公司投资效率评价研究》,载《经济研究》2013 年第 9 期。

112. 王晓云:《关于中国旅游起源问题的研究》,载《旅游科学》2001 年第 2 期。

113. 吴人韦:《论旅游规划的性质》,载《地理学与国土研究》1999 年第 4 期。

114. 王芳、亢雄:《国内旅游伦理研究的现状与前景》,载《宁波大学学报》(人文社科版)2009 年第 5 期。

115. 王华:《论大众旅游时代如何加强旅游道德建设》,载《河北能源职业技术学院学报》2009 年第 4 期。

116. 王登成:《论爱尔维修的社会政治观》,载《阴山学刊》(社科版)1994 年第 4 期。

117. 兀婷、兀晶:《刍议红色旅游文化的社会功能》,载《山西财政税务专科学校学报》2014 年第 2 期。

118. 吴必虎:《旅游系统:对旅游活动与旅游科学的一种解释》,载《旅游学刊》1998 年第 1 期。

119. 吴晋峰、段烨:《旅游系统与旅游规划》,载《人文地理》2001 年第 5 期。

120. 王丽霞、吕晓燕:《基于可持续发展的旅游伦理问题研究》,载《经济研究导向》2009 年第 19 期。

121. 王明亮:《基于博弈论的企业社会责任形成机理研究》,载《工业技术经济》2013 年第 2 期。

122. 王德刚:《再论旅游权利》,载《北京第二外国语学院学报》2011 年第 7 期。

123. 王德刚:《旅游权利论》,载《旅游科学》2009 年第 4 期。

124. 王德刚:《权利、利益、道德——关于旅游的本体论思考》,载《中国旅游评论》2011 年。

125. 王德刚:《旅游公平论》,载《中大管理研究》2012 年第 1 期。

126. 王德刚、邢鹤龄:《旅游利益论》,载《旅游科学》2011 年第 2 期。

127. 王德刚、贾衍菊:《成本共担与利益共享——旅游开发的利益相关者及其价值取向研究》,载《旅游科学》2008 年第 1 期。

128. 王德刚、张若阳:《旅游道德论》,载《旅游科学》2010 年第 1 期。

129. 王德刚:《游必有方——论孔子的旅游休闲观》,载《旅游科学》2008 年第

6 期。

130. 王德刚:《中国古代旅游学研究探源》,载《桂林旅游专科学校学报》1999 年第 1 期。

131. 王德刚、于静静:《旅游开发与居民感知态度影响因素实证研究》,载《旅游科学》2007 年第 4 期。

132. 王德军:《论旅游对人的生存本体论意义》,载《华北水利水电学院学报》(社科版)2007 年第 1 期。

133. 王维艳、林锦屏、沈琼:《跨界民族文化景区核心利益相关者的共生整合机制——以泸沽湖景区为例》,载《地理研究》2007 年第 4 期。

134. 王兆峰、腾飞:《西部民族地区旅游利益相关者冲突及协调机制研究》,载《江西社会科学》2012 年第 1 期。

135. 王正平、周治华:《当代环境伦理学对旅游道德的深层启示》,载《复旦学报》(社会科学版)2008 年第 4 期。

136. 王东:《道德本质及相关问题探讨》,载《昌吉学院学报》2002 年第 1 期。

137. 王素洁:《旅游目的地利益相关者管理战略研究——基于社会网络视角》,载《山东大学学报哲学社会科学版》2012 年第 1 期。

138. 王乃昂、谌永生、范娟娟、程弘毅、隆浩:《主社区居民对旅游效应的感知研究——以敦煌市为例》,载《地域研究与开发》2005 年第 2 期。

139. 谢彦君:《现象世界的旅游体验——旅游世界与生活世界》,载《旅游学刊》2006 年第 4 期。

140. 许宗元:《旅游伦理学引论》,载《旅游科学》2001 年第 2 期。

141. 夏赞才:《〈全球旅游伦理规范〉的脆弱基础和错误主张》,载《伦理学研究》2007 年第 6 期。

142. 夏赞才、刘焱:《论旅游权利》,载《旅游学刊》2010 年第 5 期。

143. 夏赞才:《利益相关者理论及旅行社利益相关者基本图谱》,载《湖南师范大学社会科学学报》2003 年第 3 期。

144. 夏赞才:《旅游伦理概念及理论架构引论》,载《旅游学刊》2003 年第 2 期。

145. 夏赞才:《论旅游道德建设》,载《道德与文明》2005 年第 5 期。

146. 谢雪梅、马耀峰、李天顺:《近十年国外旅游研究发展趋势》,载《经济地理》2009 年第 5 期。

147. 谢维营、张丽英:《本体论研究的几个基本问题》,载《山西师大学报(社会科学版)》2009 年第 5 期。

148. 肖佑兴:《论旅游者不文明行为及其规范》,载《法制与社会》2008 年第 8 期。

149. 谢春山、贾玉云:《异地的休闲:旅游的起源探析》,载《旅游论坛》2010 年第 2 期。

150. 夏正伟、高峰:《析古罗马的旅游现象》,载《上海大学学报(社会科学版)》

2008 年第 1 期。

151. 熊剑峰、明庆忠:《公益旅游:内涵、价值及体验本质》,载《旅游论坛》2011 年第 4 期。

152. 西奥多·斯坦杰:《旅游带来的负面效应》,载《编译参考》1995 年第 11 期。

153. 杨坤:《基于博弈论的旅游开发商与社区居民的关系研究》,载《齐齐哈尔大学学报》(哲学社会科学版)2014 年第 5 期。

154. 杨学燕:《从社区居民对旅游影响的感知谈回族民俗文化的旅游开发——以宁夏永宁县纳家户村为例》,载《宁夏大学学报》(自然科学版)2008 年第 1 期。

155. 姚娟、田世政:《社区居民"整体搬迁"模式对生态旅游景区管理的影响——以新疆喀纳斯生态旅游景区为例》,载《林业经济》2007 年第 6 期。

156. 姚延波、张丹、何蕾:《旅游企业诚信概念及其结构维度——基于扎根理论的探索性研究》,载《南开管理评论》2014 年第 1 期。

157. 尹寿兵、刘云霞:《风景区毗邻社区居民旅游感知和态度的差异及机制研究——以黄山市汤口镇为例》,载《地理科学》2013 年第 4 期。

158. 于伟:《饭店联合体动力机制及运行分析》,载《桂林旅游高等专科学校学报》2005 年第 6 期。

159. 余丹:《旅游开发背景下的社区居民"边缘化"》,载《社会科学家》2008 年第 8 期。

160. 易开刚、厉飞芹:《社会责任视阈下旅游景区多元主体的利益冲突及协调机制》,载《天津商业大学学报》2014 年第 2 期。

161. 杨恕、续建宜:《美国志愿者运动述评》,载《社会学》2002 年第 4 期。

162. 杨秀翠:《国内"负责任旅游"研究综述》,载《浙江旅游职业学院学报》2014 年第 1 期。

163. 阎友兵、肖瑶:《旅游景区利益相关者共同治理的经济型治理模式研究》,载《社会科学家》2007 年第 3 期。

164. 杨振之:《论旅游的本质》,载《旅游学刊》2014 年第 3 期。

165. 杨冬云:《国家形象的构成要素与国家软实力》,载《湘潭大学学报》(哲学社会科学版)2008 年第 9 期。

166. 余兵:《"焦作模式"和"栾川模式"对我国旅游业发展的启示》,载《信阳农业高等专科学校学报》2007 年第 3 期。

167. 喻学才:《回归自然与休闲旅游》,载《建筑论坛》1998 年第 4 期。

168. 于蔚杰:《从美国旅游业的发展看非政府组织管理》,载《东岳论丛》2009 年第 2 期。

169. 赵磊:《网络:旅游系统研究的经济社会学转向》,载《旅游学刊》2011 年第 2 期。

170. 张爱萍:《旅游企业的信用问题及其治理对策》,载《旅游科学》2003 年第 2 期。

171. 张海燕:《旅游企业与社区居民利益冲突及协调博弈研究》,载《财经理论与实践》2013 年第 1 期。

172. 张瀚文、陈国生、陆利军、肖晶:《古村落旅游开发企业利益群体共同治理模式研究》,载《怀化学院学报》2013 年第 3 期。

173. 张洁、杨桂华:《社区居民参与旅游积极性的影响因素调查研究》,载《生态经济》2005 年第 10 期。

174. 张梅:《福建土楼(南靖)旅游管理中的社区居民行为研究》,载《闽台文化研究》2014 年第 2 期。

175. 张义祯:《边缘阶层若干问题的探讨》,载《中共福建省委党校学报》2002 年第 3 期。

176. 郑向敏、刘静:《论旅游业发展中社区参与的三个层次》,载《华侨大学学报》(哲学社会科学版)2002 年第 2 期。

177. 郑向敏、吴继滨:《论旅游企业诚信经营的缺失》,载《桂林旅游高等专科学校学报》2004 年第 2 期。

178. 中国残联:《中国残联发布我国最新残疾人口数据,全国残疾人口逾 8500 万》,载《中国残疾人》2012 年第 4 期。

179. 朱瑞:《我国生态旅游发展:利益相关者视角分析》,载《杭州师范学院学报》2004 年第 5 期。

180. 朱信凯:《流动性约束、不确定性与中国农户消费行为分析》,载《统计研究》2005 年第 2 期。

181. 伊雷:《道德的本质和起源》,载《苏州科技学院学报》(社会科学版)2005 年第 2 期。

182. 张亚芳:《旅游对旅游者主观幸福感的影响研究》,载《新西部》(理论版)2013 年第 5 期。

183. 赵东喜、丁丽英:《旅游与生活质量的关系研究——以大学生为例》,载《北京第二外国语学院学报》2010 年第 5 期。

184. 张天问、吴明远:《基于扎根理论的旅游幸福感构成》,载《旅游学刊》2014 年第 10 期。

185. 钟龙彪、刘力:《国际旅游发展背景下的中国国家形象传播》,载《理论平台》2013 年第 7 期。

186. 郑晴云:《朝圣与旅游:一种人类学透析》,载《旅游学刊》2008 年第 11 期。

187. 张立生:《近期国外旅游学研究进展》,载《旅游学刊》2004 年第 3 期。

188. 庄志民:《旅游美学的本体论思考》,载《华东师范大学》(哲学社会科学版)1994 年第 5 期。

189. 张姝炜:《浅谈旅游道德的推进与中国旅游业的可持续发展》,载《旅游管理研究》2014 年第 3 期。

190. 庄志民:《后工业文明与回归自然的旅游——关于我国旅游经济发展战略的文化思考》,载《旅游学刊》1995 年第 6 期。

191. 张永奇:《论公民的基本旅游权利及其法律依据》,载《旅游论坛》2009 年第 5 期。

192. 张广瑞:《全球旅游伦理规范》,载《旅游学刊》2000 年第 3 期。

193. 张文雅:《我国区域旅游利益相关者合作机制探讨》,载《湖北经济学院学报》(人文社科版)2007 年第 6 期。

194. 张芙华:《旅游活动中的伦理支撑点——正确处理旅游利益与旅游道德的关系》,载《广西社会科学》2009 年第 1 期。

195. 张帆:《国外对"负责任旅游"的研究维度述评》,载《旅游论坛》2012 年第 5 期。

196. 周秉根、张静等:《责任旅游的时代特征及适应对策分析》,载《国土资源科技管理》2011 年第 5 期。

197. 赵阳:《旅游遭遇文化冲突》,载《旅游时代》2007 年第 7 期。

198. 张彤、张军:《旅游业中掠夺者、文化掮客和好客从业者的利益博弈》,载《中南民族大学学报》(人文社会科学版)2007 年第 5 期。

199. 张玉磊:《构建均衡利益格局的制度保障体系》,载《桂海论丛》2009 年第 5 期。

200. 宗晓莲:《西方旅游人类学两大研究流派浅析》,载《思想战线》2001 年第 6 期。

201. 左冰、保继刚:《从"社区参与"走向"社区增权"》,载《旅游学刊》2008 年第 4 期。

202. 宗圆圆:《公益旅游的动机、体验与影响研究》,载《重庆工商大学学报》(社会科学版)2011 年第 6 期。

203. 邹烽、曾丽艳、周美芳:《旅游对目的地道德文化影响的理论机制研究》,载《湖南工业大学学报》(社会科学版)2011 年第 1 期。

204. 钟韵、彭华:《旅游研究中的系统思维方法:概念与应用》,载《旅游学刊》2001 年第 3 期。

三、英文期刊

1. Aas, C., A. Ladkin and J. Fletcher, "Stakeholder Collaboration and Heritage Management," *Annals of Tourism Research*, vol. 32, no. 1(2005), pp. 28-48.

2. Amihud, Y., and B. Lev, "Risk Reduction as a Managerial Motive for Conglomerate Mergers," *Bell Journal of Economics*, vol. 12, no. 2(1981), pp. 605-617.

3. Anderecka, K. L., K. M. Valentime, R. C. Knopf and C. A. Vogta, "Residents' Perceptions of Community Tourism Impacts," *Annals of Tourism Research*, vol. 32, no. 4(2005), pp. 1056-1076.

4. Ap, J., "Residents' Perceptions on Tourism Impacts," *Annals of Tourism Research*, vol. 19 (1992), pp. 665-690.

5. Arnaboldi, M., and N. Spiller, "Actor-network Theory and Stakeholder Collaboration: The Case of Cultural Districts," *Tourism Management*, vol. 32(2011), pp. 641-654.

6. Atkinson, D., and E. Laudier, "A Sanitised City? Social Exclusion at Bristol's 1996 International Festival of the Sea," *Geoforum*, vol. 29, no. 2 (1998), pp. 199-206.

7. Bailey, W., and A. Spicer, "When Does National Identity Matter Convergence and Divergence in International Business Ethics," *Academy of Management Journal*, December 2007, pp. 1462-1480.

8. Bowen, H. R., "Social Responsibilities of the Businessman," New York: *Harper*, vol. 2, no. 6(1953), p. 348.

9. J. R. Brent, Ritchie, Vincent Wing Sun Tung, Robin J. B. Ritchie, "Tourism Experience Management Research: Emergence, Evolution and Future Directions," *International Journal of Contemporary Hospitality Management*, vol. 23, no. 4(2011), pp. 419-438.

10. Burnett, J. J., and B. H. Baker, "Assessing the Travel-related Behavior of the Mobility-disabled Consumer," *Journal of Travel Research*, vol. 40, no. 2(2001), pp. 4-11.

11. Butler, R. W., "The Concept of a Tourist Area Cycle of Evolution: Implications for Management of Resources," *Canadian Geographer*, vol. 24, no. 1(1980), pp. 5-12.

12. Byrd, E. T. and L. D. Gustke, "Identifying Tourism Stakeholder Groups based on Support for Sustainable Tourism Development and Participation in Tourism Activities," in F. D. Pineda and C. A. Brebbia (eds.), *Sustainable Tourism: The Sustainable World*, London: WIT Press, 2004, pp. 97-108.

13. Byrd, E. T., H. E. Bosley and M. G. Dronberger, "Comparisons of Stakeholder Perceptions of Tourism Impacts in Rural Eastern North Carolina," *Tourism Management*, vol. 30 (2009), pp. 693-703.

14. Carol J. Steiner, Yvette Reisinger, "Understanding Existential Authenticity," *Annals of Tourism Research*, vol. 33, issue. 2 (April 2006), pp. 299-318.

15. Carroll, A. B., "The Pyramid of Corporate Social Responsibility: To-

ward the Moral Management of Organizational Stakeholders," *Business Horizons*, vol. 34, no. 4(1991), pp. 39-48.

16. Caruana, R. and A. Crane, "Getting away from it All: Exploring Freedom in Tourism," *Annals of Tourism Research*, vol. 38, no. 4 (2011), pp. 1495-1515.

17. Cevat Tousun, "Limits to Community Participation in the Tourism Development Process in Developing Countries," *Tourism Management*, no. 21 (2000), pp613-633.

18. Cheong, S. M. and M. L. Miller, "Power and Tourism: A Foucauldian Observation," *Annals of Tourism Research*, vol. 27, no. 2 (2000), pp. 371-390.

19. Child, J. and D. Faulkner, *Strategies of Cooperation: Managing Alliances, Networks and Joint Ventures*, Oxford: Oxford University Press, 1998.

20. Ching-Fu Chen, "Applying the Stochastic Frontier Approach to Measure Hotel Managerial Efficiency in Taiwan," *Tourism Management*, vol. 28, no. 3 (2007), pp. 696-702.

21. Christaller, W., "Some Considerations of Tourism Location in Europe," *Paper of the Regional Science Association*, no. 12 (1963), pp. 95-105.

22. Darcy, S., *Anxiety to Access: Tourism Patterns and Experiences of New South Wales People with a Physical Disability*, Sydney: Tourism New South Wales Press, 1998.

23. David Vail and Lars Hultkrantz, "Property Rights and Sustainable Nature Tourism: Adaptation and Mal-adaptation in Dalarna (Sweden) and Maine (USA)," *Ecological Economics*, vol. 35, no. 5(2000), pp. 223-242.

24. Davis, K., "The Case for and against Business Assumption for Social Responsibilities," *Academy of Management Journal*, vol. 16, no. 2 (1973), pp. 312-322.

25. Dean Maccannell, *El Turista: Una nueva teoría de la clase ociosa*, Barcelona: Melusina Ed, 2003.

26. Dimitrios Buhalis, "Limits of Tourism Development in Peripheral Destinations: Problems and Challenges," *Tourism Management*, no. 20 (1999), pp. 183-185.

27. Donaldson, T., T. W. Dunfee, "Toward A Unified Conception of Business Ethics: Integrative Social Contracts Theory," *Academy of Management Review*, vol. 19, no. 2(1994), pp. 252-284.

28. Doxey, G. V., "A Causation Theory of Visitor-resident Irritants: Methodology and Research Inferences in the Impact of Tourism", Sixth Annual

Conference, Proceedings of the Travel Research Association, San Diego, CA, 1975.

29. Dunn, Ross E. L. and S. E. Iso-Ahola, "Sightseeing Tourists' Motivation and Satisfaction," *Annals of Tourism Research*, vol. 18, no. 2 (1991), pp. 226-237.

30. Easterling, P. E. and J. V. Muir, eds., *Greek Religion and Society*, Cambridge: Cambridge University Press, 1985.

31. Farrell, B. H., L. Twining-Ward, "Reconceptualizing Tourism," *Annals of Tourism Research*, vol. 31, no. 2(2004), pp. 274-295.

32. Freeman, R. E., *Strategic Management: A Stakeholder Approach*, Massachusetts: Pitman, 1984.

33. Frooman, J., "Stakeholder Influence Strategies," *Academy of Management Journal*, vol. 24, no. 2(1999), pp. 191-205.

34. Garrod, B., "Local Participation in the Planning and Management of Ecotourism: A Revised Model Approach," *Journal of Ecotourism*, vol. 2, no. 1(2003), pp. 33-53.

35. Gershenson, C., N., Fernández, "Complexity and Information: Measuring Emergence, Self-organization, and Homeostasis at Multiple Scales," *Complexity*, vol. 18, no. 2(2012), pp. 29-44.

36. Goodwin, H., "Moving beyond eco-tourism," www.chinadialogue.net /article /summary /467-Moving-beyond -eco-tourism, 2006-10-19.

37. Graburn, N. H., "The Anthropology of Tourism," *Annals of Tourism Research*, vol. 10, no. 1 (1983), pp. 9-33.

38. Gursoy, D. and D. G. Rutherford, "Host Attitudes toward Tourism: An Improved Structural Model," *Annals of Tourism Research*, vol. 31, no. 3(2004), pp. 495-516.

39. Gursoy, D., C. G. Chi, P. Dyer, "Locals' Attitudes toward Mass and Alternative Tourism: The Case of Sunshine Coast, Australia," *Journal of Travel Research*, vol. 49, no. 3, pp. 381-394.

40. Gursoy, D., C. Jurowski, M. Uysal, "Resident Attitudes: A Structural Modeling Approach," *Annals of Tourism Research*, vol. 29, no. 2(2002), pp. 79-105.

41. Hardy, A. L. and R. J. S. Beeton, "Sustainable Tourism or Maintainable Tourism: Managing Resources for More than Average Outcomes," *Journal of Sustainable Tourism*, vol. 9, no. 3 (2001), pp. 168-192.

42. Hawkins, T. G., C. M. Wittmann and M. M. Beyerlein, "Antecedents and Consequences of Opportunism in Buyer-supplier Relations: Research

Synthesis and New Frontiers," *Industrial Marketing Management*, vol. 37, no. 8(2008), pp. 895-909.

43. Hawkins, T., M. G. Knipper and D. Strutton, "Opportunism in Buyer-supplier Relations: New Insights from Quantitative Synthesis," *Journal of Marketing Channels*, vol. 16, no. 1(2009), pp. 43-75.

44. Hendaoui, A., M. Limayem and C. W. Thompson, "3D Social Virtual Worlds," *IEEE Internet Computing*, vol. 11, no. 2(2008), pp. 88-92.

45. Higgins-Desbiolles, F., "More than an 'Industry': The Forgotten Power of Tourism as a Social Force," *Tourism Management*, no. 27 (2006), pp. 1192-1208.

46. Hine, J. and F. Mitchell, "Better for Everyone Travel Experiences and Transport Exclusion," *Urban Studies*, vol. 38, no. 2(2001), pp. 319-332.

47. Immons, S. D. G., "Community Participation in Tourism Planning," *Tourism Management*, vol. 15, no. 2 (1994), pp. 98-108.

48. Jamal, T. B. and D. Getz, "Collaboration Theory and Community Tourism Planning," *Annals of Tourism Research*, vol. 22, no. 1 (1995), pp. 186-204.

49. Jane Robson, Lan Robson, "From Shareholders to Stakeholders: Critical Issues for Tourism Marketers," *Tourism Management*, vol. 17, no. 7(1996), pp. 533-540.

50. Jurowski, C. and D. Gursoy, "Distance Effects on Residents' Attitudes toward Tourism," *Annals of Tourism Research*, vol. 31, no. 2 (2004), pp. 296-312.

51. Kelly Cassidy and Chris Guilding, "Tourist Accommodation Price Setting in Australian Strata Titled Properties," *International Journal of Hospitality Management*, vol. 26, no. 2(2007),pp. 277-292.

52. Kim, K., M. Uysal, M. J. Sirgy "How Does Tourism in a Community Impact the Quality of Life of Community Residents?" *Tourism Management*, vol. 36(2013), pp. 527-540.

53. Kreps, D. and R. Wilson, "Reputation and Imperfect Information," *Journal of Economic Theory*, vol. 27, no. 3(1982), pp. 253-279.

54. Lee, T. H., "Influence Analysis of Community Resident Support for Sustainable Tourism Development," *Tourism Management*, vol. 34,no. 1(2013), pp. 37-46.

55. Leiper, N., *Tourism Management*, Collingwood, VIC: Tafe Publications, 1995.

56. Leiper, N., "The Framework of Tourism," *Annals of Tourism Re-*

search, vol. 6, no. 1 (1979), pp. 390-407.

57. MacCannell, D. , "Staged Authenticity: Arrangements of Social Space in Tourist Settings," *American Journal of Sociology*, vol. 79 (1973), pp. 589-603.

58. Malloy, D. C. and D. A. Fennell, "Ecotourism and Ethics: Moral Development and Organizational Cultures," *Journal of Travel Research*, vol. 36 (1998), pp. 47-57.

59. Malone, S. , S. McCabe, A. P. Smith, "The Role of Hedonism in Ethical Tourism," *Annals of Tourism Research*, vol. 44(2014), pp. 241-254.

60. March, R. and I. Wilkinson, "Conceptual Tools for Evaluating Tourism Partnerships," *Tourism Management*, vol. 30 (2009), pp. 455-462.

61. Markwick, M. C. , "Golf Tourism Development, Stakeholders, Differing Discourses and Alternative Agendas: The Case of Malta," *Tourism Management*, vol. 21, no. 5(2000), pp. 515-524.

62. Maximiliano, Korstanje , Graham Busby, "Understanding the Bible as the Roots of Physical Displacement: The Origin of Tourism," *E-Review of Tourism Research (ERTR)*, vol. 8, no. 3(2010), pp. 95-111.

63. McCabea, S. , M. Sharples and C. Foster, "Stakeholder Engagement in the Design of Scenarios of Technology-Enhanced Tourism Services," *Tourism Management Perspective*, vol. 4, no. 7 (2012), pp. 36-44.

64. McGehee, N. and K. Andereck, "Factors Predicting Rural Resident's Support of Tourism," *Journal of Travel Research*, vol. 43, no. 2 (2004), pp. 131-140.

65. McKercher, B. , "A Chaos Approach to Tourism," *Tourism Management*, vol. 20, no. 4(1999), pp. 425-434.

66. Milman, A. , A. Pizam, "Social Impacts of Tourism on Central Florida," *Annals of Tourism Research*, vol, 15, no. 2(1988), pp. 191-204.

67. Mitchell, A. , D. Wood, "Toward a Theory of Stakeholder Identification and Salience: Defining the Principle of Who and What Really Counts," *The Academy of Management Review*, vol. 22, no. 4(1997), pp. 853-886.

68. Mowforth, M. and I. Munt, *Tourism and Sustainability: New Tourism in the Third World*, London and New York: Routledge, 1998.

69. Murphy, K and E. Baig, "Barriers Drop for the Disabled," *Business Week*, 31 March 1997, p. 99.

70. Murphy, P. E. , *Tourism: A Community Approach*, New York: Methuen Press, 1985.

71. Murphy, P. E. , *Tourism: A Community Approach*, New York and

London：Methuen，1985.

72. Mysen，T.，G. Svensson and J. M. Payan，"The Key Role of Opportunism in Business Relationships，" *Marketing Intelligence & Planning*，vol. 29，no. 4(2011)，pp. 436-449.

73. Nicholas，L. N.，B. Thapa，Y. J. Ko，"Residents' Perspectives of a World Heritage Site：The Pitons Management Area，St. Lucia，" *Annals of Tourism Research*，vol. 36，no. 3(2009)，pp. 390-412.

74. Ning Wang，"Rethinking Authenticity in Tourism Experience，" *Annals of Tourism Research*，vol. 26，issue 2(1999)，pp. 349-370.

75. NOP Consumer Holiday，*Taking and Planning Amongst People with a Disability*，London：NOP Consumer Press，2003.

76. Okazaki，E.，"A Community Based Tourism Model：Its Concept and Use，" *Journal of Sustainable Tourism*，vol. 16，no. 5 (2008)，pp. 511-529.

77. Oliver，R. L. A.，"Cognitive Model of the Antecedents and Consequences of Satisfaction Decisions，" *Journal of Marketing Research*，vol. 17 (1980)，pp. 460-469.

78. Orru，M.，N. W. Biggart and G. G. Hamilton，*Organizational Isomorphism in East Asia*，in *The New Institutionalism in Organizational Analysis*，Chicago：The University of Chicago Press，1991，pp. 361-379.

79. Patterson，T.，T. Gulden，K. Cousins，et al.，"Integrating Environmental，Social and Economic Systems：A Dynamic Model of Tourism in Dominica，" *Ecological Modelling*，vol. 75，no. 2 (2004)，pp. 121-136.

80. Prager，J. H.，"People with Disabilities Are Next Consumer Niche，" *Wall Street Journal*，15 December 1999，pp. B1，B2.

81. Pretty，J.，"The Many Interpretations of Participation，" *Focus*，vol. 16，no. 1(1995)，pp. 4-5.

82. Ralph W. Smith，"Leisure of Disabled Tourists：Barriers to Participation，" *Annals of Tourism Research*，vol. 14，no. 3 (1987)，pp. 376-389.

83. Ramon Fuentes，"Efficiency of Travel Agencies：A Case Study in Alicante，Spain，" *Tourism Management*，vol. 32，no. 1 (2011)，pp. 75-87.

84. Ronald M. Green，*The Ethical Manager*，New York：Macmillan College Publishing Co.，1994，p. 419.

85. Ryan，C.，"Equity Management，Power Sharing and Sustainability：Issues of the New Tourism，" *Tourism Management*，vol. 23，no. 1 (2002)，pp. 17-26.

86. Sautter，E. T.，B. Leisen，"Managing Stakeholders：A Tourism Planning Mode，" *Annals of Tourism Research*，vol. 26，no. 2 (1999)，pp. 312-328.

87. Sautter, E. T. and B. Leisen, "Managing Stakeholders: A Tourism Planning Model," *Annals of Tourism Research*, vol. 2 (1999), pp. 312-328.

88. Scheyvens, R., "Ecotourism and the Empowerment of Local Communities," *Tourism Management*, vol. 20, no. 2 (1999), pp. 245-249.

89. Schleien, S. J., M. T. Ray and F. P. Green, *Community Recreation and Persons with Disabilities: Strategies for Integration*, Baltimore :Paul H. Brookes Publisher, 1997.

90. Selin, S. W. and N. A. Myers, "Tourism Marketing Alliances: Member Satisfaction and Effectiveness Attributes of a Regional Initiative," *Journal of Travel & Tourism Marketing*, vol. 7, no. 3 (1998), pp. 79-94.

91. Small, J. and C. Horris, "Obesity and Tourism: Rights and Responsibility," *Annals of Tourism Research*, vol. 39, no. 2 (2012), pp. 686-707.

92. Stanwick, S. D., "The Relationship Between Corporate Social Performance and Organizational Size, Financial Performance and Environmental Performance: An Empirical Examination," *Journal of Business Ethics*, vol. 17, no. 4 (1998), pp. 195-204.

93. Stephen Wearing, *Volunteer Tourism :Experiences that Make a Difference*, Wallingford: CABI Publishing, 2001.

94. Stokes, R., "Network-based Strategy Making for Events Tourism," *European Journal of Marketing*, vol. 40, pp. 682-695.

95. Surowiecki, J., M. P. Silverman, "The Wisdom of Crowds," *American Journal of Physics*, vol. 75, no. 2(2007), pp. 90-192.

96. Teye, V., E. Sirakaya and S. Sonmez, "Resident's Attitudes to Tourism Development," *Annals of Tourism Research*, vol. 29, no. 3(2002), pp. 668-688.

97. Tosun, C., "Expected Nature of Community Participation in Tourism Development," *Tourism Management*, vol. 27 (2006), pp. 493-504.

98. Tosun, C., "Expected Nature of Community Participation in Tourism Development," *Tourism Management*, vol. 27, no. 2(2006), pp. 493-504.

99. Tosun, J. and C. L. Jenkins, "Regional Planning Approaches to Tourism Development: The Case of Turkey," *Tourism Management*, vol. 17, no. 7(1996), pp. 519-536.

100. Towner, J., "What is Tourism's History?" *Tourism Management*, vol. 16, no. 5 (1995), pp. 339-343.

101. Wheeler, B., "Sustaining the Ego," *Journal of Sustainable Tourism*, no. 2(1993), pp. 121-129.

102. Williams, P. W., R. W. Pernrose and S. Hawkes, Shared Decision-

making in Tourism Land Use Planning," *Annals of Tourism Research*, vol. 25, no. 4(1998), pp. 860-889.

103. Williamson, O. E., *Markets and Hierarchies: Analysis and Antitrust Implications*, New York: Free Press, 1975.

104. World Tourism Organization, "Why a World Tourism Organization?" *Annals of Tourism Research*, vol. 2, no. 5 (1975), pp. 246-249.

四、报纸文章

1. 陈铁源:《新加坡如何反腐败》,载 2000 年 11 月 15 日《中国青年报》。

2. 窦群:《呼唤新的旅游发展观》,载 2012 年 5 月 25 日《中国旅游报》。

3. 葛磊:《盲人旅游有了服务指引》,载 2014 年 10 月 16 日《人民日报》(海外版)。

4. 顾筝:《国外的盲人植物园》,载 2011 年 12 月 8 日《解放日报》。

5. 蒋艳霞:《世界旅游市场发展现状及趋势》,载 2013 年 11 月 8 日《中国旅游报》。

6.《中国游客被指最难伺候,爱用大钞像个暴发户》,载 2006 年 12 月 27 日《北京晨报》。

7. 李慧:《公益旅游为何成时尚》,载 2008 年 4 月 25 日《光明日报》。

8. 刘思敏、朱洪端:《残疾人旅游的现状与未来》,载 2012 年 4 月 11 日《中国旅游报》。

9. 李金桀:《文化旅游不能"攒故事"》,载 2010 年 9 月 1 日《光明日报》。

10. 李健:《关于旅游伦理的思考》,载 2000 年 4 月 13 日《光明日报》。

11. 吕仁:《关注无障碍旅游的另一种含义》,载 2006 年 11 月 10 日《中国旅游报》。

12. 马晓冬:《区域旅游合作与发展简论》,载 2005 年 2 月 1 日《光明日报》。

13. 瞿金国、赵靖平:《残疾人的心理不平静》,载 2004 年 12 月 6 日《健康报》。

14. 陶颖、房欣:《盲人旅游团,用"心"赏风景》,载 2008 年 3 月 12 日《华西都市报》。

15. 王春生:《发挥新闻媒体作用助力旅游业大发展》,载 2012 年 6 月 22 日《中国旅游报》。

16. 王立宪:《树立现代文明社会的残疾人观》,载 2001 年 4 月 24 日《人民日报》。

17. 徐文潇:《低收入人群也能圆旅游梦》,载 2009 年 11 月 16 日《中国旅游报》。

18. 袁玥:《成都有个盲人旅行团,用耳朵听风景》,载 2011 年 12 月 2 日《天府早报》。

19. 中国老年科学研究中心:《我国 60 周岁及以上人口达 2 亿零 243 万,占总人口的14.9%》,2014年1月21日。

20. 赵波:《西安周边旅游景区运营秩序混乱,“黑车”猖獗》,载2011年6月16日《陕西日报》。

21. 郑永年:《寻求利益协调的创新方式》,载2012年11月16日《深圳特区报》。